CHRONIQUE DES EMPEREURS ROMAINS

MVNIF.PI.IX.P.M.
AN.XVIII

Chris Scarre

CHRONIQUE DES EMPEREURS ROMAINS

HISTOIRE CHRONOLOGIQUE DES SOUVERAINS DE LA ROME IMPÉRIALE

Traduction et adaptation
Florence Maruéjol

casterman

(*Faux titre*)

Camée en onyx représentant l'aigle romain avec les symboles de la victoire, fin du Ier siècle av. J.-C.
Kunsthistorisches Museum, Vienne.

(*Page de titre*)

Auguste, premier empereur de Rome, en uniforme de général.
Musées du Vatican, Rome. Ph © John G. Ross
(*Couverture*)
Musées du Vatican, Rome. Ph © Artephot/Nimatallah

À Judith

Je tiens à remercier tous ceux qui m'ont aidé
dans la préparation de ce livre,
notamment le professeur Roger Wilson
et, surtout, le professeur Anthony Birley
pour ses commentaires précieux et détaillés.
Si des erreurs demeurent,
elles ne sont imputables qu'à l'auteur.

ISBN 2-203-23305-2/8
Dépôt légal : octobre 1995 ; D. 1995/0053/254

Published by arrangement
with Thames and Hudson, London

Imprimé en Slovénie par Mladinska Knjiga

SOMMAIRE

AUGUSTE

CALIGULA

SEPTIME SÉVÈRE

DIOCLÉTIEN

LES VIES IMPÉRIALES

Quel empereur romain menaça de faire de son cheval un consul ? Lequel prit part à 735 combats de gladiateurs ? La personnalité des hommes qui ont gouverné l'Empire romain n'a pas cessé de fasciner les générations suivantes. D'Auguste à Constantin, l'empire a connu cinquante-quatre empereurs "canoniques", ce chiffre excluant leurs successeurs qui ont régné sur un empire divisé et la multitude de rivaux et rebelles qui ont prétendu au titre impérial. Les auteurs contemporains n'ont pas manqué d'exhumer des anecdotes scabreuses et extravagantes au sujet des empereurs : comment Caligula buvait des perles dissoutes dans le vinaigre ou bien la façon dont Néron séduisit sa propre mère. De leur côté, les écrivains chrétiens se sont plutôt intéressés à la mort terrible des empereurs qui les ont persécutés, victimes de la vengeance divine : Galère, par exemple, dévoré par une horrible maladie, ou encore Valérien, écorché vif par les Perses. La *Chronique des empereurs romains* évoque ces récits hauts en couleur, car ils font partie intégrante de la documentation, tout en adoptant une approche critique. Nous pouvons désormais, et ce mieux que jamais, distinguer les faits de la fiction, les médisances d'auteurs comme Suétone, des véritables réalisations des empereurs. Quelles que soient leurs faiblesses individuelles, il ne faut pas oublier que ces souverains et leurs serviteurs ont fait vivre, pendant quatre cents ans, un empire qui s'étendait de l'île de Bretagne au Sahara et de l'Atlantique à l'Euphrate.

Quand nous parlons des empereurs, nous employons le terme inventé par les Romains. "Imperator" était le cri que poussaient les légions pour saluer un général victorieux. C'était aussi celui qui accueillait chaque empereur lors de son avènement. Ces hommes n'étaient pas seulement des chefs militaires, mais aussi des politiciens, des bâtisseurs et des époux. La *Chronique des empereurs romains* s'intéresse à tous ces aspects de leur existence. Elle traite dans le détail des querelles dynastiques, des intrigues familiales et du problème des relations avec le sénat dont les membres n'ont jamais cessé de penser, en dépit de l'empire, que ce sont eux qui doivent gouverner l'Etat.

Certains monuments très célèbres de Rome portent le nom d'empereurs : les thermes de Caracalla, l'arc de Constantin, la colonne Trajane ou la villa d'Hadrien, pour n'en citer que quelques-uns. Les provinces ne sont pas en reste, avec les grands thermes de Carthage, le mur d'Hadrien en Bretagne et la nouvelle capitale de Constantin à Constantinople (l'actuelle Istanbul). Les monuments sont une partie de l'héritage matériel ; il y a aussi les portraits, qui évoquent mieux encore les hommes qu'ont été les empereurs. Les sculpteurs de l'empire traduisent rarement la réalité dans toutes ses imperfections. Mais il est clair que les meilleurs portraits ont été pris

Tibère (14-37 ap. J.-C.), le successeur d'Auguste, est un homme compétent, doté d'un caractère sombre et même sinistre. Sa retraite dans l'île de Capri a alimenté les multiples rumeurs concernant ses mœurs sexuelles dépravées.

Commode (180-192 ap. J.-C.) est passé à l'histoire comme un monstre et un mégalomaniaque qui aimait jouer les gladiateurs devant le peuple romain.

Buste de Trajan âgé (98-117 ap. J.-C., à gauche). Trajan, l'un des plus grands et des plus célèbres empereurs de Rome, a poussé les frontières de l'empire jusqu'à leur extrême limite.
Musée archéologique, Ankara.

sur le vif. Ceux-ci nous aident à concevoir ces souverains comme des êtres de chair et de sang.

L'ouvrage se penche également sur les activités d'écrivains et de mécènes culturels des maîtres de Rome. Marc Aurèle, auteur des célèbres *Pensées*, n'est pas le seul empereur à avoir laissé témoignage de sa production littéraire. Nous possédons également un poème d'Hadrien, quelques lignes d'un chant que Néron a interprété pendant l'incendie de Rome, ainsi que des lettres de Trajan. Dans ces écrits, les souverains s'expriment librement.

Le rôle, complexe et varié, des femmes de la famille impériale, mères, sœurs, épouses et maîtresses, constitue un autre thème important du livre. Beaucoup de ces femmes sont en elles-mêmes des figures majeures. C'est le cas de Livie, la femme d'Auguste, accusée d'avoir empoisonné les successeurs potentiels au trône impérial afin de libérer la voie pour son propre fils Tibère. Agrippine, quant à elle, a voulu gouverner Rome par l'intermédiaire de son fils Néron. Au début du IIIe siècle, deux princesses syriennes se distinguent à leur tour en exerçant la réalité du pouvoir pendant qu'Elagabale s'abandonne à ses excès religieux et sexuels.

Voici donc une histoire de Rome fondée sur la vie, les relations et l'œuvre de ses empereurs. Dans de multiples domaines, des routes aux cités, en passant par les lois, les langues et la littérature, l'empire qu'ils ont créé a profondément marqué l'Europe. Son empreinte est encore très forte sur les mondes de la Renaissance et de l'époque moderne. ■

ROME AVANT L'EMPIRE

Le meurtre de Jules César, en 44 av. J.-C., est un acte dont Octave (le futur empereur Auguste) va tirer les leçons lorsqu'il met au point sa réforme constitutionnelle.

Rome fut un empire bien avant d'avoir un empereur. En effet, un empereur est un individu qui détient le pouvoir suprême, tandis qu'un empire est un ensemble de territoires qu'un pouvoir politique et militaire a réunis en une seule entité. Celle-ci comporte le noyau territorial d'origine, plus les provinces conquises et les Etats placés sous sa dépendance. Selon cette définition, l'Empire romain est né au IIIe siècle avant notre ère. Au VIe siècle av. J.-C., Rome n'est qu'une simple cité-Etat. A la fin du IIIe siècle av. J.-C., elle contrôle toute l'Italie et la Sicile, première de ses provinces d'outre-mer. L'acquisition de cette île ouvre la voie à de nouvelles conquêtes au cours des deux siècles suivants. A l'époque d'Auguste, l'Empire romain s'étend de l'Atlantique, à l'ouest, au désert syrien, à l'est, et des cataractes du Nil, au sud, à la mer du Nord. C'est un immense empire. Mais la fonction d'empereur n'apparaît pas avant les années 20 av. J.-C. Créée par Auguste, elle est le résultat d'une crise politique.

Selon la tradition, que confirme l'archéologie, Rome est déjà âgée de sept cents ans lorsque Auguste accède au pouvoir. Au cours des deux premiers siècles de son histoire, la cité est gouvernée par des rois. En 510 av. J.-C., les Romains chassent le dernier roi, Tarquin le Superbe, et instaurent la république. Après divers remaniements constitutionnels, le pouvoir échoit au sénat, conseil de citoyens éminents recrutés selon leur naissance et leur rang, et à une assemblée du peuple, qui comprend tous les citoyens mâles libres. C'est dans le sénat que la république recrute ses principaux magistrats, y compris les deux consuls élus chaque année. L'assemblée du peuple possède ses propres représentants, les tribuns, investis d'un pouvoir de veto qui s'étend théoriquement à toute la législation. C'est sur cette constitution qu'est venue se greffer la charge d'empereur.

Ce précaire équilibre entre l'autorité du peuple et celle du sénat a créé de sérieux problèmes au cours des derniers siècles de la république. Dans la lutte opposant ces deux pouvoirs, les sénateurs jouent les premiers rôles. En effet, certains prennent le parti des classes possédantes, tandis que d'autres s'efforcent d'accroître leur puissance en épousant la cause du peuple. Parallèlement, l'administration d'un empire en pleine expansion autour de la Méditerranée impose une tension très forte aux institutions administratives traditionnelles. Les succès de l'armée romaine donnent un pouvoir sans précédent à toute une série de généraux: Marius d'abord, puis Sylla, Pompée et Jules César. Dans ce contexte, une autorité centralisée, avec un pouvoir concentré dans les mains d'un seul homme, représente sans doute la seule issue possible, le seul moyen de ramener la paix et la stabilité dans un empire déchiré par les rivalités entre de tout-puissants généraux.

Vers 50 av. J.-C., la situation politique se trouve réduite à la lutte entre le grand Pompée, défenseur de l'autorité sénatoriale à Rome, et Jules César, qui vient d'achever la conquête de la Gaule et dispose d'une puissante armée. En 49 av. J.-C., César franchit le Rubicon et envahit l'Italie. Il poursuit Pompée et ses partisans dans les Balkans et les défait à la bataille de Pharsale, en juin de l'année suivante. César devient dictateur et maître absolu de Rome. Mais il ne parvient pas à établir son pouvoir dans des conditions

Antoine et Cléopâtre. En favorisant Cléopâtre et ses ambitions, Marc Antoine s'est aliéné l'opinion conservatrice romaine et a perdu les soutiens dont il disposait en Occident.

Auguste, figuré sous la forme du dieu Jupiter (détail du Gemme d'Auguste, Kunsthistorisches Museum, Vienne). Entre lui et la déesse Rome se trouve un disque solaire portant l'image du Capricorne, son signe natal. Les symboles tendent à montrer qu'Auguste est le souverain suprême du monde habité.

acceptables et est assassiné cinq ans plus tard (le 15 mars 44, les célèbres ides de mars). Sa mort provoque une seconde guerre civile, qui s'achève par la défaite de ses assassins conduits par Brutus et Cassius, battus par Marc Antoine et Octave, le fils adoptif de César. Les vainqueurs s'accordent ensuite pour se partager l'empire. Marc Antoine s'occupe de l'Orient, Octave de l'Occident. Mais Octave, qui ambitionne de confisquer le gouvernement pour lui seul, se montre plus habile que son rival qu'il écrase à la bataille d'Actium (31 av. J.-C.).

En 27 av. J.-C., Octave s'entend avec le sénat de Rome pour qu'il lui cède le pouvoir suprême sous des formes républicaines. Sous le nom d'Auguste, il devient le premier empereur de Rome. Le meurtre de César lui sert d'avertissement. Au cours des quarante-cinq années suivantes, Auguste réussit à instaurer l'institution impériale sous la forme qu'elle conservera largement pendant plusieurs siècles. L'empereur, qui est le commandant militaire suprême, exerce un contrôle absolu sur l'ensemble de l'armée. Il est protégé par une unité spéciale, la garde prétorienne, dont les chefs (en général, deux en même temps) sont souvent investis d'un grand pouvoir. L'empereur nomme la plupart des gouverneurs de province, préside les jeux et les cérémonies, propose les lois et les édits.

Au cours du Ier siècle ap. J.-C., l'empereur, dont le rôle se développe, se dote d'une maison qui se compose de dignitaires et de fonctionnaires, dont beaucoup sont des affranchis (anciens esclaves). Le souverain accorde aussi une confiance de plus en plus grande aux equites ou chevaliers, la classe sociale juste en dessous celle des sénateurs et qui comprend aussi bien des propriétaires terriens que des hommes d'affaires riches et entreprenants. Les œuvres impériales et la générosité publique contribuent à renforcer la position constitutionnelle du souverain, lequel bénéficie d'un large soutien populaire. Lorsqu'on lit les histoires de Tacite, Suétone ou Dion Cassius, il est essentiel de se rappeler que ces auteurs sont des sénateurs, gardiens de l'ancien ordre républicain, et qu'ils font partie d'une classe qui a beaucoup perdu avec l'installation du régime impérial.

Ces historiens dressent de sinistres tableaux de débauche et d'intrigue. Ils semblent avoir bien du mal à formuler un compliment sur leurs personnages. Il est maintenant prouvé que l'empire est resté stable en dépit des excentricités de certains empereurs. Il faut donc manipuler avec précaution les sources qui se montrent défavorables. Bien souvent, elles ont été produites longtemps après les événements décrits. Dion Cassius est aussi éloigné, dans le temps, d'Auguste qu'un biographe moderne de Napoléon. Un empereur maltraité par la postérité n'a donc pas été nécessairement un souverain irresponsable. Par ailleurs, le genre de mort qu'ont connu les empereurs apporte des renseignements sur leur personnalité tout en révélant les dangers inhérents à la fonction impériale. Sur les douze premiers empereurs, d'Auguste à Nerva, quatre seulement se sont éteints paisiblement dans leur lit, quatre sont morts assassinés, deux autres l'ont sans doute été, l'un par le poison, l'autre par suffocation, et deux se sont suicidés. Ceux qui sont morts naturellement n'ont pas échappé pour autant aux complots. Dans ce monde bouillonnant de richesses et d'intrigues, les empereurs ont exercé le pouvoir suprême au prix de risques considérables. ■

L'EMPIRE ROMAIN AU TEMPS D'AUGUSTE

LA VILLE DE ROME AU TEMPS D'AUGUSTE
MAUSOLÉE D'AUGUSTE
ARA PACIS
CHAMP DE MARS
PANTHÉON D'AGRIPPA
THERMES D'AGRIPPA
Tibre
THÉÂTRE DE MARCELLUS
CAPITOLE
TEMPLE DE JUPITER CAPITOLIN
PALATIN
CIRCUS MAXIMUS
FORUM D'AUGUSTE
ESQUILIN
PORTIQUE DE LIVIE
MUR D'AURÉLIEN
MUR DE SERVIUS TULLIUS
AQUEDUCS
0
500 m
Sarmizegetusa
DACIA (DACIE)
MER NOIRE
THRACE
Byzance (Istanbul)
Nicomédie
BITHYNIE ET PONT
Philippes
Thessalonique
Ancyre (Ankara)
CAPPADOCIA (CAPPADOCE)
Pergame
ASIE
GALATIA (GALATIE)
COMMAGÈNE
EMPIRE PARTHE
Carrhes
Tigre
Ephèse
Athènes
Tarse
CILICIA (CILICIE)
Antioche
Palmyre
Euphrate
Ctésiphon
LYCIE ET PAMPHILIE
CYPRUS (CHYPRE)
SYRIA (SYRIE)
CRÈTE
PHOENICIA (PHÉNICIE)
JUDAEA (JUDÉE)
Cyrène
Alexandrie
ARABIA (ARABIE)
AEYPTUS (EGYPTE)
MER ROUGE

LES PRINCIPALES SOURCES ÉCRITES

Voici les principaux historiens romains qui ont retracé l'histoire des empereurs et de leur règne, d'Auguste à Constantin.

Aurelius Victor

En 361, Sextus Aurelius Victor, Africain du IVe siècle, a été nommé gouverneur de Pannonie par Julien II. En 389, sous Théodose, il devient préfet de Rome. Vers la fin des années 360, il achève de rédiger une série de courtes biographies impériales, le *Liber de Caesaribus* (qui va d'Auguste à Constantin II). C'est une source utile pour le IIIe et le début du IVe siècle.

Dion Cassius

Le Bythinien Lucius Cassius Dio, ou Dion Cassius, est le fils d'un sénateur romain qui fut gouverneur de Cilicie et de Dalmatie. Né vers 160, il entre au sénat vers 180 et exerce la fonction de consul en 205 et 229. Il ne reste que certaines parties de sa grande *Histoire romaine*, qui part des origines de Rome et s'arrête au règne de Sévère Alexandre. Dion Cassius, farouche partisan de la dignité et de la tradition sénatoriales, critique sévèrement les empiétements du pouvoir impérial.

Eusèbe

Evêque de Césarée (aujourd'hui en Israël) et historien chrétien, Eusèbe nourrit une grande admiration pour Constantin. Son *Histoire ecclésiastique* est la première histoire développée de l'Eglise chrétienne. Elle s'arrête à la chute de Licinius en 324. Très critique envers les empereurs non chrétiens, Eusèbe écrit une élogieuse *Vie de Constantin* après le décès de ce dernier, en 337, et deux ans avant sa propre mort.

Eutrope

Eutrope est l'auteur du *Breviarium ab urbe condita (Abrégé de l'Histoire romaine)*, une brève histoire de Rome des origines à la mort de Jovien en 364. Né vers 320, Eutrope est un haut fonctionnaire, qui a servi toute une série d'empereurs, de Constantin II à Théodose.

Hérodien

Né sans doute en Asie Mineure vers 175, Hérodien a rédigé une histoire de son temps, de la mort de Marc Aurèle à l'avènement de Gordien III. Elle est particulièrement précieuse, du fait qu'elle semble apporter un témoignage direct sur ce qui s'est passé à Rome durant cette période. Il se peut cependant qu'Hérodien se soit fondé sur d'autres auteurs et sur sa propre imagination. Hérodien, fonctionnaire de rang inférieur (peut-être local), qui n'est pas sénateur, a une vision peut-être moins déformée que celle de son contemporain Dion Cassius.

L'Histoire Auguste

Il s'agit d'une série de biographies impériales longtemps présentées comme l'œuvre de six auteurs différents et dédiées à Dioclétien et Constantin. On pense maintenant qu'elle a été rédigée par une seule personne à la fin du IVe siècle. Les biographies couvrent une période qui s'étend d'Hadrien à Numérien et sont d'une qualité très variable. Elles contiennent des noms inventés et des passages relevant de la fiction pure.

Lactance

Né en Afrique vers 250, Lactance est appelée à Nicomédie par Dioclétien pour enseigner la rhétorique dans sa nouvelle capitale orientale. Converti rapidement au christianisme, il est contraint de fuir vers les provinces d'Occident lors de la grande persécution de 303. Là, en 314, il écrit *De mortibus persecutorum (De la mort des persécuteurs)*, récit des années 303-313, qui relate la terrible fin des empereurs responsables de persécutions contre les chrétiens.

Suétone

Caius Suetonius Tranquillus, ami de Pline le Jeune, est d'abord avocat avant de se consacrer à l'écriture. Entré au secrétariat impérial sous Trajan, il est révoqué par Hadrien, en 122, pour s'être montré trop familier avec l'impératrice Sabine. Le principal ouvrage de Suétone, les *Vies des douze Césars*, est formé de douze biographies qui vont de Jules César à Domitien. Grâce à sa situation, Suétone a eu accès aux archives officielles. Malgré son goût pour les rumeurs et les bavardages, on considère généralement son témoignage comme digne de foi.

Tacite

Le plus célèbre des historiens romains de l'empire, Cornelius Tacitus est né vers 56, dans le nord de l'Italie ou le sud de la Gaule. En 97, il s'élève à la dignité de consul. Ses principales œuvres sont les *Annales*, "à partir de la mort du divin Auguste", qui couvrent la période 14-68, et les *Histoires*, qui prolongent le récit jusqu'à l'assassinat de Domitien en 96. Il ne reste que les premiers livres des *Histoires*. Les *Annales* comportent aussi des lacunes importantes. Tacite, l'historien sénatorial par excellence, regrette la mort de la république et n'apprécie pas le pouvoir des empereurs. Vivants et détaillés, ses écrits sont loin d'être impartiaux. Il est sans doute mort sous le règne d'Hadrien.

Zosime

Vers l'an 500, Zosime, courtisan grec et fonctionnaire du trésor, rédige une *Nea Historia (Nouvelle Histoire)*, qui débute au IIIe siècle. L'œuvre de ce païen endurci contrebalance utilement les écrits des premiers historiens chrétiens.

A côté des ouvrages des historiens, il existe une masse abondante d'inscriptions et de documents épigraphiques dont certains sont traduits en français (voir bibliographie).

Les historiens grecs et romains forment l'une des sources d'information sur les empereurs romains. Les titulatures impériales, qui figurent sur les monnaies et dans les inscriptions, en constituent une autre. Elles donnent de précieux renseignements sur la chronologie des règnes. Elles aident à dater les campagnes militaires et d'autres faits historiques, en donnant l'année de règne correspondant à un événement particulier ou à un titre honorifique. Voici quels sont les principaux éléments de la titulature, reproduite pour chaque empereur dans les pages qui suivent, et leur signification.

La titulature impériale type — ici celle de Trajan — adopte la forme suivante :

Imperator Caesar Divi Nervae Filius Nerva Traianus Optimus Augustus Germanicus Dacicus Parthicus, Pontifex Maximus, Tribuniciae Potestatis XXI, Imperator XIII, Consul VI, Pater Patriae

L'ordre des divers éléments, qui varie légèrement d'un empereur à l'autre, peut aussi différer dans les inscriptions du même empereur.

Imperator, placé au début de la plupart des titulatures impériales, est le titre honorifique accordé traditionnellement à un commandant romain par ses soldats à la suite d'une victoire. Auguste est le premier à en faire un élément permanent de son nom, afin d'insister sur son autorité militaire unique et sans partage.

Caesar est le nom de famille de César, pris par Auguste lors de son adoption. Il est transmis à Tibère et à Caligula par adoption. Les empereurs suivants le prennent lors de leur avènement ou au moment de leur adoption et de leur désignation comme héritier. De nom de famille indiquant la filiation avec Jules César, *Caesar* devient progressivement la marque d'un statut. Lorsque Dioclétien crée la tétrarchie avec deux empereurs aînés, les *Augusti*, et deux empereurs cadets, qui ont le rang de *Caesar*, il se réfère à une pratique existante.

Plusieurs empereurs utilisent la formule **Divi Nervae Filius** (fils du divin Nerva) pour indiquer qu'ils descendent (parfois par adoption — ou simplement par le biais d'une pieuse affirmation) d'un empereur antérieur, en général celui qui les précède

LA TITULATURE IMPÉRIALE

immédiatement ou de très près et dont la mémoire jouit d'un grand respect. Il s'agit souvent d'une déclaration politique. Ainsi, en 195, Septime Sévère, qui n'a jamais été adopté (et n'aurait même pas pu l'être) par Marc Aurèle, décédé quinze ans auparavant, prend le titre de "fils du divin Marc" pour proclamer et renforcer sa légitimité.

Dans le cas de l'empereur Trajan, son nom personnel est **Nerva Traianus**.

Optimus (le meilleur) est un complément honorifique, particulier à cet empereur, très estimé du sénat.

Le titre d'**Augustus** suit en général directement le nom personnel. C'est le titre que le sénat a décerné à Auguste en 27 av. J.-C., dans le cadre de la première réforme constitutionnelle, consécutive à la victoire d'Actium. C'est ce terme, plus que celui d'*Imperator*, qui est l'équivalent du français "empereur". L'*Augustus* est l'empereur de Rome.

Augustus est suivi des titres de victoire qui se réfèrent à des succès militaires précis, attribuables à l'empereur lui-même ou à ses généraux. La coutume apparaît avec Domitien, qui adopte le titre de **Germanicus** après la guerre de 83 en Germanie. Elle se développe sous les empereurs tardifs comme Dioclétien, qui ne compte pas moins de dix-sept titres de victoire dans sa liste officielle, ou Galère, qui en a presque trente.

C'est Auguste qui s'arroge le titre de **Pontifex Maximus**, ou grand pontife, à la mort de Lépide en 13 av. J.-C. Tous ses successeurs adoptent le titre lors de leur prise de fonction. Il reste même en usage sous les premiers empereurs chrétiens et n'est abandonné que sous Gratien en 383.

Tribuniciae Potestatis désigne la puissance tribunicienne, donnée à chaque empereur lors de son avènement et renouvelée chaque année, soit au jour anniversaire de son octroi, soit le 10 décembre à partir de Trajan. La puissance tribunicienne assure à l'empereur l'immunité contre les poursuites judiciaires, lui permet de proposer des lois et lui donne un droit de veto concernant les lois, les élections et les actions des autres magistrats. Comme elle est renouvelée chaque année, le chiffre placé derrière la puissance tribunicienne sur une pièce de monnaie, ou sur toute autre inscription, permet de retrouver la période de douze mois à laquelle celle-ci remonte. Dans l'exemple cité plus haut, la puissance tribunicienne de Trajan a été renouvelée pour la vingt et unième fois le 10 décembre 116, huit mois avant sa mort.

Imperator, qui revient une seconde fois à la fin de la titulature impériale, est alors suivi d'un chiffre. Celui-ci désigne le nombre d'acclamations par l'armée suite aux victoires obtenues durant le règne. Il est souvent difficile de dater précisément ces acclamations. Trajan a été acclamé *Imperator* treize fois (la première lors de l'accession, les six suivantes pendant les guerres daciques et les six dernières durant la guerre parthique).

Consul est le titre des deux principaux magistrats de la république romaine, élus chaque année. Sous les empereurs, les consuls conservent un certain prestige et quelques fonctions officielles, mais détiennent un faible pouvoir. L'empereur donne souvent cette charge à ses partisans en guise de récompense. La fréquence avec laquelle les empereurs décident d'exercer eux-mêmes le consulat varie beaucoup d'un règne à l'autre. La plupart le détiennent au cours de l'année qui suit leur accession. Certains s'en désintéressent par la suite, tandis que d'autres imitent l'exemple de Domitien, qui fut consul dix ans sur ses quinze années de pouvoir. Trajan a été consul en 91 pour la première fois, c'est-à-dire avant son accession, puis cinq fois durant son règne.

Pater Patriae est un titre purement honorifique, conféré à l'origine, en 63 av. J.-C., par le sénat à Cicéron, l'éminent homme d'Etat, et plus tard à Jules César. Il est détenu par Auguste et par la plupart des empereurs suivants. A partir de Pertinax, il entre dans la titulature dès l'accession. Auparavant, il n'est décerné qu'après quelques années de règne. Les empereurs qui ont eu des règnes brefs, comme Galba, Othon et Vitellius, ne l'ont jamais porté.

AUGUSTE

TIBÈRE

CALIGULA

CLAUDE

LA DYNASTIE JULIO-CLAUDIENNE

AUGUSTE
31 av. J.-C.-14 ap. J.-C.

TIBÈRE
14-37

CALIGULA
37-41

CLAUDE
41-54

NÉRON
54-68

LA GUERRE CIVILE DE 69

GALBA
68-69

OTHON
69

VITELLIUS
69

LA DYNASTIE FLAVIENNE

VESPASIEN
69-79

TITUS
79-81

DOMITIEN
81-96

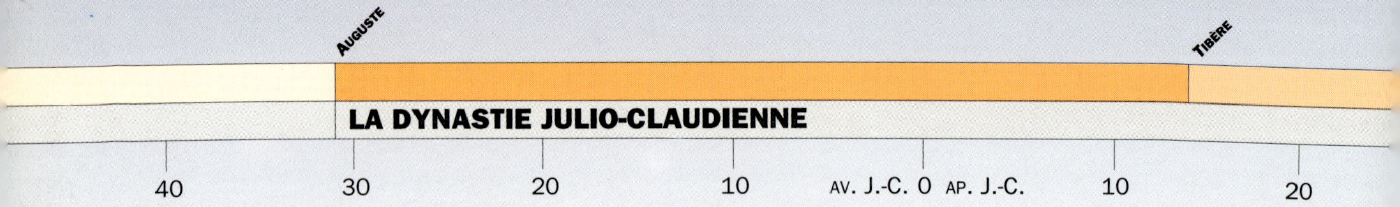

GALBA

OTHON

VESPASIEN

TITUS

LES PREMIERS EMPEREURS

LA DYNASTIE JULIO-CLAUDIENNE 31 AV. J.-C.-68 AP. J.-C

LA DYNASTIE FLAVIENNE 69-96 AP. J.-C.

LES NOMS DES CINQ PREMIERS EMPEREURS de Rome comptent parmi les plus célèbres de l'Antiquité. Qui n'a pas entendu parler de Néron chantant tandis que Rome brûle ? Ou de Caligula proclamant qu'il va faire de son cheval favori un consul ? Le fait que la cour impériale soit un lieu d'extravagances et d'intrigues ne doit pas faire perdre de vue la réalisation majeure de l'époque, à savoir l'établissement du régime impérial, dirigé par un seul individu qui, à sa mort, transmet le pouvoir à son plus proche parent mâle.

Malgré le principe dynastique, curieusement, aucun des Julio-Claudiens ne laisse le trône à son fils. Auguste lègue la pourpre impériale à son beau-fils Tibère, Tibère à son petit-neveu Caius (Caligula), lequel a pour héritier son oncle Claude. Cependant, des centaines d'années durant, il fut entendu que l'empereur devait être un descendant d'Auguste. La tradition n'a été interrompue qu'à la mort de Néron, ce qui a d'ailleurs provoqué une terrible guerre civile.

La guerre civile de 69 ap. J.-C. a mis en évidence des divisions dangereuses au sein de l'empire. Tout d'abord, la garde prétorienne a assassiné un empereur, Galba, pour en désigner un autre, Othon. Ensuite, les armées de Germanie supérieure et inférieure ont marché vers le sud pour imposer au peuple romain leur candidat, Vitellius. La paix n'est revenue qu'avec la victoire des légions du Danube et d'Orient et avec la fondation de la dynastie flavienne par Vespasien. ■

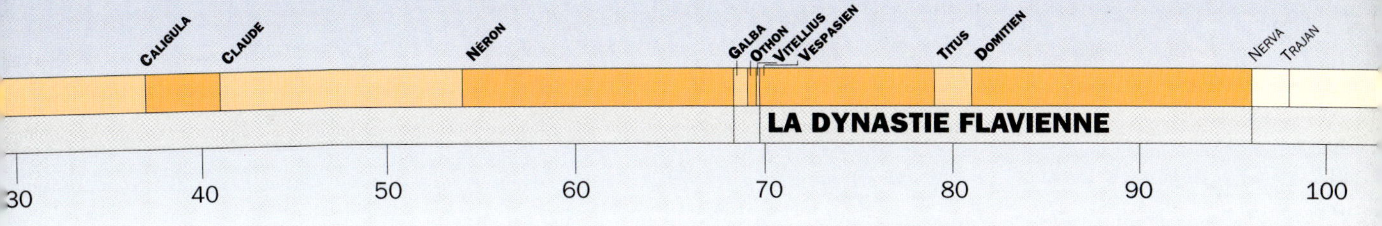

AUGUSTE

IMPERATOR
CAESAR
DIVI FILIUS
AUGUSTUS
27 av. J.-C.-14 ap. J.-C.

Voici comment Suétone décrit Auguste : « Ses yeux étaient vifs et brillants ; il voulait même faire croire qu'il y avait dans son regard comme une autorité divine (...). Ses dents étaient écartées, petites et irrégulières ; ses cheveux, légèrement bouclés et tirant sur le blond ; ses sourcils joints. » Tête en marbre d'Auguste jeune. British Museum, Londres.

« FASSE LE CIEL QUE L'ÉTAT SE MAINTIENNE EN PLEINE PROSPÉRITÉ ET QU'EN RETOUR JE RECUEILLE LA RÉCOMPENSE À LAQUELLE J'ASPIRE, D'ÊTRE DÉSIGNÉ COMME LE FONDATEUR DU RÉGIME LE PLUS HEUREUX ET D'EMPORTER EN MOURANT L'ESPÉRANCE QUE LES FONDEMENTS DE L'ÉTAT DEMEURERONT INÉBRANLABLES, TELS QUE JE LES AURAIS JETÉS. »

SUÉTONE, *Auguste*, XVIII

« AUGUSTE ÉTAIT D'UNE RARE BEAUTÉ, QUI GARDA SON CHARME TOUT LE LONG DE SA VIE ; CEPENDANT, IL NÉGLIGEAIT TOUTE COQUETTERIE ET S'ATTACHAIT SI PEU À SOIGNER SA CHEVELURE, QU'IL OCCUPAIT EN TOUTE HÂTE PLUSIEURS COIFFEURS À LA FOIS. (...) SES YEUX ÉTAIENT VIFS ET BRILLANTS ; IL VOULAIT MÊME FAIRE CROIRE QU'IL Y AVAIT DANS SON REGARD COMME UNE AUTORITÉ DIVINE ET, QUAND IL LE FIXAIT SUR QUELQU'UN, IL AIMAIT À LUI VOIR BAISSER LA TÊTE, COMME ÉBLOUI PAR LE SOLEIL. »

SUÉTONE, *Auguste*, LXXIX

Entre la république et l'empire, l'empereur fait figure de Janus. Il symbolise à la fois l'aboutissement de l'ordre ancien, lui qui est le dernier des généraux tout-puissants, et le commencement d'une nouvelle ère. Si Auguste a réussi à instaurer un nouveau type de régime, c'est parce qu'il est resté au pouvoir presque un demi-siècle et qu'il est mort dans son lit. Politicien perspicace et habile, il a compris la nécessité de revêtir son pouvoir des formes républicaines traditionnelles. Auguste peut difficilement être considéré comme le sauveur de la république, contrairement

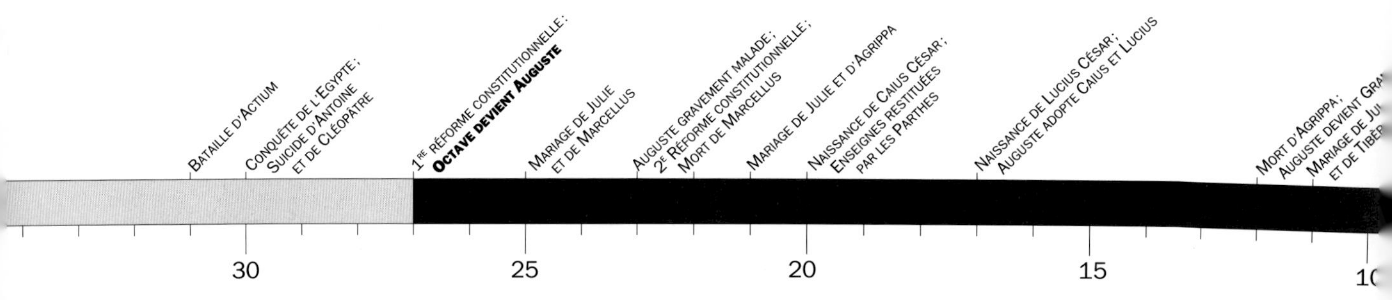

AUGUSTE

Les titres adoptés par Auguste ont servi de fondement à la titulature de tous ses successeurs.

- Né à Rome, le 23 septembre 63 av. J.-C. **Caius Octavius** (Octave)
- Lors de son adoption par Jules César (8 mai 44 av. J.-C.) : **Caius Julius Caesar** *Caesar* devient un titre pour les empereurs suivants
- Lors de la divinisation de Jules César en 42 av. J.-C. **Caius Julius Caesar Divi Filius Imperator**
- En 40 av. J.-C., Octave abandonne le nom Julius et son propre prénom Caius et transfère le titre *Imperator* de la fin au début : **Imperator Caesar Divi Filius** *Imperator Caesar* servira dès lors à désigner tous les empereurs romains jusqu'au IVe siècle
- Nouveau titre **Augustus** conféré par le sénat le 16 janvier 27 av. J.-C. Il devient aussi partie intégrante de la titulature impériale et suit généralement le nom personnel. Dans le cas d'Auguste, la titulature complète est alors **Imperator Caesar Divi Filius Augustus**
- Nommé **Pontifex Maximus** (Grand Pontife) le 6 mars 12 av. J.-C., après la mort de Lépide
- Titre honorifique de **Pater Patriae** (Père de la Patrie) décerné par le sénat le 5 février 2 av. J.-C.
- **Consul** I en 43 av. J.-C., II (33 av. J.-C.), III (31 av. J.-C.), IV (30 av. J.-C.), V (29 av. J.-C.), VI (28 av. J.-C.), VII (27 av. J.-C.), VIII (26 av. J.-C.), IX (25 av. J.-C.), X (24 av. J.-C.), XI (23 av. J.-C.), XII (5 av. J.-C.), XIII (2 av. J.-C.)
- Acclamé **Imperator** 21 fois (le titre donné par les troupes au général victorieux), la 1re fois en 43 av. J.-C.
- 1re puissance tribunicienne en 23 av. J.-C. avec la seconde réforme constitutionnelle ; renouvelée tous les ans, le 26 juin
- Titulature complète à sa mort : **Imperator Caesar Divi Filius Augustus, Pontifex Maximus, Consul XIII, Imperator XXI, Tribuniciae Potestatis XXXVII, Pater Patriae**
- Epouses
(1) Claudia 43 av. J.-C.
(2) Scribonia 40 av. J.-C.
(3) Livia Drusilla 38 av. J.-C.
- Enfants : Julie (avec Scribonia)
- Mort de maladie à Nola, en Campanie le 19 août 14 ap. J.-C. Inhumé dans le Mausolée d'Auguste

à ce qu'il proclamait. De même, il est impossible de croire que le sénat se soit réjoui du gouvernement d'un seul homme. Cependant, Auguste a restauré l'ordre dans une Rome déchirée par des décennies de guerre civile et son avènement est une bénédiction pour la plupart des Romains.

La conquête du pouvoir. Le futur empereur Auguste est né le 23 septembre 63 av. J.-C., à Rome, et se nomme alors simplement Caius Octavius (Octave). Il est âgé de quatre ans lorsque son père (un autre Caius Octavius, qui est le premier sénateur de la famille) meurt. Sa mère est issue d'une famille plus noble. Elle est la fille de Julie, la sœur de Jules César. C'est grâce à cette parenté qu'Octave peut entamer son ascension sociale.

En 46 av. J.-C., pendant la campagne d'Espagne, Octave sert sous les ordres de Jules César. En 44 av. J.-C., alors qu'il n'a que dix-huit ans, il est nommé commandant en second de l'expédition que projette César contre les Parthes. Il se trouve en Illyrie (Albanie actuelle) pour préparer cette campagne, quand on lui annonce l'assassinat de César. Il revient aussitôt à Rome et apprend en route que César l'a adopté dans son testament. Cette nouvelle fortifie sa résolution de venger l'assassinat de son père adoptif. Mais lorsqu'il arrive à Rome, le pouvoir est aux mains de Marc Antoine et d'Aemilius Lépide qui penchent en faveur de l'amnistie des meurtriers.

Octave, qui refuse ces arrangements, parvient à saper la position d'Antoine en gagnant à sa cause beaucoup de partisans de César, y compris certaines légions.

Parmi les sénateurs, Antoine compte également de nombreux opposants. Au cours de l'été 44 av. J.-C., leur chef Cicéron prononce de violentes harangues contre lui (les Philippiques). Cicéron considère en effet le jeune Octave comme un allié utile. Lorsque, en novembre 44, Antoine quitte Rome pour prendre son commandement dans le nord de l'Italie, Octave reçoit les encouragements de Cicéron pour l'attaquer. Antoine bat en retraite vers l'ouest, en Gaule. Si Cicéron avait pensé pourvoir contrôler Octave, la suite démontre qu'il s'est trompé. En août 43, Octave marche sur Rome avec son armée et oblige le sénat à l'accepter comme consul. Trois mois plus tard, à Bologne, il rencontre Antoine et Lépide et s'entend avec eux pour former le triumvirat, qui exclut complètement le sénat du pouvoir. Cicéron tombera victime des proscriptions successives. A la fin de l'année suivante, les triumvirs battent Brutus et Cassius, les chefs des assassins de César, à Philippes dans le nord de la Grèce.

En octobre 40 av. J.-C., les vainqueurs de Philippes s'accordent pour se partager l'Empire romain. Antoine prend l'Orient, Octave l'Occident, et Lépide (qui n'est plus un partenaire de même force) la province d'Afrique. Pour sceller le pacte, Antoine épouse la sœur d'Octave. La divinisa-

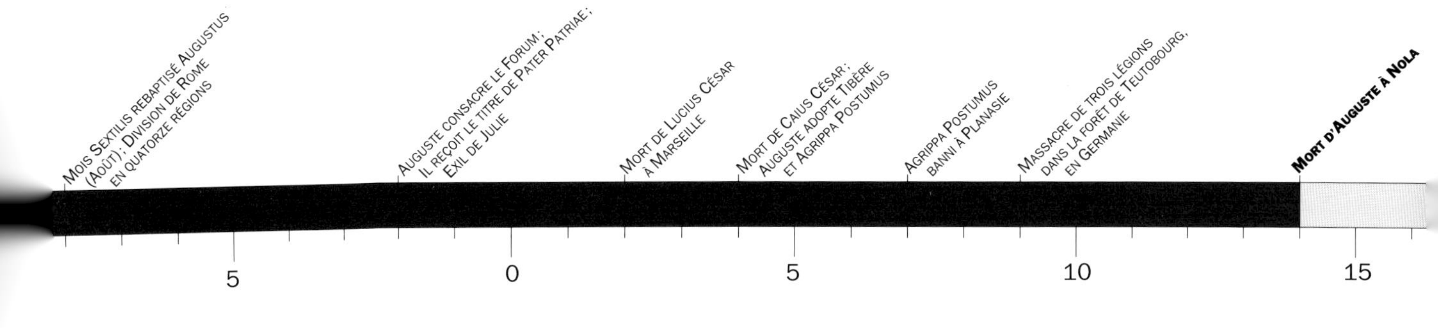

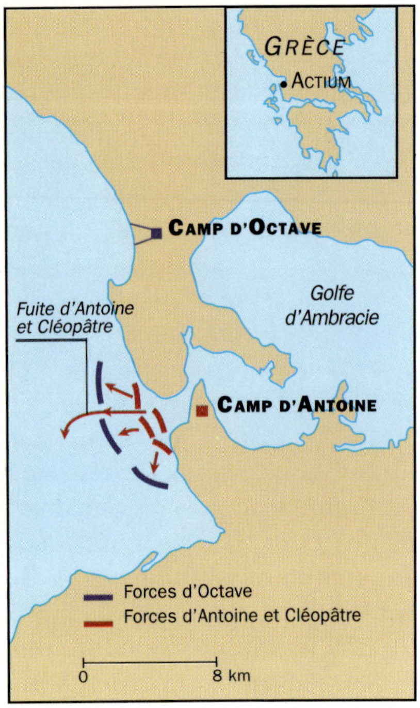

« ARRIVA ENFIN LE JOUR DE LA DÉCISION SUPRÊME OÙ CÉSAR ET ANTOINE FAISANT AVANCER LEURS NAVIRES COMBATTIRENT, L'UN POUR LE SALUT, L'AUTRE POUR LA PERTE DU MONDE. »

VELLEIUS PATERCULUS, *Histoire romaine*, II, 85-86

Le 2 septembre 31 av. J.-C., la bataille d'Actium met fin à une longue période de guerre civile et assure à Octave un pouvoir sans partage sur le peuple romain. Actium est un promontoire de la côte ouest de la Grèce, à l'embouchure du golfe d'Ambracie. Alors qu'Antoine établit son camp du côté sud de l'entrée du golfe, Octave s'installe à 8 kilomètres environ, sur le promontoire nord. Sur terre, les deux armées sont de force égale, mais sur mer, Octave a l'avantage. Sa flotte, plus importante et plus expérimentée, est commandée par le remarquable Marcus Agrippa. A la fin de l'été, le blocus d'Agrippa a sérieusement affaibli la position d'Antoine qui tente une sortie par la mer. L'escadre de Cléopâtre, suivie par Antoine et quelques navires, réussit à traverser les lignes ennemies, mais le gros de la flotte se rend. Quelques jours plus tard, les troupes terrestres d'Antoine capitulent : la victoire d'Octave est complète.

tion de César, deux ans auparavant, a conforté la position d'Octave, qui se prévaut désormais du titre de *Divi filius*, "fils d'un dieu".

Octave s'emploie ensuite à renforcer les provinces de l'ouest et à délivrer l'Italie des actes de piraterie de Sextus Pompée, un fils du grand Pompée, qui utilise la Sicile comme base arrière. En 36 av. J.-C., Marcus Agrippa, ami fidèle d'Octave et commandant efficace, met fin à cette campagne en remportant la bataille navale de Myles. Lépide, qui a quitté l'Afrique pour prendre part aux hostilités, va causer sa propre perte en tentant d'enlever à Octave le commandement des légions victorieuses. Neutralisé en tant que force politique, Lépide restera cependant *Pontifex Maximus* jusqu'à sa mort.

La rupture avec Antoine. Antoine et Octave sont désormais les deux maîtres du monde romain. Tandis qu'Octave affermit sa réputation à l'ouest, Antoine mène ouvertement, avec Cléopâtre, la reine d'Egypte, une vie qui évoque plus celle d'un souverain hellénique que celle d'un chef romain. Octave va tirer habilement profit de l'impopularité des monarques orientaux à Rome. En outre, bien qu'Antoine ait réalisé une réorganisation efficace des provinces orientales (qu'Octave maintiendra), il voit son prestige entamé par l'échec d'une campagne. En juillet 32 av. J.-C., Octave entre illégalement en possession du testament d'Antoine et le lit en public. Dans ce document, Antoine fait des legs généreux aux enfants que lui a donnés Cléopâtre et demande à ce que sa dépouille soit ramenée en Egypte s'il meurt en Italie. Ce texte est bien éloigné du testament d'un vrai Romain, aussi le sénat décide-t-il de déclarer la guerre à Antoine.

La bataille fatidique a lieu le 2 septembre 31 av. J.-C., à Actium, sur la côte ouest de la Grèce. La flotte d'Antoine essaie de rompre l'encerclement des navires d'Octave, mais seuls quelques rares vaisseaux y parviennent. Le reste de la flotte et l'importante armée de terre se rendent à Octave tandis qu'Antoine et Cléopâtre s'enfuient en Egypte. Après avoir marqué une pause pour régler des affaires en Italie, Octave poursuit l'offensive l'année suivante. Lorsqu'il s'empare d'Alexandrie, Antoine se suicide, suivi par Cléopâtre quelques jours plus tard. Le trésor des Ptolémées, les rois d'Egypte, tombe aux mains d'Octave. L'Egypte, quant à elle, devient une province romaine.

La nouvelle constitution. La victoire d'Actium fait d'Auguste le maître incontesté du monde romain, mais ne résout pas la question de son statut constitutionnel. Si le vainqueur n'a pas l'intention de céder le pouvoir, le meurtre de Jules César lui rappelle la nécessité de parvenir à un accord avec le sénat. De toute façon, il est évident qu'il ne peut gouverner l'Etat tout seul. Il a besoin de la coopération d'hommes qui ont l'expérience de l'administration et des affaires publiques.

Ainsi, en janvier 27 av. J.-C., Octave se prête au simulacre qui consiste à rendre ses pouvoirs au sénat et à en recevoir la plus grande partie en retour. Ses agents et associés ont soigneusement organisé toute la procédure. Octave conserve l'Egypte, Chypre et les provinces militaires importantes d'Espagne, de Gaule et de Syrie pendant dix ans. Il continue à se faire élire consul tous les ans entre 31 et 26 av. J.-C. et se voit conférer aussi le titre

Camée de l'empereur Auguste, attribué au graveur grec Dioscoride, qui a aussi exécuté la bague-sceau d'Auguste.
Trésor de Saint-Denis, Bibliothèque nationale, Paris.

d'Auguste, mot quelque peu archaïque signifiant sacré ou révéré. Dans la moitié grecque de l'empire, le terme est traduit par *Sebastos*, qui deviendra un titre utilisé par tous les empereurs tardifs. Auguste préfère, quant à lui, le titre de *Princeps*, ou premier citoyen, tout en gardant celui d'*Imperator* qui souligne sa fonction de commandant suprême des armées.

Dans sa première réforme constitutionnelle de 27 av. J.-C., Auguste affirme avoir restauré la république. Les pouvoirs qu'il détient alors ne sont exceptionnels que dans la mesure où ils sont concentrés dans les mains d'une seule personne ; ils existaient déjà tous, à des degrés divers, sous la république. La grande réussite d'Auguste est d'avoir amené les sénateurs à accepter sa position à la tête de l'Etat en leur permettant d'exprimer leurs ambitions sans menacer directement les siennes propres.

Durant l'été 27 av. J.-C., Auguste quitte Rome pour la Gaule et l'Espagne et ne revient qu'en 24 av. J.-C. En 23 av. J.-C., il tombe très gravement malade et pense qu'il va mourir. Dès qu'il guérit, il décide de changer son statut constitutionnel. Il démissionne du consulat qu'il n'occupera plus que deux fois au cours des années à venir. En remplacement, le sénat lui décerne la puissance tribunicienne à vie, qui lui permet de convoquer le sénat, de soumettre les lois à l'assemblée populaire, et lui donne un droit de veto illimité. Au même moment, sa souveraineté sur les provinces est

LA DEMEURE D'AUGUSTE

« IL HABITA D'ABORD PRÈS DU FORUM ROMAIN, AU-DESSUS DES ESCALIERS DES ORFÈVRES, DANS L'ANCIENNE MAISON DE L'ORATEUR CALVUS ; ENSUITE, SUR LE PALATIN, MAIS DANS LA MAISON ÉGALEMENT MODESTE D'HORTENSIUS, QUI NE SE DISTINGUAIT NI PAR SON AMPLEUR NI PAR SON LUXE, CAR LES COLONNES DE SES PORTIQUES, D'AILLEURS PEU DÉVELOPPÉS, ÉTAIENT EN PIERRE DU MONT ALBAIN, ET DANS LES APPARTEMENTS NE SE VOYAIENT NI MARBRE NI PRÉCIEUSE MOSAÏQUE. PENDANT PLUS DE QUARANTE ANS, IL COUCHA DANS LA MÊME CHAMBRE, HIVER COMME ÉTÉ. »

SUÉTONE, *Auguste*, LXXII

La résidence d'Auguste sur le Palatin était vaste pour ce quartier particulièrement surpeuplé de Rome, mais ce n'était pas un palais. Les vestiges mis au jour appartiennent aux deux côtés d'une cour à colonnades et comprennent des salles à manger, des pièces de réception et deux bibliothèques. Auguste a sans doute acquis la maison au moment des proscriptions de 42-41 av. J.-C. et de l'exécution de son propriétaire Hortensius. Il a acheté les propriétés adjacentes dans le but d'étendre considérablement la demeure, puis a changé d'avis et utilisé la majeure partie du terrain pour élever un superbe temple à Apollon. Il a conservé le reste de la propriété pour lui-même et sa famille. C'est là que se trouve la maison dite de Livie, une série de quatre pièces décorées de superbes peintures.

Peintures murales de la maison dite de Livie, vers 30-25 av. J.-C.

L'IMAGE IMPÉRIALE

La statuaire joue un rôle majeur dans la création de l'image publique d'Auguste, premier citoyen, empereur et prêtre. En tant que prêtre, il est figuré le regard modeste ou réfléchi, la tête couverte de la toge. Dans les années tardives du règne, Auguste préfère les portraits qui évoquent sa piété à ceux qui montrent son autorité. Le portrait le plus remarquable d'Auguste empereur est la statue de marbre de la villa de Livie à Prima Porta, au nord de Rome, qui représente un chef militaire victorieux, le bras droit tendu dans un geste de domination. L'empereur est vêtu d'une cuirasse de cérémonie, ornée d'une scène en bas-relief qui illustre le retour à Rome des enseignes romaines prises par les Parthes. La statue mesure plus de deux mètres de hauteur. Elle porte des traces de peinture et de dorure. L'expression du visage, soigneusement rendue, reflète la gravité et non le vain orgueil.

renouvelée. Désormais, il est formellement *maius*, le premier, et l'emporte sur tous les autres gouverneurs de province.

Cette seconde réforme constitutionnelle connaît des débuts troublés car, l'année suivante, Rome est en proie à la peste et à la famine. Le peuple offre alors à Auguste un consulat annuel, puis un consulat perpétuel. Enfin, en 19 av. J.-C., celui-ci accepte, non le consulat, mais la puissance consulaire. A Rome et en Italie, son autorité est désormais égale à celle des consuls tandis que dans les provinces, elle lui est bien supérieure. En outre, Auguste contrôle l'armée. Son pouvoir, inattaquable, s'appuie sur l'immense autorité morale qu'il a acquise.

Le fait qu'il n'y ait eu contre Auguste qu'une seule conspiration sérieuse démontre le succès de sa politique. Il traite le sénat avec fermeté, mais avec respect, établissant ainsi un modèle relationnel pour les futurs empereurs. Il gagne à sa cause sénateurs et autres personnages, qui vont former le noyau d'un service civil impérial. Le triomphe d'Auguste atteint son apogée en 2 av. J.-C., lorsque les sénateurs lui confèrent le nouveau titre honorifique de *Pater Patriae* (Père de la Patrie) en guise de reconnaissance pour son despotisme bienveillant.

Le siècle d'Auguste. Auguste s'est employé à présenter la victoire d'Actium comme la fin de la guerre civile et le début d'une nouvelle ère. Une bonne part de son programme consiste à reconstruire Rome elle-même et à remettre en état les édifices, négligés pendant le conflit. Auguste revendique ainsi la restauration de quatre-vingt-deux temples en une seule année. De nouveaux monuments, grandioses, voient également le jour, comme le théâtre de Marcellus, le temple d'Apollon sur le Palatin, l'Horologium ou cadran solaire (qui utilise un obélisque égyptien en guise d'aiguille), le grand Mausolée circulaire et l'imposant Forum d'Auguste avec son temple à Mars Ultor, le "Vengeur".

Les efforts d'Auguste sont complétés par son fidèle lieutenant Agrippa, qui réalise plusieurs grands projets de construction dans la région du Champ de Mars, dont le Panthéon, reconstruit ensuite par Hadrien. Agrippa répare également le système d'alimentation hydraulique de la cité et érige deux nouveaux aqueducs, l'Aqua Julia et l'Aqua Virgo. Auguste veille personnellement à l'approvisionnement de la ville en céréales, extrêmement important, et procède à sa réorganisation en quatorze régions administratives.

Il manque pourtant un édifice au règne d'Auguste : le palais impérial. De fait, l'empereur vit dans une maison modeste mais spacieuse, située sur le Palatin, évitant ainsi les signes apparents de la monarchie. Auguste est tout aussi vigilant concernant le culte impérial. Les sujets des provinces orientales ont depuis longtemps l'habitude de vénérer les souverains de leur vivant et de leur élever des temples. Auguste interdit le culte de sa seule personne, mais encourage, en dehors de la capitale, celui de Rome et d'Auguste, dans lequel son nom se retrouve obligatoirement associé aux destinées de l'Etat.

Quoi qu'il en soit, le culte de l'empereur s'étend rapidement dans les provinces d'Occident, Italie comprise. Officiellement pourtant, Auguste refusera catégoriquement tout honneur divin de son vivant. Ce qui ne l'empêche pas de s'appeler lui-même *Divi filius*, fils du divin Jules César.

L'homme. D'après Suétone, Auguste était petit de taille, « mais cela ne se voyait point, tant son corps était bien proportionné, et l'on ne pouvait s'en apercevoir qu'en le comparant avec une personne plus grande, debout près de lui. (...) Son corps était, dit-on, couvert de taches, de signes naturels, parsemés sur sa poitrine et sur son ventre, (...) mais aussi de callosités formant en plusieurs endroits des plaques dartreuses, provoquées par ses démangeaisons et par son habitude de se frotter vigoureusement avec un strigile. (...) Il souffrait également de la vessie et n'était soulagé qu'après avoir rendu des calculs en urinant. » C'est un être ouvert à la critique qui s'est acquis, en outre, un véritable soutien populaire en organisant des jeux, en élevant de nouveaux monuments et en prenant des mesures pour le bien commun. Auguste a compris que, avec un gouvernement qui sert aussi bien l'intérêt public que le sien propre, il consolide sa position personnelle et sa sécurité. Ainsi, bien qu'investi de l'autorité suprême, l'empereur est en quelque sorte un monarque constitutionnel.

Avec une générosité qui s'étend à sa vie privée, Auguste se fait des amis. Il apprécie tout particulièrement le jeu de dés et procure souvent à ses hôtes l'argent nécessaire aux paris. Doué d'un bon sens de l'humour, il aime les tournures de phrase familières, telles que « plus vite qu'il ne faut pour cuisiner des asperges ». Dans le domaine littéraire, les talents d'Auguste sont plutôt modestes. Nous savons qu'il a rédigé une autobiographie, disparue, en treize volumes, qui raconte sa vie jusqu'à la guerre contre les Cantabres (26-25 av. J.-C.). Il a aussi composé des épigrammes aux bains et a commencé un tragédie baptisée *Ajax*. Quand, plus tard, on lui demanda où en était celle-ci, il répondit que « son Ajax était tombé sur son éponge » (l'éponge utilisée pour effacer les inscriptions à l'encre), l'Ajax de l'*Iliade* étant tombé, lui, sur son épée. Auguste ne possède pas parfaitement le grec. Quand il doit s'exprimer dans cette langue, il écrit ce qu'il veut dire en latin et fait traduire le texte. C'est un homme cultivé, mais ce n'est pas un empereur érudit.

A l'âge de vingt-cinq ans, Auguste se marie pour la troisième fois avec Livia Drusilla, la personne la plus importante de sa vie, avec laquelle il restera marié jusqu'à sa mort. Livie succède à Claudia, la belle-fille d'Antoine (43-41 av. J.-C.), et à Scribonia, une parente de Sextus Pompée (40-39 av. J.-C.). Lorsque Auguste rencontre Livie, elle est déjà mariée ; obligeamment, le mari divorce à la demande du futur empereur. Cette union va résister à l'épreuve du temps. Suétone rapporte qu'Auguste « l'a aimée et estimée jusqu'à la fin, sans rivale ». Cela n'empêche pas l'empereur d'avoir par ailleurs une réputation de séducteur. Livie ferme les yeux sur sa longue série de maîtresses, ce qui n'a pas toujours dû être facile. On raconte ainsi que le départ d'Auguste pour la Gaule, en 16 av. J.-C., avait en réalité pour motif le désir de vivre ouvertement avec sa maîtresse Terentia. Ce fait ne manque pas d'ironie pour un homme qui légifère avec beaucoup d'ardeur sur les questions de morale publique et qui a banni sa fille et sa petite-fille pour adultère.

L'OMBRE SINISTRE DE LIVIE

Camée de Livie. Royal Coin Collection, La Haye.

« PAR LA PURETÉ DE SA VIE DOMESTIQUE, ELLE FAISAIT REVIVRE LES MŒURS ANTIQUES, MAIS ELLE ÉTAIT D'UNE SOCIABILITÉ PLUS GRANDE QUE CE QUE L'ON ADMETTAIT CHEZ LES FEMMES D'AUTREFOIS, MÈRE IMPÉRIEUSE, ÉPOUSE FERMANT LES YEUX ET S'ACCORDANT BIEN AVEC LES MÉTHODES SUBTILES DE SON MARI ET LA DISSIMULATION DE SON FILS. »

TACITE, *Annales*, V, 1

Livia Drusilla, qu'Auguste a épousée en janvier 38 av. J.-C., est une femme habile et énergique. D'un côté, elle a la réputation d'être généreuse et encourage Auguste à se montrer clément envers ses adversaires. De l'autre côté, le plus sombre, elle est soupçonnée d'intrigues qui auraient entraîné la mort de Marcellus, Caius et Lucius, et laissé Tibère seul successeur d'Auguste. Ces soupçons ne sont sans doute pas fondés. Mais Livie est peut-être en partie responsable de l'exil d'Agrippa Postumus, le dernier petit-fils vivant d'Auguste, sur la petite île de Planasie. L'accusation la plus curieuse portée contre elle concerne la mort d'Auguste. Celui-ci ayant, dans les derniers mois de sa vie, rendu visite à son petit-fils, Livie aurait eu peur qu'Agrippa Postumus redevienne le rival de Tibère. Pour prévenir cette éventualité, « elle (...) a enduit de poison des figues, toujours suspendues, aux arbres dans lesquels Auguste aimait cueillir les fruits de ses propres mains : ensuite, elle a mangé celles qui n'avaient pas été enduites et a tendu à Auguste celles qu'elle avait empoisonnées. » Livie est morte en 29 ap. J.-C., à l'âge de quatre-vingt-six ans.

LES MONUMENTS DE LA DYNASTIE

« IL CONSTRUISIT UN TRÈS GRAND NOMBRE DE MONUMENTS PUBLICS, DONT VOICI LES PRINCIPAUX: UN FORUM AVEC UN TEMPLE DE MARS VENGEUR, UN TEMPLE D'APOLLON SUR LE PALATIN, UN AUTRE DE JUPITER TONNANT SUR LE CAPITOLE. »

SUÉTONE, *Auguste*, XXIX

Auguste s'est glorifié d'avoir trouvé Rome en briques et de l'avoir laissée en marbre. Certains des édifices qu'il a érigés sont directement liés à ses ambitions dynastiques. C'est le cas du Mausolée, avec ses 90 mètres de long et 40 mètres de large, que dominait une statue d'Auguste en bronze. Cela est vrai également pour le Forum, consacré en 2 av. J.-C. Officiellement, le Forum doit faciliter l'administration des provinces. Officieusement, il permet d'affirmer la puissance de la famille. Au centre se dressait le temple de Mars Ultor, le "Vengeur", en référence à la vengeance du meurtre de César par Auguste. Jadis, les multiples statues du Forum faisaient la splendeur du lieu. Sous les colonnades qui bordaient l'un des côtés de la place s'élevaient les statues des membres de la famille julienne, d'Enée, l'ancêtre mythique, à Auguste. De l'autre côté s'alignaient celles de tous les grands hommes de Rome, de Romulus, le fondateur de la cité, aux derniers chefs républicains, Marius, Pompée et Sylla. Auguste et sa famille ont ainsi pris place parmi les personnalités à qui Rome doit sa grandeur.

Le Mausolée d'Auguste sur le Champ de Mars à Rome.

A gauche, sa reconstitution, avec les pentes arborées soutenant le cylindre de la base et la statue de bronze de l'empereur au sommet. Les murs de l'édifice, bâtis selon la technique du blocage, étaient revêtus d'un parement en opus reticulatum (petits blocs triangulaires en tuf). Les surfaces extérieures étaient recouvertes d'un marbre blanc étincelant. Il ne subsiste aujourd'hui que le noyau dénudé (ci-dessous, à droite). Les cendres d'Auguste, de Tibère, de Livie, de Claude et de bien d'autres membres de la famille julio-claudienne reposaient dans la chambre funéraire, située au centre du Mausolée. La première personne inhumée dans le Mausolée, en 23 av. J.-C., fut Marcellus, le neveu d'Auguste. La dernière fut l'empereur Nerva, en 98 ap. J.-C.

Le Forum d'Auguste et le temple de Mars Ultor. A gauche, au premier plan, les escaliers du temple et les vestiges de la colonnade. Derrière s'élève le puissant mur écran en blocs de tuf, de plus de 30 mètres de haut, qui isolait les édifices du quartier surpeuplé de Suburre et les protégeait contre les incendies.

Dans sa forme d'origine (ci-dessous), le Forum servait de galerie de portraits et abritait l'image des Romains les plus illustres, d'Enée à Auguste.

Conquêtes et frontières. Auguste n'est pas un grand chef militaire et a le bon sens de le reconnaître. Au début, il se repose sur Marcus Agrippa, son fidèle ami : c'est lui qui commande la flotte à Actium. Après cette bataille, Auguste ne prend part qu'à une seule autre campagne, celle contre les Cantabres, en Espagne, en 26-25 av. J.-C. Là aussi, c'est un de ses généraux qui mène la guerre à son heureuse conclusion.

Le règne n'en est pas moins marqué par une série de victoires romaines. La première et la plus importante est la conquête de l'Egypte en 30 av. J.-C. Cette province devient très vite la principale source d'approvisionnement en céréales de la population de Rome. Auguste obtient un autre grand succès, diplomatique cette fois, en Orient, en 20 av. J.-C. Il récupère les enseignes des légions enlevées par les Parthes, en 53 av. J.-C., lors de la désastreuse bataille de Carrhae.

Quoi qu'il en soit, les frontières constituent la principale préoccupation militaire du règne. A l'est, le désert syrien et l'Euphrate dessinent une frontière naturelle. Au nord, il faut mener de rudes campagnes pour conquérir les tribus des Alpes et pacifier le nord des Balkans dans le but d'établir sur le Danube la frontière romaine. Les combats les plus terribles et les revers les plus graves se produisent en Germanie.

Dans les années 50 av. J.-C., Jules César avait conquis la Gaule et défini un nouvelle frontière le long du Rhin. Après avoir atteint le Danube et fixé là la frontière des Balkans au terme de plusieurs expéditions, Auguste doit trouver le moyen d'étendre cette ligne jusqu'à la mer du Nord. Suivre le Danube et le Rhin jusqu'à leur source oblige à faire un curieux détour au niveau des Alpes. Si les Romains parviennent à imposer leur loi jusqu'à l'Elbe, il leur sera possible d'établir une frontière beaucoup plus courte. Auguste, qui choisit cette dernière solution, confie, en 12 av. J.-C., le commandement des légions du Rhin à son beau-fils Drusus avec l'ordre d'avancer jusqu'à l'Elbe. A la mort de Drusus, en 9 av. J.-C., la mission échoit à son autre beau-fils, Tibère. Trois ans plus tard, le succès semble à portée de main, lorsque Tibère s'exile de lui-même à Rhodes pour ne reprendre son commandement qu'en 4 ap. J.-C. Il s'apprête à conquérir la Bohême et la Moravie, mais doit partir réprimer une grave révolte dans les Balkans. C'est en 9 ap. J.-C. qu'intervient le désastre de la forêt de Teutobourg.

Quintilius Varus, commandant des légions du Rhin, a passé l'été de 9 ap. J.-C. sur les rives de la Weser. En septembre, alors qu'il se replie vers ses quartiers d'hiver sur le Rhin, il tombe dans une embuscade, dans la forêt de Teutobourg. Ses trois légions sont anéanties. Tibère se rend aussitôt sur la frontière du Rhin pour empêcher l'invasion de la Gaule par les Germains. De son côté, Auguste fut profondément affecté. On rapporte qu'il porta le deuil pendant plusieurs mois, sans se raser la barbe et les cheveux, et que, parfois, il se cognait la tête contre une porte en criant : « Quintilius Varus, rends-moi mes légions ! »

Après Teutobourg, le projet de la frontière de l'Elbe est définitivement abandonné. Auguste est devenu tellement prudent sur le sujet que, à sa mort, cinq plus tard, il lègue à Tibère un document, rédigé de sa propre main, dans lequel il lui recommande de maintenir les frontières actuelles de l'empire.

L'HÉRITIER DÉSIGNÉ

Buste de Caius César.
Musée d'Art et d'Histoire, Genève.

Auguste nourrissait une grande affection pour ses deux petits-fils, Caius et Lucius. Il voulait en faire ses successeurs, mais ses plans ont été contrecarrés par leur mort prématurée. La lettre suivante, adressée à Caius alors qu'il séjourne en Syrie en l'an 1 ap. J.-C., montre la chaleur des sentiments d'Auguste pour le jeune prince :

« LE NEUVIÈME JOUR AVANT LES CALENDES D'OCTOBRE.
SALUT, MON CHER CAIUS, MON ÂNON SI AGRÉABLE, TOI QUI, J'EN FAIS LE SERMENT, ME MANQUES CONSTAMMENT QUAND TU ES LOIN DE MOI. MAIS SURTOUT EN DE TELS JOURS QU'AUJOURD'HUI, MES YEUX RÉCLAMENT MON CHER CAIUS, TOI QUI, OÙ QUE TU TE SOIS TROUVÉ CE JOUR, AS CÉLÉBRÉ JOYEUX ET EN BONNE SANTÉ, JE L'ESPÈRE, MON SOIXANTE-QUATRIÈME ANNIVERSAIRE. CAR, COMME TU LE VOIS, NOUS AVONS ÉCHAPPÉ À L'ANNÉE CRITIQUE COMMUNE À TOUS LES VIEILLARDS, LA SOIXANTE-TROISIÈME ANNÉE. MAIS JE DEMANDE AUX DIEUX QUE, QUEL QUE SOIT LE TEMPS QUI ME RESTE À VIVRE, IL ME SOIT DONNÉ DE LE PASSER JUSQU'AU BOUT EN BONNE SANTÉ DANS UN ÉTAT PARFAITEMENT HEUREUX, VOUS-MÊMES VOUS CONDUISANT EN HOMMES DE CŒUR ET VOUS PRÉPARANT À ME SUCCÉDER DANS MON POSTE. »

AULU-GELLE, *Nuits attiques*, XV, 7

Les effectifs de l'armée. Si Auguste est aussi touché par la perte de trois légions, ce qui peut paraître étonnant, c'est qu'il ne dispose pas d'armée de réserve et que le renforcement d'une frontière l'oblige à transférer les légions d'une autre frontière. La politique d'Auguste a consisté à réduire les troupes au minimum nécessaire pour garantir la paix dans l'empire et en surveiller les confins. Peu après Actium, il réduit le nombre des légions à vingt-huit, dont la plupart sont stationnées sur les frontières de l'empire. Après le désastre de Varus, huit des vingt-cinq légions restantes sont cantonnées le long du Rhin, sept le long du Danube et quatre en Syrie. Leur contrôle est essentiel pour Auguste. Les soldats jurent fidélité à l'empereur et non au sénat ou à l'Etat. Pour renforcer son pouvoir, Auguste crée la garde prétorienne et ses neuf cohortes d'élite de cinq cents hommes (ou de mille peut-être), stationnées à Rome ou à proximité. Sa seule fonction est de protéger l'empereur.

La succession. Le règne d'Auguste a été une réussite qui a dépassé toutes ses espérances. Le grand atout de l'empereur est d'avoir vécu assez longtemps pour que lui-même et sa famille apparaissent aux yeux des Romains comme des souverains naturels. Auguste doit toutefois s'assurer qu'un membre de sa famille héritera de la fonction qu'il a créée. Toute une série de décès prématurés vont contrarier ce dessein.

Auguste s'efforce d'abord de garder la succession dans sa propre lignée (julienne). Il ne place pas les enfants que Livie a eus de son précédent mariage sur un pied d'égalité avec ceux de sa famille, car ils appartiennent à la lignée claudienne. Mais, il sera contraint de revenir sur ce principe dans la mesure où lui-même n'aura pas d'héritier mâle. Hormis un enfant mort prématurément, son union avec Livie est stérile. De sa précédente épouse Scribonia, Auguste a eu une fille, Julie. C'est, dans un premier temps, sur les époux et sur les enfants de celle-ci qu'il concentre ses projets dynastiques.

En 25 av. J.-C., Auguste marie Julie à Marcellus, le fils de sa sœur Octavie. Marcellus n'a alors qu'une quinzaine d'années. Bien que destiné à la charge suprême, il est trop jeune pour partager le pouvoir réel. En 23 av. J.-C., lorsque Auguste, malade, pense qu'il va mourir, il transmet sa bague-sceau, non à Marcellus, mais à son fidèle ami Agrippa. Tous les éléments d'une lutte pour le pouvoir entre les deux hommes sont dès lors réunis. Mais la même année, Marcellus tombe malade et meurt.

Agrippa reste seul candidat à la succession. En 21 av. J.-C., Auguste oblige Agrippa à divorcer pour épouser sa fille Julie, veuve, qui a vingt-cinq ans de moins que lui. De cette union naissent trois garçons et deux filles. L'aîné, Gaius, est né en 20 av. J.-C. Trois ans plus tard, lorsque naît son frère Lucius, Auguste adopte les deux garçons. Ses plans de succession à long terme reposent donc sur ses deux petits-fils, même si, durant leur enfance, Agrippa conserve sa position d'héritier.

En 12 av. J.-C., Agrippa meurt, laissant Julie veuve pour la seconde fois. Auguste réalise que, s'il décède à son tour, ses deux petits-fils n'auront plus de protecteur. Pour la première fois, il tourne ses pensées vers les fils adultes de Livie, Tibère et Drusus. Auguste contraint Tibère, l'aîné, à divor-

LES JULIO-CLAUDIENS

Auguste est devenu membre de la famille julienne, qui fait remonter ses origines au héros légendaire Enée, après avoir été adopté par Jules César dans son testament. Le lien avec la famille claudienne a été établi, en 38 av. J.-C, par le mariage d'Auguste avec Livia Drusilla. Le père de Livie est un Claude et son premier mari est Tibère Claude Néron. Auguste s'est efforcé de conserver la succession dans la famille julienne par l'intermédiaire de sa fille Julie, mais les héritiers désignés sont morts avant d'avoir atteint l'âge mûr. Ces décès ont fait de Tibère le dernier successeur possible. Tibère, qui est fils de Livie et de son premier mari, est donc un Claudien (bien qu'Auguste en ait fait un Julien par adoption). Jusqu'à la mort de Néron, en 68 ap. J.-C., les successeurs de Tibère sont aussi des Claudiens, descendants de son frère Drusus.

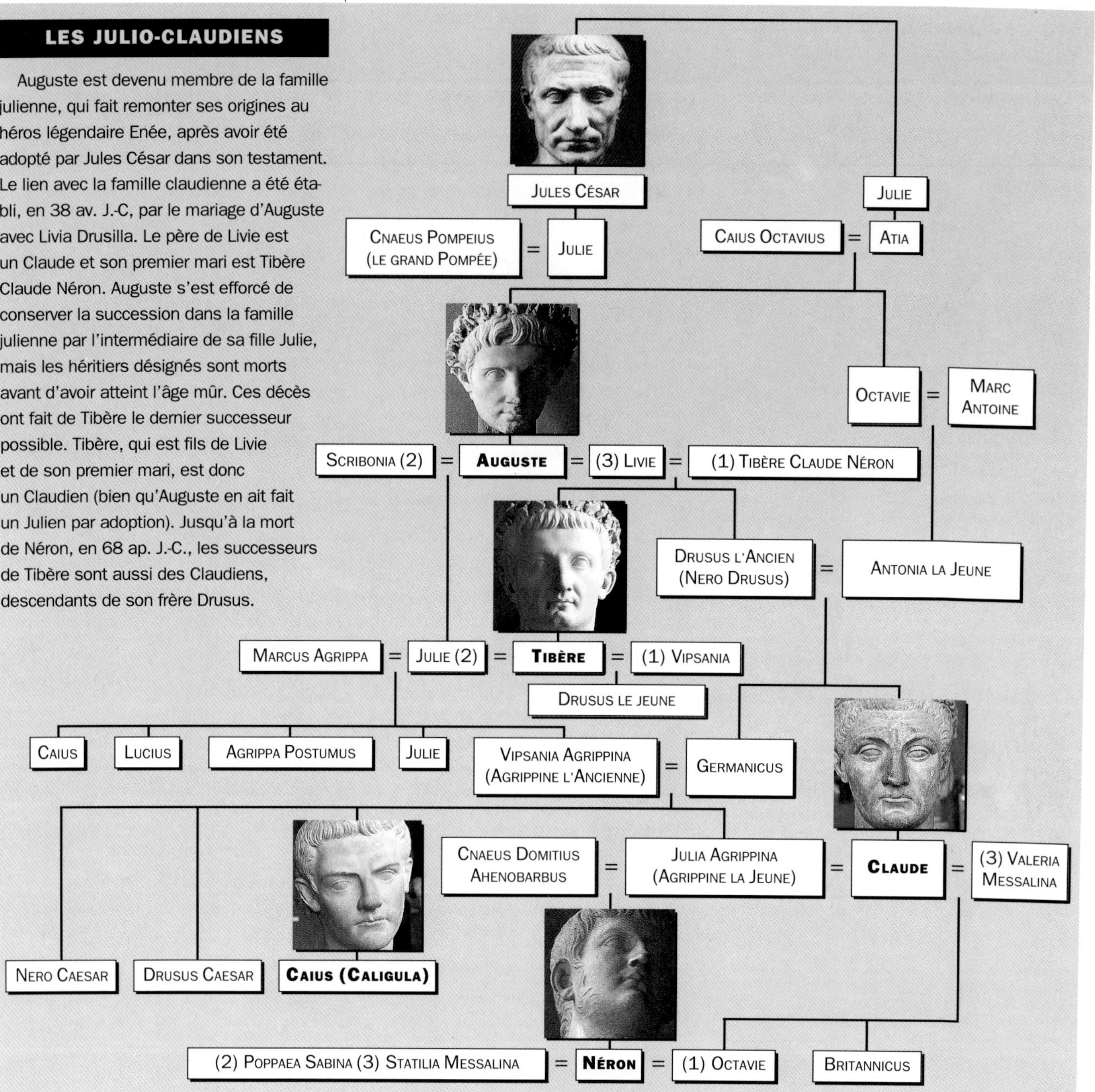

cer de son épouse Vipsania (fille d'Agrippa) pour épouser Julie et devenir le tuteur des deux jeunes princes. Tibère, très attaché à Vipsania, ressent durement le coup, mais le mariage a bien lieu le 12 février 11 av. J.-C.

Bien que populaires, Caius et Lucius se montrent des enfants gâtés et précoces. En 6 av. J.-C., Auguste décide de contenir leur ambition en conférant à Tibère la puissance tribunicienne pour cinq ans. Mais Tibère refuse d'être entraîné dans une lutte de rivalité avec ses beaux-fils. Brouillé avec son épouse Julie, il se retire de la vie publique et choisit de s'exiler à Rhodes. L'étoile de Caius continue de monter. En l'an 1 ap. J.-C., il est nommé consul et envoyé en Syrie muni de pouvoirs spéciaux pour raffermir l'autorité romaine en Arménie. En 3 ap. J.-C, il est blessé au cours d'un siège, tombe malade et déprime. Il reprend le chemin de l'Italie et meurt à Limyra, au sud-ouest de la Turquie, le 21 février 4 ap. J.-C. Son frère Lucius a déjà été emporté, deux ans auparavant à Marseille, par une maladie soudaine. Très affecté, Auguste voit une nouvelle fois ses plans de succession bouleversés.

Le choix final. Les décès de Caius et Lucius ne laissent plus à Auguste qu'un seul successeur : Tibère, le fils de Livie. Le 26 juin de l'an 4 ap. J.-C., il adopte Tibère, âgé de quarante-quatre ans, et son dernier petit-fils Postumus (le plus jeune frère de Caius et Lucius) qui a quinze ans. En même temps, Tibère adopte le petit-neveu d'Auguste, Germanicus. Agrippa Postumus fait montre d'un caractère emporté et déplaisant ; il est exilé trois ans plus tard sur l'île de Planasie. Germanicus reste ainsi le dernier espoir de la lignée julienne, même s'il est trop jeune pour succéder directement à Auguste.

Général compétent, Tibère n'est guère aimé d'Auguste sur le plan personnel. Ce sont les décès de Marcellus, Caius et Lucius et l'exil d'Agrippa Postumus qui vont donner sa chance à Tibère. Il ne manque pas d'observateurs pour voir dans la tournure des événements l'intervention de Livie, la mère de Tibère. La rumeur veut qu'elle ait fait tuer les héritiers l'un après l'autre, jusqu'à ce qu'il ne reste que son fils. La bonne fortune et la maladie sont des explications certes moins pittoresques, mais bien plus vraisemblables.

Une fin paisible. Au cours des dernières années du règne, Auguste se retire petit à petit de la vie publique. Il argue de son grand âge pour ne participer ni aux banquets ni aux assemblées régulières du sénat. Il quitte Rome pour la dernière fois durant l'été 14 ap. J.-C., avec l'intention de se rendre à Capri et à Bénévent (dans l'arrière-pays de Naples) en compagnie de Tibère. Ce dernier doit ensuite continuer seul vers la Pannonie. Alors qu'ils font voile vers Capri, Auguste souffre de diarrhée. Il se repose et jeûne à Capri pendant quatre jours, mais, à son retour sur le continent, il ne peut aller plus loin. Il meurt à Nola le 19 juillet 14 ap. J.-C., quarante-quatre ans après Actium et un mois seulement avant son soixante-seizième anniversaire.

La dépouille, ramenée à Rome, fait l'objet de splendides funérailles sur le Champ de Mars. Les cendres sont déposées dans le grand Mausolée situé à proximité. Les *Res Gestae*, compte rendu de l'œuvre d'Auguste, sont inscrites sur une paire de piliers de bronze dressés à l'entrée du monument. Son héritage le plus important réside bien sûr dans l'institution de l'empereur romain. Grâce à son sens tactique et à sa discrétion, Auguste a donné au gouvernement impérial des fondements particulièrement solides. A la fin, sur son lit de mort, Auguste plaisante sur la pièce à laquelle il a pris part. Il demande un miroir, fait coiffer ses cheveux et redresser sa tête, puis il prie ses amis d'applaudir au moment où il quitte la comédie de la vie. Il a bien tenu son rôle. ■

LA VERSION OFFICIELLE

Ci-dessous figure une copie des actes d'Auguste divinisé, par lesquels il place le monde entier sous la souveraineté du peuple romain. Le document cite aussi les sommes qu'il a dépensées pour l'Etat et le peuple romain. Le texte était gravé sur deux colonnes de bronze élevées à Rome.

Voici le début des *Res Gestae*, un récit officiel de l'œuvre d'Auguste telle que lui-même l'a immortalisée. On lit : « Pendant mes sixième et septième consulats (28-27 av. J.-C.), après avoir éteint les flammes de la guerre civile, ayant reçu le pouvoir suprême par un accord unanime, j'ai remis le gouvernement, placé sous mon contrôle, à la disposition du sénat et du peuple romain. » Auguste s'est efforcé d'imposer l'idée qu'il était un souverain constitutionnel et non un général conquérant. L'original en bronze des *Res Gestae* a été dressé, après la mort d'Auguste, sur des piliers érigés devant son Mausolée. Le document qui subsiste aujourd'hui est une copie inscrite sur les parois intérieures du temple de Rome et d'Auguste à Ancyre (l'actuelle Ankara), en Turquie.

D'après Suétone, Tibère « avait le teint blanc, les cheveux plantés assez bas derrière la tête, de sorte qu'ils lui couvraient même la nuque ». De son côté, Tacite affirme que l'empereur avait « le sommet du crâne chauve, la face rongée d'ulcères et souvent couverte d'emplâtres » (*Annales*, IV, 57, 2). Les portraits officiels ne portent bien sûr aucune trace de calvitie ou d'ulcères. C'est le cas de ce buste du musée du Louvre, Paris.

TIBÈRE

TIBERIUS CAESAR AUGUSTUS

14-37

Camée figurant l'empereur Tibère avec sa mère Livie, l'épouse d'Auguste.
Museum of Fine Arts, Boston.

« TIBÈRE ÉTAIT GROS, ROBUSTE, ET D'UNE TAILLE DÉPASSANT LA MOYENNE. (...) IL MARCHAIT LE COU RAIDE ET DRESSÉ FIÈREMENT, LE VISAGE D'ORDINAIRE CONTRACTÉ, EN GÉNÉRAL SANS RIEN DIRE OU EN N'ADRESSANT QUE DE TRÈS RARES PAROLES MÊME À CEUX QUI L'ENTOURAIENT (...). TOUTES CES HABITUDES DÉPLAISANTES ET PLEINES DE HAUTEUR ATTIRÈRENT L'ATTENTION D'AUGUSTE, QUI TÂCHA PLUS D'UNE FOIS DE LES EXCUSER AUPRÈS DU SÉNAT ET DU PEUPLE, EN DÉCLARANT "QUE CES DÉFAUTS VENAIENT DE LA NATURE, MAIS NON DU CŒUR". »

SUÉTONE, ***Tibère***, LXVIII

L'empereur Tibère est un personnage énigmatique. Tacite et Suétone le décrivent comme un vil tyran, toujours prêt à verser le sang, qui mène une vie de reclus sur l'île de Capri pendant que Rome est déchirée par les procès pour trahison et les morts d'innocents. Cela n'est pas tout à fait vrai. Car il y a chez Tibère, plutôt qu'une méchanceté profondément enracinée, un problème aigu d'inadaptation. C'est un souverain qui a fui la vie publique avant son avènement et qui a passé les années actives de sa carrière comme chef militaire en Germanie et dans les Balkans, et non

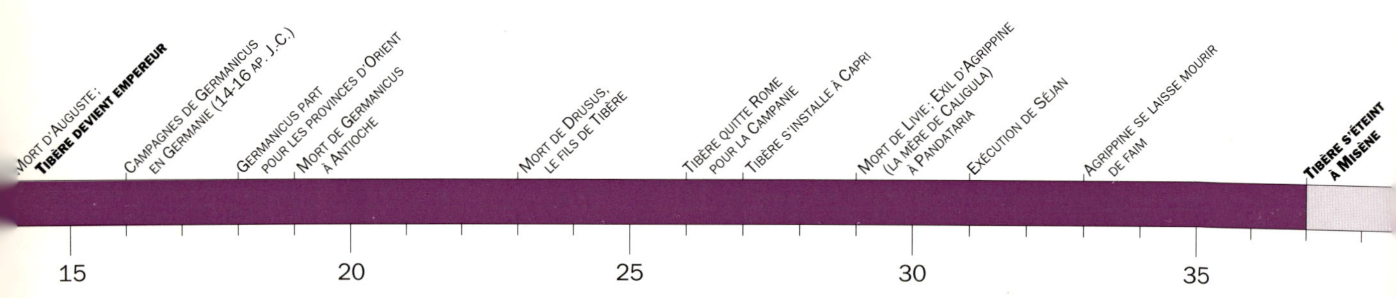

comme politicien à Rome. On ne doit pas non plus oublier qu'il est âgé de cinquante-quatre ans lorsqu'il accède au pouvoir, de soixante-sept ans lorsqu'il se retire à Capri et de soixante-dix-sept ans à sa mort.

D'enfant à empereur, le chemin parcouru par Tibère est loin d'avoir été facile. Il est né dans une demeure du Palatin le 16 novembre 42 av. J.-C. Son père est Tibère Claude Néron, un membre de l'illustre gens Claudia. Sa mère est la redoutable Livia Drusilla. Tibère, le père, se bat contre Octave pendant la guerre civile et fuit en Grèce en 40 av. J.-C. Il retourne en Italie l'année suivante et divorce alors d'avec Livie afin qu'Octave puisse l'épouser. Une douzaine d'années plus tard, Octave devient Auguste. Tibère est désormais le beau-fils du premier empereur romain.

Une succession embrouillée. En tant que beau-fils d'Auguste, Tibère est certes bien placé, tout en n'étant pas l'héritier naturel de l'empire. En 25 av. J.-C., il est nommé officier en Cantabrie, sa première affectation. Cinq ans plus tard, il fait campagne contre les Parthes et reprend les enseignes des légions perdues trente-trois ans auparavant par Crassus à Carrhae. En 16 av. J.-C., il devient gouverneur de la Gaule. En 15 av. J.-C., avec son frère Drusus, il conquiert de nouveaux territoires dans les Alpes.

En guise de récompense, il obtient, en 13 av. J.-C., son premier consulat. Sa joie est de courte durée. L'année suivante, il est en effet contraint de divorcer de sa femme Vipsania Agrippina, à laquelle il est très attaché, pour épouser Julie, qui est veuve. Cette union en fait le protecteur des Césars, Caius et Lucius, les héritiers présomptifs. L'arrangement semble renforcé par l'attrait que ressent Julie pour Tibère. Mais ce sentiment n'étant pas réciproque, le mariage tourne au désastre. Tibère, en campagne, séjourne le plus souvent hors de Rome. En 6 av. J.-C., las de cette vie, il décide de partir. D'après Suétone, il est surtout motivé par le « dégoût de sa femme, qu'il n'ose ni accuser ni rejeter et qu'il ne peut plus supporter ». Il demande à Auguste et à Livie la permission de se retirer de la vie publique et de quitter Rome.

Le dernier héritier. Tibère s'installe sur l'île de Rhodes où il mène une existence paisible pendant près de huit ans. En 2 av. J.-C., Julie est bannie à Pandataria pour adultère et son mariage avec Tibère annulé. Mais César Caius, l'héritier présomptif, ne le laisse pas revenir dans la capitale. A un moment donné, Tibère craint même pour sa vie. Finalement, en 2 ap. J.-C., Auguste autorise le retour de son beau-fils à Rome, à la condition qu'il ne prenne aucune part aux affaires publiques.

Peu après son arrivée survient la mort de Lucius, puis, au début de l'année suivante, celle de Caius. Auguste n'a plus d'héritier et Livie peut plaider la cause de son fils. On ne sait pas exactement ce qu'Auguste pensait de Tibère. Selon une tradition, Auguste se serait exclamé sur son lit de mort: « Malheur au peuple romain qui sera écrasé par des mâchoires qui broient si lentement ! » Il considérait sûrement que Tibère était austère et rigide. Aussi, quand il l'adopte le 27 juin de l'an 4, précise-t-il : « Je fais cela pour des raisons d'Etat. » Bien qu'Auguste l'ait sans doute considéré comme un successeur capable, il ne l'a pas choisi avec enthousiasme.

TIBÈRE

- Né à Rome, le 16 novembre 42 av. J.-C.
TIBERIUS CLAUDIUS NERO
- Adopté par Auguste (4 ap. J.-C.)
TIBERIUS JULIUS CAESAR
- Accession le 19 août 14 ap. J.-C.
TIBERIUS CAESAR AUGUSTUS
- En mars 15 ap. J.-C. **PONTIFEX MAXIMUS**
- Appelé fréquemment "fils du divin Auguste", *Divi Augusti filius*
- Puissance tribunicienne la 1re fois le 26 juin 6 av. J.-C. pour une période de cinq ans, jusqu'au 25 juin 1 av. J.-C. ; puis continuellement à partir du 26 juin 4 ap. J.-C., renouvelée tous les ans
- **IMPERATOR** I en 9 av. J.-C., II (8 av. J.-C.), III (6 ap. J.-C.), IV (8 ap. J.-C.), V (9 ap. J.-C.), VI (11 ap. J.-C.), VII (13 ap. J.-C.), VIII (16 ap. J.-C.)
- **CONSUL** I (13 av. J.-C.), II (7 av. J.-C.), III (avec Germanicus, 18 ap. J.-C.), IV (avec Drusus, 21 ap. J.-C.), V (avec Séjan, 31 ap. J.-C.)
- Titulature complète à sa mort: **TIBERIUS CAESAR DIVI AUGUSTI FILIUS AUGUSTUS, PONTIFEX MAXIMUS, TRIBUNICIAE POTESTATIS XXXVIII, IMPERATOR VIII, CONSUL V**
- Epouses
(1) Vipsania Agrippina 16 av. J.-C.
(2) Julie 11 av. J.-C. (divorce en 2 av. J.-C.)
- Enfants
Nero Claudius Drusus avec Vipsania
Un fils avec Julie, mort peu après la naissance
- Mort (étouffé ?) à Misène le 16 mars 37 ap. J.-C. ; cendres déposées dans le Mausolée d'Auguste

Coupe en argent, qui fait partie d'une paire trouvée dans une petite villa de Boscoreale, près de Pompéi. Elle montre Tibère sur un char, prenant part à une procession triomphale. Dans une main, il tient un sceptre orné d'un aigle et, dans l'autre, une branche de laurier. Un serviteur, placé derrière lui, brandit la couronne triomphale au-dessus de sa tête.

Peu de temps après son adoption, Tibère retrouve les légions du Rhin et fait campagne au cœur de la Germanie. En 6 ap. J.-C., il réprime une grave révolte dans les Balkans. A peine a-t-il achevé sa tâche que lui parvient la nouvelle du désastre de Varus en Germanie. Il se rend aussitôt sur le Rhin pour étayer la défense. En octobre 12 ap. J.-C., Tibère retourne à Rome pour célébrer un triomphe. Il demeure en Italie dans les derniers mois de la vie d'Auguste. Ses talents militaires ne font aucun doute, mais il n'a encore aucune expérience du gouvernement de l'empire. Auguste n'a fait aucun effort pour la lui donner. Tibère est à nouveau sur le chemin des Balkans lorsqu'un message urgent l'appelle au chevet d'Auguste mourant.

Le nouvel empereur. A la mort d'Auguste, le 19 août 14 ap. J.-C., Tibère est le successeur désigné. Mais il n'y a jamais eu, auparavant, d'exemple de transfert pacifique de pouvoir d'un homme à un autre. Les chefs précédents, tels que Sylla, Jules César et Auguste lui-même, se sont emparés du pouvoir par la force, ils ne l'ont pas reçu en héritage. Il existe, en outre, un problème dynastique à traiter d'urgence. Agrippa Postumus, le jeune frère de Caius et Lucius, adopté par Auguste en 4 ap. J.-C. puis emprisonné sur l'île de Planasie, constitue toujours un dangereux rival.

Tibère élimine rapidement Agrippa, mais il ne peut régler aussi brutalement la question constitutionnelle. Il s'est vu accorder le pouvoir suprême aux côtés d'Auguste en 12 ap. J.-C. et se trouve également l'héritier de l'énorme fortune personnelle de son illustre prédécesseur. C'est au sénat qu'il appartient de décider lesquels des honneurs d'Auguste reviendront à son successeur. Tibère montre, en apparence, une certaine répugnance à exercer le pouvoir, ce qui ne fait qu'irriter le sénat. Il souhaite maintenir la fiction d'Auguste, selon laquelle l'empereur n'est que le premier des citoyens. En un sens, Tibère est partisan de l'ancienne tradition républicaine. Mais en fait, il n'existe aucun doute sur la localisation véritable du pouvoir.

Tibère s'occupe ensuite des légions, qui ont juré fidélité à Auguste encore plus qu'à l'Etat et voient dans le changement de souverain une excellente occasion d'obtenir une hausse de leur solde. Tibère envoie son fils Drusus pacifier les légions de Pannonie. Sur le Rhin, l'armée se mutine. Cette dangereuse rébellion ne sera matée qu'avec difficulté par Germanicus, le fils adoptif de Tibère.

La première décennie. Drusus et Germanicus jouent tous deux un grand rôle dans les premières années du règne de Tibère, Germanicus tirant un prestige considérable de son lignage ; fils adoptif de Tibère, il est aussi le petit-neveu d'Auguste, l'héritier de la lignée julienne par sa mère Antonia et l'époux d'Agrippine l'Ancienne, la petite-fille d'Auguste. En revanche, la présence de Livie dans les sphères du pouvoir est moins bien accueillie et Tibère prend des mesures pour limiter l'influence de sa mère, que le testament d'Auguste a faite *Augusta*. Il lui refuse le titre de "Mère de la Patrie" et les honneurs de licteur que veut lui décerner le sénat.

LES BONNES INTENTIONS DE L'EMPEREUR

« POUR MOI, PÈRES CONSCRITS, QUE JE SUIS UN MORTEL, QUE JE REMPLIS LES TÂCHES D'UN HOMME ET QU'IL ME SUFFIT D'OCCUPER LA PREMIÈRE PLACE, VOILÀ CE DONT JE VOUS DEMANDE D'ÊTRE LES TÉMOINS ET JE SOUHAITE QUE NOS DESCENDANTS S'EN SOUVIENNENT ; ILS FERONT BIEN ASSEZ, ET TROP POUR MA MÉMOIRE S'ILS ME CROIENT DIGNE DE MES ANCÊTRES, PRÉVOYANT POUR VOS AFFAIRES, FERME DANS LES DANGERS, ET NE REDOUTANT PAS, POUR LE SERVICE DE L'ÉTAT, CE QUI PEUT M'ARRIVER DE DÉSAGRÉMENTS. VOILÀ MES TEMPLES, DANS VOS CŒURS, VOILÀ MES PLUS BELLES STATUES, CELLES QUI RESTERONT. »

TIBÈRE, CITÉ PAR TACITE, *Annales* IV, XXXVIII

Germanicus demeure avec l'armée du Rhin de 14 à 16 ap. J.-C., emmenant ses légions dans plusieurs expéditions au cœur de la Germanie. Il reprend deux des trois enseignes de légions, perdues dans la forêt de Teutobourg, et fait enterrer les restes des soldats romains. Tibère renonce à l'idée de repousser sans cesse la frontière à l'est du Rhin et met un terme à des opérations militaires qu'il juge coûteuses et inutiles, en rappelant Germanicus à Rome. Ce dernier célèbre un triomphe le 26 mai 17. L'année suivante, il devient consul en même temps que Tibère.

Cela prouve que Germanicus a été choisi comme successeur. Au moment où il est nommé consul, Germanicus est déjà en route pour l'Orient, muni de pouvoirs spéciaux pour régler divers problèmes dans ces provinces. Là-bas, il entre en conflit avec Cnaeus Pison, le nouveau gouverneur de Syrie, et il outrepasse ses droits en se rendant en Egypte sans la permission de l'empereur. Lorsque Germanicus tombe malade et meurt à Antioche le 10 octobre 19 ap. J.-C., on pense qu'il a été empoisonné par Pison. Jugé pour meurtre, celui-ci est contraint de se suicider. Mais certains ont dans l'idée que le gouverneur a agi sur ordre de Tibère.

Le fils de Tibère, Drusus, devient alors l'héritier présomptif. En 17 ap. J.-C., il est envoyé également loin de Rome avec des pouvoirs spéciaux et nommé gouverneur de la Pannonie. Il revient le 28 mai 20 ap. J.-C. pour

LE PRINCE VERTUEUX

« Il est établi que Germanicus réunissait, à un degré que personne n'atteignit jamais, toutes les qualités du corps et de l'esprit : une beauté et une valeur incomparables, des dons supérieurs au point de vue de l'éloquence et du savoir, dans les deux domaines, grec et latin, une bonté extraordinaire, le plus vif désir et le talent merveilleux de gagner les sympathies et de mériter l'affection. »

Suétone, *Caligula*, III

Le portrait que Suétone dresse de Germanicus est à ce point brillant qu'il semble difficilement humain. La réalité est moins parfaite. Fils de Drusus, le frère de Tibère, Germanicus est adopté par ce dernier à la mort de Drusus en 9 ap. J.-C. Germanicus joue son premier rôle important en matant la rébellion des légions du Rhin, après le décès d'Auguste. Tacite cherche à nous faire croire que les soldats voulaient le nommer empereur à la place de Tibère. En réalité, ils avaient pour seule motivation d'améliorer leur solde et leurs conditions de vie. Tacite affirme aussi que Germanicus est rappelé en 16 ap. J.-C. parce que Tibère est jaloux de ses succès. Tout cela tend à prouver que le premier aurait fait un bien meilleur empereur que le second. Germanicus n'est qu'un général modérément compétent dont la deuxième campagne en Germanie a frôlé le désastre. A sa mort, en 19 ap. J.-C., il devient un héros populaire, qui sert de point de ralliement à tous ceux que le gouvernement de Tibère mécontente.

Détail du Grand Camée figurant Tibère assis et Germanicus debout devant lui en tenue militaire.
Bibliothèque nationale, Paris.

SÉJAN ET LES GARDES

« Il accrut l'importance de la préfecture, assez faible jusque-là, en rassemblant dans un seul camp les cohortes dispersées dans la ville, afin qu'elles puissent recevoir en même temps les ordres et que, par leur nombre et leur force, rendus ainsi visibles, il en résultât, en elles-mêmes un sentiment de confiance, et chez les autres, de crainte. »

Tacite, *Annales*, IV, 2

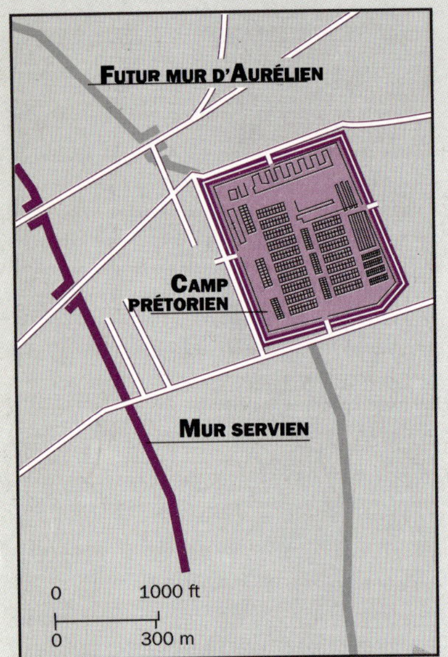

Tacite attribue ainsi à Séjan la décision de regrouper la garde prétorienne dans un seul camp, à la limite est de la cité. Le camp, qui a la forme d'une carte à jouer (légèrement déformée sur le côté sud-est), est entouré d'un mur revêtu de briques et abrite des casernes, disposées de manière ordonnée. Il couvre une surface de 40 acres, légèrement inférieure à celle d'un camp de légion, et renferme les neuf cohortes d'élite de la garde prétorienne et les trois cohortes "urbaines" de la police de la ville. Des vestiges du mur sont toujours visibles, à l'intérieur de l'enceinte, plus tardive, d'Aurélien.

célébrer un triomphe. L'année suivante, il partage à son tour le consulat avec Tibère. Il meurt également prématurément le 23 septembre 23, à Rome, à l'approche de la quarantaine. Huit ans plus tard, on apprendra qu'il a été empoisonné par son épouse Livilla, agissant de concert avec son amant Séjan, préfet du prétoire (chef de la garde prétorienne).

L'infâme Séjan. L'assassinat de Drusus n'est que l'un des multiples crimes imputés à Lucius Aelius Sejanus. Ce dernier entre ouvertement dans la lutte dynastique deux ans après la mort de Drusus, lorsqu'il demande à Tibère la permission d'épouser Livilla. Tibère l'avertit qu'il vise au-dessus de son rang, car il n'est que chevalier et pas sénateur. Malgré l'échec de ses projets de mariage, le pouvoir de Séjan s'accroît considérablement à la suite du départ de l'empereur pour la Campanie, en 26 ap. J.-C. L'année suivante, Tibère s'établit sur l'île de Capri. Il ne reviendra jamais plus dans la capitale. Ce qui signifie qu'il n'est pas à même de superviser le travail du sénat. Personne ne peut accéder à l'empereur, à Capri, sans passer par Séjan. Le préfet du prétoire, qui contrôle bientôt toutes les nominations officielles, jouit d'une position sans égale, qui le place au-dessus des consuls et des sénateurs. Tibère (qui a près de soixante-dix ans) finit par compter sur lui dans tous les domaines et l'appelle "l'associé de ses peines".

Les relations entre Tibère et sa mère Livie restent mauvaises. Leur désaccord est l'une des raisons qui a provoqué l'installation de l'empereur à Capri. A la mort de Livie, survenue en 29 ap. J.-C., à l'âge de quatre-vingt-six ans, il refuse d'assister aux funérailles, interdit sa divinisation et ne respecte pas ses dispositions testamentaires.

En 29 toujours, Agrippine, la veuve de Germanicus, et son fils aîné Néron sont arrêtés. Séjan les accuse de comploter contre Tibère (ce qui est possible) et les fait exiler dans les îles Ponziane. Recluse dans l'île de Pandataria, Agrippine est battue si sauvagement qu'elle perd un œil et se laisse mourir de faim, le 18 octobre 33. Envoyé dans une île à Pontia, Néron est acculé au suicide. Deux ans plus tard, le deuxième fils d'Agrippine, Drusus, est également arrêté et accusé de trahison. Emprisonné dans une cellule du palais impérial, il tente par désespoir d'avaler la bourre de son matelas. La chute de Séjan constitue le fait majeur de l'année 31 ap. J.-C. Au début de l'année, Tibère l'élève au rang de sénateur et le fait consul comme lui. Quelques mois lui suffisent pour douter du bien-fondé de cette décision. Séjan a-t-il vraiment projeté de s'emparer du pouvoir ? En tout cas, il ne manque pas d'ennemis pour éveiller les soupçons dans l'esprit de Tibère. L'argument décisif est une lettre d'Antonia, la belle-sœur de Tibère, qui l'avertit du danger. L'empereur se résout alors à éliminer Séjan, mais il lui faut agir avec prudence, car Séjan est maître de la garde prétorienne.

Pour ce faire, Tibère fait appel à Naevius Sertorius Macron, auquel il promet la fonction de Séjan. Le 18 octobre, en pleine assemblée du sénat, Macron remplace la garde prétorienne par des soldats de la garde de nuit, puis remet la lettre de Tibère donnant l'ordre d'arrêter Séjan. La surprise est totale pour Séjan, que l'on étrangle peu après dans sa cellule.

« Quels superbes monuments il a édifiés à titre personnel et au nom des siens ! Avec quelle pieuse munificence, dépassant ce qu'un homme peut croire, il édifie aujourd'hui un temple à son père ! (...) Tout ce qui a jamais eu quelque éclat, il pense qu'il doit le protéger comme un bien de famille. »

Velleius Paterculus, *Histoire romaine*, II, 130

L'enthousiasme de Velleius Paterculus est malheureusement contredit par les monuments eux-mêmes, dont bien peu ont été édifiés sous le règne de Tibère. Il a érigé un temple à Auguste divinisé, hors du Forum, mais, soit il ne l'a pas terminé, soit il ne s'est pas soucié de le consacrer : on n'en a rien retrouvé. La Domus Tiberiana, la terrasse de palais sur le Palatin, porte son nom mais est certainement l'œuvre de Claude. L'absence de dépenses consacrées aux monuments et aux jeux est l'une des caractéristiques du règne. Elle a valu à Tibère une réputation d'avarice. Mais, il n'en a pas toujours été ainsi. Avant d'accéder au pouvoir, il a utilisé le butin de ses victoires pour reconstruire le temple de Castor sur le Forum (ci-contre). Depuis le XVe siècle, l'imposant podium et les trois colonnes subsistantes, hautes de plus de 14 mètres, servent de point de repère familier. Ils sont le testament de Tibère, à défaut d'être celui de son règne.

Son fils et sa fille sont tués quelques jours plus tard, sa femme Apicata est contrainte de se suicider, mais pas avant qu'elle ait écrit une lettre accusant Livilla de complicité dans la mort de Drusus. Au cours des semaines suivantes, amis et partisans de Séjan sont pourchassés et mis à mort avec une férocité qui a choqué les contemporains.

L'homme privé. Comme pour beaucoup d'empereurs, le caractère de Tibère s'est transformé avec les années. Tout d'abord, il suit l'exemple d'Auguste, en assistant régulièrement aux réunions du sénat, aux jeux et aux spectacles, en accordant de temps à autre des cadeaux et des dons. Mais il lui manque la finesse d'Auguste et le sens du contact dans les réunions publiques, ce qui lui vaut d'être qualifié de rigide et d'arrogant. Cette aversion gagne le peuple, mécontent de sa répugnance à organiser des jeux somptueux et de son refus de permettre à d'autres de le faire.

Le dégoût de Tibère pour la vie publique atteint son point culminant avec le départ pour Capri. Il s'entoure d'astrologues, s'intéresse à la littérature, qui a toujours été l'une de ses occupations favorites. Au début de son règne, il se distingue par des discours « obscurcis par un maniérisme et une pédanterie excessifs ». L'empereur s'efforce de limiter les mots d'emprunt grecs en latin. Une fois, il lui est arrivé de consulter des experts pour savoir s'il était opportun d'utiliser un terme étranger dans un édit officiel. Et pourtant, Tibère possède aussi bien le grec que le latin. Il est

« AYANT PARCOURU LA CAMPANIE (...) IL SE RENDIT À CAPRI, PORTANT SES PRÉFÉRENCES SUR CETTE ÎLE, PARCE QU'ELLE EST ABORDABLE D'UN SEUL CÔTÉ ET SUR UNE FAIBLE ÉTENDUE, CAR PARTOUT AILLEURS ELLE EST ENTOURÉE PAR DES ROCHERS À PIC D'UNE HAUTEUR IMMENSE ET PAR UNE MER PROFONDE. »

SUÉTONE, *Tibère*, LX

L'empereur Auguste avait acquis l'île de Capri pour en faire un lieu de villégiature au bord de mer, non loin de la baie de Naples, alors à la mode. Tibère passa la majeure partie de ses dix dernières années dans la villa Jovis, retranchée sur le sommet rocailleux de l'est de l'île. La maison, installée sur un espace irrégulier et restreint, était un chef-d'œuvre d'ingéniosité architecturale. Les salles de réception, les bains et les luxueux appartements privés s'ordonnaient autour d'une cour centrale carrée, qui s'élevait au-dessus d'énormes citernes voûtées. Les appartements privés ouvraient sur une loggia qui offrait une vue panoramique de la baie. En descendant un peu vers le nord, on arrivait sur une longue promenade en terrasse équipée d'une salle à manger avec une belle vue. On peut facilement imaginer les condamnés, jetés dans la mer du haut de ce sommet, qu'évoque Suétone. Ceux qui survivaient au plongeon étaient battus à mort avec des gaffes et des rames.

même capable de composer des vers dans le style de ses poètes grecs préférés. Surtout, Tibère se passionne pour la mythologie. Son passe-temps favori consiste à poser aux grammairiens des questions énigmatiques ou auxquelles on ne peut répondre, telles que « Qui était la mère d'Hécube ? » ou encore « Quel était le chant interprété par les sirènes ? »

Le sénat et l'empire. La façon dont Tibère gouverne est celle du "laissez-faire" : garder le contrôle sans intervenir plus que nécessaire. C'est ce qui lui vaut l'accusation d'hypocrisie, dans la mesure où il semble laisser le sénat libre d'agir, tout en gardant pour lui le vrai pouvoir.

Tibère s'est souvent proclamé le continuateur de la politique d'Auguste. Il n'en laisse pas moins les principaux gouverneurs de province en poste bien plus longtemps que son prédécesseur, le record étant détenu par Poppaeus Sabinus, gouverneur de Mésie vingt-cinq ans durant. D'un autre côté, il est capable de rappeler fermement à l'ordre les gouverneurs qui outrepassent leur autorité. Lorsque le préfet d'Egypte rapporte plus d'impôts que le montant demandé, Tibère le rabroue par ces mots : « Je veux que mes brebis soient tondues, pas écorchées. » Il fournit aussi d'importants secours à Rome, victime d'incendies en 27 et 36 ap. J.-C. A la fin du règne, il est malgré tout contraint d'augmenter les impôts, en particulier la taxe haïe de 1 % sur les ventes. Introduite par Auguste, celle-ci, après avoir été réduite de moitié en 17 ap. J.-C., retrouve son ancien taux en 31.

C'est dans ses relations avec le sénat que Tibère connaît les plus grandes difficultés. L'empereur est un conservateur, un descendant de l'ancienne aristocratie sénatoriale qui souhaite exercer le pouvoir avec la coopération du sénat. En dépit de ses bonnes intentions, il se montre tour à tour frustré lorsque l'assemblée refuse d'agir de sa propre initiative et

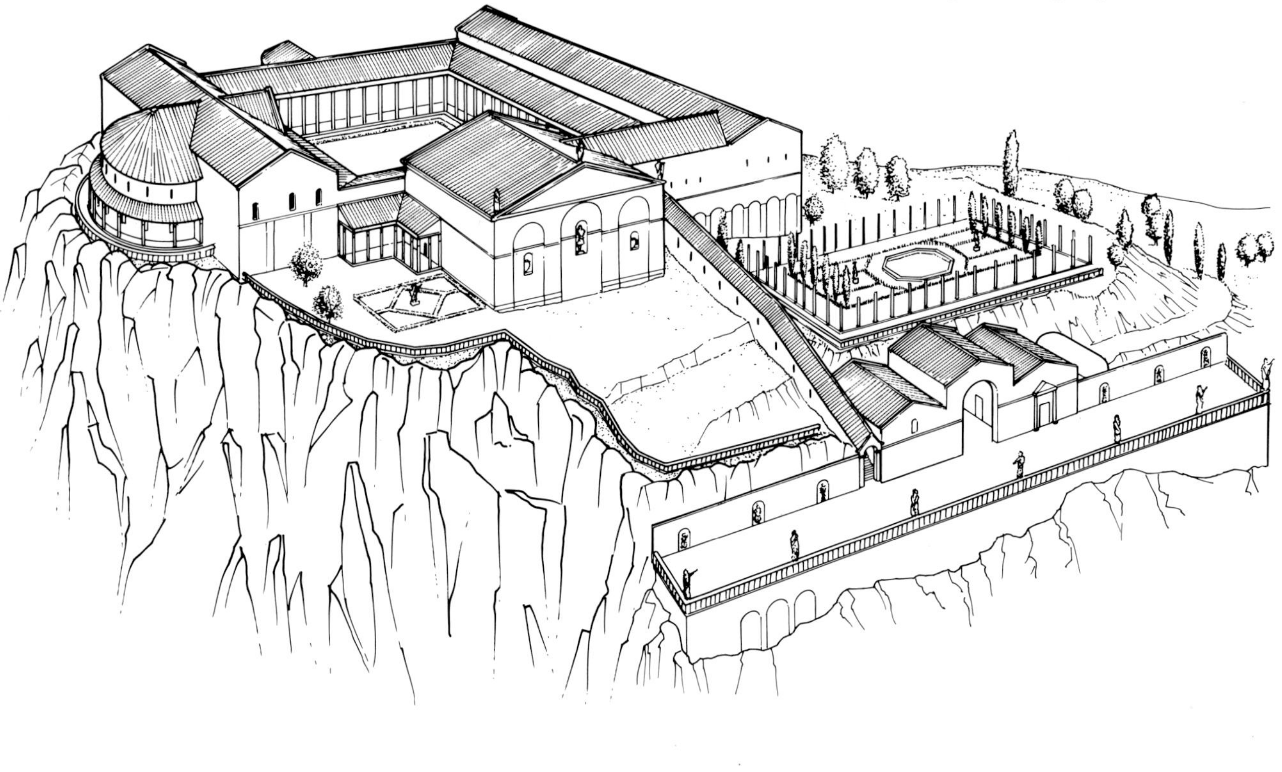

Tibère âgé, buste du musée du Capitole. Le bruit circulait que, dans sa villa de Capri, Tibère s'abandonnait aux pires débauches. D'après Suétone, il s'attaquait même aux petits enfants : « On dit même qu'en guise de sein il donnait à téter ses parties naturelles à des enfants déjà passablement vigoureux, mais non encore sevrés : c'était assurément à ce genre de jouissance que son âge et son goût le portaient le plus. » Son isolement a alimenté les rumeurs faisant de lui un vieux libertin.

quand elle le fait. Au fil du temps, le fossé se creuse entre Tibère et le sénat. Les craintes et les soupçons croissants de l'empereur engendrent une floraison de procès pour trahison qui font régner la terreur dans les dernières années du règne. De vagues accusations suffisent pour établir des convictions. Ainsi, un ancien consul est condamné pour avoir porté une pièce de monnaie de Tibère aux toilettes : « Avec ma pièce sur votre poitrine, vous vous êtes rendu dans des lieux nauséabonds et bruyants et vous avez relâché vos intestins. » Les sénateurs peu scrupuleux trouvent là d'excellentes occasions de régler des comptes avec leurs adversaires.

La vieillesse et la mort. Tandis que les procès pour trahison se multiplient à Rome, Tibère passe la majeure partie de ses dernières années à Capri. Des légendes courent sur ses pratiques homosexuelles, sur les troupes de jeunes garçons, surnommés "spintriae", dont il s'entoure et sur son goût pour la pédérastie, sans distinction de sexe. On raconte que les chambres à coucher sont décorées de peintures érotiques et de statues « pour le cas où un exécutant aurait eu besoin de savoir ce qui était demandé ». Presque tout cela n'est qu'une invention tardive qui illustre la haine grandissante à son égard et le peu de respect dont il jouit.

La question de la succession reste toujours en suspens. La veuve de Germanicus s'est laissée mourir de faim sur l'île de Pandataria en octobre 33. Son second fils Drusus est mort dans une prison de Palestine la même année. Son aîné Néron a été exécuté deux ans plus tôt. Il ne reste plus que Caius (Caligula), le dernier fils de Germanicus encore vivant, et Tiberius Gemellus, petit-fils de Tibère et fils de Drusus. Caligula a une vingtaine d'années, Gemellus dix ans de moins. En outre, Tibère soupçonne Gemellus d'être le fils adultérin que Livilla aurait eu avec Séjan et non son propre petit-fils. C'est pourquoi Caligula a été désigné comme héritier présomptif à la fin du règne de Tibère.

Au début de l'an 37, Tibère tombe malade au cours d'un voyage en Campanie. Selon son habitude, il s'efforce d'ignorer la maladie et d'afficher une fermeté toute militaire. Mais on le ramène à sa villa de Misène, au bord de la mer, où il meurt le 16 mars, à l'âge de soixante-dix-sept ans. A propos de cette mort, Tacite rapporte une anecdote pittoresque. Caligula aurait retiré la bague du doigt de Tibère, qu'il croyait mort, et aurait été proclamé empereur par la foule. On aurait appris ensuite que Tibère revenait à lui et demandait à manger. Caligula terrifié, Macron, le chef de la garde prétorienne, n'aurait pas perdu pas de temps pour étouffer le vieil homme avec un coussin.

La nouvelle du décès fait couler des larmes de joie et non de chagrin. Des voix s'élèvent pour que le cadavre soit jeté dans le Tibre comme celui d'un vulgaire criminel, mais Caligula fait en sorte qu'il soit ramené à Rome sous bonne escorte puis incinéré par les soldats. Le 4 avril, les cendres sont déposées dans le Mausolée d'Auguste. Il n'y aura ni divinisation, ni condamnation officielle : c'est la fin ambivalente d'un règne ambivalent. Tibère, qui a maintenu la prospérité de l'empire pendant vingt-trois ans, va rester dans les mémoires celui que, déjà dans sa jeunesse, on décrivait comme de la "boue imbibée de sang". ■

L'amour que Caligula se porte à lui-même s'accommode mal de son physique ingrat et de sa chevelure clairsemée. Aussi les portraits cachent-ils soigneusement toute trace de ces imperfections physiques. Buste provenant de Thrace, actuellement au musée du Louvre, Paris.

CALIGULA
CAIUS CAESAR AUGUSTUS GERMANICUS
37-41

CALIGULA
• Né à Antium (Anzio), le 31 août 12 ap. J.-C. **Caius Julius Caesar Germanicus** • Accession le 18 mars 37 ap. J.-C. **Caius Caesar Augustus Germanicus** • En 37 **Pontifex Maximus** et **Pater Patriae** • **Consul** I (1er juillet-31 août 37), II (39), III (40), IV (41) • Puissance tribunicienne lors de l'accession, renouvelée annuellement le 18 mars • **Imperator** une fois, lors de l'accession • Titulature complète à sa mort : **Caius Caesar Germanicus Augustus, Pontifex Maximus, Consul IV, Imperator, Tribuniciae Potestatis IV, Pater Patriae** • Epouses (1) Junia Claudilla 33 ap. J.-C. (2) Livia Orestilla 37 ap. J.-C. (3) Lollia Paulina 38 ap. J.-C. (4) Milonia Caesonia 39 ap. J.-C. • Enfants : Julia Drusilla avec Milonia • Assassiné le 24 janvier 41 ap. J.-C. sur le Palatin, à Rome. Inhumé dans une tombe temporaire dans les jardins de Lamia ; transféré ensuite dans le Mausolée d'Auguste

« CALIGULA AVAIT LA TAILLE HAUTE, LE TEINT LIVIDE, LE CORPS MAL PROPORTIONNÉ, LE COU ET LES JAMBES TOUT À FAIT GRÊLES, LES YEUX ENFONCÉS ET LES TEMPES CREUSES, LE FRONT LARGE ET MAL CONFORMÉ, LES CHEVEUX RARES, LE SOMMET DE LA TÊTE CHAUVE, LE RESTE DU CORPS VELU ; AUSSI, LORSQU'IL PASSAIT, ÉTAIT-CE UN CRIME CAPITAL DE REGARDER DE LOIN ET DE HAUT OU SIMPLEMENT DE PRONONCER LE MOT CHÈVRE, POUR QUELQUE RAISON QUE CE FÛT. »

SUÉTONE, ***Vie de Caligula***, L

L'empereur Caius, plus connu sous le nom de Caligula, n'a pas laissé une image bien favorable dans l'histoire, ce qui semble assez mérité. Jeune homme cruel, instable et très nerveux, ce que l'on peut dire de mieux à son sujet est qu'il était dévoué à sa famille et qu'il avait l'esprit vif. Quant à dire s'il était fou ou simplement méchant, cela dépend du crédit que l'on accorde aux sources. Doit-on croire les anecdotes édifiantes de Suétone et Dion Cassius, ou reflètent-elles simplement l'hostilité du sénat romain ? Il est clair que certaines actions de Caligula sont de cruelles plaisanteries et d'autres de creuses vantardises ou de simples comédies. Mais

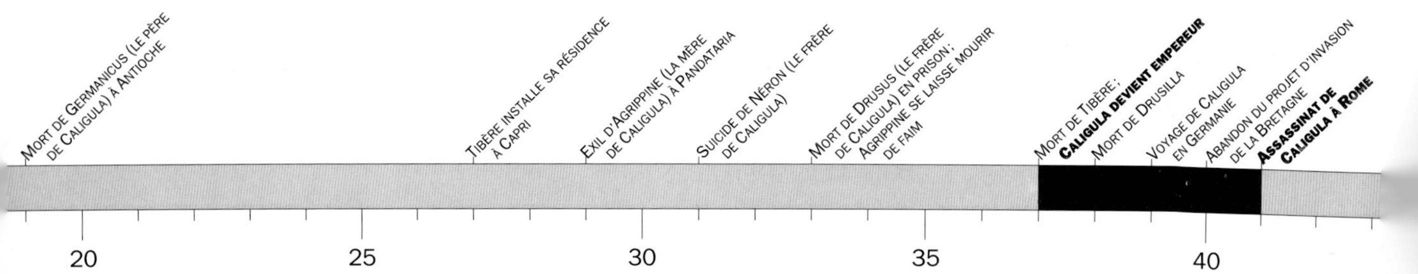

Pièce en bronze figurant Néron et Drusus, les frères aînés de Caligula.

PETITES BOTTES

« Et puis le petit enfant, né dans le camp, que, d'un terme militaire, on appelait Caligula [petites bottes], parce que, souvent, pour le rendre populaire à la foule des soldats, on lui mettait au pied cette chaussure. »

Tacite, *Annales*, I, XLI

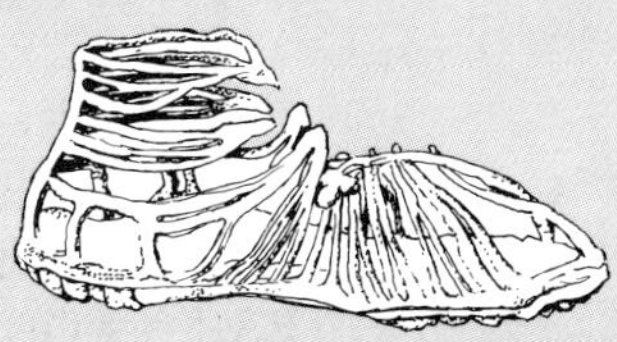

Qu'un empereur de Rome porte le nom d'une chaussure n'est pas chose courante. La *caliga* est la botte à gros clous portée par les soldats jusqu'au grade d'officier. Le jeune Caius reçoit le surnom de *caligula* ("petite botte") pendant la mutinerie des légions du Rhin, en 14 ap. J.-C. Il a alors deux ans. D'après un témoignage, les mutins l'ont pris en otage pour quelque temps, alors qu'il quittait le camp avec sa mère pour se réfugier en lieu sûr. Par la suite, cette histoire s'est chargée de sentimentalité. On raconte que les soldats, touchés par la vue de cet enfant revêtu de l'équipement militaire en miniature, auraient renoncé à leur révolte. Rien d'étonnant à ce que l'empereur ait détesté son surnom et ait châtié quiconque l'utilisait. Mais il n'aimait pas plus le nom de Caius !

on n'échappe guère à l'idée que le troisième empereur de Rome était un individu dangereux et désagréable, frisant la mégalomanie.

Caius Caesar Germanicus est né le 31 août 12 ap. J.-C. à Antium (l'actuelle Anzio), à quelque 40 kilomètres de Rome. Son père est Germanicus, le neveu de Tibère. Avant sa mort suspecte, en 19 ap. J.-C., Germanicus se taille une belle réputation et devient une sorte de héros, prestige qui va contribuer à l'ascension de Caligula. A sa naissance, il est pourtant loin du pouvoir. Il a cinq frères plus âgés (deux seulement sont encore en vie à sa naissance) et trois sœurs cadettes pour lesquelles il nourrit une vive affection (peut-être incestueuse).

L'enfance de Caligula est assombrie par la tragique destinée de sa mère Agrippine et de ses frères Néron et Drusus. Ils sont l'un après l'autre accusés de complot contre Tibère, et leur mort, entre 31 et 33 ap. J.-C., a dû profondément bouleverser Caligula.

Celui-ci prend garde pourtant de cacher ses émotions, ce qui lui vaut de gagner l'amitié de Tibère et la chance de lui succéder. A dix-huit ans, il part vivre avec Tibère à Capri. L'empereur le désigne finalement comme successeur en s'exclamant : « J'élève un serpent pour le peuple romain. » Macron, le chef de la garde prétorienne, veille à ce que personne ne s'oppose à l'accession au pouvoir de Caligula après la mort du vieil empereur, le 16 mars 37.

Des débuts prometteurs. Le peuple de Rome, sénat compris, accueille dans la joie l'avènement de Caligula. Le 18 mars 37, les sénateurs confient à Caligula le pouvoir unique. C'est la fin de la suspicion et de l'avarice qui ont caractérisé les dernières années du règne de Tibère. Le jeune empereur fait renaître les espoirs incarnés par son père Germanicus.

L'un des premiers actes de Caligula consiste à s'embarquer pour les îles Ponziane afin de rapporter les cendres de sa mère et de son frère qu'il veut faire inhumer convenablement dans le Mausolée d'Auguste. Claude, son oncle, est nommé consul, tandis que sa grand-mère Antonia reçoit les mêmes honneurs et privilèges que Livie. Puis l'harmonie familiale se brise. En fait, Caligula et Antonia ne s'entendent pas. A la mort de celle-ci, le 1er mai 37, une rumeur affirme qu'elle a été forcée de se suicider.

Ce n'est qu'un petit nuage dans un horizon par ailleurs bien dégagé. Les premiers mois du règne constituent une période d'espoir et de soulagement. Caligula met fin aux procès pour trahison. Il donne de fortes sommes au peuple de Rome et octroie une importante gratification à la garde prétorienne qui l'a aidé à monter sur le trône. Il n'y a guère d'éléments qui puissent laisser présager de la suite.

La fin de la lune de miel. Six mois après être devenu empereur, Caligula tombe gravement malade. Il peut s'agir aussi bien d'une dépression nerveuse que d'une maladie physique. On dit que, dans sa jeunesse, il a souffert d'épilepsie et que, par la suite, il a connu l'insomnie. D'après Suétone, il ne dort pas plus de trois heures par nuit, d'un sommeil troublé par de terribles cauchemars. Au lieu de dormir, il erre sous les colonnades du palais, appelant l'aube et la lumière du jour.

Sa guérison, en octobre ou novembre 37, marque la fin de la lune de miel. Selon certains, la maladie serait à l'origine d'une grave dégradation mentale. Il est plus probable qu'elle l'ait amené à prendre conscience du fait qu'il n'était pas indispensable et que d'autres attendaient pour prendre sa place. Parmi ceux-là, il y a surtout Gemellus, que Tibère a nommé cohéritier (bien que le testament ait été écarté) et que Caligula a désigné comme successeur. Caligula le soupçonne désormais d'avoir comploté contre lui et le fait tuer. Macron, autre gêneur, tombe dans le piège qui vise à lui enlever le commandement de la garde prétorienne et est contraint de se suicider.

Pièce en bronze représentant les sœurs de Caligula, Agrippine, Drusilla et Julia Livilla. En 38, l'empereur est très affecté par la mort de Drusilla, sa sœur préférée. L'année suivante, il exile ses deux autres sœurs ainsi que Lepidus, l'époux de Drusilla, qu'il accuse d'avoir comploté contre lui.

Epouses et sœurs. L'année suivante est pour Caligula marquée par une douloureuse perte : la mort de sa sœur Drusilla. Par une curieuse ironie, on a critiqué Caligula pour n'avoir montré aucune émotion lors de l'exécution de sa mère et de ses frères, et on l'a ensuite accusé d'inceste avec ses sœurs. Suétone rapporte que Caligula, adolescent, a été surpris au lit avec sa sœur Drusilla. L'histoire n'est sans doute qu'une invention, mais il reste que Drusilla est la sœur préférée de Caligula. Lorsqu'elle meurt le 10 juin 38, l'empereur ordonne sa divinisation. Puis, il annonce une période de deuil public et quitte Rome. Il recherche la consolation dans un voyage qui le mène de Campanie en Sicile.

A côté de ses sœurs, Caligula a eu quatre femmes. Il épouse d'abord, en 33, Junia Claudilla, qui meurt en couches peu de temps après. Sa seconde femme Livia Orestilla est la fiancée de Caius Calpurnius Pison. Caligula n'hésite pas à se présenter en pleine cérémonie de mariage (à la fin de l'an 37) pour la prendre lui-même comme épouse. Au bout de deux mois, il se défait d'elle et, un an plus tard, se marie avec Lollia Paulina dont il divorce tout aussi rapidement. L'empereur est plus chanceux avec sa quatrième et dernière épouse, Milonia Caesonia. Elle a plusieurs années de plus que lui, mais elle possède l'avantage d'avoir été sa maîtresse depuis un certain temps. Le mariage a lieu à la fin de l'été 39. Le mois suivant naît une fille, appelée Julia Drusilla en mémoire de la sœur de Caligula. Quelles que soient ses fautes par ailleurs, Caligula voue un profond attachement à Caesonia et à sa fille.

« JUSQU'ICI NOUS AVONS PARLÉ D'UN PRINCE ; IL NOUS RESTE À PARLER D'UN MONSTRE. »

SUÉTONE, *Caligula*, XXII

Les spectacles et les jeux. L'une des anecdotes les plus célèbres de la vie de Caligula concerne son cheval de course favori, Incitatus. L'animal mène une vie luxueuse dans une écurie de marbre, pourvue d'une mangeoire en ivoire. Il possède des couvertures de pourpre et un collier de pierres précieuses. Les invités sont conviés à dîner en son nom et lui-même est accueilli à la table de l'empereur qui lui sert de l'orge en or. On aurait même entendu dire Caligula qu'il était prêt à faire de son cheval un consul.

Le plus somptueux de tous les spectacles donnés par l'empereur est le pont de bateaux construit à Baïes au cours de l'été 39. On réquisitionne des navires marchands et l'on construit de nouveaux vaisseaux sur place pour faire en sorte qu'une double ligne ininterrompue de bateaux traverse la baie de Naples, de Bauli à Puteoli, ce qui représente une distance de 3,6 kilomètres.

Passionné de courses de char, Caligula aime toutes sortes de spectacles, aussi bien comme spectateur que comme acteur. Il va jusqu'à se produire dans l'arène en gladiateur thrace. Le cirque offre un exutoire de choix à ce prince cruel et vif d'esprit. Lors d'une pénurie de bétail servant à nourrir les bêtes sauvages, le souverain ordonne de leur faire manger des criminels. Lorsqu'on aligne les malheureux devant lui pour qu'il fasse son choix, il annonce « d'une tête chauve à une tête chauve », car il y a un homme chauve à chaque bout de la file. Une autre fois, alors que les spectateurs des jeux encouragent une faction rivale, il s'exclame : « J'aimerais que le peuple romain n'ait qu'un seul cou. » Cette plaque en terre cuite du Ier siècle figure une course de char. Le conducteur approche des bornes qu'il lui faudra contourner en bout de piste. Il est précédé par un homme à cheval qui mène le train.
British Museum, Londres.

Sur cette voie, on aménage une route, avec pavillons et aires de repos, qui, pendant deux jours, sert de scène de spectacle. Le premier jour, Caligula revêt la cuirasse d'Alexandre (trouvée soi-disant dans une tombe d'Alexandrie) et chevauche aussi vite que possible entre Bauli et Puteoli. Le deuxième jour, il fait la route en sens inverse, sur un char. L'événement est en lui-même une extravagance extrêmement coûteuse, du même ordre que l'habitude qu'il a de boire des perles dissoutes dans le vinaigre et de construire des bateaux incrustés de pierres précieuses pour naviguer le long de la côte de Campanie.

Le glissement vers la tyrannie. Les dépenses colossales du début de règne ont vite eu raison de l'énorme héritage de 3 000 millions de sesterces légué par Tibère. Pour compenser le déficit, Caligula recourt aux moyens éprouvés de la confiscation et de l'extorsion. Il lève de nouveaux impôts, dont un sur les prostituées. Des mauvaises langues racontent même qu'il aurait ouvert une maison close dans une aile du palais impérial pour renflouer ses caisses... Il organise aussi des ventes aux enchères de gladiateurs cédés à de riches sénateurs contre des sommes exorbitantes. Caligula commence à puiser dans les héritages des uns et des autres, pas toujours de façon modérée.

Les relations avec le sénat se détériorent rapidement. Au début de l'an 39, Caligula prononce un discours saisissant, où il accuse les sénateurs de complicité dans les exécutions du règne de Tibère, celles de sa mère et de ses frères comprises. Les premiers troubles sérieux se produisent en septembre, lorsqu'il destitue les deux consuls. Aucune raison n'est avancée officiellement, mais il s'agit sans doute de trahison. Ceci n'est que le prélude à une conspiration bien plus dangereuse, dans laquelle sont impliquées les deux sœurs survivantes de Caligula, Agrippina et Livilla. Marcus Aemilius Lepidus, ex-mari de Drusilla, constitue le troisième complice. Lépide est exécuté, tandis que les sœurs sont emprisonnées sur les petites îles Ponziane, au large de la côte italienne.

L'expédition en Germanie. En septembre 39, peu après l'affaire des consuls, Caligula quitte Rome et se dirige vers le nord. Il ne vise pas moins que la conquête de l'île de Bretagne, pour laquelle il recrute deux nouvelles légions. L'échec du projet n'est pas dû entièrement à Caligula, même s'il n'est pas très bon soldat.

Le premier problème réside dans la mauvaise discipline de l'armée du Rhin et l'incompétence de Cornelius Lentulus Gaetulicus, le commandant de la région. Accusé de trahison, Gaetulicus est exécuté le 18 octobre 39. Caligula, qui passe l'hiver à Lyon, arrive sur le Rhin au début de l'année suivante. Le futur empereur Galba est nommé commandant de la Germanie supérieure en remplacement de Gaetulicus. Les opérations menées contre les Germains n'apportent pas de victoires significatives. Caligula avance jusqu'à la Manche et ordonne à ses troupes de ramasser des coquillages. L'invasion attendue de l'Angleterre ne se concrétisera pas. Le risque est peut-être simplement trop grand. Le gigantesque phare construit à Boulogne est le seul témoignage durable qu'aient laissé les ambitions de Caligula.

C'est un empereur amer et déçu qui retourne à Rome en mai 40. Devant les sénateurs venus à sa rencontre, il dégaine son épée en déclarant: « Je viendrai, et elle sera avec moi. » Il avertit, de cette manière, qu'il est revenu pour ceux qui le réclament, c'est-à-dire le peuple et les chevaliers, « car, pour le sénat, il ne sera jamais plus ni un concitoyen, ni un prince ». Cela ne présage rien de bon pour l'avenir.

Le dieu vivant. Pendant les derniers mois de son règne, Caligula adopte l'apparence d'une divinité. Dans les provinces orientales, le culte de l'empereur, considéré comme un dieu vivant, n'est pas une nouveauté.

LES PALAIS FLOTTANTS

« IL FIT AUSSI CONSTRUIRE DES GALÈRES LIBURNIENNES À DIX RANGS DE RAMES, AUX POUPES ORNÉES DE PIERRES PRÉCIEUSES, AUX VOILES DE COULEURS CHANGEANTES, OÙ L'ON TROUVAIT DES THERMES, DES PORTIQUES, DES SALLES À MANGER D'UNE GRANDE ÉTENDUE, VOIRE MÊME DIVERSES SORTES DE VIGNES ET D'ARBRES FRUITIERS; C'ÉTAIT POUR Y DONNER DES FESTINS, EN PLEIN JOUR, AU MILIEU DES DANSES ET DES CONCERTS, EN LONGEANT LES RIVAGES DE LA CAMPANIE. »

SUÉTONE, *Caligula*, XXXVII

Aucune galère liburnienne n'a subsisté, mais le drainage du lac Nemi à la fin des années vingt a livré des vestiges de la flotte de plaisance de Caligula. On a trouvé les restes de deux navires, équipés de manière extrêmement luxueuse, qui datent de son règne. Les ponts étaient revêtus de mosaïques, des canalisations apportaient l'eau courante. Il existait même des bains chauds. Les colonnes de marbre africain, mises au jour, confirment les dires de Suétone au sujet des colonnades. D'autres installations étaient en bronze, en bois peint ou doré ou en terre cuite. Ces palais flottants illustrent l'étonnant style de vie de la cour de Caligula.

Navire de plaisance romain provenant du lac Nemi.

L'INCARNATION DES DIEUX

« SES VÊTEMENTS, SA CHAUSSURE ET SA TENUE EN GÉNÉRAL NE FURENT JAMAIS DIGNES D'UN ROMAIN, NI D'UN CITOYEN, NI MÊME DE SON SEXE, NI, POUR TOUT DIRE, D'UN ÊTRE HUMAIN. SOUVENT, IL PARUT EN PUBLIC AVEC DES MANTEAUX BRODÉS, COUVERTS DE PIERRES PRÉCIEUSES, UNE TUNIQUE À MANCHES ET DES BRACELETS ; DE TEMPS À AUTRE, VÊTU DE SOIE, AVEC UNE ROBE BRODÉE D'OR ; AYANT AUX PIEDS, TANTÔT DES SANDALES OU DES COTHURNES, TANTÔT DES BOTTINES DE COURRIER, OU PARFOIS DES BRODEQUINS DE FEMME ; TRÈS SOUVENT, ON LE VIT AVEC UNE BARBE DORÉE, TENANT EN MAIN LES ATTRIBUTS DES DIEUX, LA FOUDRE, LE TRIDENT OU LE CADUCÉE, ET MÊME COSTUMÉ EN VÉNUS. QUANT AUX INSIGNES DU TRIOMPHE, IL LES PORTA DE FAÇON COURANTE, MÊME AVANT SON EXPÉDITION, PARFOIS AVEC LA CUIRASSE D'ALEXANDRE LE GRAND, QU'IL AVAIT FAIT TIRER DE SON TOMBEAU. »

SUÉTONE, *Caligula*, LII

Caligula a choqué le goût conservateur des Romains en se plaisant à jouer la comédie et à se costumer selon les rôles. On ne s'étonnera pas que ceux-ci aient inclus dieux et déesses, le travestissement ne posant aucun problème à l'empereur. Les déguisements sont réservés aux occasions particulières, mais en temps ordinaire Caligula ne dédaigne pas les vêtements voyants et les soieries dont Tibère avait interdit l'usage pour les hommes. Les tenues exotiques de Caligula rappellent aux Romains les despotes orientaux, et les bijoux dont il se pare sont considérés comme efféminés.

A Rome, en revanche, c'est une innovation impopulaire. Caligula érige un temple dédié à lui-même sur le Palatin et oblige les citoyens les plus en vue à verser des sommes énormes pour l'honneur de devenir l'un de ses prêtres. D'après Suétone, « les nuits où la lune brillait dans son plein, il l'invitait fréquemment à venir l'embrasser et partager sa couche, et le jour il causait secrètement avec Jupiter Capitolin, tantôt en chuchotant et prêtant l'oreille à son tour, tantôt à voix plus haute et non sans le quereller. On l'entendit, en effet, menacer Jupiter en criant : Enlève-moi ou c'est moi qui t'enlèverai. »

Il est impossible de savoir si Caligula croyait lui-même à ces absurdités. Une fois, alors qu'il conversait avec la Lune, il demande à l'un de ses courtisans s'il pouvait voir la déesse. Le courtisan, les yeux fixés résolument sur le sol, murmure : « Seuls vous, les dieux, seigneur, pouvez vous voir mutuellement. » Cela résonne plutôt comme une plaisanterie convenue. L'ordre de transformer le temple de Jérusalem en sanctuaire impérial est beaucoup moins frivole, mais Caligula est mort avant qu'il puisse être exécuté.

L'assassinat. Dans les derniers mois de l'an 40, Caligula s'est aliéné tout soutien par ses sautes d'humeur et sa cruauté. A la fin de l'année, un nouveau complot est découvert. D'autres sénateurs sont exécutés. La conjuration qui aboutit au meurtre de Caligula est beaucoup plus importante. Les protagonistes en sont Cassius Chaerea et Cornelius Sabinus, officiers de la garde prétorienne, mais, derrière eux, il y a leur chef Arrecinus Clemens et le puissant officier du palais, Callistus.

L'assassinat est programmé pour le 24 janvier 41, dernier jour des jeux palatins auxquels Caligula assiste à partir d'une structure provisoire, installée devant le palais impérial. En ces occasions, il a l'habitude d'aller prendre un bain sur l'heure de midi et de se restaurer avant de revenir pour l'après-midi. L'idée est de se jeter sur lui au moment où il quitte le théâtre par l'un des étroits couloirs. Ce jour-là, il retarde sa sortie car il éprouve des douleurs à l'estomac, provoquées par les abus de la nuit précédente. Des sénateurs complices de la conspiration le persuadent de partir. Il est assassiné comme prévu dans un couloir. Selon un témoignage, Chaerea le frappe au cou, Sabinus à la poitrine. L'empereur, qui s'effondre en se tordant de douleur, est achevé par d'autres conjurés, qui lui portent une trentaine de coups, certains allant même jusqu'à « enfoncer leur épée dans ses parties intimes ».

Les assassins terminent leur œuvre le même jour par l'assassinat de son épouse Caesonia et de sa fille Drusilla. Pendant ce temps, le cadavre de Caligula est emporté secrètement par Hérode Agrippa dans les jardins de Lamia, sur la colline de l'Esquilin, où il le brûle partiellement avant de l'enterrer sous une fine couche de gazon. Lorsque les sœurs de Caligula, Agrippine et Livilla, reviennent d'exil, elles organisent une crémation complète des restes et déposent les cendres dans le Mausolée d'Auguste. Le nom de Caligula disparaît des actes officiels, ses statues sont abattues et détruites. Mais sa mémoire ne s'effacera pas aussi facilement. Peu à peu, il devient l'archétype du souverain fou, avec lequel seul Néron pourra rivaliser. ■

CLAUDE
TIBERIUS CLAUDIUS CAESAR AUGUSTUS GERMANICUS
41-54

Suétone dit de Claude qu'« il avait la taille élancée, mais non pas grêle, une belle figure, de beaux cheveux blancs, un cou bien plein ; mais lorsqu'il marchait, la faiblesse de ses jarrets le faisait tituber, et quand il parlait, soit en plaisantant, soit de manière sérieuse, il avait bien des ridicules : un rire désagréable, une colère plus hideuse encore, qui faisait écumer sa bouche largement ouverte et mouillait ses narines, en outre une voix bégayante et un perpétuel hochement de tête, qui redoublait au moindre de ses actes. » Dans ce portrait du musée du Louvre, comme dans tous ceux qui nous sont parvenus, Claude présente un aspect digne. C'est seulement lorsqu'il bougeait que ses infirmités devenaient manifestes.

Camée montrant Claude sous la forme du dieu Jupiter. L'identification des empereurs aux dieux n'a pas pris fin avec la mort de Caligula. En effet, un écrivain du temps appelle Claude "notre dieu César".

« TERRIFIÉ PAR LA NOUVELLE DU CRIME, IL SE GLISSA EN RAMPANT VERS UNE TERRASSE VOISINE ET SE DISSIMULA DANS LES PLIS DE LA TENTURE PLACÉE DEVANT LA PORTE. UN SOLDAT QUI COURAIT DE TOUS CÔTÉS, AYANT PAR HASARD APERÇU SES PIEDS, FUT CURIEUX DE SAVOIR QUI CE POUVAIT BIEN ÊTRE, LE RECONNUT, LE TIRA DE SA CACHETTE ET, COMME CLAUDE, TERRIFIÉ, SE JETAIT À SES GENOUX, LE SALUA EMPEREUR. »

SUÉTONE, ***Claude***, X

Le meurtre de Caligula plonge Rome dans le chaos. Les Germains de la garde impériale se mettent à poursuivre les assassins dans le palais et à tuer, chemin faisant, nombre d'innocents. Entre-temps, le sénat tente de confisquer le pouvoir et de restaurer la république. Il compte sur l'appui des cohortes urbaines. Les ambitions des sénateurs sont rapidement balayées par la garde prétorienne qui a tout à perdre dans un rétablissement de la république (qui serait alors leur maître ?). L'un des membres de la garde tombe par hasard sur Claude, l'oncle de Caligula, qui se cache derrière une tenture du palais impérial. Les prétoriens le traînent jusqu'à leur camp où ils le proclament aussitôt empereur (le 24 janvier).

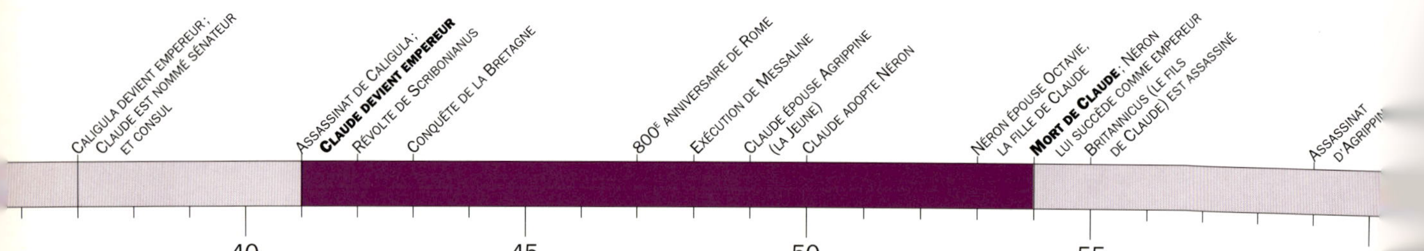

CLAUDE

- Né à Lugdunum (Lyon), le 1er août 10 av. J.-C. **TIBERIUS CLAUDIUS DRUSUS**
- Lors de l'adoption de son frère aîné Germanicus par Tibère (4 ap. J.-C.) **TIBERIUS CLAUDIUS NERO GERMANICUS**
- Accession le 25 janvier 41 ap. J.-C **TIBERIUS CLAUDIUS CAESAR AUGUSTUS GERMANICUS PONTIFEX MAXIMUS**
- En janvier 42 **PATER PATRIAE**
- **CONSUL** I en 37, II (42), III (43), IV (47), V (51)
- Puissance tribunicienne lors de l'accession, renouvelée tous les ans le 25 janvier
- **IMPERATOR** I lors de l'accession, II-III (41), IV-VIII (43-45), IX-XIV (45-47), XV-XVIII (47-50), XIX-XXVII (50-52)
- Titulature complète à sa mort : **TIBERIUS CLAUDIUS CAESAR AUGUSTUS GERMANICUS, PONTIFEX MAXIMUS, TRIBUNICIAE POTESTATIS XIV, CONSUL V, IMPERATOR XXVII, PATER PATRIAE**
- Epouses
(1) Plautia Urgulanilla
(2) Aelia Paetina vers 28 ap. J.-C.
(3) Valeria Messalina 38 ap. J.-C.
(4) Julia Agrippina 49 ap. J.-C.
- Enfants
Claudius Drusus (avec Urgulanilla), mort en bas âge
Claudia (avec Urgulanilla), non reconnue par Claude
Antonia (avec Aelia Paetina)
Octavie (avec Messaline)
Britannicus (avec Messaline)
- Mort (empoisonné ?) le 13 octobre 54 ap. J.-C. à Rome ; inhumé dans le Mausolée d'Auguste

Le sénat n'a pas d'autre choix que d'accepter l'avènement de Claude. Ses membres envoient au nouveau souverain une ambassade qui l'exhorte à se soumettre à leur autorité, mais ses conseillers le convainquent aisément de ne pas lâcher ce qu'il vient d'acquérir. Une gratification considérable de 15000 sesterces attribuée à chaque prétorien contribue à renforcer leur loyauté, tandis que la défection des cohortes urbaines clôt le chapitre. Après la mort de Caligula, il a suffi de vingt-quatre heures pour que Claude soit fermement installé sur le trône.

Des années à l'écart du monde. Né à Lyon le 1er août 10 av. J.-C, Claude est âgé de cinquante ans lorsqu'il devient empereur. Il a des parents célèbres. Son père, Drusus, est le fils de l'épouse d'Auguste, Livie ; sa mère est Antonia, une fille de Marc Antoine. Malgré sa haute naissance, Claude est maintenu à l'écart de la vie publique en raison de certains handicaps, considérés comme gênants. Il a des mouvements saccadés, une diction défectueuse et une tendance à baver, symptômes qui correspondent à ceux de la paralysie cérébrale. Ses facultés mentales n'en sont pas diminuées pour autant, ce que la famille ne semble pas avoir compris, au moins jusqu'à ce que son neveu Caligula le tire de l'obscurité en le nommant sénateur, puis consul en 37.

Claude n'est guère aimé de sa mère qui le décrit comme « un monstre que la nature n'a pas achevé, mais seulement esquissé ». Il se console en jouant, en courtisant les femmes et en buvant (il fut peut-être même alcoolique). Il s'immerge dans la recherche historique, écrit des livres sur l'histoire étrusque et carthaginoise et une autobiographie « manquant de bon goût ». Aucun de ces ouvrages n'a subsisté. Claude n'est pas un homme timoré et, quand l'occasion se présente, il se montre aussi avide de pouvoir que le reste de sa famille, tout en redoutant les dangers inhérents à sa fonction.

L'ombre de la peur. L'un des premiers gestes de l'empereur concerne les assassins de Caligula. Sa vengeance prend garde de se limiter à ceux qui ont porté les coups : Cassius Chaerea, le meneur, et Junius Lupus, qui a tué Caesonia et l'enfant. Tous deux sont exécutés. Sabinus, en revanche, reste libre, mais il se suicide par fidélité envers ses complices.

La mort violente de Caligula est pour Claude un avertissement et, tout au long de son règne, il prendra de multiples précautions pour ne pas subir le même sort.

Il s'efforce de devenir populaire en abolissant les procès pour trahison, en brûlant les archives criminelles, en détruisant les abondantes provisions de poison de Caligula. Il restitue nombre de biens confisqués par Caligula et annule la législation concernant les legs à l'empereur. Dans le même temps, il fait fouiller tous ceux qui sont admis en sa présence, à la recherche d'armes, mesure qui ne suffit pas à supprimer les risques d'attentats. Ainsi, lors d'une audience publique, on trouva un poignard sur Gnaeus Nonius, un chevalier romain. Une autre fois, Claude est attaqué avec un couteau de chasse devant le temple de Mars.

LES QUATRE ÉPOUSES

« UN MOT DE CLAUDE, QU'IL AVAIT LAISSÉ ÉCHAPPER ÉTANT IVRE, DISANT QUE SA DESTINÉE VOULAIT QU'IL SUPPORTE LES ACTIONS SCANDALEUSES DE SES ÉPOUSES ET, ENSUITE, LES PUNISSE. »

TACITE, *Annales*, XII, LXIV

Camée de Messaline avec ses enfants Britannicus (à droite) et Octavie (à gauche).

On ne peut certes dire de Claude qu'il fut un mari chanceux. A l'âge de quinze ans environ, il est d'abord fiancé à Aemilia Lepida, la fille de la petite-fille d'Auguste, Julie la Jeune. Mais les parents de cette dernière étant tombés en disgrâce, l'alliance est rompue. Claude est ensuite fiancé à Livia Medullina, qui a le malheur de mourir le jour du mariage. La première femme qu'il parvient à épouser, Plautia Urgulanilla, est accusée d'adultère et soupçonnée de meurtre ; il divorce vers 24. Les enfants de cette union sont aussi malchanceux : le fils Claudius Drusus s'étouffe avec une poire qu'il a jetée en l'air et rattrapée dans sa bouche ; la fille Claudia est reniée par son père alors qu'elle est encore petite. Après Plautia Urgulanilla vient Aelia Paetina, qui donne à Claude une autre fille, Antonia. En 38, Claude divorce pour épouser une femme plus prestigieuse, la jeune Valeria Messalina, qui n'a que dix-huit ans tandis que Claude en a cinquante. Elle engendre deux enfants, Britannicus, qui sera assassiné par Néron, et Octavie, qui épouse le même Néron. Messaline multiplie les infidélités et est exécutée en octobre 48. Moins d'un an après sa mort, Claude se marie pour la quatrième et dernière fois avec sa nièce Agrippine, qui l'empoisonne cinq ans plus tard.

Quand il sent sa vie menacée, Claude agit rapidement et avec cruauté. Il fait ainsi exécuter trente-cinq sénateurs et plus de trois cents chevaliers. Parmi eux figurent les victimes des épouses et des affranchis de Claude qui ont appris à exploiter sa frayeur. C'est le cas, au début du règne, de Caius Appius Silanus, rappelé d'Espagne pour épouser Domitia Lepida, mère de l'impératrice Messaline, et exécuté peu après son retour pour tentative d'assassinat contre Claude. La rumeur publique présente une autre version selon laquelle le malheureux aurait refusé de partager la couche de Messaline qui aurait machiné sa perte.

Le climat de peur se transforme en véritable crise en 42, lorsque éclate une révolte organisée par Lucius Arruntius Camillus Scribonianus, gouverneur de Dalmatie. La rébellion s'effondre au bout de cinq jours, mais entraîne dans sa chute quelques-uns des principaux sénateurs de Rome, impliqués dans le complot.

L'intrigante Messaline. Les angoisses et les faiblesses de Claude, déjà néfastes en elles-mêmes, vont être aggravées par les agissements de son épouse. Troisième femme de l'empereur, Messaline est la première à lui donner un fils, Britannicus, né en février 41, un mois après l'avènement de Claude. Messaline est persuadée que sa position de mère de l'héritier impérial a fait d'elle une femme intouchable. Cette certitude la conduit à éliminer rivaux et ennemis, dont des sénateurs distingués, en alléguant de fausses accusations. Parmi ses premières victimes figure Julia Livilla, l'une des sœurs de Caligula, rappelée d'exil en 41 pour être à nouveau renvoyée, puis tuée un peu plus tard, la même année.

Messaline ne tarde pas à devenir célèbre pour ses crimes et pour ses adultères. La gamme étendue de ses amants va des sénateurs les plus importants aux acteurs les plus humbles. Claude semble ne pas avoir eu connaissance de ses infidélités — ou les avoir délibérément ignorées. Mais Messaline a fini par aller trop loin. En octobre 48, pendant que Claude fait des sacrifices à Ostie, Messaline épouse Caius Silius, l'un de ses amants. La raison de cette folie reste un mystère. Peut-être cette affaire cache-t-elle une tentative de coup d'Etat de la part de Messaline. Pendant quelque temps, son issue est incertaine. Lorsque Claude apprend la nouvelle, il craint d'avoir été renversé. Dans son entourage, beaucoup hésitent avant de prendre parti. C'est l'action résolue de Narcisse, le secrétaire d'Etat, qui sauve la situation. Claude est vite placé sous la protection du camp prétorien où on lui présente Silius avant de l'exécuter. Messaline est également mise à mort sans avoir pu revoir Claude, pour le cas où celui-ci aurait été tenté de lui pardonner.

Les affranchis et le gouvernement. L'histoire de Messaline illustre l'un des principaux reproches faits à Claude, à savoir qu'il se laisse dominer par ses épouses et ses affranchis. Les dignitaires les plus puissants sont effectivement des affranchis impériaux, c'est-à-dire d'anciens esclaves parvenus à de hautes charges sous les règnes précédents : Narcisse, secrétaire d'Etat, Pallas, secrétaire financier, et Calliste, secrétaire des pétitions. On ignore exactement à quel point ils dominent l'empereur. Quoi qu'il en

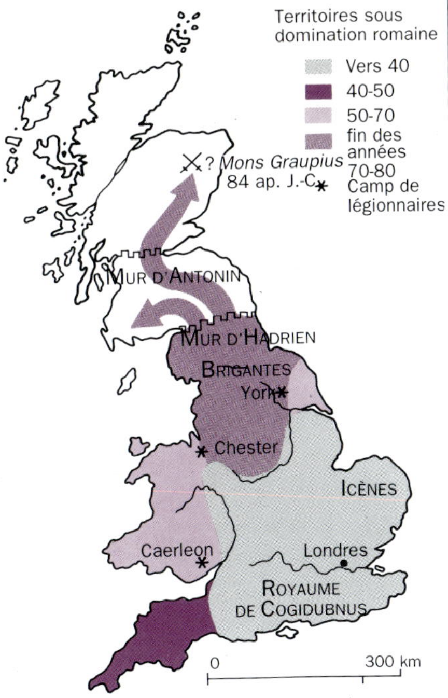

Territoires sous domination romaine. En 43 ap. J.-C., Claude entreprend la conquête de la Bretagne qui durera plusieurs décennies. La partie nord de l'île échappera toujours au contrôle des Romains.

soit, il semble plus commode de leur imputer, à eux ainsi qu'à la défunte Messaline, les actions impopulaires du gouvernement, plutôt que d'en attribuer la responsabilité à Claude.

Tout au long du règne s'est affirmée une tendance croissante à la centralisation. Contrairement à Caligula, Claude évite l'affrontement direct avec le sénat, qu'il traite avec courtoisie, tout en cherchant à réduire et non à augmenter ses pouvoirs. Il s'intéresse personnellement à la justice et aux finances, passant presque chaque jour une partie de son temps à écouter les procès dans les tribunaux. Cela ne lui apporte pas le respect attendu, car on taxe ses jugements d'inconstance et d'imprévisibilité.

Claude est aussi un grand ordonnateur de jeux. En fait, il se taille une réputation d'homme cruel et sanguinaire qui prend plaisir à contempler le visage des combattants en train de mourir. Il ajoute à cela la détestable habitude de faire de mauvaises plaisanteries en public. Même l'organisation des jeux séculaires, en 47, qui commémorent le 800e anniversaire de la fondation de Rome, n'échappe pas aux critiques. Auguste, qui les a célébrés pour la dernière fois en 17 av. J.-C., avait affirmé que le "siècle" compterait cent dix ans. Aussi le peuple rit-il quand les hérauts de Claude annoncent que ces jeux vont être un spectacle que personne n'a jamais vu dans le passé, ni ne verra dans l'avenir.

La Bretagne et les provinces. Curieusement, c'est cet homme dont le corps et l'esprit s'accordent si peu avec les affaires militaires qui mène à bien la conquête de la Bretagne, l'une des rares actions d'expansion de Rome au Ier siècle ap. J.-C. Envisagée par Caligula en 40, la campagne est

Claude, sous la forme d'un héros mythologique, triomphe de la Bretagne. Relief du Sebasteion (chapelle des Julio-Claudiens) à Aphrodisias, en Asie Mineure.

CLAUDE LE BÂTISSEUR

« Tibérius Claudius, fils de Drusus, Caesar Augustus Germanicus, Grand Pontife, qui détient la puissance tribunicienne pour la douzième fois, acclamé Imperator vingt-sept fois, Père de la Patrie, s'est occupé de l'eau du Claudia, la conduisant dans la cité à partir des sources appelées Caeruleus et Curtius, situées à une distance de quarante-cinq mille pieds et il a fait de même pour l'eau de l'Anio Novus, à partir d'une distance de soixante-deux mille pieds. »

Inscription placée sur la Porta Maggiore

Les travaux de construction de Claude font intervenir les ingénieurs plus que les architectes. L'empereur achève deux aqueducs, l'Aqua Claudia (long de 69 kilomètres) et l'Anio Novus (87 kilomètres), commencés par Caligula. Aux abords de la cité, ces aqueducs passent l'un au-dessus de l'autre et traversent le carrefour de la via Labicana et de la via Praenestina sur une double arche monumentale. Celle-ci porte une inscription qui indique la longueur des aqueducs et signale que ces ouvrages ont été terminés en l'an 12 du règne de Claude.

Mais les efforts de Claude portent surtout sur l'approvisionnement en grain dont les citoyens de Rome sont devenus dépendants. Lors de son avènement, il a été confronté à des troubles provoqués par l'annonce que les provisions de grain de la cité seraient épuisées dans un délai de huit jours. En 51, de nouveau, la garde impériale l'arrache à une foule affamée, rassemblée sur le Forum. Pour éviter les pénuries, Claude lance deux énormes projets de génie civil. Le premier consiste à drainer le lac Fucin pour étendre les terres cultivables, un projet qui mobilise trente mille hommes pendant onze ans, mais tourne au fiasco. Le second projet concerne l'aménagement d'un nouveau port, profond, connu comme Portus, à l'embouchure du Tibre à côté d'Ostie.

« Il créa le port d'Ostie en faisant construire deux jetées en arc de cercle à droite et à gauche et, dans des eaux déjà profondes, un môle pour barrer l'entrée; pour asseoir ce môle plus solidement, on commença par couler le navire qui avait amené d'Égypte le grand obélisque; là-dessus, on construisit une foule de piliers supportant une tour très haute, destinée, comme celle du Phare d'Alexandrie, à éclairer de ses feux, pendant la nuit, la route des navires. »

Suétone, *Claude*, XX

La construction de ce nouveau port est l'un des grands chantiers publics du règne de Claude. Jusque-là, les navires apportant à Rome le grain devaient accoster à Puteoli et transférer leur cargaison sur des bateaux plus petits pour la dernière partie du voyage, le long de la côte et sur le Tibre. Le nouveau port est situé à quelque distance au nord de l'embouchure du Tibre pour éviter l'ensablement dont le fleuve lui-même est victime. Précaution insuffisante, car le port a commencé à s'ensabler dès sa construction. En outre, il était trop exposé : en 62 ap. J.-C., deux cents navires y ont fait naufrage au cours d'une tempête.

Navire marchand entrant dans le port de Claude à Ostie (ci-contre, à gauche). Derrière s'élève un phare à plusieurs étages. La louve de Rome figure sur les voiles du navire. Neptune, debout, armé de son trident, se prépare à accueillir l'équipage. Relief décorant une dalle, datée de 200 ap. J.-C. environ, trouvée près du port de Trajan.
(Ci-dessous) Mosaïque du IIe siècle, provenant de la principale place commerciale (dite Piazzale delle Corporazioni) à Ostie, décorée d'un navire de guerre, d'un navire marchand et d'un phare. (En bas) Reconstitution fantaisiste des ports impériaux d'Ostie au XVIe siècle. Le port hexagonal (à gauche) est l'œuvre de Trajan, le port en demi-cercle est celui de Claude.

La Porta Praenestina (aujourd'hui Porta Maggiore) à Rome (page de gauche), construite par Claude pour faire passer l'Aqua Claudius et l'Anio Novus au-dessus de deux grandes artères de Rome, la via Labicana et la via Praenestina. L'édifice a été incorporé par la suite au mur d'Aurélien, visible des deux côtés.

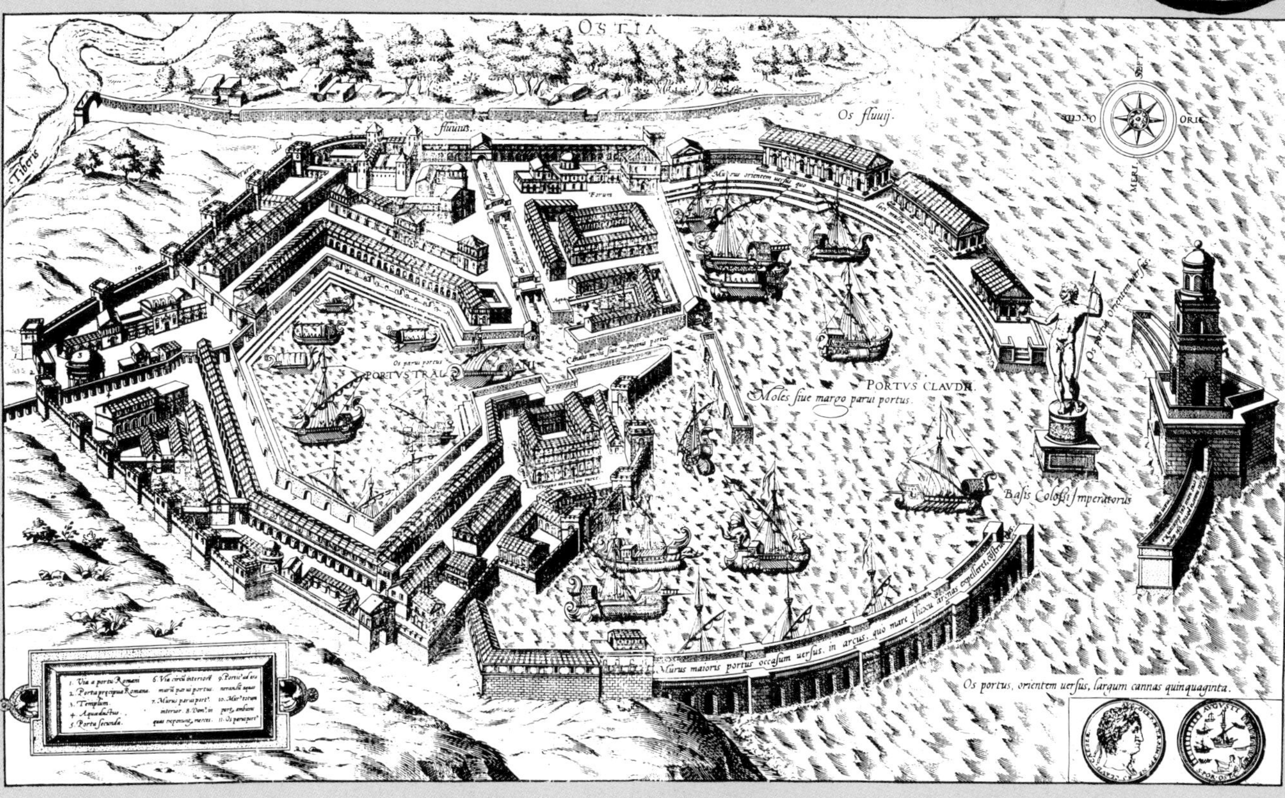

concrétisée par Claude trois ans plus tard. Le commandement des troupes d'invasion est confié à Aulus Plautius. L'empereur lui-même se rend dans le nord de la Gaule et passe seize jours dans l'île britannique dès qu'une tête de pont sûre est établie. C'est l'époque de sa plus grande gloire. Après ce bref séjour en Bretagne, il retourne à Rome et célèbre un magnifique triomphe l'année suivante.

L'invasion réussie de la Bretagne donne de l'élan au régime de Claude, qui en est encore à ses débuts. Les autres guerres du règne — en Maurétanie et en Crimée, en Arménie et sur le Rhin — sont des affaires relativement mineures par rapport à la Bretagne. Elles ne réclament pas la présence de l'empereur lui-même. Claude n'est pas un grand voyageur. Hormis son expédition en Bretagne, il a passé tout son règne dans les environs de Rome.

Néanmoins, au moment de sa mort, l'empire se trouve agrandi de cinq nouveaux territoires: la (Grande) Bretagne, la Thrace, la Lycie, la Mauritanie et la Norique. A l'intérieur des frontières mêmes, la politique romaine envers les provinces a connu des changements: en particulier, Claude s'est montré très généreux dans l'attribution de la citoyenneté romaine. La Gaule a bénéficié d'un traitement de faveur, et surtout Lyon, la ville où l'empereur est né. Celui-ci est allé plus loin encore, en faisant sénateurs à Rome un groupe de chefs gaulois, en dépit des oppositions. Le discours prononcé par Claude à cette occasion a été conservé dans une inscription à Lyon et, dans une forme condensée, par Tacite, qui voit là un tournant dans la relation entre l'Italie et ses provinces.

Agrippine et la succession. Après sa désastreuse union avec Messaline, Claude, âgé de cinquante-huit ans, jure de ne jamais se remarier. Mais les arguments de Pallas, le puissant affranchi, et les caresses d'Agrippine, la plus jeune sœur de Caligula, le font changer d'avis. Claude épouse Agrippine en 49, après avoir obtenu une dispense spéciale du sénat, car ils sont oncle et nièce.

Agrippine se révèle vite être une jeune femme énergique et intrigante, qui reprend en main les choses là où Messaline les a arrêtées. Son but principal est d'assurer à son fils Lucius Domitius Ahenobarbus, et non à Britannicus (le fils de Claude et Messaline), l'héritage de l'empire à la mort de Claude.

En 50, Agrippine et Pallas (que la rumeur dit amants) persuadent Claude d'adopter officiellement Lucius Domitius. Le garçon prend Néron comme nom de famille, nom qu'il ne va pas tarder à rendre célèbre (et infâme). De trois ans l'aîné de Britannicus, il prend bientôt l'avantage sur le fils de Claude. En 51, Néron reçoit le titre de *Princeps Juventutis* ("Prince de la Jeunesse") qui le désigne comme héritier présomptif. Agrippine révoque les commandants de la garde prétorienne, Lusius Geta et Rufrius Crispinus, et les remplace par Afranius Burrus, plus soumis. La prééminence de Néron est scellée en 53 par son mariage avec Octavie, la fille de Claude.

Pour parachever les plans d'Agrippine, il ne manque plus... que la mort de Claude. A la fin de 52 ou au début de 53, il a déjà été malade, et peut-être même gravement. En 54, alors qu'il est sous l'emprise de la boisson, il s'exclame : « Mon destin à moi aussi veut que toutes mes femmes soient impudiques, mais non impunies. » Agrippine décide de ne pas prendre le risque d'attendre plus longtemps et loue les services de Locuste, une empoisonneuse expérimentée, payée par le palais. Halotus, le dégustateur impérial, répand le poison sur un délicieux plat de champignons que Claude (toujours gourmand) s'empresse de manger. Il ne ressent d'abord aucun effet, puis souffre de diarrhée. Craignant que la tentative n'échoue, Agrippine demande au médecin Xénophon d'ajouter une seconde dose de poison sur la plume qu'il introduit dans la gorge de Claude pour le faire vomir.

Claude meurt dans la nuit du 12 au 13 octobre 54, en laissant son beau-fils comme successeur. On ne comprend pas pourquoi il a abandonné son propre fils Britannicus dans une situation aussi faible et périlleuse. Peut-être a-t-il eu du mal à l'accepter comme héritier après la douloureuse affaire de Messaline. Il faut en tout cas se rappeler que Néron n'a pas encore manifesté les tendances mégalomaniaques qui lui vaudront une si mauvaise réputation. Au début de son règne, Néron veille à ce que Claude soit divinisé. Quelques années plus tard, au cours d'un banquet, il avoue presque sa responsabilité dans la mort de Claude : « Il déclara que les champignons étaient une nourriture des dieux, car Claude était devenu un dieu grâce aux champignons. » ■

Statue de Claude en dieu Jupiter.
Musée du Vatican, Rome.

CLAUDE LE DIEU ?

L'*Apocoloquintose*, très curieux document, est un pamphlet injurieux qui évoque le destin de l'empereur après sa mort.
Le titre lui-même, la "courgification du divin Claude", est un calembour signifiant que le souverain mérite uniquement de devenir une courge, légume sec et creux.
L'œuvre est attribuée à Sénèque, célèbre philosophe stoïcien exilé en Corse par Claude qu'il n'aime donc pas particulièrement. Sénèque, rappelé à Rome après la mort de Claude, a sans doute composé le pamphlet pour amuser Néron et sa cour. Le texte accuse férocement l'empereur d'être à l'origine de nombreuses exécutions et se gausse de ses infirmités comme de ses défauts d'élocution.

Dans le passage suivant, Auguste divinisé montre aux autres dieux l'outrage que représenterait l'admission de Claude parmi eux :

« Le personnage que vous voyez, qui pendant tant d'années s'est caché sous mon nom, m'en a remercié en tuant deux Julie, mes petites-filles, l'une par le fer, l'autre par la faim, et un de mes arrière-petits-fils, L. Silanus. (...) En colère contre sa femme, il la suspendit dans les airs. (...) Caius avait tué son beau-père : celui-ci y a joint son gendre. Caius interdit au fils de Crassus de se faire appeler Magnus ; Claude lui rendit ce nom, mais lui ôta la tête. Dans une même famille, il tua Crassus, Magnus et Scribonia. (...) Et voilà le personnage dont vous voulez à présent faire un dieu ? Voyez ce corps, produit par le courroux des dieux ! Pour faire court, qu'il prononce trois mots avec rapidité, et je veux qu'il m'emmène comme esclave. Qui adorera un pareil dieu ? Qui croira en lui ? (...) Mon avis est qu'on lui applique un châtiment sévère, qu'il ait à juger des procès sans répit, et qu'il soit expulsé le plus tôt possible, avec un délai de trente jours pour sortir du ciel, de trois jours pour sortir de l'Olympe. »

Sénèque, *Apocoloquintose*, 10-11

NÉRON

NERO CLAUDIUS CAESAR AUGUSTUS GERMANICUS

54-68

Les étages de boucles que décrit Suétone sont clairement visibles sur les bustes de Néron. La coiffure est un emprunt direct aux portraits royaux hellénistiques. L'individualisation des traits marque une rupture avec la tradition impériale romaine. Néron est le premier empereur que l'on reconnaît facilement dans ses portraits.

« EN EFFET, NÉRON PASSA LE RESTE DE SA VIE DANS UNE TELLE INFAMIE QU'ON REGRETTE ET QU'ON ROUGIT DE MENTIONNER L'EXISTENCE D'UN TEL HOMME, ET À PLUS FORTE RAISON LA PRÉSENCE D'UN TEL SOUVERAIN À LA TÊTE DES NATIONS. »

AURELIUS VICTOR, *Livre des Césars*, 5

« SA TAILLE APPROCHAIT DE LA MOYENNE ; SON CORPS ÉTAIT COUVERT DE TACHES ET MALODORANT ; SA CHEVELURE TIRAIT SUR LE BLOND (...) SA SANTÉ [ÉTAIT] ROBUSTE : EN EFFET, MALGRÉ SES DÉBAUCHES EFFRÉNÉES, EN QUATORZE ANS IL NE FUT MALADE QUE TROIS FOIS. »

SUÉTONE, ***Néron***, LI.

Qui n'a jamais entendu parler de l'empereur romain Néron ? Livres et films ont fait abondamment le portrait d'un monstre et d'un jouisseur qui n'hésite pas à brûler Rome pour créer l'espace nécessaire à sa maison de campagne, qui torture et tue ses adversaires, enfin qui mène une vie d'une grande extravagance dans un luxe débordant. La vérité qui se cache derrière cette image est plus complexe. Le vrai Néron est sans conteste un homme cruel. Il a assassiné deux de ses épouses, le fils de son beau-père et sa propre mère, et condamné d'autres personnes à l'exil ou au suicide. Le même homme est aussi un protecteur des arts. Ses cinq premières années de règne ont été considérées par la suite comme un âge d'or, caractérisé par un gouvernement modéré et responsable.

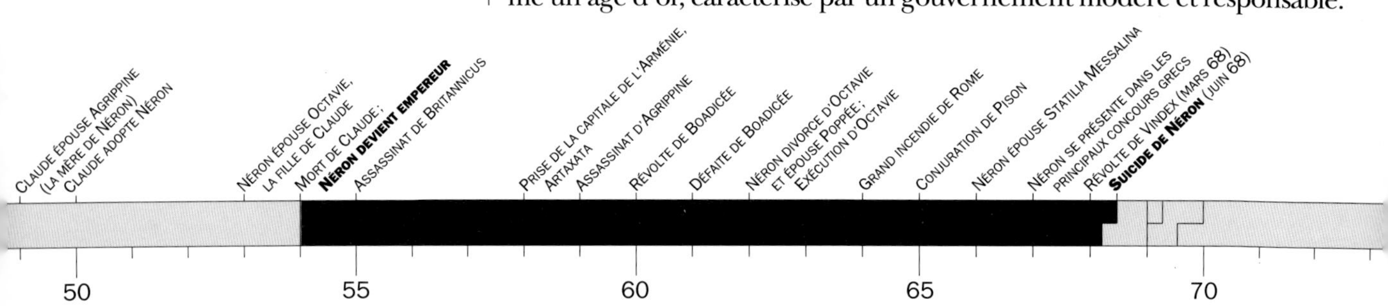

LE MEURTRE D'AGRIPPINE

Agrippine, la mère de Néron, exerce une influence considérable sur son fils et veut gouverner Rome par son intermédiaire. D'abord, Néron la traite avec déférence, choisissant par exemple, comme mot de passe de son premier jour de règne, la formule "meilleure des mères". Une rumeur prétend même que la mère aurait séduit le fils pour renforcer son empire sur lui. Au début de 55, néanmoins, Néron renvoie les gardes d'Agrippine et chasse celle-ci du palais impérial. Quatre ans plus tard, il décide de s'en débarrasser définitivement. Il renonce au poison, sachant qu'Agrippine, très méfiante, a pris ses précautions, et met au point le scénario d'un "accident" en mer.

Pendant la fête de Minerve, en mars 59, Néron invite Agrippine à dîner à Baïes. Pour le voyage de retour, il l'installe sur un superbe navire, destiné à lui faire honneur. Le bateau n'est pas très loin de la rive lorsque la mécanique du piège meurtrier se déclenche. Le toit de la cabine, lourdement chargé de plomb, s'effondre sur Agrippine, qui n'est sauvée que par la hauteur des montants du lit. Le navire est ensuite volontairement coulé, mais Agrippine, bonne nageuse, réussit à rejoindre le rivage. Elle se fait conduire dans une de ses villas où des soldats sont envoyés pour l'achever. On raconte qu'un devin avait prédit que Néron deviendrait empereur et qu'il tuerait sa mère. Agrippine se serait alors exclamée : « Qu'il me tue pourvu qu'il règne ! »

Camée d'Agrippine la Jeune.

Néron est né le 15 décembre 37 ap. J.-C. à Antium, petite ville italienne du bord de mer. Il a pour père Lucius Domitius Ahenobarbus, membre de l'une des plus importantes familles de l'ancienne république. Mais c'est grâce à sa mère Agrippine, fille de Germanicus et sœur de Caligula, qu'il peut prétendre à une haute destinée. Le père de Néron est mort lorsque l'enfant avait trois ans. Sa mère a été exilée par Caligula dans les petites îles Ponziane, au large de la côte italienne. La fortune sourit de nouveau à la famille en 41, lors de l'accession de Claude au pouvoir. Le souverain rappelle Agrippine à Rome et l'épouse en 49. L'année suivante, il adopte son beau-fils Néron. En 51, il le désigne comme héritier et l'unit à sa fille Octavie. C'est pourquoi, après le décès de Claude le 13 octobre 54, l'avènement de Néron est accepté sans difficulté par les Romains.

Les premières années. Le nouveau règne commence bien. Néron promet une énorme gratification à la garde prétorienne. Devant le sénat, il fait un discours dans lequel il jure de revenir aux principes d'Auguste. Sénèque, philosophe stoïcien exilé en Corse par Claude, puis rappelé par le même empereur pour servir de précepteur à Néron, couche par écrit ces paroles douces à l'oreille des sénateurs. Dans son rôle de guide et de modérateur, Sénèque est assisté par Afranius Burrus, commandant de la garde prétorienne.

Tout, cependant, n'est pas parfait. Il y a d'abord le problème de Britannicus. En tant que vrai fils de Claude, c'est un puissant rival. Nombreux sont ceux qui ne comprennent pas comment Néron s'est emparé du pouvoir suprême et a rejeté Britannicus dans l'ombre. Aussi la nouvelle de l'empoisonnement de Britannicus, au cours du dîner du 11 février 55, n'est-elle pas une surprise. Sa mort survient moins de quatre mois après celle de son père. Lorsque Britannicus s'effondre à table, Néron s'écrie qu'il s'agit d'une crise d'épilepsie. Il fait emporter le corps qui est enterré simplement le lendemain.

NÉRON

- Né à Antium, le 15 décembre 37 ap. J.-C. **Lucius Domitius Ahenobarbus**
- Adoption par Claude en 50 **Nero Claudius Caesar Drusus Germanicus**
- Accession le 13 octobre 54 **Nero Claudius Caesar Drusus Germanicus**
- En 55, **Pontifex Maximus** et **Pater Patriae**
- A partir de la fin de l'été 66 (après l'intronisation de Tiridate) **Imperator Nero Claudius Caesar Augustus Germanicus**
- Puissance tribunicienne la 1re fois en décembre 54, renouvelée tous les ans le 13 octobre
- **Consul** I (55), II (57), III (58), IV (60), V (68)
- **Imperator** I lors de l'accession, II (56), III-IV (57), V-VI (58), VII (59), VIII-IX (61), X (64), XI (66), XII-XIII (67)
- Titulature complète à sa mort : **Imperator Nero Claudius Caesar Augustus Germanicus, Pontifex Maximus, Tribuniciae Potestatis XIV, Imperator XIII, Consul V, Pater Patriae**
- Epouses
(1) Octavie 53 ap. J.-C.
(2) Poppaea Sabina 62 ap. J.-C.
(3) Statilia Messalina 66 ap. J.-C.
- Enfants : Claudia (avec Poppée)
- Suicide le 9 juin 68 ap. J.-C., à Rome ; inhumé dans le tombeau de famille des Domitii sur la colline des Jardins

LA MAISON DORÉE DE NÉRON

« QUOI QU'IL EN SOIT, NÉRON PROFITA DE LA DÉVASTATION DE SA PATRIE ET FIT CONSTRUIRE UNE DEMEURE DANS LAQUELLE LES PIERRES PRÉCIEUSES ET L'OR, CHOSES ORDINAIRES ET QUE LE LUXE AVAIT RENDUES COMMUNES, ÉTONNAIENT MOINS QUE DES CHAMPS, DES ÉTANGS ET, COMME ON LE VOIT DANS DES CAMPAGNES DÉSERTES, ICI DES FORÊTS, LÀ DES ESPACES OUVERTS, DES PERSPECTIVES. »

TACITE, *Annales*, XV, 42

Néron a érigé la Maison dorée (Domus Aurea), décrite ici par Tacite, sur un terrain dégagé après l'incendie de 64. C'était une maison de campagne en pleine ville qui couvrait quelque 125 hectares dans le secteur le plus cher de Rome. Les contemporains considéraient ce gaspillage d'espace comme un crime. Suétone donne d'autres détails : « Dans son vestibule, on avait pu dresser une statue colossale de Néron, haute de cent vingt pieds ; la demeure était si vaste qu'elle renfermait des portiques à trois rangs de colonnes (...). Le plafond des salles à manger était fait de tablettes d'ivoire mobiles et percées de trous, afin que l'on pût répandre d'en haut sur les convives soit des fleurs soit des parfums ; la principale salle des banquets était ronde et tournait continuellement sur elle-même, le jour et la nuit, comme le monde. » (Suétone, *Néron*, 31) La salle des banquets est sans doute la pièce au dôme octogonal intégrée dans les soubassements des thermes de Trajan. Celle-ci porte en effet les traces du mécanisme qui aurait mis le plafond en mouvement, en utilisant la force hydraulique. Bien que la Maison dorée n'ait jamais été terminée, Néron aurait dit qu'« il allait enfin être logé comme un être humain ».

Peintures murales de la Maison dorée de Néron. Paysages imaginaires et trompe-l'œil architecturaux de la salle 114 (ci-contre à droite) ; (à l'extrême droite) plafond stuqué et peint du couloir transversal.

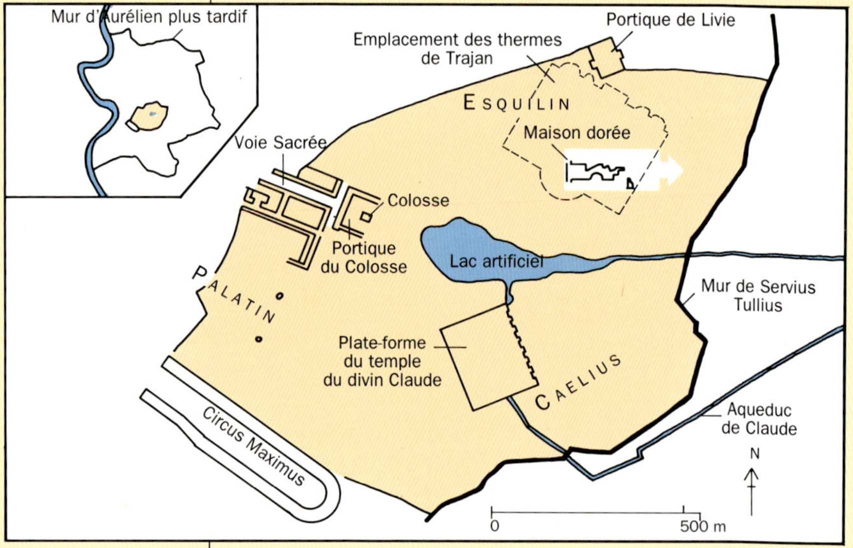

Plan de la Maison dorée et de ses jardins (ci-contre, à droite). L'entrée principale se trouvait du côté de la via Sacra, à l'extrémité est du Forum. Dans la cour d'entrée se dressait la colossale statue de Néron, en bronze, qui, par la suite, a donné son nom au Colisée (Colosseum, l'amphithéâtre flavien érigé à l'emplacement du lac de Néron). Néron a démoli le temple inachevé du divin Claude et a réaménagé sa plate-forme massive pour réaliser des cascades et des fontaines ornementales.

Les principaux vestiges de la Maison dorée sont enfouis sous les thermes de Titus sur l'Oppius (dans la partie sud de l'Esquilin), à l'opposé du futur Colisée (ci-dessous). La demeure possédait une longue façade qui surplombait le lac artificiel. La salle à manger octogonale formait le point central d'une façade symétrique qui, à l'origine, s'étendait beaucoup plus loin vers l'est.

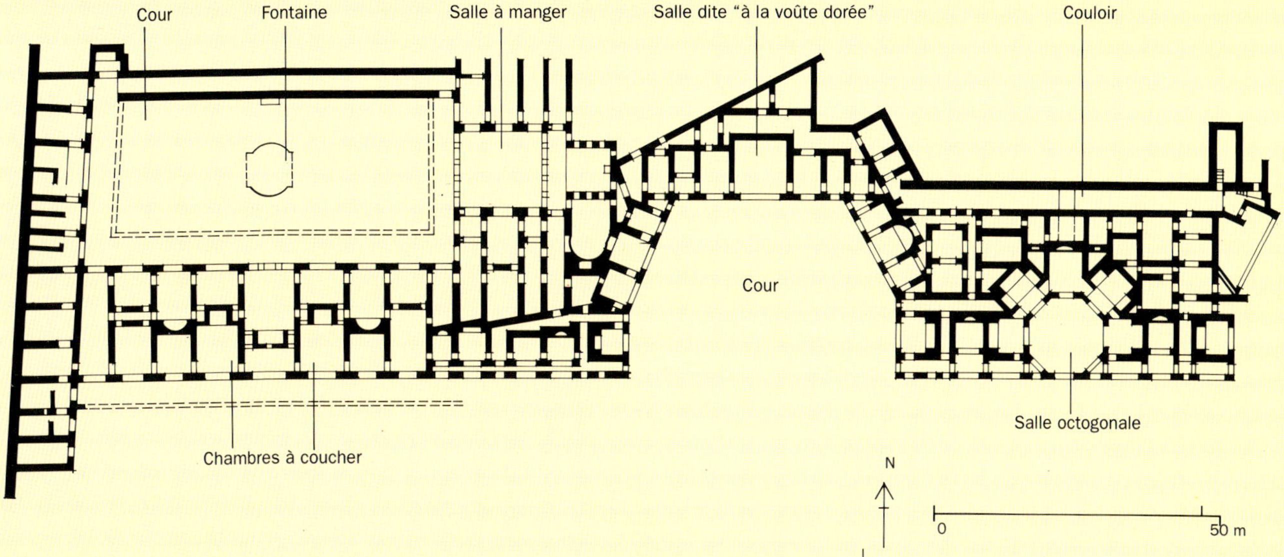

LE CONSEIL DE SÉNÈQUE

Buste de Sénèque. Staatliche Museen, Berlin.

Le philosophe Lucius Annaeus Sénèque est un exemple de l'importance prise à Rome par les provinciaux. Né vers 1 av. J.-C., à Cordoue en Espagne, il vient à Rome où il est très apprécié des cercles de la cour, jusqu'à ce qu'il soit exilé par Claude pour adultère avec Livilla, la sœur de Caligula. Rappelé en 49, au moment du mariage de Claude avec Agrippine, il est nommé précepteur du jeune Néron. Il demeure l'un des principaux conseillers de Néron jusqu'en 65, date à laquelle il est accusé de complicité dans la conjuration de Pison et est contraint de suicider. Il a écrit des tragédies et des traités moraux dont certains s'adressent directement à Néron. L'un des plus connus est *De la clémence*:

« J'AI ENTREPRIS CE TRAITÉ SUR LA CLÉMENCE, NÉRON CÉSAR, POUR FAIRE EN QUELQUE SORTE OFFICE DE MIROIR ET T'ACHEMINER, EN T'OFFRANT TON IMAGE, À LA VOLUPTÉ LA PLUS GRANDE QUI SOIT AU MONDE. EN EFFET, SI LE PROFIT AUTHENTIQUE DE NOS BONNES ACTIONS CONSISTE À LES AVOIR FAITES ET S'IL N'Y A POINT DE DIGNE RÉCOMPENSE À NOS VERTUS EN DEHORS D'ELLES-MÊMES, CE N'EN EST PAS MOINS UNE JOUISSANCE QUE DE REGARDER EN SON ÂME ET D'EN FAIRE LE TOUR LORSQU'ELLE EST SANS REPROCHE, ET PUIS DE JETER LES YEUX SUR CETTE IMMENSE POPULATION DIVISÉE CONTRE ELLE-MÊME, PRÊTE À LA RÉVOLTE, INCAPABLE DE SE MAÎTRISER, CONDAMNÉE, SI ELLE BRISE SON JOUG, À SE DÉTRUIRE ELLE ET LES AUTRES DE GAIETÉ DE CŒUR — ET DE SE DIRE À SOI-MÊME: "C'EST DONC MOI QU'ON A DÉSIGNÉ ET CHOISI ENTRE TOUS LES MORTELS POUR JOUER SUR TERRE LE RÔLE DES DIEUX!" »

SÉNÈQUE, *De la clémence*, I, 1

Passions et passe-temps. Le meurtre d'Agrippine en 59 est le plus célèbre des actes insensés de Néron, mais il n'est pas le seul. On rapporte que, après la tombée de la nuit, Néron rôde dans les rues, visitant les tavernes avec ses amis, importunant les passants dans la rue, attaquant les femmes et volant dans les boutiques et sur les étals. On l'accuse également d'abuser des femmes mariées et des garçons de naissance libre. Dans le domaine des excès sexuels, citons ses fameux "mariages" avec ses amants homosexuels Pythagoras et Sporus, garçon qu'il fait émasculer. On dit de Néron qu'il sert de mari à Sporus et de femme à Pythagoras.

Aux yeux de beaucoup, sa passion pour la musique ne vaut guère mieux que le reste. Néron chante ses propres compositions tout en s'accompagnant à la lyre. Il loue les services de Terpnus, le plus grand joueur de lyre de son temps, comme professeur et donne des récitals privés.

Ce n'est qu'en 64 qu'il commence à se produire en public. Pour ses débuts, il choisit Naples et non Rome. L'événement ne se déroule pas sous de bons auspices, car le théâtre, victime d'un tremblement de terre, s'effondre peu après la représentation. Il est difficile de savoir si Néron était ou non un bon interprète. Sa voix, grêle et sourde, d'après Suétone, était faible et indistincte d'après Dion Cassius. Mais on ne peut pas exclure la possibilité qu'il ait été un musicien doué et expérimenté. L'année suivante, Néron, en costume de scène, accompagné des préfets du prétoire portant sa lyre, se produit devant le peuple de Rome. Il chante une Niobé et joue plusieurs rôles, féminins et masculins, jusque tard dans l'après-midi. Ce n'est certes pas l'image du pouvoir que le peuple attend.

Octavie et Poppée. En l'an 58, Néron tombe passionnément amoureux de Poppaea Sabina, femme d'une grande beauté. Elle est mariée à Marcus Othon, un ami intime de Néron, qui vante souvent les perfections de son épouse. Rapidement, Othon est nommé gouverneur de Lusitanie et Poppée partage la couche de l'empereur. Cependant, Néron est toujours marié à Octavie, la fille de Claude (qui est stérile), union importante sur le plan politique. En 62, Néron se sent suffisamment sûr de lui pour divorcer d'Octavie et épouser Poppée.

D'abord envoyée en Campanie, Octavie est faussement accusée d'adultère, puis emprisonnée dans l'île de Pandataria. Un an plus tard, elle est assassinée. Comble de dureté, Néron fait rapporter sa tête à Rome, afin que Poppée jouisse de son triomphe.

Toutefois, Poppée n'a pas survécu longtemps à Octavie. Le 21 janvier 63, elle donne à Néron une fille, Claudia, qui meurt au bout de quatre mois. Durant l'été 65, alors qu'elle est enceinte pour la seconde fois, Néron, pris d'un accès de colère, la tue d'un coup de pied dans le ventre. Un an après, il épouse Statilia Messalina, puis il se met en ménage avec Sporus, un garçon qui ressemble physiquement à Poppée.

L'accumulation des nuages. Le règne de Néron change progressivement de caractère au fil des ans. Sous la conduite de Sénèque et de Burrus, les premières années sont empreintes de prudence et de modération. Alors qu'on lui demande de signer son premier ordre d'exécution,

LA POÉSIE IMPÉRIALE

« Il se consacra aussi à la pratique de la poésie, rassemblant des hommes qui avaient quelque talent pour les vers mais qui n'étaient pas encore illustres. Ces personnages, après le dîner, se réunissaient et assemblaient des vers qu'ils apportaient ou qu'ils imaginaient sur-le-champ et ils complétaient les paroles de Néron lui-même, venues comme elles pouvaient ; c'est ce que montre bien l'apparence même de ces poèmes, qui ne coulent pas d'une seule inspiration, ni d'un seul élan et d'un ton uniforme. »

Tacite, *Annales*, XIV, 16

Néron se considère comme un poète, mais les avis sur son talent sont partagés. Tacite se montre très critique, alors que Suétone, qui put étudier les manuscrits eux-mêmes, affirme que Néron a bien composé sa propre poésie. Il en reste trop peu de vers pour que nous puissions nous faire une opinion. Le plus long fragment conservé consiste en trois lignes extraites du "Premier livre de Néron" :

Quique pererratam
[subductus Persida Tigris
deserit et longo terrarum
[tractus hiatu
reddit quaesitas iam non
[quaerentibus undas.
...et le Tigre aussi, qui traverse la Perse, puis l'abandonne, disparaît, et coule dans une longue crevasse souterraine, rend finalement son flot, qui a cruellement manqué, à des peuples qui n'y attachent pas de prix.

Ces vers font peut-être partie du fameux chant de Néron sur la chute de Troie, qu'on l'a accusé d'interpréter pendant le grand incendie de Rome. Cela a donné naissance à légende selon laquelle Néron aurait joué tandis que Rome brûlait.

Néron s'exclame (avec plus d'habileté que de sincérité ?) : « Comme j'aimerais ne jamais avoir appris à écrire ! » Après la mort de Burrus, en 62, Sénèque passe à l'arrière-plan. Les figures dominantes de l'entourage impérial sont désormais Poppée et Ofonius Tigellinus, le successeur de Burrus à la tête de la garde prétorienne. On considère Tigellinus comme le mauvais génie qui a présidé aux dernières actions de Néron. De fait, les procès pour trahison reprennent. L'argent venant à manquer, on lève de nouveaux impôts et l'on déprécie la monnaie. La confiscation des biens d'hommes riches constitue une source de profits faciles.

Le grand incendie, qui ravage Rome en 64, ruine un peu plus la réputation de Néron. Le feu se déclare le 19 juillet dans le voisinage du Circus Maximus et s'étend rapidement. Il n'épargnera que quatre des quatorze régions de la cité. Le centre de la ville, une partie de la résidence impériale du Palatin y compris, est complètement détruit.

Lorsque l'incendie a lieu, Néron se trouve à Antium. Informé de l'ampleur du désastre, il s'empresse de revenir à Rome. Il organise les secours, transformant les édifices publics en abris provisoires et fournissant des céréales bon marché. Une fois le feu éteint, il accorde des subsides pour les travaux de restauration et édicte des règles sévères pour éviter que pareil drame ne se reproduise. Malgré cela, le peuple est persuadé que Néron a lui-même provoqué l'incendie dans le but de dégager l'espace pour sa nouvelle Maison dorée. L'histoire suivante va contribuer à entretenir cette idée, dont Suétone se fait l'écho : « Il contemplait cet incendie du haut de la tour de Mécène, et charmé, disait-il, "par la beauté des flammes", il chanta la prise d'Ilion (l'une de ses compositions) dans son costume de théâtre. » De fait, rares sont ceux qui croient Néron lorsqu'il accuse les chrétiens d'avoir allumé le feu.

Des conspirations éventées. Le grand incendie de Rome représente une très lourde charge financière pour Néron, à une époque où les revenus sont déjà fortement en baisse. La résurgence des procès pour trahison entraîne des exils, des exécutions et des suicides qui sèment la terreur et le ressentiment parmi les courtisans et les sénateurs. C'est dans ce climat que naît la conjuration de Caius Calpurnius Pison. Un important groupe de sénateurs décide avec d'autres d'assassiner Néron pendant les jeux de Cérès, qui se tiennent du 12 au 19 avril 65. Mais les conjurés sont trahis quelques heures avant l'exécution de leur projet par un esclave de Flavius Scaevinus — l'homme choisi pour porter le coup — dont les soupçons ont été éveillés par les préparatifs de son maître. Dans la chasse aux sorcières qui s'ensuit, dix-neuf personnes trouvent la mort et treize sont exilées. Le plus inquiétant dans cette affaire réside dans la complicité de plusieurs officiers de la garde prétorienne, chargée de la sécurité personnelle de l'empereur.

L'année suivante, alors que Néron est en route pour la Grèce, on dévoile un autre complot, dans lequel sont impliqués, à nouveau, des sénateurs de premier plan, dont le général Gnaeus Domitius Corbulon. L'affaire achève de dégrader complètement les relations entre Néron et le sénat. Voilà pourquoi l'empereur dit alors des sénateurs qu'il les hait tous.

Statuette en bronze de Néron en tenue militaire, avec incrustations de cuivre, d'argent et nielle. Son incapacité à se couvrir de gloire militaire est l'un des principaux points faibles de Néron.

Le grand tour de la Grèce. La visite de la Grèce est pour Néron la meilleure façon d'exprimer l'admiration qu'il éprouve envers la culture hellénique. C'est la seule visite qu'il ait effectué à l'étranger au cours de son règne. L'empereur a, entre autres, pour but de participer aux concours grecs d'Olympie, Némée, Isthmie et Delphes. Pour lui complaire, on avance même la date des jeux Olympiques et Néméens par rapport à leur année normale. Naturellement, il remporte tous les prix. Cependant, il a pris la précaution d'acheter les juges ainsi que les meilleurs candidats. Interdiction est faite aux spectateurs de quitter leur siège pendant qu'il chante, ce qui ne manque pas de créer des difficultés, sa prestation pouvant durer plusieurs heures. Le futur Vespasien, qui s'endort lors d'une des séances de chant impériales, est renvoyé. On raconte que les femmes accouchent en pleine représentation, tandis que d'autres spectateur feignent d'être morts pour être emportés dehors.

Néron considère son voyage en Grèce comme une grande réussite. Mais les victoires remportées sur scène ne parviendront jamais à remplacer celles acquises sur les champs de bataille. Le règne ne manque pourtant pas de succès militaires : l'étouffement, en 61, de la rébellion de Boadicée, en Bretagne, et les victoires de Corbulon sur les Parthes, en Arménie, ne suffiront pas à corriger l'image de pitre de Néron.

Le désespoir et la mort. Lorsque Néron retourne à Rome en 67, ses relations avec le sénat sont au plus bas. Il ne peut guère compter sur le soutien des provinces qui subissent un système d'imposition de plus en plus répressif. En mars 68 éclate la révolte de Julius Vindex, gouverneur de la Lyonnaise (Gallia Lugdunensis). C'est une rébellion assez curieuse, dans la mesure où Vindex ne s'appuie sur aucune légion et ne prétend pas au titre d'empereur. Il obtient cependant l'aide de Servius Sulpicius Galba, le gouverneur de l'Espagne tarraconnaise (Hispania Tarraconensis), qui exploite le mécontentement général envers Néron.

Les armées du Rhin battent Vindex à Besançon en mai 68, tout en ne soutenant guère Néron. Elles tentent même de proclamer empereur leur commandant Verginius Rufus. Rufus refuse, mais le processus ainsi engagé commence à tourner en faveur de Galba. Tandis que ce dernier pa-

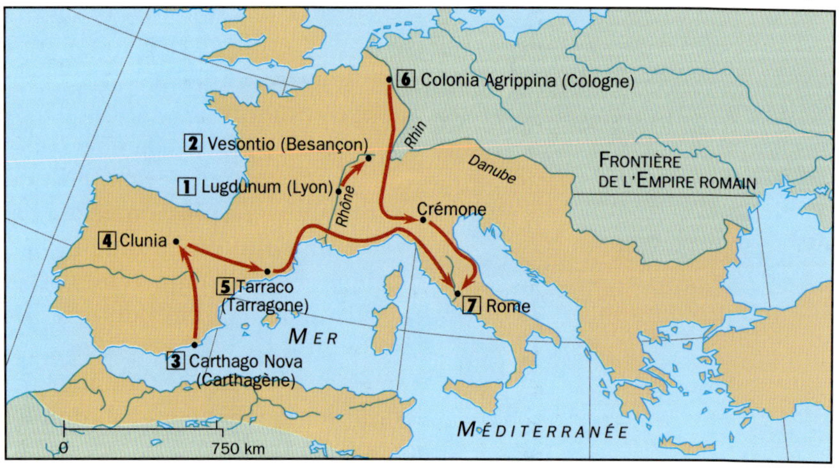

En mai 68 à Vesontio, les légions du Rhin écrasent facilement la révolte de Julius Vindex, qui a éclaté à Lyon deux mois plus tôt. A ce moment-là, Galba a déjà été proclamé empereur par les légions d'Espagne.
La carte montre les événements de mars 68 à janvier 69.
1 Vindex se soulève contre Néron et attaque Lugdunum (mars 68). **2** Défaite de Vindex à Vesontio (mai 68). **3** Galba est proclamé empereur à Carthago Nova (avril 68). **4** Galba apprend la mort de Néron à Clunia (juin 68). **5** Galba quitte Tarraco pour Rome (fin de l'été 68). **6** Les légions du Rhin se prononcent en faveur de Vitellius à Colonia Agrippina (2 janvier 69). **7** Othon renverse Galba à Rome (15 janvier 69).

« Néron substitua des accusés et frappa des peines les plus raffinées les gens, détestés à cause de leurs mœurs criminelles, que la foule appelait "chrétiens". (...) Donc, on arrêta d'abord ceux qui avouaient, puis, sur leur dénonciation, une foule immense, qui fut condamnée, moins pour crime d'incendie que pour sa haine du genre humain. Leur exécution fut transformée en jeu : on les revêtit de peaux de bêtes et ils périrent sous la morsure des chiens, ou bien ils furent cloués à des croix, ou bien on y mit le feu, pour que, lorsque le jour baissait, ils brûlent et servent d'éclairage nocturne. »

Tacite, *Annales*, XV, 44

LA PREMIÈRE PERSÉCUTION

Accusé d'avoir ordonné de mettre le feu à Rome, Néron reporte la faute sur les chrétiens. Il en résultera une série de procès sommaires et la mort de malheureux, transformés en torches vivantes pour éclairer les jeux du cirque. Saint Paul a été exécuté plus tôt, en 64. Cet événement a peut-être amené Néron à penser aux chrétiens comme boucs émissaires pour l'incendie. Selon la Tradition chrétienne, saint Pierre aurait été crucifié lors de cette persécution. Toutefois, il n'est pas certain que l'apôtre soit mort à Rome.

L'arrestation de saint Pierre, sarcophage de Junius Bassus à Rome, IVe siècle ap. J.-C.

tiente en Espagne, ses agents sont à l'œuvre dans la capitale où ils sapent les derniers appuis de Néron. Finalement, le 8 juin, alors que Néron prépare ouvertement sa fuite, le chef de la garde prétorienne Nymphidius Sabinus abandonne cette cause perdue et passe au service de Galba. Néron espère prendre le bateau à Ostie pour se réfugier dans les provinces orientales. Les gardes refusant de l'aider, il est contraint de rentrer à Rome. Il se réveille à minuit et constate que tout le monde est parti, y compris les serviteurs du palais. Il sort dans la rue où il rencontre Phaon, l'un de ses affranchis, qui le conduit, sous un déguisement, dans sa villa située à quelques kilomètres au nord-ouest de la ville. Néron est caché dans l'une des pièces du fond de la villa quand les soldats viennent l'arrêter. S'apitoyant jusqu'au bout sur son sort, il s'écrit : « Quel artiste va périr avec moi ! », puis il se plante un poignard dans la gorge. Son secrétaire particulier Epaphrodite achève le travail.

C'est ainsi que, le 9 juin 68 ap. J.-C, meurt Néron, à l'âge de trente ans. Les funérailles ont lieu dans le tombeau de famille des Domitii (la famille de son père) sur la colline du Pincio. Son corps repose dans un sarcophage de porphyre, dominé par un autel de marbre et entouré d'une balustrade en pierre. Haï par le sénat, Néron reste malgré tout populaire auprès des gens communs. Longtemps après sa mort, sa tombe est régulièrement décorée de fleurs de printemps et d'été.

Pourquoi Néron a-t-il échoué après des débuts aussi prometteurs ? Principalement parce qu'il s'est aliéné l'élite sénatoriale. Son sentiment croissant d'insécurité l'a poussé à liquider ses rivaux, réels ou imaginaires, de même que les dépenses fastueuses de ses dernières années de règne ont entraîné des confiscations de biens. Toutefois, ces mesures pesaient essentiellement sur les riches : c'est effectivement l'aristocratie traditionnelle qui désapprouvait le plus les largesses publiques de l'empereur et son goût pour la Grèce. Dans la crise fatale de juin 68, Néron a fait l'erreur de ne pas réaliser qu'il bénéficiait encore d'un fort soutien populaire. S'il avait tenu bon en 68, tout se serait peut-être passé autrement. Un empereur qui s'enfuit avant d'y être contraint ne peut que s'en prendre à lui-même. ■

Buste de l'empereur Galba.
Musées du Capitole, Rome.

Galba

Servius Galba
Imperator
Caesar Augustus
68-69

Othon

Imperator
Marcus Otho
Caesar Augustus
69

Vitellius

Aulus Vitellius
Germanicus
Imperator Augustus
69

« La fin de Néron, accueillie d'abord par les premiers transports de la joie publique comme un bonheur, avait provoqué des émotions diverses non seulement à Rome, au sénat, dans le peuple ou dans la garnison, mais aussi dans toutes les légions et chez leurs chefs ; car un secret d'État venait d'être divulgué : on pouvait faire un empereur ailleurs qu'à Rome. »

Tacite, ***Histoires***, I, 4

Servius Sulpicius Galba, gouverneur de l'Espagne tarraconnaise, est âgé de soixante-dix ans lorsqu'il succède à Néron comme empereur de Rome. Le transfert de pouvoir n'a pas été particulièrement paisible. Julius Vindex, gouverneur de la Lyonnaise, qui s'est rebellé contre Néron en

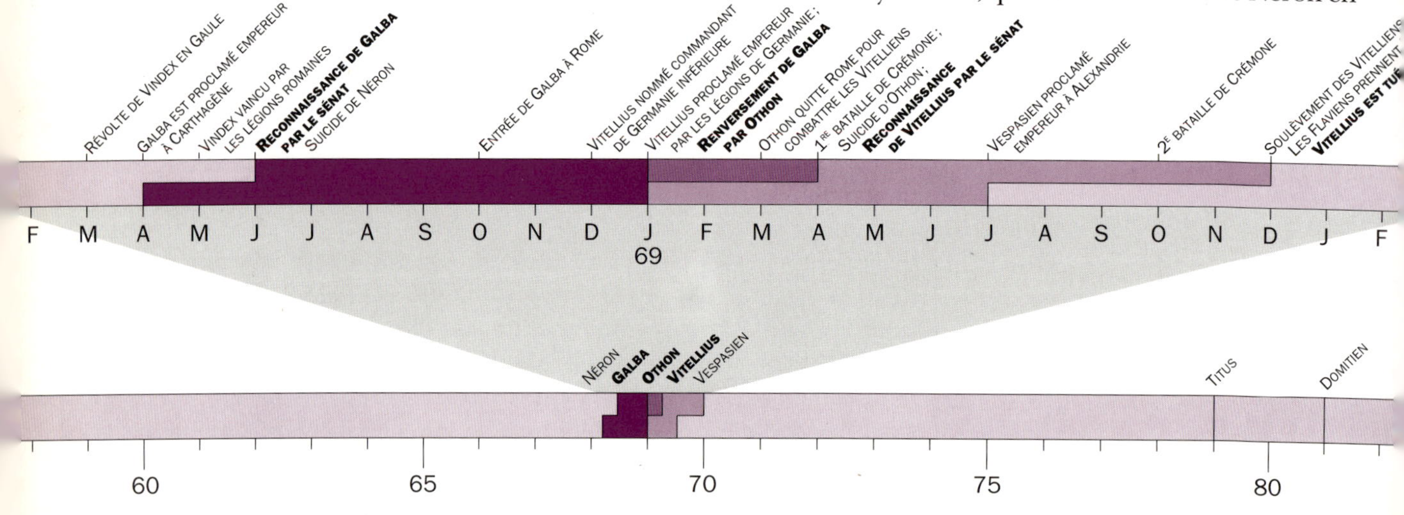

GALBA

- Né près de Terracine, le 24 décembre 3 av. J.-C.
- Accession le 8 juin 68

SERVIUS GALBA IMPERATOR CAESAR AUGUSTUS

- Epouse : Aemilia Lepida
- Enfants : deux fils aux noms inconnus
- Tué sur le Forum à Rome, le 15 janvier 69 ; enterré près de la via Aurelia

OTHON

- Né à Ferentium, le 28 avril 32 ap. J.-C.
- Accession le 15 janvier 69

IMPERATOR MARCUS OTHO CAESAR AUGUSTUS

- Epouse : Poppaea Sabina
- Enfants : aucun enfant connu
- Suicide à Brixellum, au sud de Crémone, le 16 avril 69 ap. J.-C. ; funérailles à proximité

VITELLIUS

- Né le 7 (ou 24) septembre 12 ap. J.-C. (ou 15 ap. J.-C.) ; lieu incertain
- Accession le 2 janvier 69

AULUS VITELLIUS GERMANICUS IMPERATOR AUGUSTUS

Vitellius a tenté de modifier la titulature impériale pour marquer une rupture avec le passé julio-claudien. Il a peut-être eu l'intention de faire de **GERMANICUS** un titre héréditaire, en le donnant à son fils en 69. Ce titre reconnaît le rôle joué par les légions germaniques dans son accession au pouvoir. Vitellius prend parfois le titre de **CAESAR** quand il a besoin du support de la tradition impériale.

- Epouses
(1) Petronia
(2) Galeria Fundana
- Enfants
un fils Petronianus (avec Petronia)
un fils Vitellius (avec Galeria Fundana)
une fille Vitellia (avec Galeria Fundana)
- Assassiné sur le Forum le 20 décembre 69, son corps est jeté dans le Tibre

68, recherchait un candidat susceptible de prendre la tête de son mouvement. Malgré son âge avancé, Galba, qui est un homme très ambitieux, a accepté avidement la proposition de Vindex et s'est autoproclamé empereur le 3 avril, à Carthago Nova (Carthagène). Il a reçu le soutien immédiat des gouverneurs de Lusitanie et de Bétique, bientôt imités par ceux d'Egypte, d'Afrique et de Maurétanie. Il semble donc bien que sa prise de pouvoir ne soit pas le simple fruit des circonstances. Galba ne dispose que d'une seule légion. Aussi le coup d'Etat est-il extrêmement aventureux sur le plan militaire. Heureusement pour Galba, Néron n'est pas apprécié par l'armée. En mai 68, lorsque Verginius Rufus écrase, à Besançon, la rébellion de Vindex, ses troupes se prononcent en sa faveur et non en faveur de Néron. Rufus décline l'offre de ses soldats et donne la même réponse à Galba qui lui demande de se joindre à lui. Finalement, à Rome, les agents de Galba gagnent à leur cause Nymphidius Sabinus, le commandant de la garde prétorienne. Néron est renversé. Déclaré ennemi public par le sénat le 8 juin, il se suicide le lendemain. C'est ainsi que Galba devient empereur de Rome.

Lorsqu'il est déclaré empereur par le sénat en juin 68, Galba se trouve encore en Espagne. Il arrive à Rome en octobre, accompagné d'une réputation de sévérité et d'avarice. En plusieurs occasions, il impose effectivement une discipline très stricte. Quant à son avarice, elle est surtout liée à la nécessité de se remettre des dépenses somptuaires des dernières années du règne de Néron. Ainsi, il ordonne la restitution de 90 % des dons en numéraire ou en propriétés prodigués par Néron (qui s'élèvent à 2 200 millions de sesterces). Il refuse également de verser les gratifications rituelles à l'armée en disant qu'il a pour habitude de lever des troupes, non de les acheter.

Mais Galba est confronté à la corruption des officiers qu'il a nommés. Ceux qui, nombreux, l'ont aidé à parvenir au pouvoir exigent des postes dans la nouvelle administration. Il y a parmi eux beaucoup d'individus cupides et sans scrupules, dont le comportement affaiblit la position de Galba face au sénat et à l'armée. L'ancien esclave Icelus est le pire de tous. Le bruit circule qu'il est l'amant de Galba et qu'il a volé en sept mois plus que les affranchis de Néron en treize ans.

En janvier 69, les troupes de Germanie supérieure et inférieure renversent les portraits de Galba et proclament Aulus Vitellius empereur. Cette révolte fait prendre conscience à Galba qu'il lui faut un héritier. Les deux fils que lui a donnés son épouse Lépida sont morts avant son accession. C'est pourquoi il adopte Lucius Calpurnius Pison Frugi Licinianus, jeune homme d'une famille distinguée, âgé d'une trentaine d'années. Le 10 janvier, jour de l'adoption, on conduit Pison au camp de la garde prétorienne pour le présenter aux soldats comme l'héritier de Galba. Une nouvelle fois, Galba s'aliène le soutien des soldats en refusant de leur verser la gratification qu'on leur accorde généralement en pareille circonstance. En outre, Pison, bien qu'étant apparemment homme de qualité et de bonne famille, a passé une grande partie du règne de Néron en exil et a très peu d'expérience politique. La nouvelle de l'adoption est au mieux accueillie avec indifférence par le sénat et le peuple.

UN ÉMINENT PATRICIEN

« POUR LUI, SON GÉNIE ÉTAIT MÉDIOCRE, EXEMPT DE VICES PLUTÔT QU'ORNÉ DE VERTUS. »

TACITE, *Histoires*, I, 49

Galba est né le 24 décembre 3 av. J.-C., dans une villa située sur une colline proche de Terracine, au sud de Rome. Son aptitude à exercer la charge impériale repose en partie sur ses origines familiales. Les Sulpicii Galbae ont été l'une des familles dirigeantes de la période républicaine. Le jeune Galba suit le cursus politique romain habituel. Prêteur en 30 ap. J.-C., puis gouverneur d'Aquitaine, il est consul en 33. Commandant de l'armée de la Germanie supérieure, il est apprécié par Caligula et devient un favori de l'empereur Claude. Mais au début de sa carrière, il s'est fait une dangereuse ennemie en la personne d'Agrippine. Quand celle-ci épouse Claude, en 49, Galba quitte le devant de la scène politique pendant une décennie. La mort d'Agrippine, en 59, entraîne sa réhabilitation. L'année suivante, il est nommé gouverneur de l'Espagne tarraconnaise. C'est là qu'il est proclamé empereur au printemps 68. Son apparence d'homme âgé n'a pas favorisé ses prétentions au pouvoir. Tacite décrit Galba comme faible et vieux. Il ajoute que le peuple a peu de considération pour lui par rapport au jeune Néron. Suétone ajoute qu'« il avait aussi au flanc droit une excroissance de chair si volumineuse qu'il pouvait à peine la contenir avec un bandage ». L'historien rapporte que, une fois devenu empereur, Galba a produit un arbre généalogique qui faisait remonter ses origines à Jupiter, du côté de son père, et à Pasiphaé, l'épouse de Minos, du côté de sa mère. Le lien avec Jupiter est une tentative de surpasser les Julio-Claudiens qui prétendaient descendre de Vénus. Pasiphaé, mère du Minotaure, est une ancêtre un peu plus curieuse !

Dans ces conditions, Marcus Salvius Othon, le rival malheureux de Pison, n'a guère de mal à s'emparer du pouvoir six jours plus tard, après s'être rallié la garde prétorienne. Gouverneur de Lusitanie sous Néron, Othon a été l'un des premiers à offrir son appui à Galba. Il considère donc que c'est lui, et non Pison, qui est le successeur naturel. Aussi, quand les événements ne prennent pas la direction attendue, intervient-il énergiquement. Le 15 janvier au matin, Othon quitte la suite impériale tandis que Galba fait un sacrifice dans le temple d'Apollon, sur le Palatin. Dans une litière fermée, il se rend au camp de la garde prétorienne où les soldats le proclament empereur.

Des rapports confus parviennent à Galba, dans le palais impérial. Il se demande s'il doit fermer les portes et se préparer à soutenir un siège ou s'il doit sortir hardiment et affronter les rebelles. Il opte pour cette dernière solution et se fait emmener en litière au Forum. Il y est assailli par les cavaliers d'Othon qui le jettent hors de sa litière, près du bassin de Curtius. Un soldat de la quinzième légion, Camurius, lui enfonce son épée dans la gorge. Selon Tacite, il aurait dit : « Allez, frappez, si le bien de l'Etat l'exige. » Pendant ce temps, Pison se réfugie dans le temple de Vesta, l'un des lieux les plus sacrés du Forum. Les soldats viennent l'en arracher et le tuent à son tour. Les têtes de Galba et Pison sont tranchées et promenées sur des piques à travers la ville. Plus tard, Argivus, le serviteur de Galba, retrouvera la tête et l'enterrera avec le corps dans les jardins privés de l'empereur, situés sur la voie Aurélienne.

L'épitaphe de Galba peut être laissée à Tacite : « Supérieur en apparence à la condition privée tant qu'il fut homme privé, et de l'aveu de tous digne de l'empire, s'il n'avait pas été empereur. » L'histoire de ce vieil homme mort courageusement éveille la sympathie. Mais sa folle parcimonie, sa sévérité obstinée empêchent de considérer Galba comme une figure véritablement tragique. ■

« QUAND LA FURIE DE LA GUERRE CIVILE BALANÇAIT ENCORE ET QUE LE VOLUPTUEUX OTHON POUVAIT PEUT-ÊTRE ENCORE VAINCRE, IL CONDAMNA UNE LUTTE QUI DEVAIT COÛTER DES FLOTS DE SANG ET, D'UNE MAIN SÛRE, IL SE PERÇA LA POITRINE DE PART EN PART. ADMETTONS QUE CATON DURANT SA VIE, AIT ÉTÉ PLUS GRAND MÊME QUE CÉSAR : À SES DERNIERS INSTANTS, FUT-IL EN RIEN PLUS GRAND QU'OTHON ? »

MARTIAL, *Epigrammes*, VI, 32

« IL SE FAISAIT ÉPILER ET, COMME SES CHEVEUX ÉTAIENT RARES, PORTAIT UNE PERRUQUE (...) ; BIEN PLUS, IL SE RASAIT TOUS LES JOURS ET S'APPLIQUAIT ENSUITE SUR LE VISAGE DE LA MIE DE PAIN MOUILLÉE, HABITUDE QU'IL AVAIT PRISE DÈS SA PREMIÈRE POUSSE DE BAR-BE, AFIN DE NE JAMAIS EN AVOIR. »

SUÉTONE, *Othon*, 12

Marcus Salvius Othon (ci-dessus, musée du Louvre) est né le 28 avril 32 à Ferentium, dans le sud de l'Etrurie. Lorsqu'il devient empereur, en 69, il a un peu moins de la moitié de l'âge de Galba, son prédécesseur. Sa famille n'appartient pas à l'ancienne aristocratie, mais s'est élevée en servant les empereurs. Son grand-père est le premier à devenir sénateur, son père le premier à être nommé consul. Othon est un ami intime de Néron, peut-être même son amant, jusqu'à ce qu'il se brouille avec lui en 58, à cause de la belle Poppaea Sabina. Othon est alors envoyé en Lusitanie comme gouverneur. Dix ans plus tard, il apporte naturellement son soutien au coup d'Etat de Galba. Il n'a jamais réussi à se débarrasser de la réputation d'extravagance et de grand train de vie qu'il s'est acquise dans sa jeunesse. Ses qualités comme empereur ont surpris les historiens qui lui étaient le plus hostiles, Tacite par exemple : « Cependant, Othon, contre toute attente, ne s'engourdissait pas dans les délices et la paresse ; il remit les plaisirs à plus tard, dissimula son amour de la dissipation et subordonna tout à la dignité du commandement. » (Tacite, *Histoires*, 71) Son suicide lui a peut-être été dicté par le désir d'épargner à son pays les horreurs de la guerre civile.

Le sénat nourrit une profonde méfiance envers le nouvel empereur Othon, en raison à la fois de son amitié avec Néron et de la violence avec laquelle il s'est emparé du trône. Néanmoins, les sénateurs lui décernent les pouvoirs et les privilèges habituels et, durant son court règne, Othon gouverne avec énergie et compétence. Mais il lui est très difficile de gagner de nouveaux partisans et de consolider sa position, surtout depuis que les armées du Rhin ont acclamé un empereur rival. La guerre civile semble inévitable. La plupart des provinces jurent fidélité à Othon — en Egypte, il est représenté comme pharaon sur les murs des temples —, mais la Gaule et l'Espagne se rangent du côté de Vitellius.

Othon contre Vitellius. Othon, qui espère se concilier ce qu'il reste des anciens partisans de Néron, fait restaurer les statues de l'empereur défunt et rétablit certains des dignitaires de son prédécesseur. Il s'efforce d'éviter la guerre civile en offrant à Vitellius de partager le pouvoir et en proposant même d'épouser sa fille. En mars, cependant, les légions de Vitellius sont déjà en marche et Othon se concentre sur la défense de l'Italie. Sa stratégie est simple : retarder l'avance de Vitellius pour laisser aux légions du Danube le temps de venir à son secours. Othon dépêche une avant-garde vers le nord pour empêcher l'adversaire de traverser le Pô et fait prendre la mer à une force de diversion qui se dirige vers le sud de la Gaule. Il quitte Rome vers le 14 mars et établit son camp à Bédriac, au nord du Pô, à quelque 30 kilomètres à l'est de Crémone.

Pendant ce temps, Vitellius envoie son armée, répartie en deux divisions commandées par Fabius Valens et Aulus Caecina Alienus, en avant. Caecina, qui atteint l'Italie le premier, prend position à l'extérieur de Crémone. Après l'arrivée de la seconde division de Valens, les forces de Vitellius sont presque deux fois plus importantes que celles d'Othon. Les commandants de ce dernier lui conseillent vivement d'attendre la venue des légions du Danube. Mais l'armée de Vitellius ayant entrepris de construire un pont pour traverser le Pô et continuer sur Rome, l'affrontement devient inévitable. Les troupes qu'Othon lance contre celles de Vitellius subissent une sévère défaite, lors de la première bataille de Crémone, le 14 avril. Lorsque Othon apprend la nouvelle le lendemain à Brixellum, il décide d'abandonner le combat. Peut-être souhaite-t-il épargner à l'Italie l'horreur d'une longue guerre civile. Il avertit ses amis et sa famille de prendre des mesures pour leur propre sécurité avant de se retirer dans sa chambre pour dormir. A l'aube du jour suivant, le 16 avril, il se poignarde.

Les contemporains d'Othon ont eu du mal à croire qu'un bon vivant comme lui ait choisi une fin aussi héroïque. Les soldats ont également été impressionnés par son courage. A tel point que certains se jetèrent sur le bûcher funéraire pour partager sa mort. Les cendres ont été rassemblées et déposées dans un modeste monument. Au cours de ses trois mois de règne, Othon a montré une sagesse et une compétence bien plus grandes que celles qu'on attendait de sa part. ■

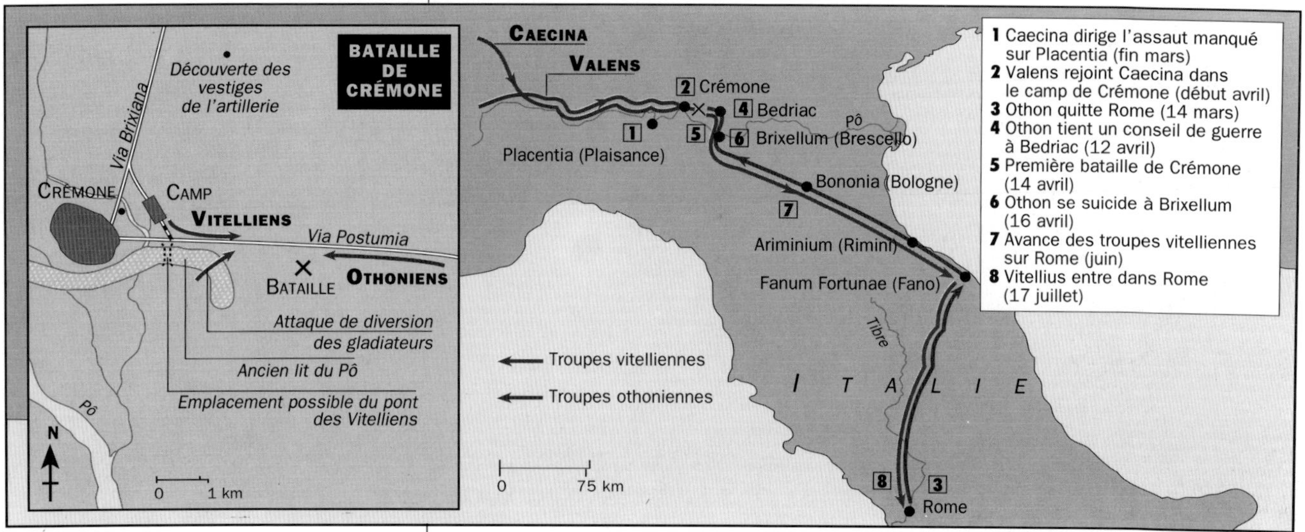

« MON PÈRE, SUETONIUS LAETUS (...) PLUS TARD, AIMAIT À RACONTER QUE, MÊME AVANT D'ÊTRE EMPEREUR, OTHON EXÉCRA TELLEMENT LES GUERRES CIVILES, QU'UN JOUR À TABLE IL FRISSONNA D'HORREUR EN ENTENDANT UN CONVIVE RAPPELER LA FIN DE CASSIUS ET DE BRUTUS ; IL AJOUTAIT QU'OTHON NE SE SERAIT POINT RÉVOLTÉ CONTRE GALBA, S'IL N'AVAIT EU CONFIANCE QUE L'AFFAIRE POUVAIT ÊTRE RÉGLÉE SANS GUERRE. »

SUÉTONE, *Othon*, 10

Le père du biographe Suétone a participé à la guerre opposant Othon et Vitellius. Ce qu'il dit de l'aversion d'Othon pour le combat est une information de première main. Othon a pourtant le bon sens de se faire aider par d'éminents généraux comme Suetonius Paulinus (le vainqueur de Boadicée) pour la campagne de mars-avril 69. Ses troupes occupent une position défensive à Bédriac, au nord du Pô, tandis que les généraux de Vitellius, Valens et Caecina, rassemblent leurs divisions à Crémone. Othon attend l'arrivée des légions du Rhin pour engager la lutte, mais ses adversaires le forcent à combattre en entamant la construction d'un pont au-dessus du Pô, qui leur ouvrira la route de Rome. Othon envoie le gros de ses troupes vers l'ouest, jusqu'à une ligne avancée à partir de laquelle elles empêcheront l'achèvement du pont. Lui-même quitte l'armée principale et prend position à Brixellum, au sud. Le plan échoue dès que les soldats de Vitellius comprennent ce qui se prépare et attaquent l'armée othonienne : 40 000 hommes meurent au cours de la bataille ; les survivants parviennent à un accord avec les vainqueurs.

« LES SYMPATHIES D'UNE ARMÉE QUE L'ON RÉUSSIT RAREMENT À GAGNER PAR DES MOYENS LOUABLES, CET HOMME LES OBTINT PAR SON APATHIE. »

TACITE, ***Histoires***, III, 86

Aulus Vitellius n'est pas devenu empereur par la grâce de ses mérites, mais simplement parce qu'il a eu la chance de se trouver à la bonne place au bon moment. Les légions de Germanie n'avaient pas pardonné à Galba son refus de les récompenser pour la répression de la révolte de Julius Vindex. Aussi, quand Vitellius est nommé commandant de la Germanie inférieure en décembre 68, il se trouve rapidement pris dans les intrigues qui visent à renverser le nouvel empereur. Vitellius n'a accompli aucun exploit militaire. C'est peut-être pour cette raison même qu'il a été choisi par Galba, lequel s'est gravement mépris sur la personnalité et les ambitions de l'homme qu'il a désigné.

La révolte commence le 1er janvier 69, lorsque les légions de Germanie supérieure refusent de renouveler leur serment d'allégeance à l'empereur. Deux jours plus tard, l'armée de Germanie inférieure se rebelle à son tour et se prononce en faveur d'Aulus Vitellius. La Gaule, la Bretagne et la Rétie se rangent bientôt de leur côté. Au moment où les rebelles entament leur marche vers le sud, ils n'ont plus en face d'eux Galba, mais Othon.

Vitellius reste en Gaule pendant que ses généraux Valens et Caecina renversent Othon et s'emparent de Rome. Dès qu'il apprend la victoire, Vitellius prend le chemin de la capitale. Le voyage est marqué par les orgies, les beuveries et l'indiscipline générale. Lorsqu'il visite le champ de bataille de Crémone, il fait ce commentaire : « Le cadavre d'un ennemi sent toujours bon, et surtout celui d'un concitoyen. » (Suétone, *Vitellius*, 10.)

A la fin du mois de juin, l'empereur et son entourage entrent dans Rome en étalant ostensiblement leur triomphe. La transition vers le nou-

« NÉRON NE CESSAIT DE FAIRE L'ADMIRATION DE VITELLIUS QUI L'AVAIT AUTREFOIS ACCOMPAGNÉ DANS SES TOURNÉES DE CHANTEUR, NON PAR CONTRAINTE, COMME TOUS LES GENS HONORABLES, MAIS PAR DÉRÈGLEMENT ET AUSSI PARCE QUE, ESCLAVE DE SON VENTRE, IL S'ÉTAIT LAISSÉ ACHETER. »

TACITE, *Histoires*, II, 71

Né le 7 ou le 24 septembre 12 ou 15 ap. J.-C., Vitellius est fils de consul. Dans sa prime jeunesse, il a fait partie de la troupe de jeunes garçons qui entourait Tibère à Capri. C'est ce séjour qui lui vaut son surnom de "Spintria" (prostitué). Le jeune Vitellius s'emploie à flatter trois empereurs successifs, Caligula, Claude et Néron. De hautes charges publiques récompensent ses efforts: consul en 48 et gouverneur d'Afrique en 55-57. L'empereur Vitellius a la réputation d'être un incapable. Il est également célèbre pour sa gourmandise. En un seul banquet, on sert 2000 poissons et 7000 oiseaux. Au cours des quelques mois passés à Rome, Vitellius ne dépense pas moins de 900 millions de sesterces en banquets. Il apprécie les acteurs, les conducteurs de char et renoue avec Asiaticus, un affranchi déshonoré, avec lequel il avait eu des relations immorales dans sa jeunesse. Mais cela n'est peut-être que de la propagande hostile à Vitellius. S'il avait survécu, on posséderait peut-être un portrait différent de sa personnalité.

veau régime s'effectue néanmoins pacifiquement. Les arrestations et les exécutions sont peu nombreuses. Vitellius maintient à leur poste beaucoup de fonctionnaires d'Othon et pardonne au frère d'Othon, Salvius Titianus, qui a joué un rôle prépondérant dans le gouvernement précédent.

Pour récompenser les légionnaires de Germanie, Vitellius leur offre les postes de la garde prétorienne et des cohortes urbaines de Rome, qu'il congédie. Il en résulte une incroyable confusion. Mais Vitellius, qui est la créature des légions de Germanie, n'a que le choix de céder à leurs exigences.

La révolte flavienne. Vitellius ne jouit pas longtemps de sa position en toute quiétude. Vers la mi-juillet, on l'informe que l'armée des provinces orientales a désigné un empereur rival, Titus Flavius Vespasianus, un éminent général qui bénéficie d'appuis importants. Vespasien est censé contrôler l'Egypte pendant que son collègue Mucien, gouverneur de Syrie, envahira l'Italie. Mais avant que ce projet ne se concrétise, Antonius Primus, commandant de la sixième légion de Pannonie, et Cornelius Fuscus, procurateur impérial en Illyrie, prennent le parti de Vespasien et marchent rapidement sur l'Italie avec les légions du Danube.

Ils ne disposent que de cinq légions, soit trente mille hommes environ, c'est-à-dire la moitié des forces sous le contrôle de Vitellius, en Italie. Primus décide d'attaquer avant que Vitellius ne demande des renforts en Germanie. Il conduit ses soldats au sud de Bédriac, presque sur la position qu'occupaient les Othoniens six mois auparavant. La seconde bataille de Crémone, commencée le 24 octobre et terminée le jour suivant, est une victoire complète pour les Flaviens. Les vainqueurs poursuivent leurs adversaires jusqu'à Crémone et s'emparent du camp et de la cité. Pendant quatre jours, les troupes flaviennes brûlent, tuent et pillent dans une fureur destructrice qui horrifie tous ceux qui en entendent parler.

Vitellius fait une timide tentative pour arrêter l'avance des forces flaviennes, mais l'armée qu'il dépêche passe à l'ennemi sans combattre, le 17 décembre, à Narnia. Dès qu'il est informé de cette défection, Vitellius décide d'abdiquer pour sauver sa vie, mais ses partisans ne le laissent pas faire et l'obligent à retourner au palais impérial. La pseudo-abdication de Vitellius incite le frère aîné de Vespasien, Titus Flavius Sabinus, à agir avec quelques amis et à prendre le contrôle de la cité. Attaqué par les soldats de Vitellius, il cherche refuge sur le Capitole. Le lendemain, tout le palais est en flammes, y compris le temple de Jupiter Optimus Maximus. Flavius Sabinus et ses compagnons sont capturés, amenés à Vitellius et exécutés.

Deux jours plus tard, le 20 décembre, l'armée flavienne se fraie un passage jusqu'à Rome. Vitellius se fait conduire à la maison de sa femme, sur l'Aventin, avec l'intention de s'enfuir ensuite en Campanie, puis il change d'avis et revient au palais, qu'il trouve désert. Il entoure alors sa taille d'une ceinture remplie d'or et enfile des vêtements sales. Puis, il se cache dans la loge du portier après avoir attaché le chien devant la porte et bloqué l'entrée avec un lit et un matelas. Les soldats de l'armée ennemie ne tardent pas à le débusquer. Ils le traînent sur le Forum à demi nu, où il est torturé avant d'être tué. Son cadavre est jeté dans le Tibre. Même s'il ne fut pas un empereur très brillant, il ne méritait pas une fin aussi terrible. ■

Homme d'action, Vespasien préfère les portraits qui ont de la force et du caractère aux visages dénués d'expression des Julio-Claudiens. Le front plissé, les lèvres fermes de cette tête en marbre sont ceux d'un souverain déterminé, soumis à une certaine tension.

VESPASIEN

IMPERATOR
CAESAR
VESPASIANUS
AUGUSTUS
69-79

TITUS

IMPERATOR
TITUS
CAESAR
VESPASIANUS
AUGUSTUS
79-81

VESPASIEN

- Né à Falacrines, le 17 novembre 9 **TITUS FLAVIUS VESPASIANUS**
- Accession le 1er juillet 69 **IMPERATOR TITUS FLAVIUS VESPASIANUS CAESAR**
- A partir d'août 69 **IMPERATOR CAESAR VESPASIANUS AUGUSTUS**
- En 70, **PONTIFEX MAXIMUS** et **PATER PATRIAE**
- **CONSUL** I (51), II (70), III (71), IV (72), V (74), VI (75), VII (76), VIII (77), IX (79)
- **IMPERATOR** I lors de l'accession, II-V (70), VI-VIII (71), IX-X (72), XI (73), XII-XIV (74), XV-XVIII (76), XIX (77), XX (78)
- Puissance tribunicienne la 1re fois lors de l'accession, renouvelée ensuite tous les ans le 1er juillet
- Titulature complète à sa mort : **IMPERATOR CAESAR VESPASIANUS AUGUSTUS, PONTIFEX MAXIMUS, TRIBUNICIAE POTESTATIS X, IMPERATOR XX, PATER PATRIAE, CONSUL IX**
- Epouse : Flavia Domitilla
- Enfants : deux fils, Titus et Domitien ; une fille, Flavia Domitilla
- Mort à Aquae Cutiliae, le 23 juin 79 ; enterré dans le Mausolée d'Auguste, puis dans le temple des Flaviens

« AU REBOURS DE TOUS LES PRINCES SES PRÉDÉCESSEURS, IL DEVINT MEILLEUR APRÈS SON AVÈNEMENT. »

TACITE, ***Histoires***, I, 50

Vespasien est un empereur romain d'un nouveau genre. Homme de la classe moyenne plutôt que patricien, il possède une grande expérience des provinces, de l'armée, et n'est pas un simple courtisan citadin. Après les troubles de l'an 69, il donne à l'empire un gouvernement stable et compétent. Sa tolérance et son humour lui valent des amis. Très préoccupé du bien-être de Rome et des provinces, il établit l'empire sur de nouvelles bases, plus solides. Les détails concernant la chronologie et les événements du règne font malheureusement défaut. En revanche, les témoignages de Tacite et Suétone présentent l'image d'un homme efficace et déterminé qui, malgré la maladie, a tenu jusqu'au bout en affirmant qu'un empereur doit mourir debout. Contrairement à la plupart de ses prédécesseurs, Vespasien a acquis au début de sa carrière une expérience directe de tous les territoires de l'empire. Né le 17 novembre 9 ap. J.-C. à Falacrines, près de Réate, le pays vallonné des Sabins au nord-est de

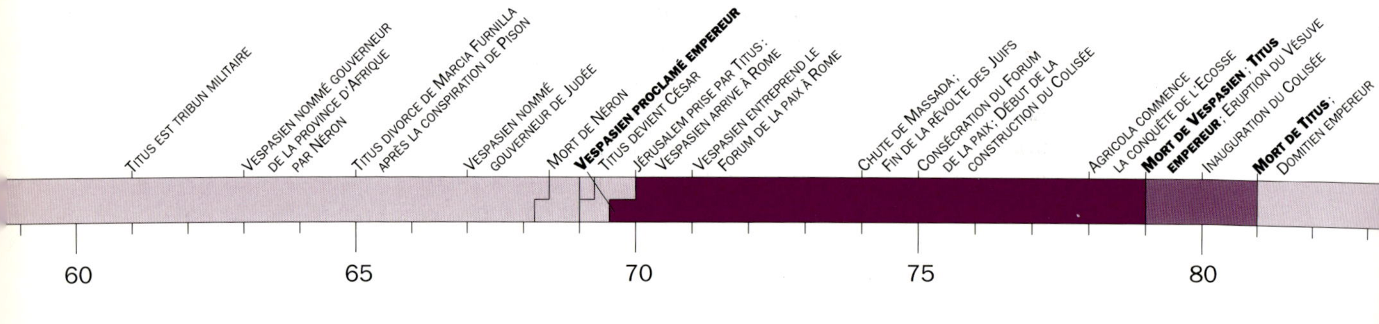

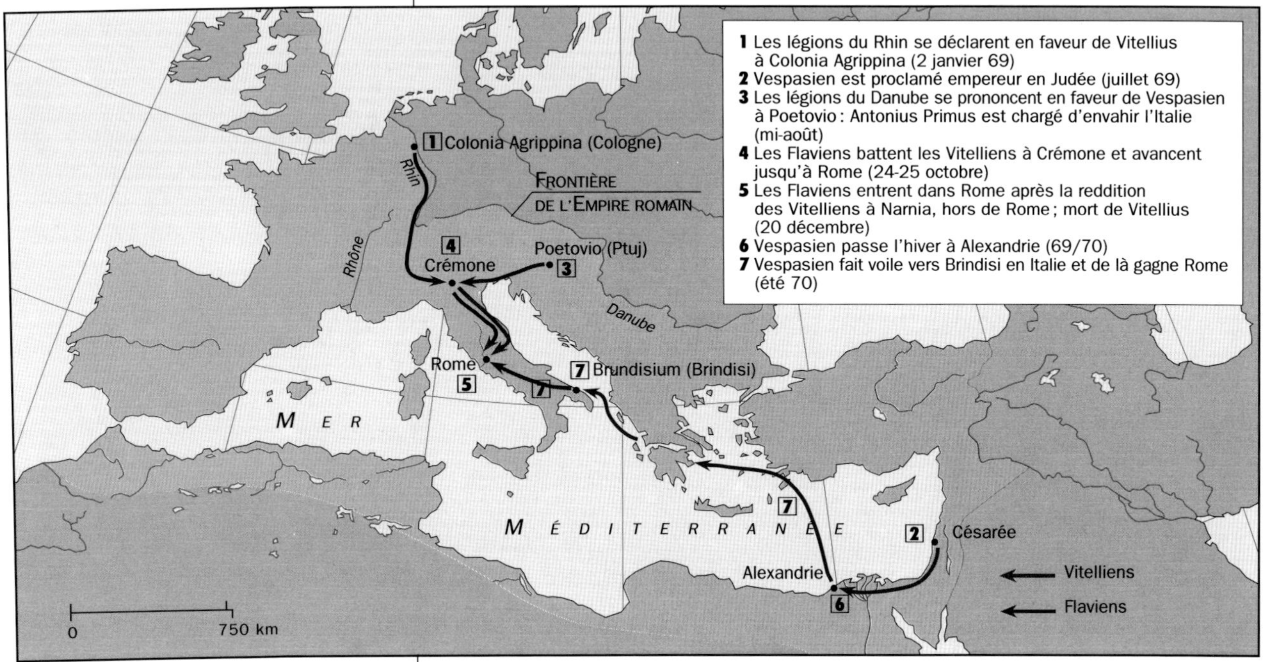

Vespasien fut envoyé par Néron en Orient pour réprimer la révolte des Juifs. En 67, il reprend la Galilée et les cités de la côte de Judée. L'année suivante, il s'empare de Jéricho et d'Emmaüs, ce qui aggrave l'isolement de Jérusalem. En juillet 69, Vespasien est proclamé empereur par les légions d'Orient. Quelques mois plus tard, il part pour Alexandrie et confie à son fils Titus la direction de la guerre. Son intention est peut-être d'acculer Vitellius à la reddition en bloquant l'approvisionnement en céréales d'Egypte dont Rome dépend. Les légions du Danube, qui se prononcent en faveur de Vespasien, ignorent tout de ce plan. Elles envahissent l'Italie, battent les partisans de Vitellius lors de la deuxième bataille de Crémone et s'emparent de Rome en décembre 69. Pour sa part, Vespasien n'arrive dans la capitale qu'en octobre 70.

Rome, il a été élevé par sa grand-mère paternelle dans ses domaines de Cosa, sur la côte ouest de l'Italie. Lui et son frère forment la première génération de la famille qui entre au sénat.

Une carrière diversifiée. Sous Tibère, Vespasien exerce la fonction de tribun militaire en Thrace et celle de questeur en Crète et à Cyrène. Il est prêteur sous Caligula et montre alors une fâcheuse tendance à la flagornerie. Sa carrière militaire progresse considérablement après qu'il a commandé la Deuxième Légion "Augusta" au cours de la conquête de la Bretagne en 43-47. En guise de récompense, il reçoit le consulat en 51, puis la charge de gouverneur de l'Afrique quelque douze ans plus tard.

Sous le règne de Néron, Vespasien devient un "compagnon" officiel de l'empereur. Il participe au voyage en Grèce. Là, il encourt la disgrâce de Néron pour s'être endormi durant l'une des interminables séances de chant données par l'empereur. Mais Néron a besoin de lui pour mater la révolte des Juifs et il le nomme gouverneur de la Judée en 67. Il lui confie une force expéditionnaire de trois légions. Vespasien est sur le point de remporter la guerre au moment où Néron se suicide et où germent les terribles événements de l'année 69.

En 39, Vespasien épouse Flavia Domitilla, fille d'un certain Flavius Liberalis. Ce n'est pas une union très avantageuse pour un homme ambitieux. Flavia Domitilla, qui a été la maîtresse d'un chevalier romain, Statilius Capella, à Sabrata en Tripolitaine, n'est même pas citoyenne romaine. Elle donne à Vespasien trois enfants, une fille, également appelée Flavia Domitilla, qui meurt avant l'accession de son père à l'empire, et deux fils, Titus et Domitien, qui succéderont tour à tour à Vespasien. Flavia Domitilla n'est pas le premier amour de Vespasien. Quand celle-ci meurt, il reprend ses

La guerre des Juifs s'achève au printemps 74 avec le siège de la forteresse de Massada, le dernier bastion rebelle, par le commandant romain Flavius Silva. Les Romains érigent un mur, pourvu de fortins, autour de la forteresse. Finalement, ils réussissent à s'emparer de la place en construisant une immense rampe du côté ouest. Les défenseurs se suicident plutôt que de tomber entre leurs mains.

relations avec Cénis, son ancienne maîtresse. Cénis, qui fut la secrétaire d'Antonia (fille de Marc Antoine et mère de Claude), est « extrêmement fidèle et douée d'une excellente mémoire ». Elle exerce une très grande influence sur Vespasien qui, une fois devenu empereur, la traite comme sa femme légitime. Il ne semble pas pour autant lui avoir rendu sa fidélité. On dit que Vespasien aurait donné 400 000 sesterces à une femme pour qu'elle couche avec lui !

La victoire des Flaviens. Lorsqu'il est proclamé empereur, Vespasien est toujours occupé à réprimer la révolte des Juifs. Il confie la conduite de la guerre (qui durera encore douze mois) à Titus, son fils aîné et fidèle lieutenant, et se rend à Alexandrie. Son voyage en Egypte a peut-être pour but d'interrompre l'approvisionnement en grains dont dépend Rome et de forcer ainsi Vitellius à accepter un accord. Au même moment, le gouverneur de Syrie, Mucien, à la tête de son armée principale, marche vers l'ouest avec l'intention d'engager une confrontation directe. Avant que Mucien n'ait traversé le Bosphore, les légions du Danube se déclarent pour Vespasien. Ce sont elles, en fait, qui envahissent l'Italie et renversent Vitellius. Mucien

Le chandelier à sept branches du temple de Jérusalem, porté dans une procession triomphale à Rome. Relief de l'arc de Titus sur le Forum.

jouera par la suite un rôle prépondérant dans l'administration de Vespasien, s'enrichissant tout en affirmant que Vespasien lui doit tout. Autre personnage remarquable et tout puissant, Domitien, le fils cadet de Vespasien, se trouve à Rome dans les derniers jours de Vitellius, où il se cache. Après que les Flaviens ont pris le contrôle de la ville, il gouverne, conjointement avec Mucien, au nom de Vespasien. Les deux hommes nomment les préfets, les gouverneurs et les consuls. Les prétentions de Domitien sont alors telles que Vespasien lui écrit : « Je te remercie, mon fils, de me permettre de garder ma charge et de ne pas m'avoir encore détrôné. » C'est en fait Mucien qui exerce la réalité du pouvoir, qui ordonne l'exécution du fils de Vitellius et de son célèbre affranchi Asiaticus. C'est encore Mucien qui envoie des troupes pour mater la révolte du chef batave Julius Civilis et ramener la paix sur la frontière du Rhin.

Pendant ce temps, Vespasien séjourne à Alexandrie, où il attend la chute de Jérusalem. Mais il perd patience et quitte l'Egypte pour Rome. La prise de Jérusalem survient le 26 septembre 70 et met un terme à la guerre des Juifs (même si la forteresse de Massada résistera jusqu'en 74). Vespasien et Titus célèbrent cette victoire par un triomphe commun, en juin 71. Au cours des années suivantes, l'armée se bat en Bretagne contre les Brigantes, les Silures et les Ordovices, et en Orient, où le royaume de Commagène est annexé en 72. Dans l'ensemble, le règne de Vespasien correspond à une période de paix.

Vespasien à Rome. Vespasien arrive à Rome en octobre 70. Au palais impérial du Palatin, il préfère les Jardins de Salluste, aménagés par l'historien au siècle précédent. Ils forment un vaste domaine avec des palais et des pavillons, à la lisière nord de la cité. Leur conception ne diffère guère de celle de la célèbre Maison dorée de Néron. Durant le reste de son règne, Vespasien, qui passe tous les étés à Réate, ne s'éloignera jamais trop de Rome. Suétone a décrit la vie quotidienne de l'empereur. Il se lève chaque jour avant l'aube et consacre la première partie de la journée à des réunions avec des amis et des fonctionnaires, ainsi qu'à la lecture des rapports. Ensuite, il fait une promenade en litière et se couche, généralement avec l'une de ses concubines après la mort de Cénis. Après la sieste, il se rend au bain et dîne.

Vespasien, qui a déjà accordé le rang de César à ses fils Titus et Domitien, a désigné l'aîné Titus comme successeur. Il choisit Titus comme collègue de sept des huit consulats qu'il exerce alors qu'il est empereur. Son intention est clairement de fonder une dynastie semblable à celle des Julio-Claudiens. Il annonce d'ailleurs au sénat que si ses fils ne lui succèdent pas, personne d'autre ne le fera. D'ambitieux projets architecturaux assurent à Rome la promotion de la nouvelle dynastie. Le plus célèbre de tous est l'amphithéâtre flavien (le Colisée), érigé à l'emplacement du lac ornemental de la Maison dorée de Néron. Vespasien achève également le grand temple du divin Claude sur le Caelius. Il s'affirme ainsi comme le successeur légitime des Julio-Claudiens, tout en prenant ses distances vis-à-vis de Néron, le dernier représentant de la dynastie, qui avait fait détruire des parties du temple inachevé.

UN PORTRAIT EN RELIEF

« VESPASIEN AVAIT UNE STATURE CARRÉE, DES MEMBRES SOLIDEMENT CHARPENTÉS, UN VISAGE QUI SEMBLAIT CONTRACTÉ PAR L'EFFORT ; C'EST POURQUOI UN PLAISANT, AUQUEL IL DEMANDAIT DE FAIRE AUSSI UN MOT SUR SON COMPTE, LUI RÉPLIQUA TRÈS SPIRITUELLEMENT : "JE LE FERAI, QUAND VOUS AUREZ FINI DE SOULAGER VOTRE VENTRE." IL JOUIT D'UNE SANTÉ PARFAITE, QUOIQU'IL SE CONTENTÂT DE FRICTIONNER EN CADENCE LA GORGE ET LES AUTRES PARTIES DU CORPS DANS UN JEU DE PAUME ET DE SE METTRE À LA DIÈTE UN JOUR PAR MOIS. »

SUÉTONE, *Vespasien*, 20

LE TRANSFERT DE POUVOIR

Tablette de bronze de la Lex de Imperio Vespasiani.
Musées du Capitole, Rome.

En décembre 69, une loi confère les pouvoirs impériaux à Vespasien. Une partie du texte figure sur une tablette de bronze découverte au XIVe siècle, dans la basilique Saint-Jean-de-Latran à Rome.

« (…) et quoi qu'il décide ce sera en accord avec l'intérêt de la république et avec la majesté des choses divines, humaines, publiques et privées, il aura le droit et le pouvoir d'agir et de faire ainsi, de même que de pareils droit et pouvoir ont été détenus par le divin Auguste et Tiberius Julius Caesar Augustus et Tiberius Claudius Caesar Augustus Germanicus. »

Vespasien se voit attribuer tous les pouvoirs dont ont été investis précédemment Auguste, Tibère et Claude. C'est une façon d'insister sur le fait que Vespasien succède légitimement à la dynastie julio-claudienne. Il est significatif que les noms de Caligula, Néron et Galba, dont la mémoire a été officiellement condamnée, soient omis. Othon et Vitellius sont également passés sous silence, sans doute parce qu'ils étaient des usurpateurs. La loi valide rétrospectivement les actions entreprises par Vespasien depuis qu'il a été proclamé empereur à Alexandrie, six mois auparavant.

Gouverner l'empire. Ces constructions entraînent des frais considérables, mais, avant même de devenir empereur, Vespasien s'est fait une solide réputation d'avarice. D'après Suétone, « le seul défaut que l'on puisse lui reprocher avec raison est l'amour de l'argent ». Il fut un gouverneur d'Afrique détesté, en raison des extorsions de fonds auxquelles il s'est livré. De même, son séjour à Alexandrie, en 69-70, a fait l'unanimité contre lui à cause des nouveaux impôts dont il a accablé les Alexandrins. A cette époque, il est plongé dans les affres de la guerre civile et il a désespérément besoin d'argent. Et, comme le dit Mucien, « l'argent est le nerf de la guerre ».

A la fin du conflit, les caisses du trésor impérial sont vides. Vespasien déclare qu'il lui faut 40 000 millions de sesterces pour redresser l'Etat. Pour faire rentrer l'argent, il recourt à de nouveaux impôts, il augmente les anciens et ne répugne pas à vendre les charges publiques. L'imposition qui l'a rendu le plus célèbre est celle qui frappe les urinoirs publics. Quand Titus lui fait remarquer qu'une source de revenus comme celle-là n'est pas digne de l'empereur, le souverain lui met sous le nez quelques pièces d'or et lui demande s'il est choqué par l'odeur. L'argent n'a, en revanche, jamais conduit Vespasien à faire exécuter des gens dans le seul but de confisquer leur fortune.

Vespasien s'est distingué par sa clémence et son sens de la justice. Il aide la fille de Vitellius à faire un bon mariage, fournissant même la dot. Il modifie le recrutement des sénateurs et nomme une commission spéciale, chargée d'accélérer le règlement des procès qui se sont accumulés pendant la guerre civile. Il supporte assez bien la critique, mais fait bannir et exécuter Helvidius Priscus qui refuse de retirer les attaques personnelles dirigées contre l'empereur. Vespasien, qui a bon caractère, est aussi d'une modestie agréable et d'une honnêteté désarmante. Lorsque la fatigue le prend au cours d'une longue procession triomphale, il plaisante en disant « qu'il était justement puni d'avoir, à son âge, été assez fou pour désirer le triomphe ». A un sénateur qui se plaint lors d'un procès du manque de respect d'un chevalier romain, Vespasien dit : « Il ne faut pas injurier les sénateurs, mais tout citoyen est en droit de répondre à une injure. »

Vespasien aime à plaisanter souvent « d'une façon bouffonne et triviale », dit Suétone. Ses bons mots s'appuient sur des citations de classiques grecs. Ainsi, pour parler d'un homme de haute taille, « aux parties naturelles monstrueusement développées », l'empereur cite un vers de l'Iliade : « Il marche à grands pas, en brandissant une lance qui projette au loin son ombre. » Même avant de mourir, il ne peut s'empêcher de badiner : « Malheur ! je crois que je deviens dieu ! »

La mort et la postérité. Vespasien connaît une fin relativement paisible. En 79, il tombe malade en Campanie. Alors âgé de soixante-neuf ans, il décide de prendre les eaux à Aquae Cutiliae, une source thermale dans le pays des Sabins, près de son lieu de naissance. Suétone rapporte que, ayant abusé de l'eau fraîche, il contracte la diarrhée. Il n'en continue pas moins à s'occuper des affaires de l'Etat, étudiant ses dossiers et recevant des ambassades. Le 23 juin, il s'évanouit presque à la suite d'une

LA NOUVELLE DYNASTIE FLAVIENNE

« L'EMPIRE, QUE LA RÉVOLTE ET LE MEURTRE DE TROIS PRINCES AVAIENT LONGTEMPS RENDU INSTABLE ET COMME ERRANT, FUT ENFIN RECUEILLI ET FIXÉ PAR LA FAMILLE FLAVIA QUI, SANS DOUTE, ÉTAIT OBSCURE ET NE POSSÉDAIT AUCUN PORTRAIT D'ANCÊTRE, MAIS DONT L'ÉTAT N'EUT AUCUNEMENT À SE PLAINDRE, QUOIQUE — LA CHOSE EST NOTOIRE — DOMITIEN AIT SUBI LE JUSTE CHÂTIMENT DE SA CUPIDITÉ ET DE SA BARBARIE. »

SUÉTONE, *Vespasien*, I

La dynastie flavienne est une solide famille de la classe moyenne. Le grand-père de l'empereur, Titus Flavius Petro, est un citoyen de Réate, une petite ville de la campagne, à 65 kilomètres environ au nord-est de Rome. C'est le père de Vespasien, Flavius Sabinus, qui bâtit la fortune de la famille. Il est receveur d'impôts en Asie, puis prêteur sur gages en Helvétie (Suisse moderne). Vespasien et son frère aîné (qui s'appelle aussi Flavius Sabinus) sont les premiers de la famille à entrer au sénat. Mais le frère de leur mère a déjà été sénateur et prêteur. La promotion des Flaviens à partir d'une origine relativement modeste montre qu'il était possible à des gens ordinaires de faire fortune et de traduire leur richesse en puissance politique.

sévère crise de diarrhée. Tandis qu'il tente de se relever en prononçant ces fameux mots « un empereur doit mourir debout », il meurt entre les bras de ses serviteurs.

Vespasien laisse en héritage un gouvernement stable et un trésor reconstitué. Parvenu au pouvoir en tant que militaire, il s'est assuré intelligemment de la coopération de l'aristocratie sénatoriale pour diriger l'empire. L'absence de mention de troubles internes pendant son règne et l'existence d'un seul complot manqué contre sa vie démontrent que sa politique a bien réussi. Les cendres de l'empereur, divinisé par le sénat, sont déposées dans le Mausolée d'Auguste, près de celles des Julio-Claudiens. Vespasien a finalement laissé l'impression d'être un homme aux objectifs bien établis, quoique limités, consciencieux et tolérant. Un homme qui ne nourrit pas de rancunes et ne voit pas des ennemis partout. C'est ce qui a fait de lui l'un des bons empereurs de Rome. ■

LE COLISÉE

Mosaïque romaine évoquant les combats dans l'amphithéâtre. Dion Cassius rapporte que 9000 animaux ont été tués lors de l'inauguration du Colisée et que « des femmes ont participé à leur exécution ».

Vespasien est sans conteste l'un des plus grands bâtisseurs impériaux. Il a reconstruit le Capitole, détruit par le feu le jour où ses troupes sont entrées dans Rome, et érigé beaucoup de nouveaux temples. L'amphithéâtre flavien, qui a pris ensuite le nom de Colisée, peut-être à cause du colosse de Néron qui se dressait jadis à proximité, est le plus célèbre monument qu'il ait édifié. Achevé en 80, l'année de la mort de Vespasien, le Colisée est devenu le symbole de la puissance et de la splendeur de Rome. Pas moins de cinquante cinq mille spectateurs pouvaient prendre place sur ses gradins. Les femmes étaient reléguées dans les rangées les plus hautes. Le sous-sol de l'arène était équipé de toute une machinerie, de salles et de cages pour les bêtes sauvages. Lors de son inauguration sous le règne de Titus, de splendides jeux, avec bataille navale et combats de gladiateurs, se sont succédé pendant cent jours.

Mosaïque de la villa Borghese, à Rome (ci-contre, à gauche), montrant des gladiateurs munis de glaives ; l'un porte un casque à cimier, un autre est étendu mort sous son bouclier (fin IIIe-début IVe siècle).

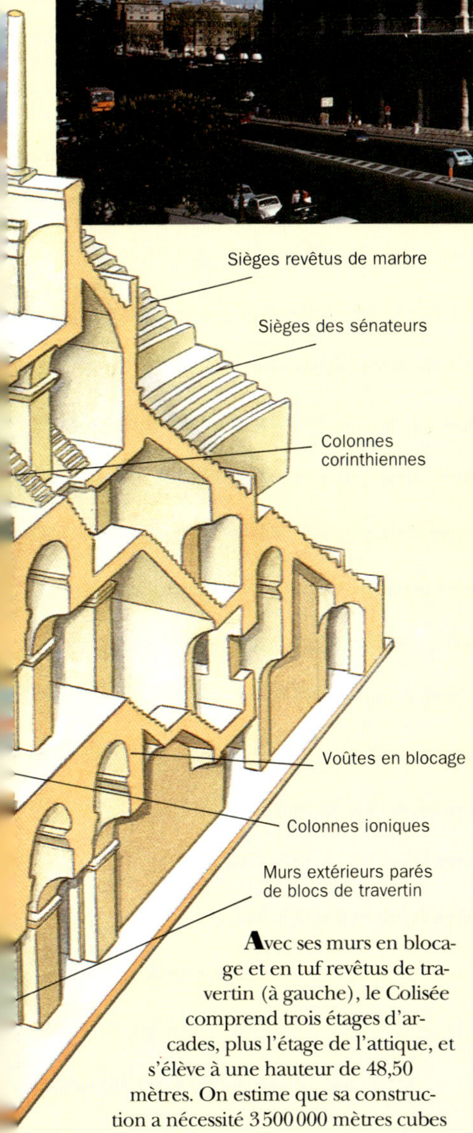

Le Colisée aujourd'hui (ci-dessus). Le côté sud, qui s'est écroulé à la suite du tremblement de terre de 847, a servi de carrière de pierres. Les chiffres du plan (à droite) indiquent les étages ; a = l'entrée de l'empereur ; b = l'entrée des gladiateurs et des artistes ; c = la loge impériale ; d = la loge des magistrats.

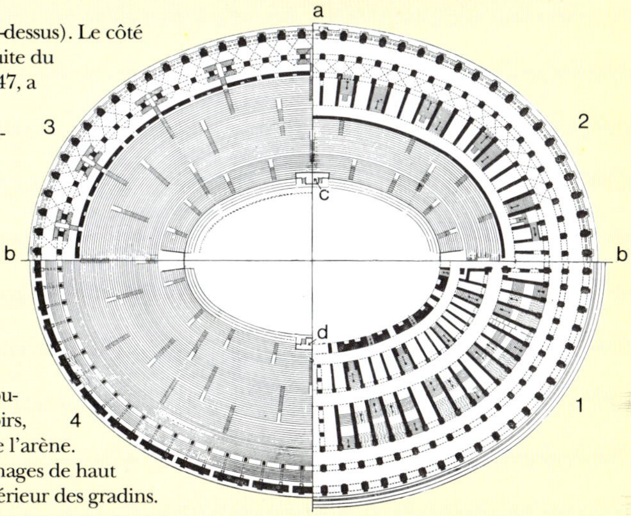

L'intérieur du Colisée (ci-dessous) avec son réseau souterrain de salles et de couloirs, autrefois caché par le sol de l'arène. Les sénateurs et les personnages de haut rang occupaient le tiers inférieur des gradins.

Avec ses murs en blocage et en tuf revêtus de travertin (à gauche), le Colisée comprend trois étages d'arcades, plus l'étage de l'attique, et s'élève à une hauteur de 48,50 mètres. On estime que sa construction a nécessité 3 500 000 mètres cubes de blocs de travertin. Pour protéger les spectateurs du soleil, mille hommes utilisant des cordes et des poulies tendaient un immense vélum au-dessus de l'amphithéâtre.

TITUS

- Né à Rome, le 30 décembre 39
Titus Flavius Vespasianus (comme son père)
- Accession de Vespasien
Titus Caesar Vespasianus
- En septembre 70, après la chute de Jérusalem **Imperator**
- Accession le 24 juin 79
Imperator Titus Caesar Vespasianus Augustus
- Après juin 79 : **Pontifex Maximus** et **Pater Patriae**
- **Consul** I (70), II (72), III (74), IV (75), V (76), VI (77), VII (79), VIII (80)
- **Imperator** I (70), II (71), III-IV (72), V (73), VI-VIII (74), IX-XII (76), XIII (77), XIV (78), XV (79), XVI-XVII (81)
- Puissance tribunicienne la 1re fois le 1er juillet 71, renouvelée ensuite tous les ans
- Titulature complète à sa mort :
Imperator Titus Caesar Vespasianus Augustus, Pontifex Maximus, Tribuniciae Potestatis XI, Imperator XVII, Consul VIII, Pater Patriae
- Epouses
(1) Arrecina Tertulla
(2) Marcia Furnilla
- Enfants
Une fille Julia (avec Arrecina)
Une fille (avec Marcia Furnilla)
- Mort à Aquae Cutiliae le 13 septembre 81 ; inhumé d'abord dans le Mausolée d'Auguste, transféré plus tard dans le temple des Flaviens

« TITUS, QUI PORTAIT LE MÊME SURNOM QUE SON PÈRE, ET FUT APPELÉ L'AMOUR ET LES DÉLICES DU GENRE HUMAIN, TANT IL FUT ABONDAMMENT POURVU PAR SON NATUREL, SON SAVOIR-FAIRE OU LA FORTUNE DES MOYENS DE CONQUÉRIR TOUTES LES SYMPATHIES, ET, CHOSE LA PLUS DIFFICILE, APRÈS ÊTRE DEVENU EMPEREUR, ALORS QUE, ÉTANT SIMPLE PARTICULIER ET MÊME SOUS LE PRINCIPAT DE SON PÈRE, IL NE FUT PAS À L'ABRI DE LA HAINE, ENCORE BIEN MOINS DU BLÂME PUBLIC. »

SUÉTONE, *Titus*, I

Les écrits des historiens ont fait de l'empereur Titus, dit « l'amour du genre humain », une énigme. Comment, en effet, l'héritier présomptif cruel et impopulaire qu'il fut a-t-il pu devenir un empereur aussi aimé ? Doit-on croire que sa bienveillance n'est qu'une façade adoptée pour des raisons politiques ? Ou son caractère a-t-il vraiment changé lorsqu'il est monté sur le trône ?

Titus est né à Rome le 30 décembre 39 ap. J.-C., sous le règne de Caligula. Sa naissance a eu lieu « dans un logis misérable (...), dans une chambre très petite et très sombre ». La fortune commence à sourire à la famille à partir de l'avènement de Claude, en 41 ap. J.-C. Vespasien, le père de Titus, se distingue au cours de l'invasion de la Bretagne, organisée par Claude. En récompense de ses services, son fils Titus reçoit le rare privilège d'être élevé à la cour. Il apprend à écrire des poèmes en latin et en grec, compose même des tragédies grecques. Il étudie aussi la musique et chante en s'accompagnant d'une harpe. Une amitié étroite le lie au fils de Claude, Britannicus, jusqu'à ce que ce dernier soit empoisonné par Néron. Suétone raconte que Titus, ayant goûté au même breuvage, est resté longtemps malade.

La guerre et la politique. Dès la fin de l'école, Titus entame la carrière sénatoriale habituelle. En 61-63, il est tribun militaire en Germanie et en Bretagne. Il revient ensuite à Rome, où il épouse Arrecina Tertulla, fille d'un ancien commandant de la garde prétorienne. Après le décès d'Arrecina, survenu au bout d'un an de mariage environ, il choisit une femme issue d'une famille plus distinguée, Marcia Furnilla. Le mariage dure peu, la famille de Marcia étant trop impliquée dans l'opposition contre Néron. En 65, lorsque la conjuration de Pison échoue, Titus prend peur et rompt brutalement les liens avec sa belle-famille en divorçant. Il ne se remarie pas. De ces unions, il a une ou peut-être deux fillettes.

Jusque-là, la carrière de Titus n'est pas particulièrement brillante. Tout change avec les événements de 69-70. Il est d'abord nommé commandant de la Quinzième Légion "Apollinaris" et sert sous les ordres de son père dans la guerre de Judée. Vespasien en fait son précieux agent et négociateur. Après l'assassinat de Galba, Titus gagne Mucien, le gouverneur de Syrie, à la cause des Flaviens et travaille avec lui et d'autres à la préparation du coup d'Etat de Vespasien. Lorsque Vespasien est proclamé empereur le 1er juillet 69, Titus devient César. Dans les derniers mois de 69, alors que Vespasien séjourne à Alexandrie, Titus achève la pacification de la Judée. En septembre de l'année suivante, Jérusalem tombe, après un long siège. C'est le plus grand exploit militaire de Titus.

L'héritier impopulaire. De retour à Rome en juin 71, Titus apparaît aussitôt comme l'héritier de Vespasien. Il ne partage pas moins de sept consulats avec son père, chiffre sans précédent pour quelqu'un d'autre que l'empereur. Il détient aussi la puissance tribunicienne et est acclamé *Imperator* pas moins de quatorze fois sous le règne de Vespasien. Suétone le décrit comme l'auxiliaire et le protecteur de son père. Ce dernier qualificatif se réfère sans doute à la nomination de Titus comme chef de la garde prétorienne. Nul doute que la trahison des prétoriens envers Galba a incité Vespasien à placer à leur tête un homme de confiance. Il y a, cependant, une autre raison. Titus utilise sa position de commandant de la garde afin d'exécuter des tâches inavouables pour le compte de son père, telles que l'élimination des opposants par des méthodes qui n'ont rien de légal. Suétone évoque ses talents de faussaire dont il se sert à plusieurs reprises pour rédiger des lettres, utilisées comme pièces à conviction. Considéré comme insensible et cruel, Titus se rend largement impopulaire par ses activités clandestines. Il se taille aussi une réputation de libertin, qui participe à des orgies nocturnes, s'entoure de troupes de mignons et d'eunuques.

Bien pire est, aux yeux des Romains, la passion qu'il nourrit pour la reine Bérénice, membre de la famille royale de Judée. Ils étaient devenus amants lors du séjour de Titus en Orient. Mais l'aversion du peuple romain pour les monarques orientaux est telle qu'il ne fait pas venir sa maîtresse à Rome avant 75. Pendant une courte période, Titus et Bérénice vivent ensemble ouvertement dans le palais impérial, mais l'hostilité envers Bérénice est si forte que Vespasien ordonne à son fils de la renvoyer en Judée. Il obéit et refusera même de la revoir lorsqu'elle fera une deuxième visite à Rome, après la mort de Vespasien.

Titus est plus l'assistant de son père que son corégent. Il règle les affaires courantes, dicte des lettres, rédige des édits et lit les discours de l'empereur au sénat. Mais c'est Vespasien qui prend toutes les décisions importantes.

Un bon empereur. Lorsque Titus succède à son père le 24 juin 79, beaucoup de gens sont convaincus qu'il va devenir un second Néron. En réalité, au cours d'un règne bref de deux ans, deux mois et vingt jours, il va se forger l'une des meilleures réputations parmi tous les empereurs romains. Sa bonté est devenue légendaire. Suétone rapporte même que, un soir « à table, se rappelant que, pendant tout le jour, il n'avait accordé de bienfait à personne, il prononça cette parole mémorable, que l'on célèbre avec raison : "Mes amis, j'ai perdu ma journée" ».

Il renvoie ses mignons, bannit ses dénonciateurs et affiche un masque de clémence et de probité constitutionnelle. Sa générosité se trouve mise à l'épreuve, deux mois à peine après son accession. Le 24 août, les villes

JEUX ET SPECTACLES

« La plus grande partie de son activité n'a rien de remarquable, mais, avec la consécration du théâtre de chasse et des thermes qui portent son nom, il a donné beaucoup de spectacles extraordinaires. »

Dion Cassius, LXVI, 25

Titus s'est révélé grand organisateur de jeux. Les jeux de cent jours, qui ont suivi l'inauguration de l'amphithéâtre flavien (le Colisée) au milieu de l'année 80, ont été les plus somptueux de tous, comme le rapporte Dion Cassius :

« Il y a eu une bataille entre grues et aussi entre quatre éléphants ; on a tué jusqu'à neuf mille animaux à la fois, domestiqués et sauvages ; et les femmes (mais pas celles d'un rang important) ont pris part au massacre. Quant aux hommes, plusieurs se sont affrontés en combat singulier et plusieurs groupes ont lutté ensemble dans des batailles de fantassins et des batailles navales. En effet, Titus a soudain rempli le même théâtre d'eau et fait venir des chevaux et des taureaux et d'autres animaux domestiqués qui ont appris à se mouvoir aussi bien dans l'eau que sur terre. Il a également fait entrer des hommes sur des bateaux, qui ont livré un combat naval. »

Pendant les jeux, Titus fait également distribuer des cadeaux au peuple. Une machine jette des balles de bois portant le nom de divers produits (nourriture, vêtements, esclaves, vaisselle d'argent) que les heureux gagnants vont retirer auprès de ses serviteurs. L'entreprise entière est une gigantesque opération de relations publiques, qui vise à redonner courage au peuple de Rome après l'incendie désastreux du début de l'année 80.

Statue de l'empereur Titus.
Musée du Vatican, Rome.

« UNE BEAUTÉ INCOMPARABLE, FAITE DE MAJESTÉ NON MOINS QUE DE GRÂCE, UNE VIGUEUR EXTRÊME, MALGRÉ SA PETITE TAILLE ET SON VENTRE UN PEU TROP PROÉMINENT. »

SUÉTONE, *Titus*, III

Les portraits dépeignent Titus avec un front haut, des yeux rapprochés et une tête carrée. La ressemblance avec Vespasien, qui ne relève pas uniquement du style, est immédiatement perceptible. Par ailleurs, il n'est guère facile de distinguer les portraits de Titus de ceux de son jeune frère Domitien. Concernant l'embonpoint de Titus, nous ne possédons que le témoignage de Suétone ; les sculpteurs impériaux ont veillé à effacer toute trace d'estomac proéminent. Pourtant, Suétone ne l'accuse pas de gourmandise. Au contraire, après les orgies de jeunesse qui se prolongeaient jusqu'au milieu de la nuit, les banquets de Titus sont décrits comme agréables, non comme extravagants.

de Pompéi et d'Herculanum sont balayées par l'éruption du Vésuve. Titus organise les secours dans la région sinistrée, qu'il visite juste après la tragédie et, à nouveau, l'année suivante. Pendant le voyage qui le conduit en Campanie pour la seconde fois, Rome est à son tour victime d'une catastrophe. Toute la zone comprise entre le Capitole et le Panthéon est ravagée par un incendie.

A ces deux calamités s'ajoute bientôt une grave épidémie. Titus sait exploiter à fond cette extraordinaire opportunité de se faire acclamer par les foules. Il s'attelle aussitôt à la reconstruction du temple de Jupiter Optimus Maximus, détruit par les flammes. Pour consoler le peuple, il organise de splendides jeux en 80.

Les malheurs qui frappent Rome et la Campanie n'empêchent pas l'empereur de satisfaire les besoins des provinces et des confins. La seule activité militaire d'importance a lieu en Bretagne, où la conquête de l'Ecosse progresse. L'épisode du "faux Néron" constitue un autre événement perturbateur du règne : en Asie Mineure, un certain Terentius Maximus, dont la voix et le physique rappellent ceux de Néron et qui chante comme lui en s'accompagnant d'une lyre, rassemble des partisans. Lui et sa troupe sont vite contraints de fuir au-delà de l'Euphrate et de chercher refuge chez les Parthes.

Une mort soudaine. La fin de Titus est brutale et inattendue. A l'été 81, il quitte Rome pour le pays des Sabins, où Vespasien aimait aussi passer les mois de chaleur. En route, il est pris par la fièvre. Les bains froids dans les eaux thermales d'Aquae Cutiliae n'améliorent pas son état. Sans doute s'agit-il de la malaria, bien que les historiens postérieurs aient mis en doute la thèse d'une mort naturelle, en essayant d'incriminer Domitien. Suétone lui-même évoque la rumeur selon laquelle Domitien aurait tenté de hâter la mort de son frère : il l'aurait placé dans un coffre rempli de glace, en prétendant que ce remède l'aiderait à guérir, puis se serait dépêché de prendre le pouvoir à Rome alors que Titus était encore en vie. Mais cette histoire fait partie des tentatives plus tardives de noircir, par n'importe quel moyen, la réputation de Domitien. On ne possède, en effet, aucune bonne raison de soupçonner Domitien, qui a veillé à ce que Titus soit divinisé sans retard.

Les derniers mots de Titus sont un mystère. Il s'est écrié qu'« aucun de ses actes ne lui laissait de remords, à l'exception d'un seul ». Personne ne sait à quoi il faisait allusion, mais les supputations n'ont pas manqué. A-t-il eu des relations coupables avec sa belle-sœur Domitia ? A-t-il modifié le testament de Vespasien pour priver Domitien de ses droits légitimes à l'héritage ? Regrettait-il de ne pas avoir tué Domitien pour avoir comploté contre lui ? On ne saura jamais la vérité. Titus est mort le 13 septembre 81, à l'âge de quarante-deux ans, dans la même villa que son père. Les citoyens de Rome le pleurent « comme s'ils avaient perdu quelqu'un des leurs ». Quant au sénat, il lui décerne plus de louanges que de son vivant. Dion Cassius, quant à lui, se demande si Titus serait resté un bon empereur en régnant plus longtemps. Ou bien le masque serait-il tombé ? ■

« Le sénat et le peuple de Rome au divin Titus Vespasianus Augustus, fils du divin Vespasien. »

Inscription sur l'arc de Titus

L'arc de Titus au Forum romain (en haut, à droite). (Ci-dessus) Relief de l'intérieur de l'arc : procession triomphale de Titus après sa victoire sur les Juifs.

Titus n'a pas eu le temps de devenir un grand bâtisseur de Rome. Sa réalisation la plus importante est l'achèvement de l'amphithéâtre flavien et de ses quatre étages. Titus a ajouté au projet de nouveaux thermes impériaux. Situés au sud de l'amphithéâtre, les bains étaient reliés au monument par l'un des plus beaux escaliers de l'ancienne Rome. On raconte que Titus a parfois fréquenté les bains en même temps que les gens du peuple. Il reste peu de vestiges de cet édifice aujourd'hui et l'escalier a entièrement disparu. Du temple du divin Vespasien, commencé par Titus sur le Forum, on voit encore trois colonnes reconstituées. L'empereur a également lancé une grande opération de restauration des bâtiments détruits par l'incendie de 80 ap. J.-C. Les travaux se sont achevés sous le règne de Domitien. C'est également sous le règne de ce dernier que le sénat et le peuple de Rome ont dédié le célèbre arc de Titus (ci-contre, à droite) à sa divinisation et à la répression de la révolte des Juifs, dix ans auparavant.

A l'âge mûr, Domitien est devenu chauve, mais dans ses portraits officiels, comme celui des musées du Capitole à Rome, il est toujours représenté avec des vagues de cheveux bouclés et frisés, soigneusement ramenés vers l'avant. Il est tellement préoccupé par la calvitie qu'il écrit même un livre sur le soin des cheveux. Suétone rapporte que Domitien « était si fâché d'être chauve, qu'il croyait à une injure personnelle lorsqu'il entendait reprocher ce défaut à un autre par plaisanterie ou dans une dispute ».

DOMITIEN

IMPERATOR CAESAR DOMITIANUS AUGUSTUS

81-96

« DOMITIEN AVAIT CETTE QUALITÉ EXÉCRABLE ENTRE TOUTES QU'IL DÉSIRAIT ÊTRE FLATTÉ, MAIS ÉTAIT ÉGALEMENT MÉCONTENT DES DEUX CATÉGORIES D'HOMMES, CEUX QUI LUI FAISAIENT LA COUR ET CEUX QUI NE LA FAISAIENT PAS — LES PREMIERS PARCE QU'ILS DONNAIENT L'IMPRESSION DE LE FLATTER, LES SECONDS PARCE QU'ILS AVAIENT L'AIR DE LE MÉPRISER. »

DION CASSIUS, LXVII, 4

« NÉRON, DU MOINS, NE PRÊTA POINT SES YEUX, IL ORDONNA LES CRIMES, IL NE LES CONTEMPLA POINT ; CE QU'IL Y AVAIT DE PIRE DANS NOS MALHEURS, SOUS DOMITIEN, ÉTAIT DE VOIR ET D'ÊTRE VU, LORSQUE NOS SOUPIRS ÉTAIENT NOTÉS, LORSQUE, POUR DÉNONCER LA PÂLEUR DE TANT DE PERSONNES, IL SUFFISAIT DE CETTE EXPRESSION FÉROCE DE SON VISAGE ET DE CETTE ROUGEUR, QUI ÉTAIT SA DÉFENSE CONTRE LA HONTE. »

TACITE, ***La vie de Cn. Julius Agricola***, XLV, 3

La réputation de Domitien a beaucoup souffert du fait qu'il est le dernier de la dynastie. Ses successeurs, qui sont tous arrivés au pouvoir par le meurtre, se sont délectés de toutes les histoires scandaleuses qui couraient sur son compte. Domitien a également payé très cher son mépris du sénat et des actes formels qui permettaient d'affirmer que l'empereur et le sénat régnaient conjointement. Domitien considère l'empereur comme un autocrate disposant du pouvoir absolu. Mais ce sont les sénateurs qui ont écrit l'histoire, et leur verdict pèse lourdement sur l'image que nous avons du règne. Sans lui, la relative tranquillité de la période et l'in-

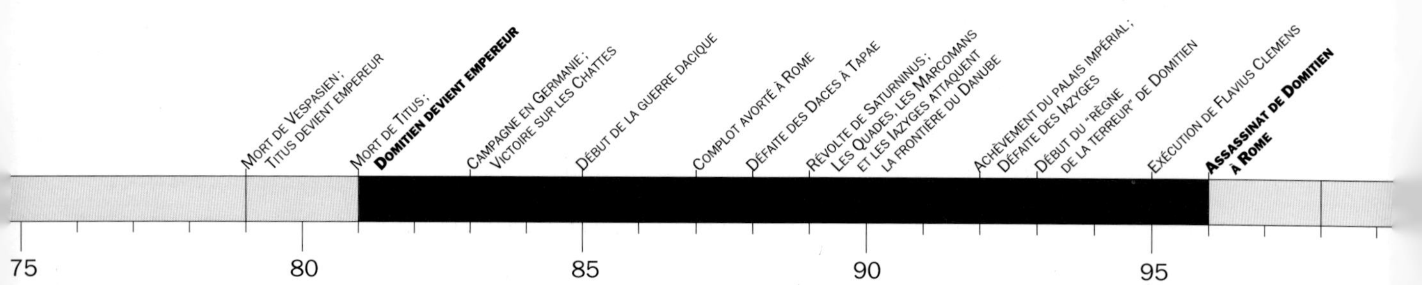

DOMITIEN

- Né à Rome, le 24 octobre 51

TITUS FLAVIUS DOMITIANUS

- Accession de Vespasien

CAESAR DOMITIANUS

- Accession le 14 septembre 81

IMPERATOR CAESAR DOMITIANUS AUGUSTUS, PONTIFEX MAXIMUS, PATER PATRIAE

- Titre de victoire ajouté fin 83

GERMANICUS

- **CONSUL** I (71), II (73), III (75), IV (76), V (77), VI (79), VII (80), VIII (82), IX (83), X (84), XI (85), XII (86), XIII (87), XIV (88), XV (90), XVI (92), XVII (95)
- Puissance tribunicienne la 1re fois lors de l'accession, renouvelée ensuite tous les ans à la date anniversaire de l'accession, le 14 septembre
- **IMPERATOR** I lors de l'accession (70), II (82), III-V (83), VI-VII (84), VIII-XI (85), XII-XIV (86), XV-XVII (88), XVIII-XXI (89), XXII-XXIII (92)
- Titulature complète à sa mort : **IMPERATOR CAESAR DOMITIANUS AUGUSTUS GERMANICUS, PONTIFEX MAXIMUS, TRIBUNICIAE POTESTATIS XVI, IMPERATOR XXIII, CONSUL XVII, PATER PATRIAE**
- Epouse : Domitia Longina
- Enfants : un fils (mort en bas âge)
- Assassiné dans le palais impérial, à Rome, le 18 septembre 96 ; inhumé dans le temple des Flaviens

térêt scrupuleux que l'empereur manifestait pour l'administration suffiraient à ranger Domitien au rang des bons empereurs.

Domitien est né à Rome, dans un lieu surnommé "Malum Punicum" (grenade), le 24 octobre 51 ap. J.-C. Il n'a pas été élevé à la cour comme son frère Titus, mais a sans doute été confié à son oncle Flavius Sabinus pendant que Vespasien, loin de Rome, gouvernait l'Afrique puis matait la révolte des Juifs.

En décembre 69, Domitien se trouve certainement chez son oncle lorsque les Flaviens sont assiégés par les troupes de Vitellius sur le Capitole et se met en lieu sûr. Entre le moment où les Flaviens prennent le contrôle de la capitale et l'arrivée de Vespasien en octobre 70, il est le représentant de la nouvelle dynastie. Par la suite, il se voit comblé d'honneurs, mais son père et son frère ne lui laissent que peu de pouvoir. Il semble avoir entretenu des relations assez froides avec son frère Titus, mais il n'y a aucune raison de croire que Domitien ait comploté contre lui et encore moins qu'il l'ait empoisonné.

Lorsque Titus tombe mortellement malade en septembre 81, Domitien — dont on ignore s'il s'attendait à devenir empereur — agit très vite afin de prévenir toute opposition. Avant même la mort de Titus, il se rend très vite au camp des prétoriens, à Rome, et se fait proclamer empereur par les gardes. Le lendemain, 14 septembre, le sénat investit solennellement Domitien de la charge d'empereur.

Un autocrate bienveillant. Domitien fut un administrateur compétent. Quels qu'aient été ses défauts personnels, il n'a pas négligé le bien-être de l'empire. Selon Suétone, « il rendit la justice avec soin et avec zèle, très souvent même dans le Forum, du haut de son tribunal, à titre extraordinaire ; il cassa les jugements des centumvirs qu'avait obtenus l'intrigue (...). Les juges qui s'étaient laissé corrompre furent notés d'infamie, eux et leurs assesseurs. (...) En outre, il mit tant de zèle à réprimer les agissements des magistrats urbains et des gouverneurs de province, qu'ils ne se montrèrent jamais plus désintéressés ni plus justes. »

Domitien s'efforce aussi de relever le niveau de la moralité publique. Il interdit la castration des garçons, punit les sénateurs qui pratiquent l'homosexualité. En tant que Grand Pontife, il condamne à mort quatre des six vestales : trois pour inceste et la quatrième, la grande vestale Cornelia, pour avoir eu de nombreux amants. Les trois premières sont autorisées à choisir la façon dont elles vont mourir, et leurs amants sont exilés. Quant à Cornelia, elle subira la peine traditionnelle. Elle est enterrée vivante, tandis que ses amants sont battus à mort sur le Forum.

En punissant les vestales, Domitien agit avec dureté, tout en se conformant à la loi. Dans d'autres cas, ses manières brutales ne sont pas aussi bien acceptées. Le sénat, en particulier, considère qu'il a un rôle à jouer dans la direction de l'empire et que l'empereur doit tenir compte de ses souhaits et de ses conseils. Pour Domitien, cela n'est qu'une vaine formalité. Bien qu'il nomme certains sénateurs à de hauts postes administratifs, il situe incontestablement le centre du pouvoir à la cour impériale et non dans le bâtiment du sénat.

LE NOUVEAU PALAIS

« UN ÉDIFICE AUGUSTE, IMMENSE, QUI SE SIGNALE NON POINT PAR UNE CENTAINE, MAIS PAR UN NOMBRE TEL DE COLONNES QU'ELLES POURRAIENT SUPPORTER LES DIEUX ET LE CIEL, SI ATLAS PRENAIT DU REPOS. (...) À L'ENVI BRILLENT LÀ LES ROCHES DE LIBYE ET DE PHRYGIE ; ET ICI, PRODIGUÉS LES MARBRES DE SYÈNE ET DE CHIOS, ET CELUI QUI LE DISPUTE À LA GLAUQUE DORIS ET LA PIERRE DE LUNA EMPLOYÉE SEULEMENT POUR SERVIR DE BASE AUX COLONNES. LA VUE S'ÉTEND AU LOIN VERS LE HAUT : LES YEUX S'ÉPUISENT À ATTEINDRE LE FAÎTE, ET VOUS LE PRENDRIEZ POUR LE PLAFOND DORÉ DU CIEL. »

STACE, *Silves*, IV, 2

C'est en ces termes émerveillés que Stace, poète de la cour, décrit le nouveau palais impérial de Domitien, sans conteste l'une des constructions les plus spectaculaires du règne. Il est décoré de peintures élaborées et de pierres colorées, parmi lesquelles on trouve le granit d'Assouan (Syène) en Egypte, les marbres de Libye et de l'île égéenne de Chios, sans compter le marbre blanc uni de la Luna, en Etrurie (marbre de Carrare). Pour bâtir le palais, on a commencé par niveler le sommet de la colline du Palatin. Les édifices sont répartis en deux groupes, la Domus Flavia ou palais officiel, et la Domus Augustana, la résidence privée de l'empereur et de sa famille, qui comprend un grand jardin en forme de cirque. Œuvre de l'architecte Rabirius, l'ensemble du complexe couvre une surface de 41 000 mètres carrés. Bien qu'à l'état de ruine, le plan de Rabirius est toujours visible.

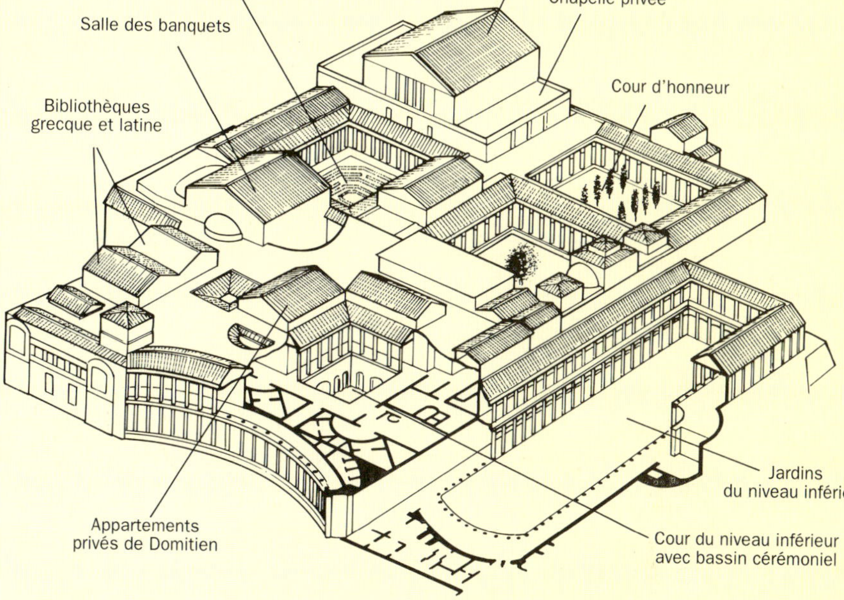

Le palais de Domitien sur la colline du Palatin.
(En haut, à droite) Reconstitution dessinée; (ci-dessus) le palais dans la maquette de la Rome impériale, musée de la Civilisation romaine, Rome. La façade sud, incurvée, de la Domus Augustana comporte deux étages de galeries offrant une vue dégagée sur le Circus Maximus et la colline de l'Aventin qui s'élève derrière. Sur la droite, on voit le prolongement de l'Aqua Claudia entrepris par Domitien pour approvisionner le palais en eau. Juste en dessous se trouve la nouvelle aile ajoutée par Septime Sévère et érigée à l'angle du Palatin, sur des fondations massives.

Vue orientée vers le sud des jardins aménagés au niveau inférieur (à droite). L'extrémité sud, arrondie, leur donne la forme d'un hippodrome. Les salles, situées à l'extrémité nord, rectilignes, semblables à des barrières de champs de course, accentuent cette illusion.

Cour du niveau inférieur avec bassin ornemental (à gauche). Les plates-formes incurvées et échancrées ont peut-être servi de supports à des colonnes décoratives et à des plantes. Les appartements privés de Domitien s'étendent du côté gauche de la cour.

Buste de l'impératrice Domitia Longina, fille de Corbulon, célèbre général de Néron, musée du Louvre, Paris. On raconte que, au début de son règne, Domitien s'est séparé de son épouse Domitia pour cause d'adultère avec un acteur du nom de Pâris. Il la fait exiler et son amant est exécuté publiquement. Il prend ensuite sa nièce Julia (la fille de Titus) comme concubine et vit ouvertement avec elle. Mais, sous la pression populaire, il se réconcilie avec sa femme, avec laquelle il se remarie. Toute cette histoire ressemble fort à une invention inspirée par la malveillance. Domitia semble, toutefois, avoir été effectivement exilée en 83. On dit qu'elle aurait encouragé l'assassinat de Domitien.

En réalité, les provinciaux participent de plus en plus au gouvernement impérial et plusieurs consulats sont attribués à des hommes de descendance grecque. Les titres *dominus et deus*, "maître et dieu", soulignent le caractère autocratique du régime de Domitien. L'empereur remplace les noms des mois de septembre et d'octobre par *Germanicus* et *Domitianus*, qu'il emprunte à sa propre titulature.

Dans ses instructions aux gouverneurs et aux fonctionnaires, il se montre brusque et pratique, dédaignant les plates formules de politesse. Il n'hésite pas à exécuter les sénateurs opposés à sa politique, ignorant les fréquents décrets du sénat rappelant qu'il est illégal que l'empereur exécute ses pairs. Au fil du règne et d'une paranoïa croissante, Domitien accorde de plus en plus de crédit aux délateurs. Il met les suspects à la torture et invente un nouveau supplice « consistant à leur brûler les parties honteuses ».

La cour et les courtisans. Le palais impérial se trouve au cœur du gouvernement de Domitien. La résidence officielle du Palatin, qu'il a héritée de ses prédécesseurs, ne correspond pas, selon lui, à ce qu'exige la position élevée de l'empereur. Peu après son accession, Domitien entreprend donc la construction d'un nouveau complexe palatial, la Domus Augustana, au sud de l'ancienne Domus Tiberiana. Quand il n'est pas dans Rome même, Domitien séjourne souvent dans sa maison de campagne, la villa Albana, à 13 kilomètres environ de la capitale, sur la via Appia.

Le palais impérial abrite la vie publique et privée de Domitien. C'est là que se déroulent les réceptions et les banquets officiels. L'empereur et l'impératrice Domitia y possèdent de splendides appartements. A l'époque où Vespasien est arrivé au pouvoir, Domitien est tombé amoureux de Domitia Longina (la fille de Corbulon, célèbre général de Néron), mariée à Aelius Lamia. En 70, elle divorce pour épouser Domitien. En 73, elle lui donne un fils qui meurt à l'âge de deux ou trois ans. En dehors de son mariage officiel, Domitien a la réputation de s'abandonner à la luxure. On raconte qu'il épile lui-même ses concubines et qu'il appelle les plaisirs de l'amour la "gymnastique du lit". N'accordons pas plus de crédit aux histoires concernant ses relations incestueuses avec Julia, la fille de son frère, qu'aux accusations de pédérastie et à la rumeur qui veut que, dans sa jeunesse, il ait vendu son corps à un borgne du nom de Claudius Pollio et peut-être aussi à Nerva.

Domitien n'est pas grand amateur de littérature, mais, pour agrémenter la cour impériale et promouvoir son image, il entretient Martial et Stace, poètes de cour. Ils disent merveille de son régime, de ses exploits militaires et de ses ambitieux projets de construction. Domitien organise aussi les divertissements publics, introduit des nouveautés dans les jeux, telles que des combats de femmes ou de nains. Admirateur de la culture grecque, l'empereur introduit à Rome des jeux de style grec et des concours littéraires.

Tout cela coûte très cher. Les ponctions opérées sur la bourse impériale sont en partie responsables des confiscations et des augmentations d'impôts décidées par Domitien.

La piazza Navona a conservé la forme du cirque de Domitien.

« IL RECONSTRUISIT BEAUCOUP DE MONUMENTS TOUT À FAIT CONSIDÉRABLES CONSUMÉS PAR LE FEU, ENTRE AUTRES LE CAPITOLE, QUI AVAIT BRÛLÉ DE NOUVEAU, MAIS SUR TOUS IL FIT INSCRIRE UNIQUEMENT SON PROPRE NOM, SANS FAIRE AUCUNE MENTION DE L'ANCIEN CONSTRUCTEUR. (...) IL FIT CONSTRUIRE DANS LES DIVERSES RÉGIONS DE LA VILLE UN TEL NOMBRE DE VOÛTES ET D'ARCS DE TRIOMPHE ÉNORMES, SURMONTÉS DE QUA-DRIGES ET DES INSIGNES DE SES VICTOIRES, QUE SUR L'UN D'ENTRE EUX ON INSCRIVIT EN GREC: "SUFFIT". »

SUÉTONE, *Domitien*, V, 13

CONSTRUCTIONS ET MONUMENTS

Le programme de construction de Domitien, à Rome, est le plus vaste qu'aient entrepris les empereurs depuis Auguste. Domitien reconstruit de nombreux monuments, détruits par le grand incendie du règne de Titus, dont le temple de Jupiter capitolin. Il entreprend aussi toute une série de nouveaux édifices, dont un cirque impressionnant (aujourd'hui la piazza Navona), le Forum de Nerva (consacré par son successeur ainsi que son nom l'indique) et un temple dynastique somptueusement décoré, le Temple Gentis Flaviae (temple des Flaviens). Outre les monuments de l'empereur, Dion Cassius rapporte que « le monde entier ou presque (dans la mesure où il est sous son contrôle) regorge de ses images et statues, réalisées à la fois en argent et en or ». La plus grande de toutes est l'Equus Domitiani, colossale statue équestre de Domitien, érigée en 91 sur le Forum pour commémorer ses victoires sur les Germains et les Daces. Elle fut victime de la fureur destructrice qui a frappé les statues de Domitien après son assassinat. Les fouilles ont mis au jour sa base énorme, un socle de 12 mètres de long sur 6 mètres de large, construit en blocage.

Les guerres de Domitien. L'armée grève lourdement le budget de l'Etat. Pour s'attacher sa fidélité, Domitien a, en effet, augmenté la paie des soldats de 300 à 400 sesterces. Comme la plupart des empereurs qui ne se sont pas distingués sur le plan militaire avant leur accession, il entreprend rapidement une campagne. Il s'attaque aux Chattes, un peuple de Germanie, installé derrière la frontière du Rhin. En 83, il s'accorde un triomphe et le titre de victoire *Germanicus* pour les avoir vaincus. Cette petite expédition vaut à Domitien plus de dérision que de respect.

C'est sur la frontière du Danube que se produisent les engagements militaires les plus sérieux du règne. En 85, les Daces (installés dans la région qui correspond à la Roumanie) franchissent le fleuve et tuent le gouverneur romain avant d'être repoussés. L'année suivante, un énergique com-

LA SECONDE PERSÉCUTION

« Domitien manifesta beaucoup de cruauté à l'égard de beaucoup de personnes; il fit tuer un nombre considérable de nobles et de personnages distingués à Rome, sans jugement régulier. Beaucoup d'autres hommes illustres furent encore condamnés à l'exil hors des limites (de l'Empire) et à la confiscation des biens, sans aucun motif. Finalement, il se posa comme le successeur de Néron par sa haine de Dieu et sa lutte contre Dieu. Il fut incontestablement le second à soulever la persécution contre nous, bien que son père Vespasien n'eût jamais conçu de mauvais desseins contre nous. »

Eusèbe de Césarée, *Histoire ecclésiastique*, III, 17

« La taxe sur les Juifs fut exigée avec une rigueur toute particulière; on y soumettait soit les prosélytes qui vivaient à la façon des Juifs, sans l'avoir déclaré, soit les personnes qui, en dissimulant leur origine, s'étaient dérobées aux tributs imposés à cette nation. »

Suétone, *Domitien*, XII

Les personnes « qui vivaient à la façon des Juifs, sans l'avoir déclaré » comprennent beaucoup de chrétiens. Certains sont des Juifs récemment convertis, qui tombent sous le coup de l'imposition introduite par Vespasien après la destruction du temple de Jérusalem. Il n'est pas certain que Domitien ait délibérément persécuté les chrétiens. Mais en pratique, le christianisme est illégal et, d'après une tradition plus tardive, Domitien aurait condamné des Romains de haut rang parce qu'ils étaient chrétiens.

mandant romain perd la vie et son armée au cours d'une expédition punitive menée au cœur de la Dacie. Il faudra deux ans aux Romains pour reprendre le dessus par une victoire décisive à Tapae en 88. En 89, Domitien, contraint d'interrompre la guerre pour combattre les Quades et les Marcomans sur le Haut-Danube, conclut un accord avec le roi dace Décébale. Trois ans plus tard, ce sont les Sarmates Iazyges qui constituent la principale menace sur la frontière du Danube. Domitien a, semble-t-il, lancé une campagne contre eux dans l'année qui a précédé sa mort.

Ces guerres ne donnent pas de victoires éclatantes, en dépit du fait que Domitien a réussi à maintenir la frontière du Danube contre les attaques répétées. Pour y parvenir, il a dû renoncer à ses ambitions expansionnistes dans d'autres contrées, notamment en Bretagne, où Agricola espérait achever la conquête de l'Ecosse. Cette décision fut vivement critiquée dans les milieux militaires alors qu'il s'agissait en fait d'une conception intelligente de la politique frontalière. Bien qu'il n'ait jamais été considéré comme un grand chef militaire, Domitien a assisté en personne à plusieurs guerres et a peut-être même pris part à certaines campagnes.

Le tyran soupçonneux. Domitien n'est pas un homme heureux. Il souffre d'inadaptation sociale. Ainsi, après dîner, il préfère marcher plutôt que de veiller et de boire avec ses compagnons. C'est aussi un homme extrêmement craintif qui a fait revêtir les colonnades du palais de marbres réfléchissants pour mieux voir ce qui passe derrière lui.

Au début du règne, il s'efforce d'agir avec modération et justice. Il punit les délateurs qui mentent et ne se soucie guère des calomnies persistantes. Les premiers changements apparaissent en 85, lorsque les difficultés financières le conduisent à recourir aux confiscations pour remplir les caisses de l'Etat. Plus encore que ses besoins d'argent, sa suspicion et son sentiment d'insécurité vont le pousser à la cruauté et aux exécutions. « Quel sort misérable, disait-il, que celui des princes, qui ne sont pas crus, si l'on annonce une conjuration, à moins qu'ils ne soient tués ! » Pendant les six premières années du règne, il n'y a guère d'indices de conspiration à Rome ou dans les provinces.

Une brève référence à des prières d'action de grâces à la suite de la découverte d'un complot contre l'empereur, le 22 septembre 87, constitue le premier signe d'agitation. Les sénateurs impliqués sont exécutés. La deuxième tentative, en janvier 89, est une mutinerie militaire qui a pour chef Lucius Antonius Saturninus, gouverneur de Germanie supérieure. Elle a sans doute pour origine le mécontentement que provoque la politique d'apaisement de Domitien envers les Germains et l'importance croissante des légions du Danube. Le soulèvement est vite réprimé par Lappius Maximus, gouverneur de Germanie inférieure.

La terreur et la mort. La "terreur" fait son apparition quatre ans plus tard, dans les derniers mois de 93, et va durer jusqu'à la mort de Domitien. Aiguillonné par une peur paranoïaque, Domitien s'attaque indifféremment aux sénateurs, aux chevaliers et aux fonctionnaires impériaux. Tacite décrit un « sénat en état de siège, des sénateurs cernés par les soldats, et ce coup cruel qui a provoqué la mort de tant de consulaires et l'exil ou la fuite de plus d'une noble dame ». Pline le Jeune en gardera lui aussi un souvenir traumatisant : « Une époque où sept de mes amis ont été mis à mort ou bannis (...) de telle sorte que je me trouvais au milieu des flammes que répandait la foudre, et il y avait de claires indications me permettant de supposer qu'une fin identique me guettait. »

La terreur produit un effet opposé à celui qu'attend Domitien, qui n'épargne pas même ses propres serviteurs et parents. En 95, il fait exécuter le mari de sa nièce Flavius Clemens, un ex-consul, sur la simple accusation d'athéisme. Il exile Domitilla, la veuve de Clemens, sur l'île de Pandataria, mais garde son intendant Stephanus à la cour. C'est là que se développe, durant l'été 96, un complot qui réussira. L'une des versions de cette histoire rapporte que les conspirateurs, tous serviteurs de Domitien, ont trouvé une tablette sur laquelle sont inscrits leur nom et leur condamnation à mort. Aussi sont-ils contraints de prendre les devants et de tuer pour préserver leur vie. Les chefs des conjurés, Stephanus et Parthenius (valets de chambre de l'empereur), sont soutenus par l'impératrice Domitia, qui craint également pour sa sécurité, et par les commandants de la garde prétorienne. Pendant plusieurs jours, Stephanus se montre avec un bras entouré de bandages censés protéger une blessure, alors qu'en fait ils dissimulent un poignard. Il a été décidé de frapper Domitien lorsque celui-ci se sera retiré dans sa chambre pour le repos de l'après-midi. De son côté, Parthenius a pris soin de retirer le poignard que Domitien cache sous son oreiller. Stephanus dit à Domitien qu'il a des informations sur un complot. Dès qu'il est seul avec l'empereur, il sort son arme et frappe. Le coup n'est pas fatal et les deux hommes se battent au sol, Domitien « essayant soit de lui arracher le coutelas, soit de lui crever les yeux avec ses doigts pourtant tout déchiquetés ». Il est achevé par les autres conjurés qui pénètrent dans la chambre et le poignardent.

Seule l'armée va pleurer la mort de Domitien. Le peuple se montre indifférent, tandis que les sénateurs se réjouissent d'autant plus que l'un des leurs, le vieux Nerva, est choisi comme successeur. Le corps de Domitien est emporté hors de son palais, dans une bière ordinaire, et emmené dans la maison de banlieue de sa nourrice, Phyllis. Elle est l'une des rares à conserver un souvenir affectueux de Domitien. Après avoir brûlé le corps, elle dépose secrètement les cendres dans le temple des Flaviens (une autre réalisation de Domitien), à Rome. Puis elle les mélange à celles de Julia, la nièce de l'empereur. C'est ainsi que fut sauvé le corps de Domitien. Sa réputation, en revanche, était perdue, sans aucun espoir de rédemption. Dans les écrits de Tacite et Suétone, il apparaît comme un nouvel exemple de monstre en exercice, un digne successeur de Néron et de Caligula. ■

TRAJAN

HADRIEN

ANTONIN LE PIEUX

MARC AURÈLE

Les Antonins, empereurs par adoption

Nerva
96-98

Trajan
98-117

Hadrien
117-138

Antonin le Pieux
138-161

Marc Aurèle
161-180

Lucius Verus
161-169

Commode
180-192

La guerre civile de 193

Pertinax
193

Dide Julien
193

La dynastie des Sévères

Septime Sévère
193-211

Caracalla
211-217

Geta
211

Macrin
217-218

Elagabale
218-222

Sévère Alexandre
222-235

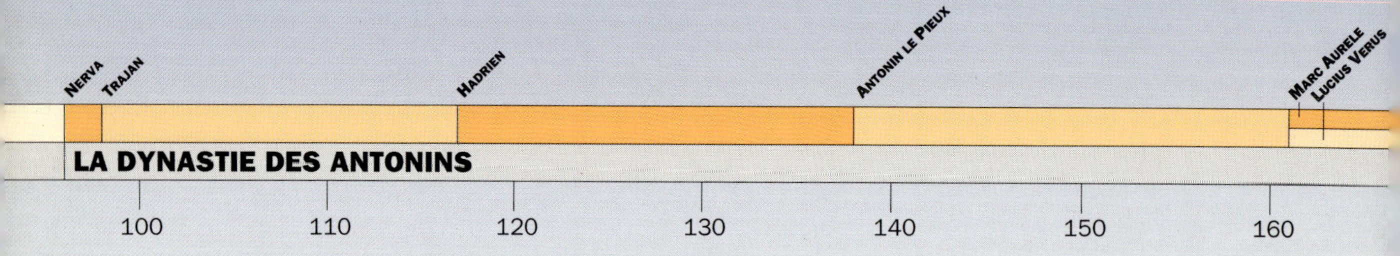

SEPTIME SÉVÈRE

CARACALLA

MACRIN

ELAGABALE

L'APOGÉE DE L'EMPIRE

LES ANTONINS, EMPEREURS PAR ADOPTION 96-192
LA DYNASTIE DES SÉVÈRES 193-235

AVEC L'AVÈNEMENT DE TRAJAN, premier souverain d'origine non italienne, s'ouvre une nouvelle période de l'histoire des empereurs romains. Au cours du IIe siècle, l'empire n'est plus tant un groupement de provinces dépendantes de l'Italie et évolue vers une sorte de confédération. Le phénomène atteint son point culminant en 212, avec l'édit de Caracalla qui accorde la citoyenneté romaine à tous les habitants mâles et libres de l'empire. L'origine cosmopolite des empereurs reflète ce changement: Trajan et Hadrien sont originaires d'Espagne, Septime Sévère d'Afrique, Elagabale et Sévère Alexandre de Syrie.

Le mode de succession est un trait caractéristique des empereurs du IIe siècle. Nerva, Trajan, Hadrien et Antonin le Pieux, qui n'ont pas de fils susceptibles de leur succéder, adoptent leurs héritiers. Cela leur permet de choisir des hommes qui ont prouvé leur aptitude à gouverner et ne sont pas nécessairement de proches parents. Peu importe que Nerva ait été contraint d'adopter Trajan ou que l'adoption d'Hadrien par Trajan n'ait été qu'une fiction, ce qui compte, c'est que ces empereurs par adoption ont donné à Rome un gouvernement stable pendant plus de quatre-vingts ans.

La première moitié du IIe siècle est une période de confiance et de prospérité, tandis que les dernières décades sont assombries par la peste et les invasions sous Marc Aurèle, par le règne malheureux de Commode et par la guerre civile des années 190. Les Sévères rétablissent l'ordre, mais pour une courte période. Après l'assassinat de Caracalla, l'autorité impériale décline de façon régulière. La dynastie prend fin avec les princes syriens Elagabale et Sévère Alexandre. ■

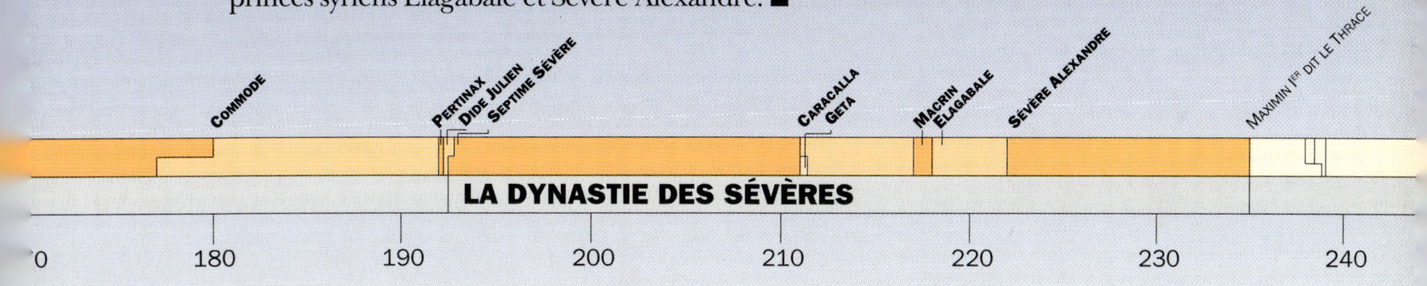

D'après les historiens romains, l'empereur Nerva, vieil homme de santé fragile, a tendance à abuser du vin. Les pièces de monnaie et les statues (comme cette tête du Musée national romain, à Rome) représentent un visage aux yeux rapprochés et au nez proéminent.

NERVA
IMPERATOR
NERVA
CAESAR
AUGUSTUS
96-98

TRAJAN
IMPERATOR
CAESAR
DIVI NERVAE
FILIUS NERVA
TRAIANUS
98-117

NERVA
• Né à Narnia, le 8 novembre 30 **MARCUS COCCEIUS NERVA** • Accession le 18 septembre 96 **IMPERATOR NERVA CAESAR AUGUSTUS** • Décerné par le sénat lors de l'accession ou juste après : **PATER PATRIAE** • Titre de victoire en octobre 97 : **GERMANICUS** • **IMPERATOR** II (octobre 97) • **CONSUL** I (71), II (90), III (97), IV (98) • Puissance tribunicienne la 1re fois lors de l'accession et renouvelée annuellement • Titulature complète à sa mort : **IMPERATOR NERVA CAESAR AUGUSTUS GERMANICUS, PONTIFEX MAXIMUS, TRIBUNICIAE POTESTATIS III, IMPERATOR II, CONSUL IV, PATER PATRIAE** • Epouses inconnues • Mort d'apoplexie à Rome, le 28 janvier 98 ; cendres déposées dans le Mausolée d'Auguste

« QUATORZE JOURS AVANT LES CALENDES D'OCTOBRE (18 SEPTEMBRE 96 AP. J.-C.) : DOMITIEN TUÉ. LE MÊME JOUR, MARCUS COCCEIUS NERVA PROCLAMÉ EMPEREUR. »

FASTI OSTIENSES

Ce style clair et dépouillé est celui qu'utilise le calendrier d'Ostie pour consigner la chute de la dynastie flavienne et la remise du pouvoir à un homme âgé, qui n'est relié aux empereurs flaviens ni par le sang ni par le mariage. Nerva se retrouve investi d'un pouvoir qu'il n'a pas particulièrement recherché. Dion Cassius rapporte qu'il fut sollicité par ceux qui préparaient l'assassinat de Domitien et qu'il accepta uniquement parce que sa propre vie était menacée par l'empereur. Que cela soit vrai ou non, il n'en reste pas moins que beaucoup de hauts personnages, lassés par la tyrannie de Domitien, ont accueilli avec un soulagement certain l'avènement de Nerva.

Marcus Cocceius Nerva est né le 8 novembre 30 ap. J.-C. à Narnia, à 80 kilomètres au nord de Rome. Fils d'un riche avocat romain, il appartient à une famille dont les membres ont exercé de hautes fonctions. Son arrière

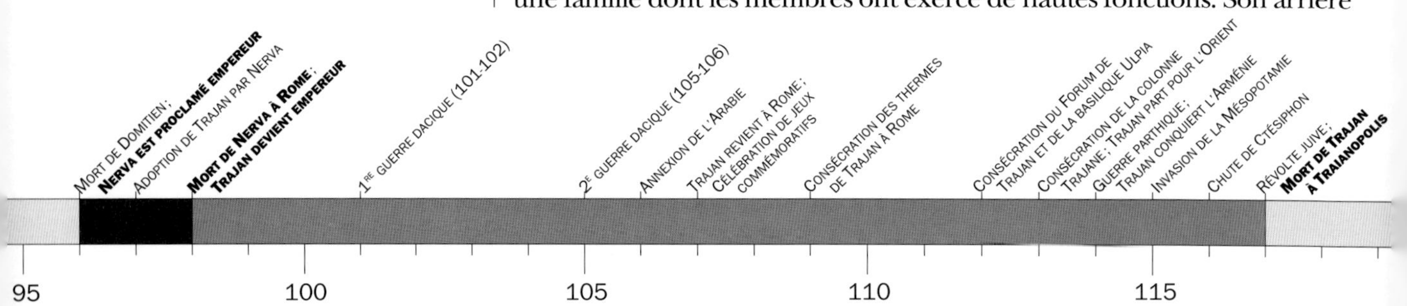

« DÉDIÉ PAR LE SÉNAT ET LE PEUPLE DE ROME À LA LIBERTÉ QU'A RESTAURÉE L'EMPEREUR NERVA CAESAR AUGUSTUS EN L'AN HUIT CENT QUARANTE-HUIT DE LA FONDATION DE LA VILLE, LE QUATORZIÈME JOUR AVANT LES CALENDES D'OCTOBRE (18 SEPTEMBRE 96 AP. J.-C.). »

INSCRIPTION MONUMENTALE DE ROME.

Le Forum de Nerva à Rome, construit essentiellement par Domitien, a été achevé par Nerva dont il a pris le nom. Cette partie des murs latéraux, qui forment aujourd'hui ses seuls vestiges, témoignent de l'excellente qualité de la construction. En haut, entre les colonnes, figure la déesse Minerve.

grand-père a été consul en 36 av. J.-C. et, au siècle suivant, la famille continue à évoluer dans les cercles de la cour. Son grand-père fait partie de l'entourage impérial, à l'époque de sa naissance. Du côté de sa mère, un lien lointain est attesté avec la famille julio-claudienne. Quant à sa tante, elle est l'arrière-petite-fille de Tibère.

Le jeune Nerva marche sur les traces de son père et de son grand-père et remplit différentes charges officielles. Il s'accommode habilement des changements que connaît le régime impérial et parvient à de hauts postes. Il se voit attribuer des honneurs particuliers pour avoir aidé Néron à anéantir la conjuration de Pison, en 65. En 71, l'empereur Vespasien le choisit pour être consul en même temps que lui. En 90, l'empereur Domitien le désigne à son tour comme consul à ses côtés. La faveur constante dont jouit Nerva sous ces différents règnes prouve que c'était un homme respecté. Suétone, pour qui Nerva aurait abusé sexuellement de Domitien, de vingt ans plus jeune, jette pourtant une ombre sur ce portrait. S'agit-il d'une rumeur sans fondement ou d'une autre facette moins reluisante de la personnalité de Nerva?

Meurtre et mutinerie. Aussitôt connue la nouvelle de l'assassinat de Domitien, le 18 septembre 96, le sénat proclame Nerva empereur. Le meurtre libère les forces endiguées jusque-là par la tyrannie des dernières années de Domitien. Dion Cassius, dont la courte relation constitue la source principale sur Nerva, évoque l'atmosphère troublée des premiers mois de son règne. Domitien était haï par le sénat. Sa mort laisse libre cours au ressentiment populaire : on détruit ses statues, on démolit ses arcs de triomphe et met à mort ses nombreux informateurs, tandis que tous ceux qui avaient été exilés sont amnistiés. Les familles dirigeantes éprouvent l'euphorie d'une liberté et d'une justice retrouvées.

Mais les événements glissent rapidement hors de contrôle, et le vieux Nerva a bien du mal à rétablir l'ordre. On dit alors que si, sous Domitien, personne n'avait le droit de faire quoi que ce soit, la situation est pire sous Nerva où tout le monde peut faire ce qu'il veut. Nerva a presque soixante-six ans lorsqu'il accède au pouvoir impérial. Selon les normes romaines, c'est un vieil homme. En outre, faible et malade, il connaît de constants problèmes digestifs.

Les troubles de son règne sont surtout liés à l'opposition de l'armée. Nerva, souverain bienveillant, distribue des terres aux pauvres citadins, fait le serment de ne pas exécuter de sénateurs et entreprend un programme raisonnable de travaux publics comprenant la réparation des routes et des aqueducs. Ces actions, qui le rendent populaire dans certains milieux, n'amadouent pas pour autant l'armée. Celle-ci chérit la mémoire de l'empereur soldat, son prédécesseur, qui fut le premier souverain depuis Auguste à augmenter les soldes.

L'agitation atteint son paroxysme au milieu de 97, lorsque la garde prétorienne entre ouvertement en rébellion. Casperius Aelianus, commandant de la garde, emprisonne Nerva dans le palais impérial et exige qu'il lui remette Petronius et Parthenius, les responsables de la mort de Domitien. Nerva repousse cette demande avec beaucoup de courage, allant

Trajan, le successeur de Nerva, étend l'Empire romain dans trois directions. Au nord du Danube, il conquiert le royaume de Dacie au cours de deux guerres importantes (101-102 et 105-106). En Arabie, il occupe le royaume des Nabatéens, client de Rome, et le transforme en province en 106. Enfin, il s'empare de l'Arménie et de la Mésopotamie, où il fait campagne de 114 à 116.

même jusqu'à offrir sa gorge aux mutins. Ce geste héroïque n'empêche pas les soldats de s'emparer finalement de leurs victimes. Des deux conspirateurs, Petronius connaît la fin la plus douce, puisqu'il meurt d'un seul coup d'épée. Quant au malheureux Parthenius, les soldats lui arrachent les parties génitales et les lui enfoncent dans la bouche avant de lui trancher la gorge.

Nerva survit à l'attaque, mais son autorité est définitivement bafouée. La mutinerie des prétoriens rappelle fâcheusement le souvenir du vieux Galba, qui a régné brièvement trente ans plus tôt. Le message est clair : un empereur qui a perdu le soutien de l'armée ne peut espérer vivre longtemps. Nerva, qui n'a pas d'enfant, ne voit qu'un seul moyen de sauver sa tête : adopter comme fils et successeur un homme qui ait à la fois les faveurs des soldats et du peuple. Cet homme n'est autre que Marcus Ulpius Traianus (Trajan), gouverneur de Germanie supérieure et chef respecté de ses légions. L'adoption a lieu officiellement au Capitole, à la fin d'octobre 97, au cours d'une cérémonie publique.

Une conclusion heureuse. L'adoption de Trajan, qui est peut-être un coup d'Etat déguisé plutôt qu'un acte librement consenti, a toutefois permis au vieil empereur de vivre paisiblement ses derniers mois. Elle a permis à Nerva d'entrer dans les mémoires comme un homme doux et aimable, dont le règne a été si heureux qu'il pouvait sincèrement prétendre : « Je n'ai rien fait en tant qu'empereur qui puisse m'empêcher de renoncer à

Le marché de Trajan à Rome. Dans les ouvertures du rez-de-chaussée, on reconnaît les portes des boutiques, encadrées de travertin. Les fenêtres cintrées qui les surmontent éclairent un couloir curviligne. Au-dessus et par-derrière se trouvent des bureaux, d'autres boutiques et la grande salle centrale du marché, couverte. Jadis, la façade était cachée par le mur arrondi, élevé entre le Forum et le marché de Trajan, dont les fondations sont encore visibles.

la fonction impériale et retourner en toute sécurité à la vie privée. » Le sénat apprécie tant Nerva qu'il lui décerne le titre de *Pater Patriae* (Père de la Patrie) dès le début de son règne, quand d'autres empereurs ont dû attendre cet honneur pendant des mois, voire même des années. Au regard de la postérité, son acte le plus remarquable est la consécration, au début de 97, du Forum de Rome qui porte son nom, le *Forum Nervae* (également connu sous le nom de *Forum transitorium*). En réalité, le complexe est principalement l'œuvre de Domitien et se trouve pratiquement achevé lors de l'avènement de Nerva.

Le 28 janvier 98, la mort met un terme aux seize mois de règne de Nerva. Lors d'un accès de colère, il se met à transpirer abondamment. Pris de fièvre, il meurt peu après. Le sénat le divinise officiellement. En témoignage de respect, ses cendres sont déposées dans le Mausolée d'Auguste, près de celles des empereurs julio-claudiens. Le jour de son enterrement est marqué par une éclipse de soleil.

Malgré la faveur dont il jouit auprès du sénat, on ne peut entièrement absoudre Nerva de ses compromissions avec Néron et Domitien. Les plus sceptiques ont en outre considéré que ses réformes, ses aumônes publiques et ses remises d'impôts n'étaient qu'une tentative désespérée pour se rallier le peuple. Quoi qu'il en soit, Nerva mérite la gratitude de ses contemporains pour avoir désigné Trajan comme successeur. Car, comme le dit Pline, « il n'y a pas plus de preuve certaine de divinité dans un souverain qui a choisi son successeur que dans la valeur de son choix ». ■

Dans son *Panégyrique*, Pline évoque « sa force, la grandeur de sa taille, la beauté de sa tête, la noblesse de ses traits, sans compter cette inflexible maturité, sa chevelure qu'une attention des dieux a ornée des marques prématurées de la vieillesse qui ne fait qu'accroître sa majesté ». Né en 53, Trajan a en fait une quarantaine d'années lorsqu'il accède au pouvoir. C'est un homme mûr, mais non un vieil homme selon les critères romains. Buste du British Museum, Londres.

« IL METTAIT DE LA DOUCEUR DANS SES RAPPORTS AVEC LE PEUPLE, ET DE LA DIGNITÉ DANS SES ENTRETIENS AVEC LE SÉNAT; CHÉRI DE TOUS, ET REDOUTABLE SEULEMENT AUX ENNEMIS. »

DION CASSIUS, LXVIII, 7

TRAJAN

- Né à Italica, en Espagne, le 18 septembre 53 **Marcus Ulpius Traianus**
- Adoption en octobre 97 : **Caesar Divi Nervae Filius Nerva Traianus**
- Accession le 28 janvier 98 : **Imperator Caesar Divi Nervae Filius Nerva Traianus Augustus**
- Ajouté en 98 : **Pater Patriae**
- Titres de victoire : **Germanicus** en octobre 97, **Dacicus** en 102, **Parthicus** en 114
- Ajouté en août ou septembre 114 : **Optimus**
- **Consul** I (91), II (98), III (100), IV (101), V (103), VI (112)
- Proclamé **Imperator** I lors de l'accession, II-IV (101-102), V-VI (105-106), VII-XIII (113-117)
- Puissance tribunicienne la 1re fois lors de l'adoption (octobre 97), renouvelée le 10 décembre 97, puis tous les ans le 10 décembre
- Titulature complète à sa mort : **Imperator Caesar Divi Nervae Filius Nerva Traianus Optimus Augustus Germanicus Dacicus Parthicus, Pontifex Maximus, Tribuniciae Potestatis XXI, Imperator XIII, Consul VI, Pater Patriae**
- Epouse : Pompeia Plotina
- Mort le 9 août 117, à Selinonte de Cilicie en Asie Mineure, à la suite d'une attaque ; inhumé à la base de la colonne Trajane

Trajan est l'un des plus grands et des plus célèbres empereurs romains. Ses dix-neuf ans de règne sont caractérisés par des exploits militaires, qui ont permis de repousser les frontières de Rome jusqu'à leurs plus extrêmes limites, et par un solide paternalisme visant à établir une bonne administration. Ils se distinguent aussi par d'excellentes relations avec le sénat, qui referment la brèche ouverte dans le système de gouvernement romain par le régime autocratique de Domitien.

Marcus Ulpius Traianus est né le 18 septembre, sans doute de l'an 53 ap. J.-C., à Italica, près de Séville. C'est le premier empereur d'origine non italienne, même s'il est issu d'une vieille et solide famille de l'Ombrie, au nord de l'Italie, qui a choisi de se fixer en Espagne. Les membres de cette famille ne sont pas pour autant de simples provinciaux. Son père, un autre Marcus Ulpius Traianus, fait une brillante carrière civile et militaire. En 67-68, pendant la guerre des Juifs, il commande la Dixième Légion "Fretensis"; en 70, il devient consul et, aussitôt après, gouverneur de Syrie, l'une des provinces les plus importantes de l'Empire romain. Marcus Ulpius l'Ancien est de toute évidence un lieutenant de confiance. Il a également servi comme gouverneur de la province espagnole de Bétique et, vers la fin de sa vie, est nommé gouverneur d'Asie, la province romaine de l'Asie Mineure occidentale. Il meurt un peu avant l'an 100.

Avec un père aussi bien placé, le jeune Trajan ne peut qu'avoir un bon début dans la vie. Après avoir servi sous ses ordres en Syrie, comme tribun militaire, dans les années 70, il occupe, à la fin des années 80, le poste de commandant de la Septième Légion "Gemina", cantonnée à Legio (la moderne León) dans le nord de l'Espagne. En janvier 89, il se rend sur le Rhin avec sa légion pour aider l'empereur Domitien à mater la rébellion de Saturninus, gouverneur de Germanie supérieure, mais il arrive trop tard pour prendre part à l'action. Trajan bénéficie de la faveur de Domitien qui le nomme prêteur vers 85 et consul en 91. Ce lien avec l'impopulaire Domitien devient gênant après son assassinat. Dans son *Panégyrique*,

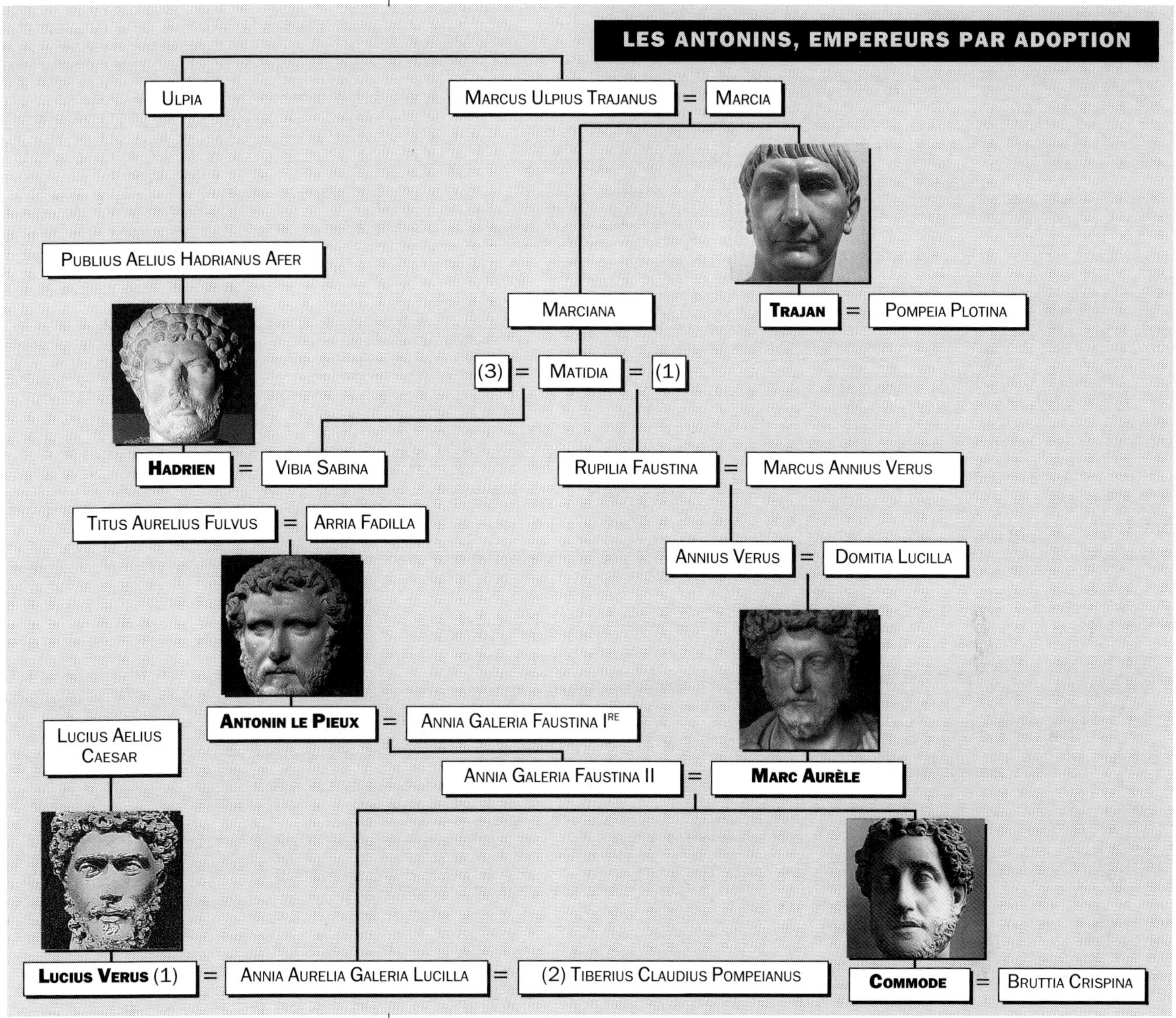

Pline passe sous silence cette partie de la carrière de Trajan, de même qu'il ne fait pas référence à l'origine espagnole de l'empereur. C'est donc, là encore, un fait qu'il est préférable de ne pas mentionner.

L'héritier de Nerva. Lors de l'avènement de Nerva en 96, Trajan est nommé gouverneur de Germanie supérieure. C'est là qu'il reçoit, l'année suivante, une note écrite de l'empereur qui l'informe de son adoption. La coutume de l'adoption remonte à Auguste. Son sens est clair : assurer la succession impériale. On ignore si Trajan a été averti auparavant de sa promotion imminente. A Rome, des amis ont peut-être travaillé pour lui. Il existe en effet une version selon laquelle Trajan n'aurait pas observé passivement les événements, mais aurait pris secrètement le pouvoir avec l'aide de ses partisans. Quoi qu'il en soit, l'adoption de Trajan est une manœuvre habile de la part de Nerva, auquel il faut d'urgence un puissant

LA COLONNE TRAJANE

Cette impressionnante colonne de pierre de 40 mètres de hauteur, piédestal compris, est la contribution du sénat au Forum de Trajan. Elle est formée de dix-huit énormes cylindres de marbre de Carrare, décorés d'une frise en spirale qui relate, à la façon d'un dessin animé, les deux campagnes de Trajan en Dacie. La partie supérieure de la colonne a été conçue pour être vue, non pas du sol, mais à partir des terrasses des édifices qui entouraient le monument à l'origine. Le sommet était jadis couronné par une statue de Trajan. En 1588, on y a placé la statue de saint Pierre, visible aujourd'hui. Le piédestal de la colonne, de forme rectangulaire, abrite de petites salles, dont la chambre funéraire de Trajan. L'incinération était encore le rite funéraire le plus répandu chez les nobles romains à cette époque. Les deux trous, percés dans le mur du fond de la chambre, étaient peut-être destinés à supporter les urnes funéraires de Trajan et de sa femme Plotine.

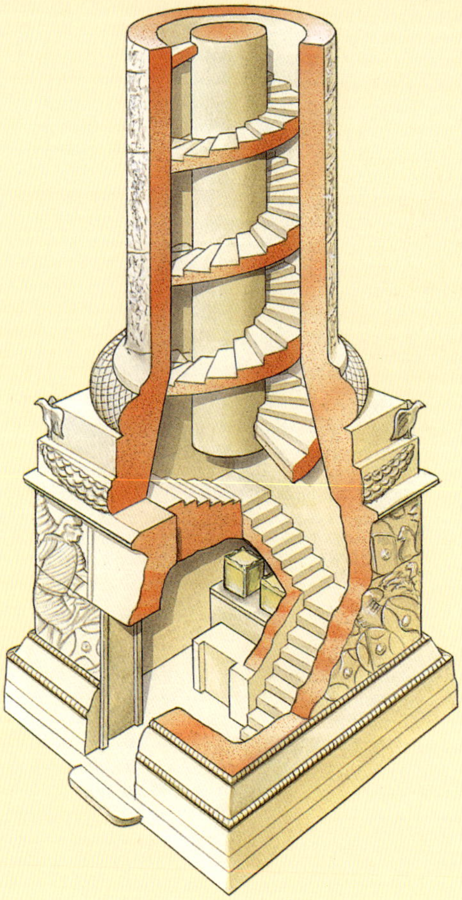

Coupe de la colonne Trajane faisant apparaître l'escalier en spirale et les salles du piédestal (ci-dessus).

La frise en spirale de la colonne Trajane représente les guerres daciques (à droite). Les sculpteurs, qui ont exécuté les reliefs après l'achèvement de la colonne, ont progressé de bas en haut. On a récemment émis l'hypothèse que les reliefs auraient été ajoutés sur la colonne par Hadrien après la mort de Trajan. Cependant, les scènes font partie, avec l'ornementation des édifices adjacents, d'un même grand projet décoratif, ce qui prouve que Trajan avait programmé la frise de la colonne dès l'origine.

Détail de la colonne Trajane. L'empereur harangue ses troupes (ci-dessous).

LES LETTRES DE PLINE

La correspondance officielle entre Trajan et Pline le Jeune, gouverneur de Bithynie et du Pont (nord de l'Asie Mineure) en 110-111, permet d'éclairer l'idée que l'empereur se fait du gouvernement. Pline consulte l'empereur au sujet de questions administratives très diverses. Les réponses, avisées, sont énergiques. L'une d'elles concerne l'attitude à adopter envers les chrétiens. Selon la loi de l'époque, les personnes accusées de "cette superstition mauvaise et immodérée" peuvent se disculper en adorant les dieux romains et en offrant du vin et de l'encens à la statue de l'empereur. Ceux qui refusent de le faire sont passibles de la peine de mort. Pline demande à Trajan ce qu'il doit faire des anciens chrétiens et de ceux que des délateurs anonymes ont dénoncés comme chrétiens. Trajan ordonne à Pline d'éviter toute chasse aux sorcières et d'ignorer les dénonciateurs anonymes :

« Mon cher Pline, tu as suivi la conduite que tu devais dans l'examen des causes de ceux qui t'avaient été dénoncés comme chrétiens. Car on ne peut instituer une règle générale qui ait pour ainsi dire une forme fixe. Il n'y a pas à les poursuivre d'office. S'ils sont dénoncés et convaincus, il faut les condamner, mais avec la restriction suivante : celui qui aura nié être chrétien et en aura par les faits eux-mêmes donné la preuve manifeste, je veux dire en sacrifiant à nos dieux, même s'il a été suspect en ce qui concerne le passé, obtiendra le pardon comme prix de son repentir. Quant aux dénonciations anonymes, elles ne doivent jouer aucun rôle dans quelque accusation que ce soit ; c'est un procédé d'un détestable exemple et qui n'est plus de notre temps. »

Pline, *Lettres* X, 97

défenseur pour sortir de la situation troublée dans laquelle il se débat à Rome. Le problème le plus sérieux est la mutinerie de la garde prétorienne et de son commandant Casperius Aelianus. Au lieu de se précipiter vers la capitale pour rétablir l'ordre, Trajan convoque les chefs rebelles sous le prétexte de leur confier une mission spéciale. Dès qu'ils arrivent à son quartier général de Germanie, il les fait exécuter.

Cette mesure énergique rétablit la confiance et la stabilité du gouvernement. A la mort de Nerva, le 28 janvier 98, Trajan, n'éprouve pas le besoin d'aller consolider sa position à Rome. Au contraire, après avoir réglé les affaires de sa province, il entreprend une tournée d'inspection sur le Rhin et sur la frontière du Danube. Son intérêt pour cette dernière n'est pas dicté uniquement par les menaces extérieures. Les légions, cantonnées pour un tiers sur le Danube, étaient acquises à Domitien ; la visite que leur rend Trajan a pour but de prévenir toute velléité d'agitation. Peut-être a-t-il déjà programmé la conquête de la Dacie. Pline rapporte en tout cas que Trajan, qui campe sur les bords du Danube, constate qu'il n'y a pas d'ennemis en vue et juge donc qu'il n'y a pas urgence à traverser le fleuve. L'écrivain considère qu'il s'agit là d'un acte « témoignant à la fois de courage et de modération ».

Trajan à Rome. L'arrivée de Trajan à Rome, à la fin de l'été 99, donne lieu à de grandes réjouissances. Les foules se pressent le long des rues et envahissent même les toits. Trajan fait son entrée à pied. Il embrasse les sénateurs tour à tour et se mêle au peuple. Cette modestie et cette facilité de contact vont caractériser son image publique, au moins pendant les premières années du règne, et lui assurer le soutien populaire. Par ailleurs, Trajan ne se départit d'aucun des pouvoirs impériaux et demeure un monarque absolu. Envers les sénateurs, il se comporte avec dignité et retenue, attitude qui contraste vivement avec les manières autocratiques de Domitien. Toutefois, ce que l'on apprécie chez Trajan tient le plus souvent de la pure forme. C'est le cas par exemple du serment traditionnel de respect de la loi qu'il prête spontanément lorsqu'il est investi de la fonction de consul et lorsqu'il la quitte. Sur le fond, c'est toujours l'empereur qui choisit les consuls et les autres fonctionnaires.

Le fait que Trajan ait eu les faveurs du sénat apparaît clairement dans le *Panégyrique* de Pline. Cette œuvre est en fait le discours prononcé par Pline, qui vient d'être nommé consul, devant les sénateurs le 1er septembre 100 : il y propose de voter des remerciements à Trajan. Pline se montre prodigue en louanges. La lecture de ce texte, dans sa version complète, prend environ six heures. Le *Panégyrique* décrit Trajan comme un homme à la force virile, mais dont la piété est celle des esprits les plus vertueux. Pour se distraire, Trajan apprécie les rigueurs de la chasse. Il aime « parcourir les forêts, débusquer les bêtes sauvages, escalader des hauteurs montagneuses et poser les pieds sur des rochers escarpés, avec personne pour lui tendre une main secourable ou lui montrer le chemin ; et, au milieu de tout cela, visiter les bosquets sacrés avec esprit de dévotion et se présenter lui-même aux divinités qui y résident ». L'éloge de Trajan s'étend aussi à sa femme Plotine : « Comme sa tenue est simple, le nombre de ses ser-

On connaît mal la famille de Trajan. Son épouse Pompeia Plotina (ci-dessus) est née à Nîmes (Nemausus), en Gaule, vers 70. Plotine et Trajan se sont mariés avant l'adoption de ce dernier par Nerva. On ne leur connaît pas d'enfants. Dion Cassius décrit la modestie de Plotine lors de son arrivée à Rome : « Plotine, sa femme, la première fois qu'elle entra dans le palais, arrivée au haut des degrés, s'étant tournée vers le peuple : "Telle j'entre ici, dit-elle, telle je veux en sortir." Durant tout son règne, elle se conduisit de façon à ce qu'on n'eût rien à lui reprocher. » (LXVIII, 5) Plotine a montré cependant un certain goût pour l'intrigue en encourageant le mariage d'Hadrien avec la nièce de Trajan contre l'avis de ce dernier. Selon certaines sources, après la mort de Trajan, elle aurait aussi forgé des documents pour prouver que Trajan avait adopté Hadrien comme héritier. En 105, Plotine reçoit le titre d'*Augusta*. Elle meurt en 123.

LA CHRONIQUE DACE DE TRAJAN

Du récit que Trajan a lui-même rédigé des campagnes daciques, il ne reste que cinq mots : *Inde Berzobim, deinde Aizi processimus* (« Nous avons ensuite marché sur Berzobim, puis sur Aizi »). Considérant que Berzobim et Aizi sont distantes de quinze kilomètres seulement, on a émis l'hypothèse que ce compte rendu était si détaillé qu'il se fondait nécessairement sur le journal quotidien de Trajan. Ce n'est que pure supposition. Dion Cassius nous apprend par ailleurs que Trajan n'est pas un homme cultivé. Il est donc intéressant qu'il ait décidé d'écrire une chronique de ses guerres. Si elle avait survécu, elle serait l'équivalent littéraire de la colonne Trajane.

viteurs modeste et sa démarche sans prétention. » Avec Pline, le lecteur finit par se lasser de l'accumulation des superlatifs. Néanmoins, d'autres témoignages prouvent que Trajan était un souverain compétent, dont le souci était de bien gouverner et d'apporter la prospérité à son peuple. Près d'un siècle plus tard, le médecin grec Galien décrit ainsi comment Trajan a fait réparer le réseau routier d'Italie, pavant les voies qui traversent des zones humides ou boueuses, en surélevant certaines sur les berges, construisant des ponts pour faire passer ces routes au-dessus des fleuves ou des cours d'eau. Ce que les inscriptions confirment. Trajan prend aussi des mesures pour pourvoir aux besoins des pauvres, les enfants surtout, et affecte des fonds impériaux spéciaux, ou *alimenta*, à leur financement. Ce projet, imaginé par Nerva et mis en application par Trajan, continuera à fonctionner pendant près de deux cents ans. C'est l'un des exemples les plus frappants du paternalisme romain.

Trajan n'est cependant pas parfait. Dans un bref passage, Dion Cassius signale qu'il aime les garçons et le vin. Il est notamment tombé amoureux d'un danseur de pantomime nommé Pylade. Mais on nous assure que ni l'amour, ni l'alcool ne l'ont conduit à commettre des folies ou des injustices, qu'il n'a jamais été ivre, ni maltraité les garçons qu'il fréquentait. Dion Cassius juge tout aussi nécessaire d'excuser son goût pour la guerre : « S'il aimait la guerre, il se contentait de remporter des succès, d'abattre un ennemi implacable et d'accroître ses propres Etats. »

La conquête de la Dacie. La guerre est un domaine dans lequel Trajan excelle. Pline évoque sa popularité auprès des troupes, sa façon de partager épreuves et dangers avec les soldats qu'il commande. Au moment où il parvient au pouvoir, les voisins de Rome ne sont guère menaçants, et les campagnes qu'il entreprend reflètent avant toute chose son penchant pour la vie militaire. La politique intérieure et la nécessité de ne pas laisser l'armée inactive ont sans doute aussi déterminé les trois guerres importantes de son règne.

La première et la deuxième campagne sont dirigées contre la Dacie, puissant royaume situé au nord de la frontière du Danube, dans la Roumanie actuelle. De 85 à 89, Domitien a combattu les Daces sans résultat décisif. Le roi dace Décébale viole effrontément le traité de paix conclu alors. On ne saura jamais si l'expédition de Trajan était absolument nécessaire. Quoi qu'il en soit, elle a pour but de prévenir les troubles dans cette région en réglant une fois pour toutes les comptes avec Décébale.

Au début de 101, Trajan quitte Rome. Il traverse le Danube avec ses troupes et frappe au nord, au cœur de la Dacie. Il défait l'armée dace près de Tapae, vers la fin de l'an 101. Pendant l'hiver, Décébale s'efforce de contre-attaquer en traversant le Danube plus bas, mais il est repoussé. L'année suivante, Trajan conclut victorieusement cette campagne, après s'être avancé plus profondément en territoire dace et avoir installé son camp devant la capitale du pays, Sarmizegetusa. Décébale demande la paix, qui lui est accordée avec une relative clémence. De larges étendues de terre sont annexées au nord du Danube inférieur. A son retour à Rome, Trajan célèbre un triomphe et reçoit le titre de *Dacicus* de la part du sénat.

Les *terme Taurine*, près de Centumcellae (l'actuelle Civitavecchia). Ils font partie de la grande villa de campagne de Trajan, qui fit l'admiration de Pline. Ce dernier y a séjourné plusieurs jours pour assister l'empereur au cours d'audiences juridiques.

Le port de Trajan à Ostie est un bassin hexagonal, enfermé dans les terres, construit en complément et en remplacement du *Portus Augusti* commencé par Claude. Le port est relié au Tibre par un canal (la *Fossa Traiani*). Le complexe comprend des magasin et des temples.

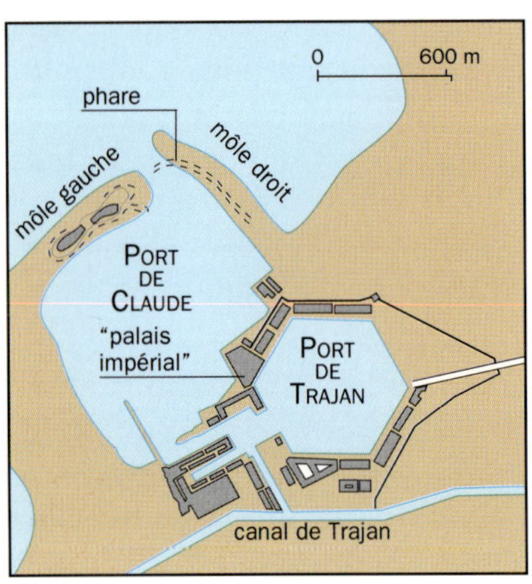

Mais l'accord ne tient pas. Aussi, en juin 105, Trajan quitte-t-il à nouveau Rome pour combattre Décébale. Les Daces ont profité de la trêve pour prendre tous les avant-postes romains. Cette fois, l'armée romaine va pouvoir traverser le Danube sur le colossal pont de pierres construit par le principal architecte et ingénieur de Trajan, Apollodore de Damas. Dion Cassius décrit le pont en termes admiratifs, affirmant qu'il surpasse toutes les autres réalisations de Trajan. Beaucoup d'alliés de Décébale font défection à l'approche de l'empereur, lequel échappe à une tentative d'assassinat et parvient à nouveau devant Sarmizegetusa. Cette fois, il n'y aura pas de merci : la ville est investie, et les trésors des rois daces prennent le chemin de Rome. Poursuivi, Décébale se suicide avant d'être capturé. On exhibe sa tête à Rome, sur les escaliers menant au Capitole. A la fin de l'an 106, la résistance est anéantie. L'Empire romain a absorbé le royaume de Dacie, qui devient l'une de ses provinces.

La colonne Trajane, important monument commémoratif que le sénat fait ériger sur le Forum de Trajan à Rome, retrace en images les guerres daciques. Les reliefs, qui s'enroulent en spirale autour de la colonne, relatent dans le détail les progrès de l'expédition. Ils apportent de précieux renseignements sur l'équipement et les techniques militaires des Romains. Surtout, la colonne immortalise le rôle personnel de Trajan dans ces guerres. Personnage de haute taille, on le voit représenté dans différentes scènes : recevant des émissaires, mettant au point les opérations militaires, sacrifiant aux dieux et acceptant la soumission des troupes daces vaincues.

Le milieu du règne, de 107 à 113, est une période de paix relative. Après la deuxième guerre dacique, Trajan célèbre un autre triomphe. Il organise des jeux fastueux au cours desquels dix mille gladiateurs combattent et onze mille animaux sont mis à mort. Il affecte aux travaux publics une partie de l'énorme butin qu'il a rapporté. Il aménage un nouveau port à

Ostie, le port de Rome, et construit son Forum et son marché. L'empereur consacrera le Forum le 1er janvier 112 et la colonne Trajane en mai de l'année suivante.

La campagne d'Orient. Trajan repart en guerre en 114 et passe les dernières années de sa vie à faire campagne sur la frontière orientale de l'empire. Sur ce front, les souverains parthes, dont le royaume en déclin fut jadis puissant et plusieurs fois vainqueur de Rome, représentent l'ennemi principal. C'est l'ingérence des Parthes dans les affaires du royaume d'Arménie, Etat tampon entre les territoires romains et la Parthie, qui déclenche les hostilités. L'empereur parthe a installé un homme à lui sur le trône d'Arménie, remettant ainsi en question le précaire équilibre des pouvoirs sur la frontière de l'Est. La riposte de Trajan est particulièrement brutale. Il règle la question arménienne par la force, transformant l'Etat tampon en province romaine. En 115, il étend les opérations militaires vers le sud de la Mésopotamie septentrionale. Au cours de la campagne spectaculaire de l'année suivante, il conquiert l'ensemble de la Mésopotamie, y compris la capitale parthe, Ctésiphon, près de la moderne Bagdad.

Pendant une brève période, Rome possède une ouverture sur le golfe Persique. Mais les succès ne durent pas. Au cours des derniers mois de son règne, Trajan essuie plusieurs revers. En 116, la révolte des Mésopotamiens contre l'occupant romain est difficilement réprimée. En 117, l'armée de Trajan ne parvient pas à prendre Hatra, cité du désert. L'empereur a même failli être atteint par une flèche qui tue l'un de ses gardes du corps, alors qu'il faisait le tour des murailles à cheval avec une escorte. Trajan est finalement contraint d'arrêter les opérations et de lever le siège, car la situation des assiégeants ne cesse de se dégrader. Selon Dion Cassius, c'est à ce moment-là que la santé de l'empereur commence à décliner. A la même époque, la population juive de Cyrénaïque se soulève, et les troubles se propagent en Egypte et à Chypre. En Cyrénaïque, deux cent vingt mille personnes non juives auraient été tuées pendant la rébellion. D'autres révoltes menacent d'éclater sur la frontière nord de l'empire. Trajan laisse l'armée en Syrie et se dépêche de rentrer à Rome pour régler la crise.

Dion Cassius nous raconte la fin de l'empereur. Trajan, déjà affecté par des problèmes circulatoires qu'il soupçonne être l'effet du poison, est victime d'une attaque qui le laisse en partie paralysé. Puis, « arrivé à Sélinonte de Cilicie, que nous appelons aussi Trajanopolis, il expira tout à coup après un règne de dix-neuf ans, six mois, quinze jours ». L'événement a lieu le 9 août 117. Le corps de l'empereur est ramené à Rome pour les funérailles. Ses cendres sont déposées dans une urne en or, placée dans le piédestal de la colonne Trajane, témoin de ses victoires sur les Daces.

La renommée de Trajan comme souverain modèle a traversé les siècles. Il a défini les normes, à l'aune desquelles ont été jugés les hommes qui ont par la suite exercé la charge d'empereur. Au IVe siècle, le sénat continuera à prier pour que les empereurs soient « plus fortunés qu'Auguste et meilleurs que Trajan ». Sa réputation restera la même au Moyen Age, époque à laquelle le poète Dante en fait le seul de tous les empereurs non chrétiens à avoir sa place au paradis. ■

LES CONSTRUCTIONS DE TRAJAN

« MAIS COMBIEN AU CONTRAIRE TU VOIS GRAND POUR LES OUVRAGES PUBLICS! ICI UN PORTIQUE, LÀ DES SANCTUAIRES S'ÉLÈVENT COMME PAR ENCHANTEMENT, SI BIEN QU'ILS SEMBLENT, NON DES CONSTRUCTIONS ENTIÈREMENT NOUVELLES, MAIS DES RESTAURATIONS. AILLEURS, LE POURTOUR IMMENSE DU CIRQUE RIVALISE AVEC LA BEAUTÉ DES TEMPLES, LIEU DIGNE DU PEUPLE VAINQUEUR DU MONDE. »

PLINE, *Panégyrique* 51

Trajan n'est pas seulement un grand guerrier. C'est aussi un grand bâtisseur. Ses projets les plus importants datent des années qui suivent la restauration des finances impériales, mises à mal par Domitien, grâce aux butins de la campagne dace de 106. Les chantiers majeurs, qui se trouvent à Rome, sont le *Forum traiani* (le plus vaste des forums impériaux), le marché de Trajan, les thermes de Trajan (sur l'emplacement de la Maison dorée de Néron), la *Naumachia Traiani* (un amphithéâtre pour les batailles navales) et l'*Aqua Traiana* (le dernier des grands aqueducs de Rome).

En outre, Trajan a construit un nouveau port hexagonal à Ostie, le port de Claude n'offrant pas aux navires une protection suffisante. Il a aussi fondé plusieurs colonies pour les vétérans de l'armée romaine, dont Timgad en Afrique du Nord, Nimègue et Xanten dans les pays rhénans et Sarmizegetusa dans la nouvelle province de Dacie.

Les édifices les mieux conservés du règne de Trajan sont sans aucun doute le Forum et le marché de Rome. Mais, de tous ceux qu'il a construits, c'est le pont sur le Danube qui a le plus impressionné l'historien Dion Cassius :

« ON A BIEN DE LUI D'AUTRES OUVRAGES MAGNIFIQUES, MAIS CELUI-LÀ LES SURPASSE TOUS. »

DION CASSIUS, *Histoire romaine* LXVIII, 13

HADRIEN

IMPERATOR
CAESAR
TRAIANUS
HADRIANUS
AUGUSTUS
117-138

Hadrien est le premier empereur représenté avec la barbe. C'est peut-être un témoignage supplémentaire de son intérêt pour tout ce qui est grec. L'Histoire Auguste donne cependant une explication différente : « Il était de haute taille, bien fait de sa personne, avec une chevelure artistiquement peignée et une barbe fournie pour cacher des marques qu'il avait de naissance sur le visage. » En tout cas, Hadrien a lancé une nouvelle mode, suivie par ses successeurs immédiats. (Ci-contre) Hadrien en tenue militaire, statue de bronze trouvée à Beth Shean, Israël Museum, Israël.

HADRIEN

- Né à Rome, le 24 janvier 76
PUBLIUS AELIUS HADRIANUS
- Accession le 11 août 117 comme fils adoptif de Trajan : **IMPERATOR CAESAR TRAIANUS HADRIANUS AUGUSTUS, PONTIFEX MAXIMUS**
- Ajouté en 128 : **PATER PATRIAE**
- **CONSUL** I (108), II (118), III (119)
- **IMPERATOR** I lors de l'accession, II en 135 après la fin de la guerre des Juifs
- Puissance tribunicienne la 1re fois lors de l'accession, renouvelée le 10 décembre 117, puis tous les ans le 10 décembre
- Titulature complète à sa mort : **IMPERATOR CAESAR TRAIANUS HADRIANUS AUGUSTUS, PONTIFEX MAXIMUS, TRIBUNICIAE POTESTATIS XXII, IMPERATOR II, CONSUL III, PATER PATRIAE**
- Epouse : Vibia Sabina
- Mort de maladie le 10 juillet 138 à Baïes ; inhumé d'abord à Puteoli, près de Baïes, puis dans les jardins de Domitia, à Rome ; finalement, ses cendres sont placées dans le Mausolée d'Hadrien

« DONC AELIUS HADRIEN, PLUS DOUÉ POUR L'ÉLOQUENCE ET LES FONCTIONS CIVILES QUE POUR LA GUERRE, APRÈS AVOIR FAIT LA PAIX EN ORIENT, REVINT À ROME. LÀ, À LA FAÇON DES GRECS OU DE NUMA POMPILIUS, IL ENTREPRIT DE SE CONSACRER AUX CÉRÉMONIES RELIGIEUSES, À LA LÉGISLATION, AUX GYMNASES ET AUX SAVANTS, AU POINT QU'IL FONDA MÊME UNE ÉCOLE POUR LES ARTS LIBÉRAUX, QUE L'ON APPELLE L'ATHÉNÉE. »

AURELIUS VICTOR, ***Livre des Césars*** XIV, 1-3

Pour l'historien tardif qu'est Aurelius Victor, l'empereur Hadrien est plus un homme d'art et de culture qu'un guerrier. Cette définition n'est pas fausse. Hadrien ne montre rien de l'ardeur belliqueuse qui animait Trajan, son prédécesseur. C'est la raison pour laquelle il a bonne réputation aujourd'hui. On le considère comme un souverain à l'esprit pratique, qui évite la guerre dès que c'est possible et qui concentre son énergie sur l'amélioration de l'administration interne de l'empire. Avec lui, l'Empire romain, dont il affermit et stabilise les frontières, connaît indéniablement vingt années de bon gouvernement.

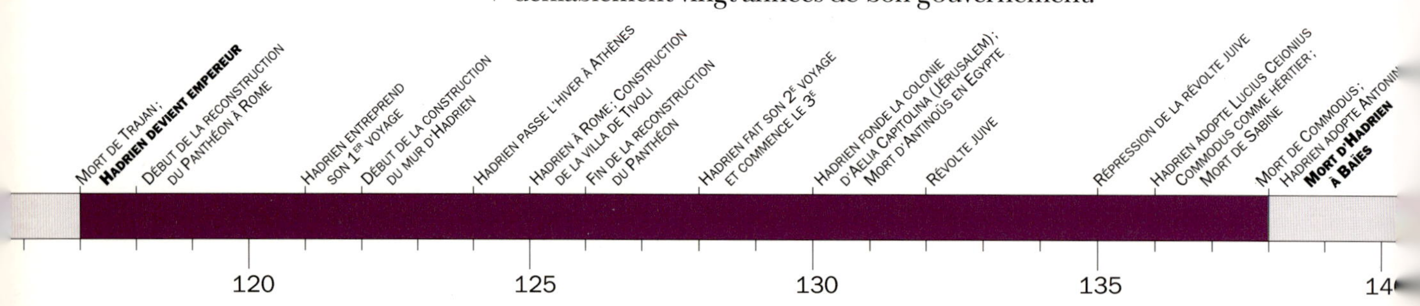

Cependant, les historiens romains n'ont pas cherché à dissimuler le fait qu'Hadrien était loin d'être parfait. Publius Aelius Hadrianus est né le 24 janvier 76, sans doute à Rome. Sa famille s'est fixée à Italica, trois siècles auparavant, lors de l'ouverture de cette région de l'Espagne aux colons romains. Le père d'Hadrien, Aelius Hadrianus Afer, était un cousin de l'empereur Trajan, également natif d'Italica. Cette famille provinciale, assez obscure, a profité de l'ascension de Trajan. Après la mort de son père en 86, Hadrien, âgé de dix ans, devient le pupille de Trajan — récemment nommé à un poste important à Rome — et d'un chevalier romain, Acilius Attianus.

Comme beaucoup de riches jeunes gens, Hadrien a la réputation d'avoir connu une jeunesse dissipée. A l'âge de quinze ans, sa passion pour la chasse fait échouer la première tentative de Trajan pour le lancer dans la carrière militaire. Servianus, son futur beau-frère, dénonce la vie extravagante d'Hadrien à Trajan, qui fait revenir son pupille à Rome, où il le surveille étroitement. Trajan l'introduit dans une nouvelle carrière en le faisant nommer juge — malgré son jeune âge — d'une cour réglant les affaires d'héritage à Rome. Peu après, Hadrien sert comme officier de la Deuxième Légion "Adiutrix", puis de la Cinquième Légion "Macedonia" sur le Danube. En 97, lors de l'adoption de Trajan (alors sur le Rhin) par l'empereur Nerva, Hadrien est chargé de porter les félicitations de l'armée à l'héritier de l'empire.

La grande chance de la vie d'Hadrien se présente lors de la mort de Nerva et de l'accession de Trajan. Il décide d'être le premier à annoncer à Trajan la mort du vieil empereur. Malgré les obstacles mis sur sa route par des rivaux jaloux, il gagne la course, achevant même le trajet à pied. Trajan et Hadrien deviennent rapidement des amis intimes. Au cours de la seconde guerre dacique (105-106), Hadrien dirige la Première Légion "Minervia". A son retour, en 106, il est nommé prêteur. En 107, il est gouverneur de la Pannonie, en 108, consul. En 114, lors de la campagne

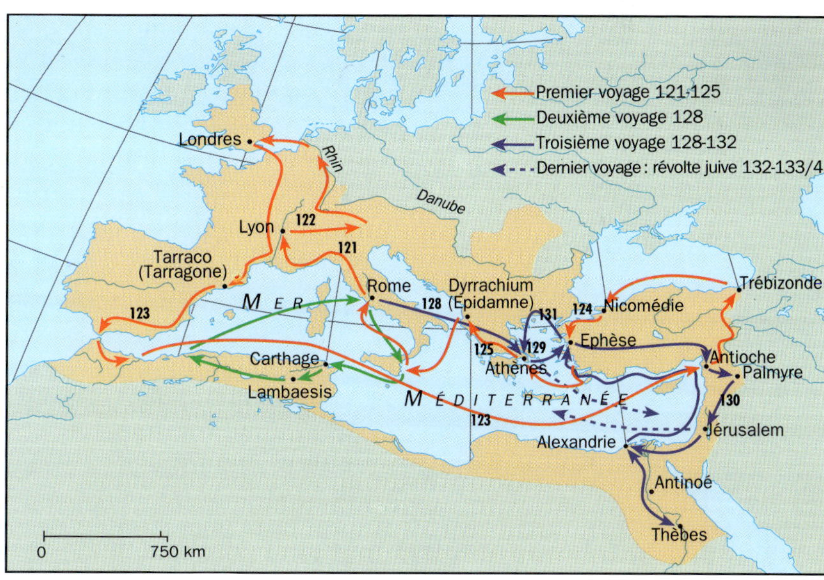

De nombreux empereurs romains ont voyagé pour faire des guerres, des tournées d'inspection ou par simple curiosité, mais aucun ne l'a fait de manière aussi intensive qu'Hadrien. Ses voyages concernent presque tout le monde romain. Il quitte Rome au début de 121 et suit un premier itinéraire qui le mène en Gaule, dans la région du Rhin et en Bretagne. Il se rend ensuite en Espagne et en Maurétanie avant de s'embarquer pour l'Asie Mineure, la Grèce et les pays danubiens. A la fin de 125, il revient à Rome par la Sicile. En 128, il visite la Tunisie (province romaine d'Afrique) et, plus tard la même année, au cours de ce troisième voyage, il circule dans les provinces orientales de l'empire : la Grèce (à nouveau), l'Asie Mineure, la Syrie et la Judée, l'Egypte et la Libye. Il retourne à Rome en 133-134. Les constructions de sa somptueuse villa de Tivoli reflètent certains souvenirs de ces voyages.

LA FAMILLE D'HADRIEN

Buste de Vibia Sabina. Musée du Louvre, Paris.

Les familles de Trajan et d'Hadrien étaient parentes : le père de Trajan était le frère du grand-père d'Hadrien. Ces liens familiaux se sont trouvés renforcés par le mariage d'Hadrien avec Vibia Sabina, petite-fille de la sœur de Trajan, Ulpia Marciana. Plotine, l'épouse de Trajan, a favorisé cette union, laquelle n'a, semble-t-il, pas ravi Trajan lui-même. Selon une source, Plotine, qui a aidé Hadrien dans son ascension vers le pouvoir, aurait été amoureuse de lui. Lorsqu'elle mourut, en 123, Hadrien porta le noir pendant neuf jours en signe de deuil. On connaît mal Sabine, l'épouse d'Hadrien, mais on sait que leurs relations n'étaient guère amicales. Deux fonctionnaires de la cour — dont le biographe impérial Suétone — furent congédiés pour avoir manqué de respect à l'impératrice. Hadrien déclara alors qu'il aurait renvoyé Sabine s'il avait été un citoyen comme les autres. Elle mourut en 136, c'est-à-dire deux ans avant lui.

contre les Parthes, Hadrien reçoit le poste clé de gouverneur de la province de Syrie. En dépit de ces avancements, rien n'indique avec certitude que Trajan veut faire d'Hadrien son successeur. Bien qu'il bénéficie du soutien de l'impératrice Plotine, sa position à la cour est loin d'être fermement établie.

Une conspiration pour la succession. La succession de Trajan est entourée de mystère. Peut-être l'empereur a-t-il décidé d'adopter Hadrien à la dernière minute, sur son lit de mort, dans le sud de la Turquie. L'historien Dion Cassius croit que Trajan n'a rien fait de tel, ce qui est tout à fait plausible. Selon cette version, c'est l'impératrice Plotine qui a organisé la succession de son époux et, pour ce faire, caché sa mort pendant plusieurs jours. Elle utilise ce laps de temps pour envoyer au sénat des lettres annonçant l'adoption d'Hadrien. Celles-ci sont signées de sa main et non de celle de Trajan, sous prétexte que l'empereur est trop faible pour écrire. Une autre source ajoute que Plotine aurait même introduit quelqu'un dans la chambre de l'empereur pour imiter sa voix et faire croire qu'il était encore vivant. Ce n'est qu'une fois Hadrien installé sur le trône que l'impératrice aurait annoncé la mort de Trajan.

La nouvelle de la mort de Trajan parvient à Hadrien dans la province de Syrie dont il est gouverneur. Il se rend immédiatement en Séleucie où l'on transporte et incinère le corps de l'empereur. Les cendres sont rapportées à Rome et déposées dans le piédestal de la colonne Trajane. Hadrien emprunte une longue route pour revenir à Rome. Il règle une crise militaire au nord du Danube inférieur et abandonne le territoire annexé par Trajan en 102.

Hadrien a sans doute l'ambition de gouverner de manière aussi irréprochable que son illustre prédécesseur. Si tel est son désir, il ne commence pas bien. Avant même son arrivée à Rome, sa réputation souffre de la mort de quatre éminents sénateurs, tous anciens consuls et hommes de haut rang. L'épisode est connu sous le nom de "l'affaire des quatre consulaires". Les quatre hommes sont accusés d'avoir voulu renverser Hadrien. Dion Cassius, pour une fois, ne croit pas cette version des faits. Il pense que leur fortune et leur influence constituent la vraie raison de leur exécution. L'auteur de l'*Histoire Auguste* signale qu'Hadrien, dans son autobiographie, perdue, affirme que le sénat a décidé la mort des quatre personnages sans son accord. L'affaire est néanmoins tellement trouble qu'il doit jurer publiquement qu'il n'y a aucune part de responsabilité. Il adresse aussi au sénat la promesse écrite de ne pas exécuter de sénateur sans véritable procès. Ses efforts pour se disculper ne sonnent pas plus juste aujourd'hui que jadis.

Un souverain compétent. L'une des premières décisions d'Hadrien est d'abandonner les territoires orientaux conquis par Trajan au cours de sa dernière campagne. Un siècle auparavant, Auguste avait imposé à ses successeurs de maintenir l'empire dans ses frontières naturelles, formées par le Rhin, le Danube et l'Euphrate. Or, Trajan a traversé l'Euphrate pour conquérir l'Arménie et la Mésopotamie. Hadrien ramène ses troupes sur

LE MUR D'HADRIEN

Reconstitution du mur d'Hadrien avec un fortin et une tour.

« Il gagna la Bretagne, où il corrigea beaucoup d'abus et, pour la première fois, construisit un mur destiné à séparer les Romains des Barbares sur une longueur de quatre-vingt mille pas (118 kilomètres). »

Histoire Auguste, *Hadrien* XI, 2

La construction du mur d'Hadrien fait partie d'un projet global visant à renforcer les frontières romaines. Lors d'une visite sur la frontière de Germanie en 121, Hadrien ordonne déjà qu'on la protège en certains endroits par une palissade de bois ininterrompue. La défense projetée lors de son séjour dans le nord de la Bretagne durant l'été 122 est plus élaborée et plus durable. Il s'agit d'une muraille de pierre d'une épaisseur de 2,50 mètres à 3 mètres, qui comprend une série de forteresses pouvant abriter des unités de cinq cents à mille hommes. Celles-ci sont reliées à la muraille ou se trouvent un peu en arrière. A intervalles réguliers, des tours forment des postes d'observation. Des fortins, espacés à peu près d'un mille romain (1 472,50 mètres), abritent les patrouilles formées par les occupants des forteresses. La construction de ce système défensif a exigé un effort énorme mais a duré moins de dix ans.

l'autre rive du fleuve. Hadrien se révèle très vite un souverain énergique et compétent. Bien qu'il ne soit pas par nature un militaire du calibre de Trajan, il renforce la discipline de l'armée et consolide les frontières. Il poursuit et étend même le programme des *alimenta* de Trajan, qui vise à secourir les enfants pauvres.

Il est le seul de tous les empereurs à prendre la peine de parcourir l'ensemble de son vaste empire et d'inspecter lui-même le gouvernement de ses territoires. Pour cela, il entreprend trois grands voyages, qui commencent en 121 avec la Gaule et se terminent dix ans plus tard par son retour à Rome en 133-134. Ses périples le mènent de l'Espagne, à l'ouest, au Pont et à la mer Noire, à l'est, et du désert libyen, au sud, à l'île de Bretagne, au nord. Le mur d'Hadrien, érigé pour protéger la Bretagne des incursions des Barbares du Nord, sera l'une des conséquences de cette tournée d'inspection, dont on peut admirer les impressionants vestiges aujourd'hui encore.

Depuis son plus jeune âge, Hadrien se passionne pour la culture grecque, ce qui lui vaut d'être surnommé "le petit Grec". Devenu empereur, il peut satisfaire ses goûts sur une tout autre échelle. Athènes, bien qu'en déclin, est toujours un important foyer culturel qu'Hadrien visite à trois reprises. L'empereur fera beaucoup bâtir à Rome et à Athènes. La somptueuse villa qu'il érige pour lui-même près de Tivoli, au nord-est de Rome, est la plus grande réalisation du règne. Dans un immense parc vallonné de 120 hectares s'élèvent les divers édifices qui composent la résidence de plaisance (voir encadré p. 102).

Son amour des arts est malheureusement terni par son caractère dominé tant par l'obstination que par la jalousie. Au mépris de l'opinion générale, il soutient qu'Antimaque de Colophon, un obscur poète du Ve siècle, est meilleur qu'Homère. Dans ses poèmes, Hadrien imite le style d'Antimaque. Il écrit également son autobiographie. Dans le domaine de l'architecture, il ne supporte pas plus la contradiction. Il aurait persécuté l'architecte Apollodore de Damas pour avoir donné — à la demande d'Hadrien lui-même — un avis sincère sur le plan d'un temple dessiné par les mains impériales. De toute évidence, Hadrien n'accepte pas la critique ouverte.

La vie privée d'Hadrien. Les écrivains modernes décrivent Hadrien comme un homosexuel résolu, tandis que les historiens latins indiquent qu'il était bisexuel. L'Histoire Auguste attaque sa passion pour les garçons et ses relations adultères avec les femmes mariées. Le même auteur remarque ailleurs: « Il ne connaissait aucune limite dans ses plaisirs: il composa en effet de nombreux poèmes sur ceux qu'il chérissait », sans donner, hélas! plus de détails. Les relations entre Hadrien et sa femme Sabine sont loin d'être bonnes. Une rumeur prétend même qu'Hadrien aurait essayé d'empoisonner son épouse.

Curieusement, les historiens romains sont discrets sur l'homosexualité d'Hadrien. Celle-ci ressort avec l'affaire d'Antinoüs, jeune homme dont Hadrien est tombé passionnément amoureux — et même trop, selon certains. En 130, l'empereur emmène son favori en Egypte où celui-ci meurt de façon mystérieuse.

LES MONUMENTS D'HADRIEN

« Dans presque toutes les villes, il fit construire des édifices et donna des jeux. » (Histoire Auguste, *Hadrien* XIX, 2) Les temples et les théâtres comptent parmi les témoignages les plus visibles du règne d'Hadrien. C'est à la capitale qu'il a réservé le meilleur traitement. En plus des nouveaux projets, il s'occupe des anciens monuments. Il reconstruit le Panthéon et élève son propre Mausolée circulaire, qui sert aujourd'hui de base au château Saint-Ange. Extraordinaire réalisation architecturale, la voûte du Panthéon possède un diamètre de 43,30 mètres à la base, qui dépasse celui de la basilique Saint-Pierre de Rome.

La luxueuse villa impériale érigée à Tivoli, sur le Tibre, à plus de 30 kilomètres au nord-est de Rome, est, elle, plus révélatrice de la personnalité même d'Hadrien que les grands monuments de la capitale. La construction de ce gigantesque ensemble de portiques, pavillons et palais, commencée en 125, a été achevée dix ans plus tard. Les différentes parties du palais portent le nom de sites célèbres, visités par Hadrien au cours de ses voyages. Un groupe d'édifices s'appelle l'Académie, comme l'école de Platon à Athènes, un autre le Canope, comme un illustre sanctuaire proche d'Alexandrie. Pour faire bonne mesure, il installe aussi l'Hadès et les Champs-Elysées. Même en ruine, les vestiges de la villa Hadriana évoquent encore le tempérament artistique de leur impérial créateur.

La villa d'Hadrien, près de Tivoli : (ci-contre) plan du complexe ; (en haut) le bassin du Pœcile et les collines du pays des Sabins en regardant vers l'est ; (ci-dessous) le Canope avec sa colonnade ornementale et ses statues ; (à l'extrême droite, en bas) cour à colonnades avec vivier décoratif.

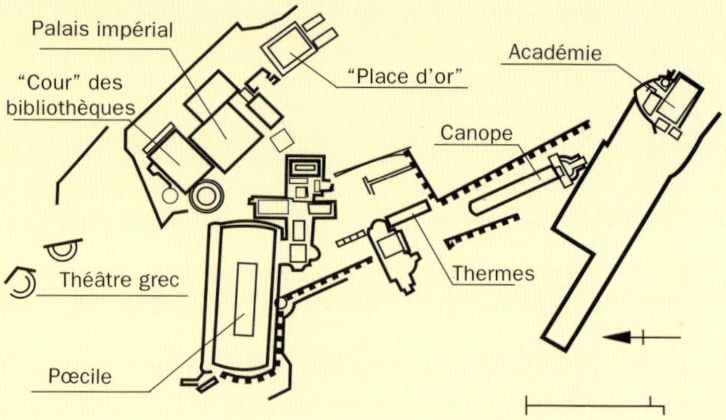

Le Panthéon (vers 118-126) est l'un des plus imposants monuments édifiés par Hadrien, à Rome. C'est un lieu où l'empereur a souvent rendu la justice. Le monument prétend être une reconstruction du temple qu'Agrippa a érigé en 27 av. J.-C. En fait, il s'agit d'un temple presque entièrement neuf, recouvert d'une énorme coupole en blocage. (Ci-dessous) Coupe montrant la transition entre le porche à colonnes et la grande salle circulaire dominée par le dôme. (A droite) L'intérieur éclairé par l'ouverture ménagée dans le toit.

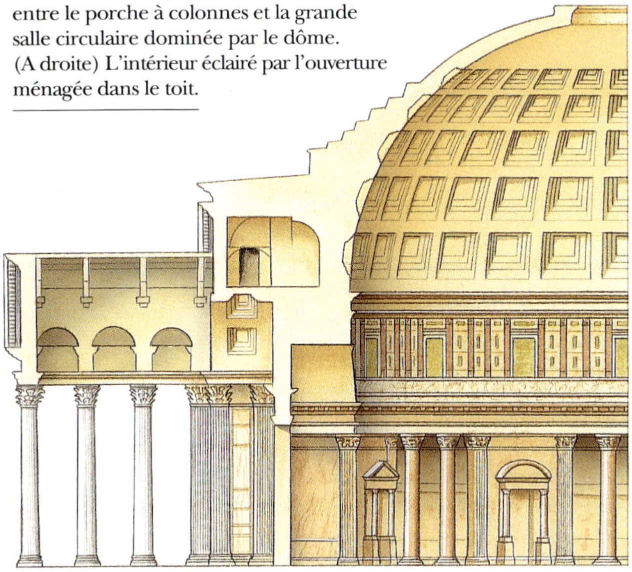

Antinoüs en Egyptien, statue de la villa Hadriana, près de Tivoli.
Musée du Vatican, Rome.

Dans son autobiographie perdue, Hadrien raconte simplement qu'Antinoüs est tombé d'un bateau qui voguait sur le Nil. Pour d'autres contemporains, il s'agirait d'un événement plus sinistre, d'une sorte de rite au cours duquel Antinoüs se serait lui-même offert en sacrifice à Hadrien. Profondément affecté, ce dernier fonde la ville d'Antinoé, à l'endroit même de la mort d'Antinoüs. L'empereur identifie même une nouvelle étoile qui incarne, selon lui, l'âme de son favori.

La fondation d'Antinoé, source de commentaires et de moqueries envers l'empereur, est toutefois moins étonnante que la tentative de faire renaître Jérusalem. La cité, détruite au moment de la révolte juive de 66-74, n'a pas été officiellement reconstruite. Hadrien projette de créer là une nouvelle cité qui s'appellerait Aelia Capitolina. Il s'agirait d'une ville gréco-romaine, dont le plan comprend l'édification d'un temple dédié à Jupiter Capitolin sur le site même de l'ancien temple de Salomon. Les Juifs, qui ne peuvent accepter une pareille profanation de leur lieu saint, se soulèvent en 132, sous la houlette de Simon Bar-Kochba. Le gouverneur de Bretagne, rejoint peu après par Hadrien, est dépêché sur place pour écraser la rébellion. A la fin de 135, l'armée parvient enfin à rétablir l'ordre, au prix d'un demi-million de morts parmi les insurgés. C'est la guerre la plus importante du règne d'Hadrien.

Les dernières années. En 136, Hadrien est âgé de soixante ans, sa santé est défaillante. Dion Cassius décrit sa maladie comme un afflux de sang venant des narines. L'empereur, qui craint de mourir et a besoin d'être assisté dans sa tâche, choisit ce moment pour désigner son successeur. L'homme qu'il adopte, Lucius Ceionius Commodus, aurait fait un excellent candidat s'il n'avait été atteint de tuberculose à un stade avancé. Adopté sous le nom de Lucius Aelius Caesar, il est nommé consul en 136 et en 137, puis envoyé comme gouverneur en Pannonie pour apprendre son métier. C'en est trop pour l'héritier présomptif, qui meurt le 1er janvier 138. En apprenant la nouvelle, Hadrien regrette l'argent dépensé pour célébrer cette adoption.

« C'est sur un mur chancelant que nous nous sommes appuyés et nous avons perdu les quatre cents millions de sesterces que nous avons donnés au peuple et à l'armée pour l'adoption de Commodus », se plaint-il.

L'adoption de Commodus a conduit Hadrien à agir de manière féroce contre ses plus proches partisans. Il a réservé le traitement le plus sévère à Lucius Julius Ursus Servianus, éminent sénateur qui a gouverné plusieurs provinces et exercé trois fois la charge de consul. Beau-frère d'Hadrien, Servianus a épousé sa sœur Paulina bien avant que celui-ci ne devienne empereur. Hadrien, extrêmement soupçonneux, est persuadé que Servianus et son petit-fils s'opposent à l'adoption de Commodus comme héritier. Il les contraint tous les deux à se suicider. Servianus, âgé de quatre-vingt-dix ans, ne représentait certainement pas une menace bien sérieuse. Il clamera son innocence jusqu'à la fin, tout en brûlant de l'encens et en priant les dieux pour qu'Hadrien termine ses jours de la façon la plus terrible qui soit: en appelant une mort qui refuse de venir. La fin d'Hadrien ne sera, effectivement, pas heureuse. Sa maladie, une forme d'hy-

L'EMPEREUR POÈTE

L'empereur Hadrien a des ambitions littéraires et artistiques. Il s'intéresse à la poésie et aux lettres et se vante publiquement de maîtriser le chant et la flûte. Il compose aussi des poèmes d'amour. Très peu de ses œuvres ayant survécu, il est difficile d'évaluer leur qualité. L'autobiographie, qu'il a tenté de faire passer pour l'œuvre d'un membre de sa suite, a disparu. Il en va de même des *Catacannae* que l'Histoire Auguste décrit comme « un travail très obscur imité d'Antimaque ». Ces écrits auraient-ils contribué à forger la renommée littéraire d'Hadrien s'ils étaient parvenus jusqu'à nous ? Si *Animula vagula blandula* est à l'image de l'ensemble de sa production, il est permis d'en douter. L'Histoire Auguste est sévère pour ce court poème qu'Hadrien a composé sur son lit de mort : « Il composa d'autres vers, guère meilleurs et en grec. »

« *Animula vagula blandula*
hospes comesque corporis,
quæ nunc abibis in loca
pallidula rigida nudula
nec, ut soles, dabit iocos ! »

« Amelette vaguelette, câlinette,
hôtesse et compagne de mon corps,
qui maintenant t'en vas vers des lieux
livides, glacés et dénudés,
tu ne lanceras plus tes habituelles
[plaisanteries ! »

Histoire Auguste, *Hadrien* XXV, 9.

dropisie, s'aggrave et le fait souffrir pendant de longues périodes. A tel point que l'empereur tente d'absorber du poison et de s'emparer d'une épée pour mettre fin à ses jours, mais ses serviteurs l'en empêchent. Il finit par persuader un serviteur barbare, du nom de Mastor, de lui transpercer le flanc et lui facilite même la tâche en indiquant d'un trait de couleur l'endroit où frapper, sous le sein. Mais au moment fatidique, Mastor renonce à tenir sa promesse.

En désespoir de cause, Hadrien confie le pouvoir à son successeur Antonin le Pieux et quitte Rome pour Baïes. Il meurt peu après, le 10 juillet 138. Cependant, ce grand voyageur ne devait pas trouver tout de suite le repos éternel. A sa mort, son grand Mausolée — qui forme la base du château Saint-Ange — n'est pas encore terminé. Aussi, dans l'intervalle, est-il inhumé ailleurs. Selon un auteur ancien, on l'enterre d'abord à Puteoli, près de Baïes, dans un domaine qui avait jadis appartenu à Cicéron. Quelque temps après, ses restes sont ramenés à Rome et installés dans les jardins de Domitia, près du Mausolée. Le dernier transfert a lieu l'année suivante. Les cendres d'Hadrien et de son épouse Sabine (morte en 136) sont alors déposées dans le Mausolée, enfin achevé.

Le legs de l'empereur. Au moment de sa mort, Hadrien était devenu un homme impopulaire. Dion Cassius émet à ce propos un jugement modéré. Il explique que si le peuple le hait malgré un gouvernement d'un niveau général excellent, c'est à cause des meurtres qu'il a ordonnés injustement au début et à la fin du règne. Les auteurs modernes le considèrent plutôt comme un aimable caractère et un homme cultivé, à l'esprit ouvert. Mais, on trouve chez lui des réminiscences de Néron et de Domitien qui conduisent à nuancer cette opinion.

Incontestablement, Hadrien est un grand souverain qui, pendant vingt ans, a donné à l'empire de solides frontières et un gouvernement stable ; cependant, sur le plan personnel, c'est un individu brillant mais excentrique, dont la fréquentation semble avoir dégagé un certain malaise. ■

Le château Saint-Ange à Rome est érigé sur les vestiges du Mausolée d'Hadrien. La tour centrale est une surélévation du cylindre originel de la tombe. Le plan circulaire est calqué sur le Mausolée d'Auguste alors que la disposition intérieure en est très éloignée. Le pons Aelius (aujourd'hui le Ponte Sant'Angelo) faisait également partie du projet d'Hadrien. Les balustrades et les statues ont été ajoutées à la Renaissance.

ANTONIN LE PIEUX

IMPERATOR
TITUS AELIUS
CAESAR
HADRIANUS
ANTONINUS
AUGUSTUS
PIUS

138-161

Antonin le Pieux, suivant la mode établie par son prédécesseur Hadrien, est le deuxième empereur barbu. D'après un auteur, « il avait un visage austère, mais amène, une noble stature et était assez fort ». L'Histoire Auguste ajoute que « vu sa taille, il se voûta avec l'âge ; aussi, pour se maintenir droit, se corsetait-il la poitrine avec un assemblage de plaquettes en bois ». Buste conservé au British Museum à Londres.

« IL FUT SI ÉGAL À LUI-MÊME ET DE MŒURS SI PURES QU'IL MONTRA CLAIREMENT QUE LES ÂMES PARFAITES NE SE LAISSENT PAS CORROMPRE PAR UNE PAIX CONTINUELLE ET UN LONG REPOS, ET QUE LES CITÉS NE SAURAIENT ÊTRE HEUREUSES QU'À LA CONDITION D'ÊTRE LES ROYAUMES DE LA SAGESSE. »

AURELIUS VICTOR, ***Livre des Césars*** 15, 3

Antonin le Pieux constitue une énigme : c'est un homme au caractère égal, un peu effacé, apparemment dénué de grandes ambitions, qui se distingue par son sens du devoir et sa droiture. Malgré un règne de près d'un quart de siècle, il a laissé une empreinte extrêmement faible. A-t-il su faire fructifier des grandes réalisations de ses prédécesseurs Trajan et Hadrien ? A-t-il simplement eu la chance de régner sur un empire qui jouissait d'une paix relative, sans importantes menaces extérieures ?

Ou bien, à l'inverse des interrogations précédentes, n'a-t-on pas eu tendance à minimiser l'œuvre réelle d'Antonin le Pieux, lequel aurait établi un régime stable sans montrer l'ostentation qui accompagne habituellement le gouvernement impérial ?

UN EMPEREUR ADMIRÉ

C'est Marc Aurèle qui, dans ses *Pensées*, a rendu le plus bel hommage à Antonin le Pieux, son prédécesseur dont il admire :

« L'ART DE SE SUFFIRE EN TOUT PAR LUI-MÊME SANS PERDRE SA SÉRÉNITÉ ; L'APPLICATION À PRÉVOIR DE LOIN ET À RÉGLER LES MOINDRES DÉTAILS DES AFFAIRES SANS POSE THÉÂTRALE ; LA RÉPRESSION DES ACCLAMATIONS ET DE TOUTES FLATTERIES ADRESSÉES À SA PERSONNE ; LA VIGILANCE PORTÉE SANS CESSE AUX INTÉRÊTS DE L'EMPIRE ; L'ADMINISTRATION ÉCONOME DES REVENUS PUBLICS ET LA TOLÉRANCE POUR CEUX QUI LE CRITIQUAIENT SUR CES SORTES DE MATIÈRES ; À L'ÉGARD DES DIEUX, POINT DE CRAINTE SUPERSTITIEUSE ; À L'ÉGARD DES HOMMES, POINT DE BASSESSE POUR CAPTER LA POPULARITÉ, CHERCHER À PLAIRE, GAGNER LES BONNES GRÂCES DE LA FOULE ; MAIS SOBRIÉTÉ EN TOUT, CONDUITE FERME. »

MARC AURÈLE, ***Pensées*** I, 16, 11-15

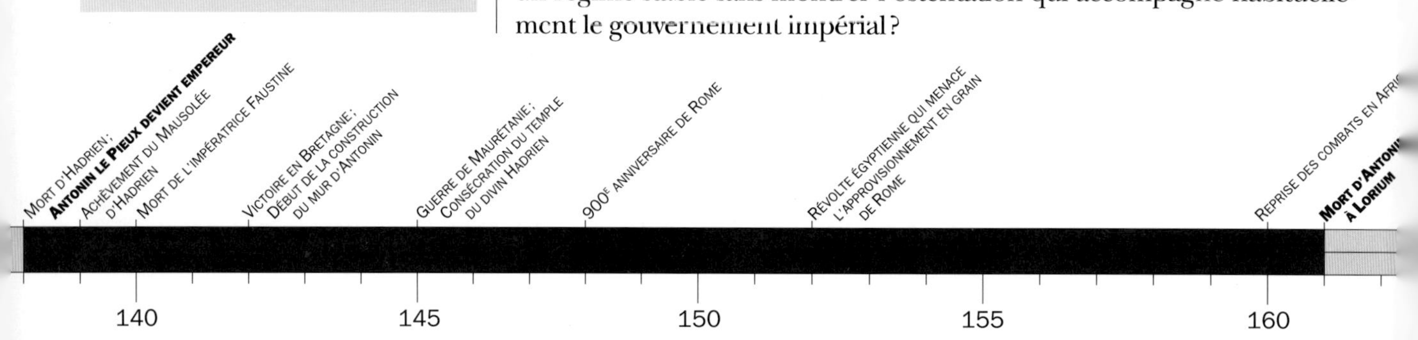

ANTONIN LE PIEUX

- Né à Lanuvium, le 19 septembre 86 **Titus Aurelius Fulvus Boionus Arrius Antoninus**
- Adoption par Hadrien : **Imperator Titus Aelius Caesar Antoninus** (l'élément *Aelius* vient du nom de famille d'Hadrien)
- Accession le 10 juillet 138 : **Imperator Caesar Titus Aelius Hadrianus Antoninus Augustus, Pontifex Maximus**
- Ajouté peu après l'accession : **Pius**
- Ajouté en 139 : **Pater Patriae**
- Après 141 : l'abréviation **Antoninus Augustus Pius PP** est la forme généralement utilisée sur les pièces de monnaie, sauf en 150-151, lorsque Antonin reprend un titre plus complet pour insister sur ses liens avec Hadrien : **Imperator Caesar Titus Aelius Hadrianus Antoninus Augustus**
- Après la victoire en Bretagne en 142 : acclamé **Imperator** pour la 2e fois
- Puissance tribunicienne la 1re fois lors de l'accession, renouvelée annuellement le 10 décembre
- **Consul** I (120), II (139), III (140), IV (145)
- Titulature complète à sa mort : **Imperator Caesar Titus Aelius Hadrianus Antoninus Augustus Pius, Pontifex Maximus, Tribuniciae Potestatis XXIV, Consul IV, Imperator II, Pater Patriae**
- Epouse : Annia Galeria Faustina (l'Ancienne)
- Enfants : deux fils, Marcus Aurelius Fulvus Antoninus et Marcus Galerius Aurelius Antoninus ; deux filles, Aurelia Fadilla et Annia Galeria Faustina (la Jeune)
- Mort de maladie à Lorium, le 7 mars 161 ; inhumé dans le Mausolée d'Hadrien

Hadrien pensait peut-être qu'Antonin le Pieux était le personnage idéal pour poursuivre sa politique. Il n'est pas impossible non plus qu'Hadrien ait concentré ses projets successoraux, non sur ce sénateur de cinquante et un ans, mais sur son neveu de seize ans, Marcus Annius Verus, le futur Marc Aurèle. Si telle était vraiment son intention, Hadrien a été bien avisé de choisir Antonin le Pieux pour tenir les rênes du pays en attendant que Marc Aurèle mûrisse.

Antonin le Pieux n'est pas un ambitieux. Il n'a pas de fils en vie, et sa seule fille encore vivante a épousé Marc Aurèle, consolidant ainsi la succession dynastique. En outre, lorsque Hadrien adopte Antonin, celui-ci est déjà un homme âgé, puisqu'il a dépassé la cinquantaine. Bien rares sont ceux qui auraient alors prédit qu'il vivrait jusqu'à soixante-quatorze ans et qu'il régnerait plus longtemps que Trajan, Hadrien ou tout autre empereur depuis Auguste.

Titus Aurelius Fulvus Boionus Arrius Antoninus, le futur Antonin le Pieux, est né le 19 septembre 86 à Lanuvium, à une trentaine de kilomètres au sud de Rome. Sa famille, originaire de Nîmes (Nemausus) en Gaule, s'est taillée depuis longtemps une place de choix à Rome. Le grand-père d'Antonin a exercé la charge de consul à deux reprises, son père Titus Aurelius Fulvus une fois, en 89. Le jeune garçon grandit à Lorium, dans un domaine familial de l'Etrurie du Sud, à quinze kilomètres à l'ouest de Rome. Il restera toujours attaché à cet endroit où il construira par la suite sa résidence impériale. Après la mort de son père, Antonin, qui est encore un jeune enfant, est élevé d'abord par son grand-père paternel, puis par son grand-père maternel. Les biens qu'il hérite des deux côtés en font l'un des hommes les plus riches de Rome.

Il suit le cursus habituel d'un sénateur important. Après avoir été questeur et prêteur, il est nommé consul en 120. Quinze ans plus tard, de l'été 135 à 136, il exerce la fonction de gouverneur de la province d'Asie, dans l'ouest de l'Asie Mineure. Cependant, son expérience de l'administration est limitée et ses connaissances militaires sont nulles. Son séjour en Asie constitue la seule sortie que nous lui connaissons hors d'Italie, avant et après avoir revêtu la pourpre impériale. Quel contraste avec l'éternel voyageur qu'était Hadrien !

Les héritiers d'Hadrien. Le 24 janvier 138, jour de son soixante-deuxième anniversaire, Hadrien annonce son désir d'adopter Antonin, ce qui le désigne comme héritier. L'adoption a lieu officiellement un mois plus tard, le 25 février 138. Il s'agit en fait d'une transaction multiple : Hadrien adopte Antonin, tandis qu'Antonin adopte parallèlement Marcus Annius Verus, âgé de seize ans, et le jeune Lucius Ceionius Commodus, fils de Lucius Ceionius Commodus — qu'Hadrien avait choisi comme premier héritier —, mais qui est décédé deux mois plus tôt.

A la mort d'Hadrien, le 10 juillet 138, la succession ne soulève aucune contestation et beaucoup de fonctionnaires restent en poste. Par sa bienveillance et sa modération, Antonin gagne rapidement l'affection du sénat. Fronton, principal orateur de l'époque écrit : « J'aime Antonin, je l'aime comme la lumière, comme le jour, comme le souffle et je sens que suis aimé de lui. » Mais lorsque le sénat refuse, contrairement à la coutume, de décerner les honneurs divins à Hadrien, honni, le conflit éclate avec l'empereur. Antonin remporte finalement la bataille en déclarant : « Alors, je ne vous gouvernerai pas non plus, si vous le considérez comme vil, hostile et comme un ennemi public. Car, dans ce cas, vous annulerez, naturellement, toutes ses décisions, mon adoption y compris. » De la part d'Antonin, cela n'est pas simplement un acte de piété ou de gratitude. Le refus du sénat d'accorder les honneurs divins à son père adoptif aurait sérieusement entamé le prestige de la fonction impériale et aurait affaibli sa légitimité en tant que souverain.

« **Rien de sévère** ». Antonin peut se montrer rusé et déterminé si nécessaire, mais il est également juste et enclin à la compassion. Il introduit de nouvelles lois protégeant les esclaves de la cruauté et des abus de leurs maîtres. Les deux procès pour trahison de son règne se déroulent dans le plus grand respect de la loi. Malgré la mort des principaux accusés (l'un est exécuté, l'autre se suicide), tout est fait pour éviter une chasse aux sorcières contre d'autres conjurés.

L'épisode du philosophe impatient est plus pittoresque. Lors d'une audience, le personnage en question s'écrit : « Fais attention à moi, César. » Antonin réplique vertement : « Je prête attention et je te connais bien. Tu es celui qui remet sans cesse en place ses cheveux, qui se cure les dents et fait briller ses ongles et qui sent toujours la myrrhe. »

Antonin le Pieux, souverain aimé, semble jouer aussi bien sur l'assentiment général que sur la contrainte. C'est un très bel homme, au port aristocratique, qui a un caractère agréable et une nature calme. C'est aussi un orateur accompli. Très riche dès avant son accession, il ne fait étalage ni de sa fortune, ni de son rang.

La façon dont Antonin a acquis le surnom de Pius (dévot, vertueux) concerne plus l'hagiographie que l'histoire. L'Histoire Auguste (*Antonin le Pieux* II, 3-7) ne donne pas moins de cinq explications : « Il reçut du sénat le surnom de Pieux, soit parce qu'il avait prêté, en présence du sénat, une main secourable à son beau-père affaibli par l'âge (...), soit parce qu'il avait épargné des gens dont Hadrien, pendant sa maladie, avait ordonné le meurtre, soit parce que, après la mort d'Hadrien, il lui avait, contre les vœux de tous, décrété des honneurs innombrables et considérables, soit parce que, lorsque Hadrien avait voulu se suicider, il avait réussi par une vigilance et une diligence extrêmes à l'en empêcher, soit encore parce que sa grande clémence naturelle l'avait détourné au cours de son règne de tout acte cruel. »

Le gouvernement. Contrairement à Hadrien, Antonin le Pieux dirige le vaste Empire romain de la capitale, ou du palais voisin de Lorium. Il ne s'est jamais beaucoup éloigné de Rome au cours de ses vingt-trois ans de règne, ce que l'Histoire Auguste (*Antonin le Pieux* VII, 11-12) présente comme une qualité :

« Il n'entreprit guère de voyages, sinon pour se rendre sur ses terres ou en Campanie car, disait-il, la suite d'un empereur — si économe fût-il —

ANTONIN ET L'ÉCOSSE

Un cavalier romain triomphant des Barbares, sur ce relief du mur d'Antonin provenant de Bridgeness.

« Ainsi, il fut vainqueur des Bretons grâce à son légat Lollius Urbicus et, une fois les Barbares repoussés, fit aménager un second mur en mottes de gazon. »

Histoire Auguste, *Antonin le Pieux* V, 4

Contrairement à Hadrien, qui a visité la Bretagne, Antonin dirige les opérations à partir de Rome, par l'intermédiaire de son fidèle général Lollius Urbicus. On sait que, au début du règne, Lollius Urbicus est envoyé comme gouverneur en Bretagne. En 142, on proclame une victoire et Antonin est acclamé *Imperator*, honneur qui accompagne généralement un important succès militaire. Le mur d'Hadrien est délaissé, les troupes romaines s'enfoncent vers le nord pour occuper le sud de l'Ecosse. Entre l'estuaire de la Clyde et celui du Forth, on érige un nouveau mur, moins long que celui d'Hadrien (60 kilomètres au lieu de 120), en mottes d'herbe, matériau beaucoup plus économique. Le mur d'Antonin n'en demeure pas moins une réalisation majeure. Il n'est pas certain qu'il ait bien rempli son rôle défensif. En effet, avant même la mort d'Antonin, la frontière romaine était repoussée au sud du mur d'Hadrien.

ANTONIN ET ROME

Antonin le Pieux a restauré et réparé plusieurs monuments célèbres, dont le Colisée, mais n'a entrepris que deux grands projets à Rome : le temple du divin Hadrien, au nord de la ville, et le temple d'Antonin et Faustine, sur le Forum. A l'origine, ce dernier monument est dédié à Faustine, morte en 140. En 161, à la suite de la mort d'Antonin, il est rebaptisé Templum Divi Antonini et Divae Faustinae. Par un heureux hasard, des parties de ces deux temples ont été conservées grâce à leur incorporation dans des monuments plus récents. Le temple d'Antonin et Faustine est devenu l'église San Lorenzo in Miranda (1602) tandis que onze hautes colonnes du temple du divin Hadrien constituent aujourd'hui la façade de la Bourse.

Le temple d'Antonin et Faustine à Rome (ci-dessus) a été transformé en église au XVIIe siècle. (A droite) Sa reconstitution. (Ci-dessous) Relief du temple du divin Hadrien, montrant des lances et des boucliers croisés, ainsi qu'une personnification de la province d'Espagne.

Dans l'une de ses rares lettres conservées, Antonin le Pieux écrit à propos de son épouse Annia Galeria Faustina (ci-dessus) : « C'est un fait indéniable : je préférerais vivre avec elle à Gyara plutôt que de vivre dans le palais sans elle. » [Gyara est une île de la mer Egée où l'on exilait les délinquants.] L'Histoire Auguste présente une image moins idyllique : « Quant à son épouse, il courut sur la liberté et le relâchement excessifs de sa conduite maints bruits qu'il fit taire, non sans en souffrir dans son cœur. » Après la mort de Faustine, en octobre ou novembre 140, le sénat adopte un décret qui la divinise et décide de lui dédier un temple et des jeux. Par la suite, Antonin prend pour concubine une certaine Galeria Lysistrate, une ancienne esclave de sa femme. En tant que maîtresse de l'empereur, celle-ci exerce une influence considérable à la cour : on raconte qu'elle serait intervenue dans la nomination d'un commandant de la garde prétorienne.
Mère de Marc Aurèle et sœur de Faustine, l'épouse d'Antonin, Domitia Lucilla est également une femme puissante et ambitieuse. Un jour, dit-on, l'empereur la rencontre alors qu'elle prie devant une statue d'Apollon. Valerius Homullus, le compagnon d'Antonin, lui murmure alors : « Cette excellente femme est en train de demander que tu perdes la vie et que son fils monte sur le trône. »
(En haut, à droite) Apothéose d'Antonin et Faustine qui montent au ciel sur le dos d'un génie ailé. Base de la colonne d'Antonin le Pieux, musée du Vatican, Rome.

était une lourde charge pour les provinciaux. Il jouissait néanmoins d'un prestige énorme auprès de toutes les nations ; en effet, comme il résidait à Rome, il pouvait, grâce à sa position centrale, recevoir plus rapidement les nouvelles de partout. »

C'est donc un homme heureux d'être au cœur du pouvoir, de donner des directives, d'envoyer gouverneurs et généraux régler les crises frontalières et résoudre les problèmes des provinces. Ses vingt-trois ans de règne ne constituent pas, tant s'en faut, une période de paix ininterrompue. S'ils ne connaissent pas de guerre majeure, ils sont en revanche marqués par des troubles et des combats continuels.

Au début du règne, décision est prise de conquérir le sud de l'Ecosse, peut-être par simple désir de gloire militaire. Le mur d'Hadrien est abandonné, au profit de la construction d'une nouvelle ligne de défense frontalière, le mur d'Antonin, réalisé sur soixante kilomètres en mottes d'herbe. Peu après, des troubles éclatent en Maurétanie, en Germanie, ainsi qu'en Egypte, en Judée et en Grèce. Encore plus tard dans le règne, les Romains doivent affronter les Daces et les Alains qui menacent les provinces du Danube. Le prestige de l'armée romaine est tel qu'Antonin obtient parfois d'importants résultats par la seule diplomatie. Ainsi, une lettre adressée au roi parthe Vologèse suffit à dissuader ce dernier d'attaquer l'Arménie. De la même façon, de nombreux rois clients et Etats voisins prennent l'empereur pour arbitre de leurs querelles.

L'un des événements les plus marquants du règne est le neuf centième anniversaire de la fondation de Rome. Il est célébré en grande pompe, en l'année 148.

UN CORRESPONDANT IMPÉRIAL

Il reste peu de lettres d'Antonin. Deux d'entre elles figurent dans la correspondance de Marcus Cornelius Fronton, le principal orateur de l'époque. Leur ton est amical, comme il se doit lorsqu'un empereur écrit à l'un de ses fidèles courtisans, par ailleurs tuteur de ses deux fils adoptifs, Marc Aurèle et Lucius Verus. L'une des lettres est une réponse à Fronton, qui vient d'être malade. Fronton avait écrit pour excuser son absence de la cour lors de l'anniversaire de l'avènement d'Antonin. C'est un prince bienveillant qui prend la plume : « Comme j'ai constaté ton évidente et sincère bonne volonté à mon égard, je n'ai eu aucun mal à croire du fond de mon cœur, mon cher Fronton, que ce jour-là précisément, où il a plu au ciel que j'accepte cette charge, tu l'as respecté selon les règles. Je t'ai donc eu présent à l'esprit toi et tes vœux, ce qui n'était que justice. »

Une fin paisible. La maladie qui emporte Antonin est assez soudaine ; son biographe l'attribue à un abus de fromage des Alpes au cours d'un dîner. Au cours de la nuit, il vomit et se trouve pris de fièvre le lendemain. Le jour suivant, son état se dégrade encore. Il prend alors ses dispositions et lègue le pouvoir à son fils adoptif Marc Aurèle. Après avoir donné le mot de passe "Sérénité" à l'officier de service, il se retourne pour dormir et meurt dans son cher palais de Lorium, près de Rome, le 7 mars 161.

La popularité d'Antonin est telle que sa divinisation par le sénat ne rencontre aucune opposition. « Les hommes rivalisaient entre eux pour lui rendre hommage », nous dit-on. Ses restes sont déposés dans le Mausolée d'Hadrien, près de ceux de sa femme et de ses deux fils, décédés quelque vingt ans auparavant. La brève description de ses splendides funérailles dit clairement que le corps a été placé dans le Mausolée d'Hadrien, mais ne mentionne pas de crémation. Il semble qu'Antonin le Pieux ait été l'un des premiers empereurs à adopter le rite nouvellement à la mode de l'inhumation. Pour conclure, laissons la parole à son biographe (Histoire Auguste, *Antonin le Pieux* XIII, 4) : « Seul peut-être de tous les empereurs, il vécut sans verser le sang de ses concitoyens et de ses ennemis, dans la mesure où cela dépendait de lui ; c'est à juste titre qu'on le compara à Numa [ancien roi légendaire de Rome], avec lequel il eut toujours en commun la chance, la piété, la tranquillité et le respect de la religion. » ■

Les thermes d'Antonin à Carthage ont été commencés par Antonin le Pieux en 143. Ces thermes, qui se rangent parmi les plus vastes hors de Rome, étaient somptueusement décorés de marbres et de mosaïques importés. Rares sont les vestiges qui dépassent aujourd'hui le niveau du sol.

Les portraits officiels figurent Marc Aurèle sous la forme d'un philosophe barbu (ci-contre). (Sur la page de droite) Marc Aurèle fait un sacrifice, relief provenant peut-être d'un arc de triomphe.
Musées du Capitole, Rome.

MARC AURÈLE

IMPERATOR
CAESAR
MARCUS
AURELIUS
ANTONINUS
AUGUSTUS
161-180

LUCIUS VERUS

IMPERATOR
CAESAR
LUCIUS
AURELIUS
VERUS
AUGUSTUS
161-169

LE PRINCE PHILOSOPHE

« DÈS SA TENDRE ENFANCE, IL MANIFESTA DE LA GRAVITÉ. ET SITÔT PASSÉ LES ANNÉES DÉVOLUES AUX SOINS DES NOURRICES, IL FUT CONFIÉ À DE GRANDS PRÉCEPTEURS ET ABORDA LES PRINCIPES DE LA PHILOSOPHIE. »

HISTOIRE AUGUSTE, *Marc Antonin* II, 1

« IL SE PASSIONNA POUR LA PHILOSOPHIE, ET CELA DEPUIS L'ENFANCE, PUISQUE C'EST EN ENTRANT DANS SA DOUZIÈME ANNÉE QU'IL ADOPTA LE VÊTEMENT, PUIS L'AUSTÉRITÉ DU PHILOSOPHE: IL ÉTUDIAIT REVÊTU DU PALLIUM, COUCHAIT À MÊME LE SOL, ET SA MÈRE N'OBTINT QU'À GRAND-PEINE QU'IL DORME SUR UN LIT RECOUVERT DE FOURRURE. »

HISTOIRE AUGUSTE, *Marc Antonin* II, 6

« APRÈS LE DÉCÈS DU DIVIN PIUS, CONTRAINT PAR LE SÉNAT D'ASSUMER LE POUVOIR, IL DÉSIGNA SON FRÈRE POUR ÊTRE SON COLLÈGUE À L'EMPIRE, EN LUI DONNANT LE NOM DE LUCIUS AURELIUS VERUS COMMODUS ET EN LUI CONFÉRANT LES TITRES DE CÉSAR ET D'AUGUSTE. ILS SE MIRENT AUSSITÔT À GOUVERNER ENSEMBLE, À ÉGALITÉ. ET C'EST ALORS QUE L'EMPIRE ROMAIN COMMENÇA POUR LA PREMIÈRE FOIS À AVOIR DEUX AUGUSTES, CAR, JUSQUE-LÀ, AUCUN EMPEREUR AUQUEL L'EMPIRE AVAIT ÉTÉ LAISSÉ [EN HÉRITAGE] NE L'AVAIT PARTAGÉ AVEC UN AUTRE. »

HISTOIRE AUGUSTE, *Marc Antonin* VII, 5-6

Le biographe impérial décrit ainsi, avec une petite inexactitude (Verus a en effet abandonné le nom de Commodus après son accession), le gouvernement commun de Marc Aurèle et Lucius Verus. Cette association, qui n'a pris fin qu'avec la mort de Lucius Verus, a duré un peu moins de huit ans. Toutefois, le partage de l'autorité allait devenir une caractéristique du régime impérial finissant. Le règne de Marc Aurèle est marqué par des guerres rudes et incessantes, sur la frontière de l'est, puis sur celle

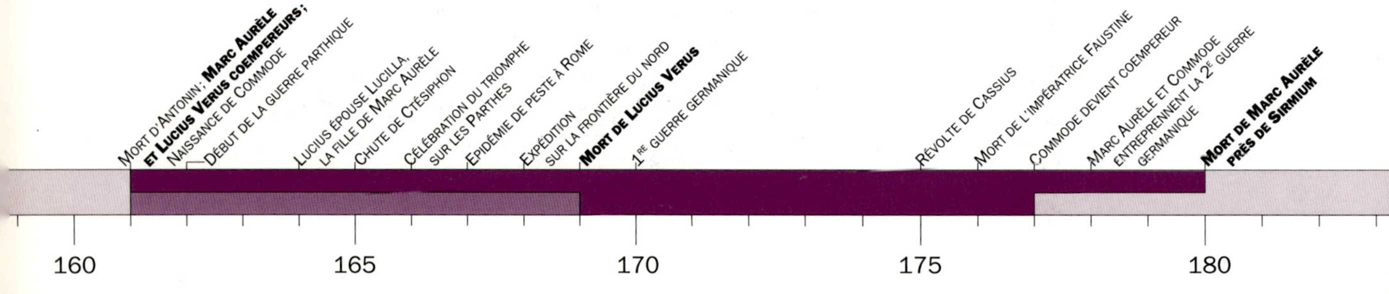

MARC AURÈLE

- Né à Rome, le 26 avril 121
MARCUS ANNIUS VERUS
- Adoption : **MARCUS AELIUS AURELIUS VERUS**
- En 139 :
AURELIUS CAESAR AUGUSTI PII FILIUS
- Accession le 7 mars 161 :
IMPERATOR CAESAR MARCUS AURELIUS ANTONINUS AUGUSTUS, PONTIFEX MAXIMUS
- Ajouté en 166 : **PATER PATRIAE**
- Titres de victoire : **ARMENIACUS** en 164, **MEDICUS** et **PARTHICUS MAXIMUS** en 166, **GERMANICUS** en 172 **SARMATICUS** en 175
- **CONSUL** I (140), II (145), III (161)
- Puissance tribunicienne la 1re fois le 1er décembre 147, renouvelée annuellement le 10 décembre
- **IMPERATOR** I lors de l'accession, II (163), III (165), IV (166), V (167), VI (171), VII (174), VIII (175), IX (177), X (179)
- Titulature complète à sa mort :
IMPERATOR CAESAR MARCUS AURELIUS ANTONINUS AUGUSTUS GERMANICUS SARMATICUS, PONTIFEX MAXIMUS, TRIBUNICIAE POTESTATIS XXXIV, IMPERATOR X, CONSUL III, PATER PATRIAE
- Epouse : Annia Galeria Faustina (la Jeune)
- Enfants : 8 fils, (1) Titus Aurelius Antoninus, (2) Titus Aelius Aurelius, (3) Titus Aelius Antoninus, (4) nom inconnu, (5) Titus Aurelius Fulvus Antoninus, (6) Lucius Aurelius Commodus, (7) Marcus Annius Verus, (8) Hadrianus
6 filles : (1) Domitia Faustina, (2) Annia Aurelia Galeria Lucilla, (3) Annia Aurelia Galeria Faustina, (4) Fadilla, (5) Cornificia, (6) Vibia Aurelia Sabina
- Mort le 17 mars 180 près de Sirmium ; inhumé dans le Mausolée d'Hadrien

LUCIUS VERUS

- Né à Rome, le 15 décembre 130
LUCIUS CEIONIUS COMMODUS
- Adoption :
LUCIUS AELIUS AURELIUS COMMODUS
- Accession le 7 mars 161 : **IMPERATOR CAESAR LUCIUS AURELIUS VERUS AUGUSTUS**
- Titres de victoire : **ARMENIACUS** en 164, **PARTHICUS MAXIMUS** en 165, **MEDICUS** en 166
- Ajouté en 166 : **PATER PATRIAE**
- **CONSUL** I (154), II (161), III (167)
- Puissance tribunicienne la 1re fois le 7 mars 161, renouvelée annuellement le 10 décembre
- **IMPERATOR** I lors de l'accession, II (163), III (165), IV (166), V (167)
- Titulature complète à sa mort :
IMPERATOR CAESAR LUCIUS AURELIUS VERUS AUGUSTUS ARMENIACUS PARTHICUS MAXIMUS MEDICUS TRIBUNICIAE POTESTATIS IX, IMPERATOR V, CONSUL III, PATER PATRIAE
- Epouse : Annia Aurelia Galeria Lucilla
- Enfants : Une fille (nom inconnu)
- Mort d'une attaque en janvier/février 169 à Altinum ; inhumé dans le Mausolée d'Hadrien

du nord, exacerbées par la peste, les invasions et les insurrections. Cette série de calamités se reflète dans le froid stoïcisme des *Pensées* de Marc Aurèle. Cette œuvre, formée par les notes de chevet d'un empereur philosophe, contraint par le destin à dépenser la plus grande part de son énergie en campagne sur le Danube, est dominée par la réflexion sur la mort et l'aspect transitoire de l'expérience humaine. Ces écrits offrent l'occasion unique d'approcher de près la personnalité d'un empereur. Ils ne sont pas l'œuvre d'un homme heureux, mais témoignent d'une certaine grandeur d'âme. Les historiens comme Dion Cassius en ont fait un modèle pour les générations futures : « Il avait toutes les autres vertus et il se montra, dans son gouvernement, le meilleur de tous les hommes qui aient jamais exercé une autorité quelconque. »

QUI EST VERUS ?

Tête en marbre de Lucius Verus.
Cleveland Museum of Art.

« VERUS (...) PRENAIT, DIT-ON, UN TEL SOIN DE SES CHEVEUX BLONDS QU'IL SE SAUPOUDRAIT LA TÊTE DE PAILLETTES D'OR POUR QUE LEUR BRILLANT ACCENTUÂT ENCORE LA BLONDEUR DE SA CHEVELURE. »

HISTOIRE AUGUSTE, *Verus* X, 6-7

L'empereur Lucius Verus a laissé une impression mitigée aux historiens romains. L'auteur de l'Histoire Auguste s'applique à dépeindre Verus comme un prince oisif trop occupé à festoyer et à chasser pour diriger correctement la guerre parthique. Il peut ainsi mettre en lumière les qualités du consciencieux Marc Aurèle, qui accomplit son devoir tandis que Verus s'amuse en Orient. Dans un moment de franchise, l'auteur avoue toutefois que Verus « ne se place ni parmi les bons ni parmi les mauvais princes. Il est en effet patent que, s'il ne fut pas couvert de vices, il ne brilla pas non plus par ses vertus. » Il ajoute que Verus était heureux de recevoir des directives de Marc Aurèle : « Lorsque Lucius entreprenait quelque action, il obéissait à Marc comme un légat au proconsul ou un gouverneur à l'empereur. » Dans ses *Pensées*, Marc Aurèle affirme : « Avoir eu un tel frère, capable par son caractère de m'inciter à prendre soin de moi-même et qui, en même temps, me charmait par ses égards et son affection. »

L'apprentissage de Marc Aurèle est le plus long qu'aient eu les empereurs depuis Tibère. Marcus Annius Verus est issu d'une famille originaire d'Uccubi, près de Cordoue, dans la province de Bétique dans le sud de l'Espagne. Sa fortune a probablement été bâtie sur l'huile d'olive. La famille a également réussi dans le domaine politique. Les deux grands-pères de Marc Aurèle ont exercé la charge de consul, et la sœur de son père, Annia Galeria Faustina, a épousé Antonin le Pieux. Aussi éminents que soient les ancêtres de Marc Aurèle, ils ne présagent en rien de son avenir au début de sa vie.

Marc Aurèle est né à Rome, le 26 avril 121, dans la villa de sa mère sur le Coelius. De son père, un autre Marcus Annius Verus, on ne sait presque rien si ce n'est qu'il est mort jeune. Marc Aurèle avait alors trois ans. Adopté par son grand-père Marcus Annius Verus, trois fois consul, il grandit dans la résidence palatiale de ce dernier, au Latran.

On ne sait comment, au cours de cette période, Marc Aurèle a capté l'attention de l'empereur Hadrien. Rien ne prouve qu'ils étaient parents. Selon l'Histoire Auguste, « il fut élevé sous la surveillance attentive d'Hadrien qui, comme nous l'avons dit plus haut, l'appelait Verissimus et qui lui confia à six ans la dignité du cheval public ».

Dix ans plus tard, selon la volonté d'Hadrien, Marc Aurèle est fiancé à Ceionia Fabia, la fille de Lucius Ceionius Commodus. Dans les mois qui suivent, Hadrien adopte Commodus comme fils et successeur. En tant que futur gendre de l'héritier présomptif, Marc Aurèle se voit projeté sur le devant de la scène politique romaine.

La mort de Commodus et le choix d'Antonin comme successeur entraînent de nouvelles dispositions. Le plan de succession prévoit l'adoption par Antonin de Marcus et du fils de Commodus, appelé également Lucius Ceionius Commodus. La cérémonie a lieu le 25 février 138. Marc Aurèle est alors âgé de seize ans et son frère adoptif de sept.

Un lieutenant capable. Marc Aurèle s'attache profondément à Antonin qu'il aide bientôt à porter les fardeaux de sa charge. En 139, il reçoit le titre de *Caesar*; en 140, à l'âge de dix-huit ans, il est nommé consul. Leur association est sereine : « Pour tout dire, durant les vingt-trois années qu'il passa dans la maison de son père [adoptif], son comportement accrut de jour en jour l'affection de ce dernier à son égard, et, pendant ce temps, il ne le quitta que pour deux nuits, et encore en deux fois distinctes l'une de l'autre. » (Histoire Auguste, *Marc Antonin* VII, 2) Antonin rompt les fiançailles de Marc Aurèle et de Ceionia Fabia pour le fiancer à sa propre fille Annia Galeria Faustina la Jeune. Le mariage est célébré en avril ou mai 145. Au cours de ses trente et un ans de mariage, Faustine ne donnera pas moins de quatorze enfants à Marc Aurèle.

L'avancement de Lucius Ceionius Commodus est moins rapide. Né à Rome le 15 décembre 130, il a plusieurs années de moins que Marc Aurèle. Il est trop jeune pour occuper une position importante dans les premières années du règne d'Antonin. Il ne fait cependant guère de doute qu'Antonin préfère Marc Aurèle. Ce dernier est nommé consul à dix-huit ans, alors que Lucius Verus attendra l'âge de vingt-quatre ans. En outre, pour

LA FAMILLE IMPÉRIALE

Buste d'Annia Galeria Faustina (Faustine la Jeune), l'épouse de Marc Aurèle.

En avril ou mai 145, Marc Aurèle épouse Annia Galeria Faustina, fille de l'empereur Antonin le Pieux. Il a vingt-quatre ans, elle en a quinze. Le premier de leurs quatorze enfants naît en novembre 147. Sur les quatorze, six seulement dépasseront le cap de l'enfance, et seuls un garçon et quatre filles survivront à leur père. En 164, l'une des filles, Lucille, se rend à Ephèse, en Asie Mineure, pour épouser Lucius Verus, le coempereur. Dans la suite du règne, la propre épouse de Marc devient célèbre pour ses infidélités, et l'on reproche à ce dernier d'accorder à ses amants des postes importants à la cour. Une rumeur rapporte aussi que, lors d'un séjour dans une station balnéaire d'Italie, l'impératrice s'est divertie avec des marins et des gladiateurs. Sa mort a profondément affecté Marc Aurèle qui ne s'est pas remarié, mais s'est contenté de prendre une concubine.

marier Faustine à Marc Aurèle, Antonin a rompu les fiançailles de sa fille avec Lucius. Voilà qui devrait jeter une ombre sur les futures relations des deux frères adoptifs.

La double succession. La mort d'Antonin le Pieux, attendue pendant plusieurs mois, survient le 7 mars 161. Marc Aurèle a déjà décidé que le consulat serait exercé conjointement cette année-là par Lucius Verus et par lui-même. Il semble qu'Antonin le Pieux n'ait pas eu l'intention de placer les deux hommes sur un pied d'égalité, mais c'est pourtant ce à quoi s'emploie Marc Aurèle dès la mort de l'empereur.

Il adopte pour lui-même les titres impériaux usuels, *Augustus*, *Pontifex Maximus*, et y ajoute le titre *Antoninus* par respect pour son prédécesseur. En même temps, il persuade le sénat de conférer à Lucius les titres impériaux de *Caesar* et *Augustus*. Il donne aussi à Lucius le nom de *Verus*, qui fait partie de son propre nom de famille. Les deux hommes sont finalement acclamés conjointement *Imperator* par la garde prétorienne. On frappe des pièces de monnaie qui portent la mention *Concordia Augustorum*, l'harmonie des empereurs.

C'est peut-être le désir de se garder du temps pour ses études philosophiques qui a conduit Marc Aurèle à élever Verus au rang de cosouverain. Si c'est ce qu'il cherche, le répit va être de brève durée. La tranquillité du début du règne est vite rompue par les inondations et la famine à Rome, et par des troubles graves sur la frontière orientale.

La guerre parthique. Habileté diplomatique ou simple chance, Antonin le Pieux avait réussi à éviter tout affrontement majeur pendant son règne. A l'inverse, sur les vingt ans du règne de Marc Aurèle, quatre seulement ne sont pas marqués par de violents combats sur la frontière orientale ou septentrionale. La guerre parthique est l'aboutissement d'une longue querelle concernant le contrôle de l'Arménie, protectorat romain depuis le règne de Trajan. En 161, les Parthes expulsent le souverain proromain de l'Arménie, qu'ils remplacent par leur candidat, et écrasent la garnison de Syrie avec ses quatre légions. Ces attaques exigent une réplique énergique. Les deux empereurs décident que Lucius Verus ira, en personne, diriger les opérations en Orient.

Verus arrive en Syrie en 162. L'année suivante, les troupes romaines entrent en Arménie et prennent la capitale Artaxata, où ils installent un roi fantoche. Pendant ce temps, un autre général, Avidius Cassius, mène la guerre sur le front mésopotamien. En 165, Cassius s'empare de Ctésiphon, la capitale parthe, et détruit le palais royal.

Ces succès, dit-on, ne sont pas à porter au crédit de Verus — lequel mène une vie de plaisirs à Daphné, près d'Antioche, et passe l'hiver sur la côte méditerranéenne —, mais à celui de ses généraux. On reproche aussi à Verus sa relation avec Panthée, une femme de Smyrne d'une grande beauté. Pour satisfaire les caprices de cette dernière, il aurait même sacrifié sa barbe.

Nul ne peut nier, pourtant, que la guerre parthique s'est terminée par une victoire. Les troupes reviennent d'Orient en 166. En octobre de la même année, on célèbre à Rome un magnifique triomphe. Verus insiste pour que Marc Aurèle partage le triomphe avec lui et accepte les titres officiels de *Armeniacus*, *Parthicus Maximus* et *Medicus*. C'est le premier triomphe célébré depuis cinquante ans, depuis les glorieuses victoires de Trajan en Orient.

La peste et les invasions. Avec le butin parthe, les soldats qui rentrent d'Orient rapportent aussi la peste. En 167, l'épidémie se développe sur une grande échelle avec des effets dévastateurs. Très peuplée, Rome est sérieusement touchée. C'est l'épidémie la plus meurtrière qui ait sévi depuis plusieurs siècles. Elle dévaste la capitale pendant plus de dix ans et se manifestera encore sous le règne de Commode.

En plus de la maladie, les empereurs ont à faire face aux envahisseurs germaniques sur la frontière du Danube. En 166 ou au début de 167, une première attaque est repoussée, mais les invasions continuent, exigeant des mesures plus énergiques. Au printemps 168, les deux empereurs quittent Rome pour le nord. Lorsqu'ils parviennent à Aquilée, les combats sont presque terminés et les bandes germaniques sont en pleine déroute. Verus désire revenir à Rome, mais Marc Aurèle insiste pour passer par les Alpes. Après avoir stabilisé la situation dans les provinces frontalières, ils se retirent à Aquilée pour l'hiver.

Au début du printemps, alors qu'ils repartent vers le sud, Verus est victime d'une attaque et ne peut plus parler. On le transporte à Altinum, une petite ville au nord de la lagune de Venise, où il meurt trois jours plus tard. Le corps de Verus est ramené à Rome et déposé dans le Mausolée d'Hadrien, auprès de son vrai père, Lucius Ceionius Commodus, et de son père adoptif, Antonin le Pieux.

Marc Aurèle ne reste pas longtemps à Rome. A la fin de 169, il mène à nouveau campagne dans le nord. Au cours des cinq années suivantes, il se bat contre les Quades et les Marcomans, peuples germaniques installés au nord du Danube moyen. En 170, ses adversaires franchissent la frontière, envahissent le nord de l'Italie et assiègent Aquilée. Les troupes romaines

LES MONUMENTS COMMÉMORATIFS

Les troubles qui ont dominé le règne de Marc Aurèle ont laissé peu de place aux grands projets de construction. Deux monuments ont été toutefois élevés pour commémorer les campagnes militaires : la colonne et l'arc de triomphe de Marc Aurèle. La colonne, haute de cent pieds romains, est ornée d'une frise de reliefs en spirale relatant les guerres contre les Germains et les Sarmates. Le monument, copié sur la colonne Trajane, est un don du sénat et du peuple de Rome. Il s'élevait dans l'enceinte du temple du divin Marc Aurèle. En 176, le sénat décide d'ériger un arc de triomphe en souvenir des victoires de Marc Aurèle. Il n'en reste que quelques reliefs remployés dans l'Arc de Constantin et d'autres qui se trouvent au palais des Conservateurs.

Colonne de Marc Aurèle sur la piazza Colonna à Rome.

La statue équestre, dressée durant de longues années au centre de la piazza del Campidoglio, sur la colline du Capitole à Rome, est la plus célèbre représentation de Marc Aurèle. La main droite est tendue dans un geste de commandement, tandis que la main gauche tenait à l'origine un globe dominé par une image de la déesse Victoire. On ne sait quel événement l'œuvre commémorait précisément, mais les traits du visage indiquent qu'elle se rattache aux premières années du règne de Marc Aurèle. La statue, en bronze doré, est l'un des grands chefs-d'œuvre de l'art romain parvenus jusqu'à nous. Elle doit sa conservation au fait que, durant le Moyen Age et la Renaissance, on a cru qu'elle figurait l'empereur chrétien Constantin.

Détail de la statue équestre en bronze de Marc Aurèle. Des traces de dorure sont encore visibles.

ne prennent le dessus qu'à la fin de 171, au terme de combats acharnés et dans des conditions difficiles. Une bataille a lieu en plein hiver sur le Danube gelé, une autre en plein été, dans les plaines de Hongrie, alors que la chaleur et la soif ont presque raison des légions. Pendant ces campagnes, Marc Aurèle n'en continue pas moins de gouverner. Il suit les procès et règle les affaires courantes de l'empire. C'est aussi durant cette période qu'il commence à rédiger les *Pensées*. Le premier livre s'intitule "Chez les Quades, au bord du Gran".

La révolte de Cassius. Au printemps 175, une révolte éclate en Orient alors que Marc Aurèle se bat encore sur le Danube. Le chef de l'insurrection n'est autre que Caius Avidius Cassius, gouverneur de Syrie, lequel a joué un rôle majeur dans la guerre parthique conduite par Lucius Verus. Marc Aurèle, qui l'estime beaucoup, lui a confié le commandement de l'est de l'empire, pendant que lui-même affrontait les Germains.

Toute l'histoire n'est, semble-t-il, qu'une tragique erreur, née d'une fausse rumeur selon laquelle Marc Aurèle était mort. Eût-elle été fondée, la lutte pour le pouvoir se serait aussitôt engagée, car Commode, le fils de Marc Aurèle, n'avait alors que treize ans. L'empire aurait très bien pu lui échapper et échoir à Tiberius Claudius Pompeianus, sénateur marié à

Annia Aurelia Galeria Lucilla, l'aînée des filles encore en vie de Marc Aurèle et veuve de Lucius Verus. C'est pour contrer ce scénario que l'impératrice Faustine s'empresse de conspirer avec Avidius Cassius. Il est fort improbable qu'Avidius Cassius ait eu l'intention de renverser Marc Aurèle. Mais une fois proclamé empereur par ses soldats, il ne peut plus revenir en arrière. Au début, il remporte quelque succès. Alexandrin de naissance, il reçoit ainsi le soutien enthousiaste des provinces orientales. Au début du mois de mai, Alexandrie et l'Egypte se rangent à ses côtés. Mais l'aventure s'arrête là. En effet, un soldat fidèle à Marc Aurèle assassine Avidius Cassius au moment où il part pour Rome.

La fin du règne. Conscient de la méprise de Cassius et de l'implication de Faustine, l'empereur veille à ne pas lancer de chasse aux sorcières. Il prend toutefois des mesures pour éviter que ce genre de révolte ne se reproduise. Il proclame Commode héritier et l'emmène inspecter les provinces orientales. A son retour à Rome, à l'automne 176, cela fait presque huit ans que Marc Aurèle a quitté la capitale. Le 23 décembre, l'empereur et son fils célèbrent, avec retard, un triomphe pour les victoires sur les Germains. Celles-ci seront commémorées par la suite sur la colonne Antonine décorée, comme la colonne Trajane un demi-siècle plus tôt, d'une frise en spirale.

La guerre dans le nord n'est pas terminée pour autant. Le 3 août 178, Marc et Commode partent une nouvelle fois pour la frontière du Danube. En 179 a lieu une violente campagne contre les Quades. En 180, Marc Aurèle tombe gravement malade. Depuis plusieurs années, il souffrait par intermittence de l'estomac et de la poitrine. Peut-être était-il atteint du cancer? D'après Dion Cassius, « jamais, le jour, il ne mangeait que le remède appelé thériaque. Il prenait ce remède moins par crainte que par faiblesse d'estomac et de poitrine; ce moyen lui permettait, dit-on, de résister à ses autres infirmités ainsi qu'à cette faiblesse. » Comme la thériaque contient de l'opium, il est possible que Marc Aurèle, défaillant, se soit drogué.

Son agonie ne durera qu'une semaine. Il réprimande ses amis qui ne peuvent contenir leur émotion : « Pourquoi pleurez-vous à cause de moi au lieu de réfléchir à la peste et à la mort, notre destin commun? » Marc Aurèle meurt près de Sirmium, à l'ouest de Belgrade, le 17 mars 180. Ramené à Rome et enterré dans le Mausolée d'Hadrien, Marc Aurèle est divinisé par le sénat. Malgré l'interruption des guerres dans le nord et l'abandon des provinces qu'il avait espéré constituer, Marc Aurèle laisse un héritage, celui des *Pensées* ou méditations d'un prince stoïcien.

Pour conclure, écoutons Dion Cassius: « Néanmoins il ne jouit pas du bonheur qu'il méritait: [son corps], en effet, était débile, et, pendant tout le temps de son règne, pour ainsi dire, il éprouva de nombreux malheurs. A mes yeux, c'est là une raison de l'admirer davantage, pour s'être tiré lui-même d'affaires difficiles et embarrassantes et avoir maintenu l'intégrité de l'empire. » ■

LES PENSÉES

« D'ABORD NE TE LAISSE PAS TROUBLER, CAR TOUT SE PASSE CONFORMÉMENT À LA NATURE UNIVERSELLE ET AVANT PEU TU NE SERAS PLUS PERSONNE, NULLE PART, NON PLUS QU'HADRIEN, QU'AUGUSTE. ENSUITE, TENANT LES YEUX FIXÉS SUR TA BESOGNE, OBSERVE-LA BIEN ET, TE RAPPELANT QU'IL TE FAUT ÊTRE UN HONNÊTE HOMME ET CE QUE RÉCLAME LA NATURE DE L'HOMME, FAIS-LE SANS JETER DE REGARDS EN ARRIÈRE ET DE LA MANIÈRE QUI TE SEMBLE LE PLUS CONFORME À LA JUSTICE; SEULEMENT QUE CE SOIT AVEC BONNE HUMEUR, MODESTIE ET SANS FAUX SEMBLANT. »

MARC AURÈLE, *Pensées* VIII, 5

Les écrits de Marc Aurèle constituent son legs le plus précieux. Intitulés simplement *A moi-même* à l'origine, ils sont aujourd'hui connus sous le nom de *Pensées*. Ils ont été rédigés dans les dernières années de la vie de l'empereur, alors qu'il se battait sur la frontière du nord. On a presque l'impression que Marc Aurèle écrit pour compenser les privations de cette longue guerre. Les *Pensées* révèlent clairement l'appartenance de Marc Aurèle à l'école de philosophie stoïcienne, qui prône le principe de la vertu ou des obligations envers soi-même et les autres. Elles dressent un sombre tableau de la vie, où prédominent l'imminence de la mort et la brièveté de l'existence humaine.

À la fin de son règne, Commode s'identifie à Hercule — Héraclès, le demi-dieu grec connu pour sa force, son courage et son endurance. Commode s'appelle lui-même l'Hercule romain. Il commande également des statues qui le montrent avec une peau de lion et une massue (ci-contre), les attributs distinctifs de ce dieu. Buste des musées du Capitole, Rome.

COMMODE

AURELIUS
COMMODUS
ANTONINUS
AUGUSTUS
180-192

« COMME LES AFFAIRES POUR LES ROMAINS DE CE TEMPS, L'HISTOIRE EST TOMBÉE D'UN RÈGNE D'OR DANS UN RÈGNE DE FER ET DE ROUILLE. »

DION CASSIUS, ***Histoire romaine*** LXXI, 36

« Mon père est monté au ciel et siège maintenant en compagnie des dieux. Il faut nous occuper des affaires humaines et gouverner le monde. » Voici le discours bref et pragmatique que Commode adresse aux troupes après la mort de Marc Aurèle en mars 180. Le jeune empereur de dix-huit ans aurait-il été découragé par l'ampleur de la tâche qui l'attend ? Régner après Marc Aurèle n'est pas chose facile. Commode, qui n'a jamais approché le niveau de son père, est passé à la postérité comme un monstre. C'est un mégalomaniaque qui se prend pour un dieu, fait rebaptiser les mois en son honneur, et qui n'aime rien tant que jouer au gladiateur devant le peuple romain.

Commode est en fait le tout premier empereur né dans la pourpre, alors que son père exerçait le pouvoir. Au cours des quatre-vingts années précédentes, les empereurs ont choisi leurs successeurs en se fondant sur

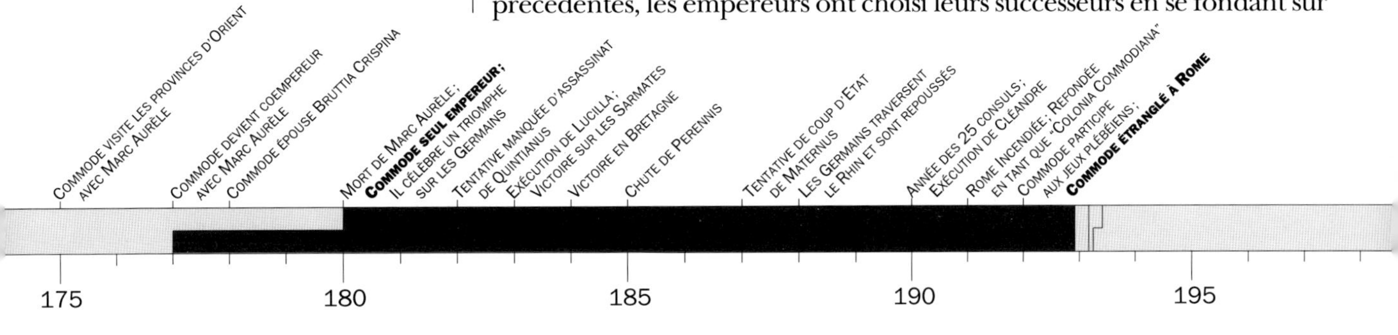

UN EMPEREUR QUI SE DONNE EN SPECTACLE

Diverses légendes concernant la naissance et la parenté de Commode s'efforcent d'expliquer pourquoi il fut obsédé par les gladiateurs. L'une d'elles rapporte que sa mère, Faustine, lors d'un séjour dans la station balnéaire de Caieta, avait choisi ses amants parmi des marins et des gladiateurs, et qu'elle serait tombée amoureuse de l'un de ces derniers. « Marc consulta des [astrologues] chaldéens qui furent d'avis qu'il fallait tuer le gladiateur, après quoi Faustine prendrait un bain de siège dans son sang et en cet état coucherait avec son mari. Ainsi fut fait ; la passion de Faustine s'évanouit, mais elle mit au monde Commode, qui fut moins empereur que gladiateur. » (Histoire Auguste, *Marc Antonin* XIX, 3) L'histoire, peu crédible, montre jusqu'où les Romains sont allés pour tenter d'expliquer l'étrange penchant de l'empereur.

Commode a accompli ses exploits les plus notables dans l'arène durant les jeux plébéiens de novembre 192. Dion Cassius et Hérodien en furent les témoins :

« LE PREMIER JOUR, IL TUA CENT OURS À LUI SEUL, À COUPS DE FLÈCHES, DU HAUT DU POURTOUR DE L'AMPHITHÉÂTRE. (...) LES SUIVANTS, ÉTANT DESCENDU DU HAUT DE SA PLACE SUR LE SOL MÊME DE L'AMPHI-THÉÂTRE, IL TUA D'ABORD TOUTES LES BÊTES QUI S'APPROCHÈRENT DE LUI, BÊTES DONT LES UNES ÉTAIENT AMENÉES ET LES AUTRES PRÉSENTÉES DANS DES CAGES, PUIS IL ÉGORGEA UN TIGRE, UN HIPPOPOTAME ET UN ÉLÉPHANT. CELA FAIT, IL S'EN ALLA ET, ENSUITE, AU SORTIR DE SON DÎNER, IL COMBATTIT COMME GLADIATEUR. IL SE LIVRAIT AUX EXERCICES DE CETTE PROFESSION ET SE SERVAIT DE L'ARMURE DE CEUX QU'ON APPELLE *SECUTORES*, LE BOUCLIER AU BRAS DROIT ET L'ÉPÉE DE BOIS À LA MAIN GAUCHE ; CAR IL ÉTAIT FIER D'ÊTRE GAUCHER. »

DION CASSIUS, *Histoire romaine* LXXIII, 18-19

« PARTOUT, ON VANTAIT SON ADRESSE (...). UNE FOIS, IL SE MUNIT DE TRAITS POURVUS DE POINTES EN CROISSANT CONTRE DES AUTRUCHES DE MAURÉTANIE (...). COMMODE LES VISA EN HAUT DU COU ET LES TUA, MAIS CELLES-CI, BIEN QUE PRIVÉES DE LEURS TÊTES PAR LA VIOLENCE DU TRAIT, CONTINUÈRENT À COURIR COMME SI DE RIEN N'ÉTAIT. »

HÉRODIEN, I, 15, 1, 5

Combat de gladiateurs, sur une lampe en terre cuite (ci-dessus).

Gladiateurs affrontant des animaux, mosaïque de la villa Borghèse à Rome (ci-dessous).

COMMODE

- Né à Lanuvium, le 31 août 161
LUCIUS AURELIUS COMMODUS
- En 166, reçoit le titre de **CAESAR**
- Coempereur en 177 :
IMPERATOR CAESAR LUCIUS AURELIUS COMMODUS AUGUSTUS, PATER PATRIAE
- Accession le 17 mars 180 :
IMPERATOR CAESAR LUCIUS AURELIUS COMMODUS ANTONINUS AUGUSTUS, PONTIFEX MAXIMUS, PATER PATRIAE
- En octobre 180 : **LUCIUS** remplacé par **MARCUS**
- Ajouté en 182 : **PIUS**
- Ajouté en 185 : **FELIX**
- En 191, retour à la première titulature :
IMPERATOR CAESAR LUCIUS AELIUS AURELIUS COMMODUS AUGUSTUS
- Titres de victoire : **GERMANICUS** (15 octobre 172), **SARMATICUS** (printemps 175), **GERMANICUS MAXIMUS** (mi-182), **BRITANNICUS** (fin 184)
- **CONSUL** I (177), II (179), III (181), IV (183), V (186), VI (190), VII (192)
- Puissance tribunicienne la 1re fois à la fin de 176 ou au début de 177 ; la 2e fois à la fin de 177 ; renouvelée annuellement le 10 décembre
- **IMPERATOR** I (176), II (177), III (179), IV (180), V (182), VI (183), VII (184), VIII (186)
- Titulature complète à sa mort :
IMPERATOR CAESAR LUCIUS AELIUS AURELIUS COMMODUS AUGUSTUS PIUS FELIX SARMATICUS GERMANICUS MAXIMUS BRITANNICUS INVICTUS, HERCULES ROMANUS, PONTIFEX MAXIMUS, TRIBUNICIAE POTESTATIS XVIII, IMPERATOR VIII, CONSUL VII, PATER PATRIAE
- Epouse : Bruttia Crispina
- Etranglé dans la villa Vectilienne à Rome, le 31 décembre 192 ; enterré dans le Mausolée d'Hadrien

leur mérites et non sur l'hérédité. Il faut remonter à Domitien pour trouver le dernier empereur qui ait hérité de son père la fonction impériale. La stabilité de cette période montre que la procédure d'adoption fut une parfaite réussite. Elle a donné à l'empire la paix dynastique.

Le jeune héritier. Commode est né le 31 août 161, à Lanuvium, à une vingtaine de kilomètres au sud-est de Rome. Il s'appelle alors Lucius Aurelius Commodus. C'est le dixième des quatorze enfants de Marc Aurèle. Son frère jumeau est mort à l'âge de quatre ans. Commode est le seul des huit fils du couple impérial à avoir franchi le cap de l'enfance. Les débuts de sa vie sont difficiles à cerner ; ils disparaissent derrière les interprétations malveillantes auxquelles se sont livrés par la suite les historiens. Pour expliquer la grande différence existant entre Commode et son père, le révéré Marc Aurèle, la rumeur en a fait un fils illégitime, fruit de l'adultère de sa mère.

Une tradition postérieure affirme aussi que Marc Aurèle aurait été très déçu par son fils. Les faits montrent au contraire qu'il l'a toujours considéré comme son successeur. En 166, à l'âge de cinq ans, Commode reçoit le titre de *Caesar*, en 171, il prend le titre de son père *Germanicus*. En 176, il partage le triomphe de Marc Aurèle à Rome et, en 177, est élevé au rang de coempereur avec le titre d'*Imperator Caesar Lucius Aurelius Commodus Augustus*. La même année, il est consul pour la première fois, après avoir reçu une dispense en raison de son jeune âge.

En 178 et 179, Marc Aurèle et Commode combattent ensemble sur le front danubien. La campagne planifiée pour 180 vient à peine de commencer lorsque Marc Aurèle meurt. Commode interrompt les hostilités et retourne à Rome, contrairement au souhait de son père. Pour beaucoup, il s'agit d'une décision honteuse. Mais rien ne prouve que la guerre serait parvenue à régler le problème de la frontière du nord, même si elle avait transformé une grande partie de l'Europe centrale en province romaine. En outre, la paix obtenue par Commode est largement favorable à Rome. Cet accord a maintenu le calme sur la frontière pendant plusieurs décennies.

De retour à Rome, Commode dévoile une personnalité étonnante et controversée. Lors de la procession triomphale du 22 octobre 180, il témoigne une grande affection à un certain Saoterus, qu'il installe à ses côtés dans le char impérial et qu'il embrasse de temps à autre pendant la cérémonie. Nommé chambellan, Saoterus est le premier de toute une série de puissants dignitaires qui vont diriger l'empire pour le compte de Commode.

La première conjuration. Le désintérêt de Commode pour le gouvernement donne naissance aux intrigues, complots et tentatives d'assassinat. La première conspiration, en 182, est ourdie par sa sœur aînée Lucille. Elle envoie son neveu Claudius Pompeianus Quintianus attendre Commode à l'entrée du Colisée, avec un poignard dissimulé sous son manteau. A l'approche de l'empereur, Quintianus sort de sa cachette en brandissant son arme. Mais au lieu de le planter tout de suite dans sa victime, il s'écrie : « Voici le poignard que t'envoie le sénat ! » La garde impériale s'empare aussitôt de lui et le désarme.

Commode, qui n'a pas été blessé, est profondément ébranlé par cet attentat. Il l'est encore davantage après le meurtre de Saoterus (sans doute pour une cause différente) quelque temps après. Les représailles sont dures. Il fait exécuter Lucille et Quintianus, puis Taruttienius Paternus, commandant des prétoriens, accusé de complicité dans le meurtre de Saoterus. Tigidius Perennis, déjà préfet du prétoire conjointement avec Paternus, devient après la mort de son collègue le seul maître de la garde prétorienne et le chef du gouvernement. Commode, qui tremble pour sa vie, évite les apparitions en public et ordonne qu'on lui transmette tous les messages par l'intermédiaire de Perennis.

Le règne de Perennis. Pendant que Perennis exerce le pouvoir, Commode s'abandonne à une vie de plaisirs et de débauche. On dit qu'il aurait possédé un harem de trois cents concubines et de trois cents jeunes gens, issus de divers milieux, dont certains auraient été achetés, d'autres enlevés. Et l'on ajoute qu'il aurait organisé des orgies, tous sexes confondus. Quelle que soit la vérité, il reste que Commode a une sérieuse réputation de dépravé.

Il en va ainsi jusqu'en 185, date de la chute de Perennis. Selon certains, le chef de la garde, devenu tout-puissant, aurait décidé d'éliminer Commode et d'installer l'un de ses fils sur le trône. Une délégation de mille cinq cents soldats mécontents, appartenant à l'armée de Bretagne, se rend à Rome pour, dit-on, avertir l'empereur du danger. En réalité, il semble qu'ils aient plutôt protesté contre la corruption du gouvernement, ou peut-être contre la sévérité avec laquelle Perennis a maté la mutinerie qui s'est produite dans l'armée de Bretagne un peu plus tôt cette année-là. Toujours est-il que Commode ordonne l'exécution immédiate de Perennis et de

UN EMPEREUR GAUCHER

Commode. Musée du Louvre.

« L'EMPEREUR JOIGNAIT UNE APPARENCE REMARQUABLE, TANT PAR SES HEUREUSES PROPORTIONS PHYSIQUES QUE PAR LA BEAUTÉ DE SON MÂLE VISAGE. CAR SES YEUX ÉTAIENT ARDENTS ET SES REGARDS PLEINS DE FEU. SA CHEVELURE, NATURELLEMENT BLONDE ET BOUCLÉE, JETAIT DES ÉCLATS SI FLAMBOYANTS, S'IL VENAIT À MARCHER AU SOLEIL, QUE CERTAINS CROYAIENT QU'À CHACUNE DE SES SORTIES ON LA SAUPOUDRAIT D'UNE POUSSIÈRE D'OR ; D'AUTRES Y VOYAIENT LA MARQUE D'UNE ORIGINE DIVINE ET AFFIRMAIENT QU'UN HALO CÉLESTE ENTOURAIT SA TÊTE. »

HÉRODIEN, *Histoire des empereurs romains* I, 7, 5

Comme ses prédécesseurs, Commode porte la barbe. Hérodien le trouve beau malgré son étrange comportement. L'Histoire Auguste en dresse un portrait moins flatteur. Elle évoque à son propos « l'air hébété qu'ont souvent les ivrognes » et « son hernie inguinale dont le peuple romain devinait la proéminence sous ses vêtements de soie » ; celle-ci, nous dit-on, fut le sujet de nombreux vers. Cette hernie, qui a sans doute gêné Commode sur le plan sexuel, explique peut-être qu'on ait raconté (vraisemblablement de manière injustifiée) qu'« il donnait le nom des organes sexuels masculins et féminins à certains de ses gitons auxquels il prodiguait spécialement ses étreintes ». Le fait qu'il ait été gaucher est beaucoup plus assuré. Commode est l'un des rares empereurs pour lesquels on le sache avec certitude.

Le nymphée de la villa des Quintillii, à côté de la via Appia, au sud de Rome. En 182, Commode confisque la demeure des frères Quintillii et la fait reconstruire sur une vaste échelle. Elle deviendra l'une des résidences favorites de l'empereur.

ses fils. Un nouveau chambellan, le célèbre Cléandre, prend la direction du gouvernement.

Ascension et chute de Cléandre. Ancien esclave d'origine phrygienne, Cléandre s'est élevé progressivement aux plus hautes fonctions de la maison impériale. C'est sans doute un homme compétent, mais il est aussi cupide et sans scrupules, profitant de sa position pour amasser une fortune personnelle. Tout comme Perennis, son pouvoir est fonction de son habileté à assurer à Commode le style de vie qu'il souhaite. Cléandre vend ouvertement les charges publiques et les commandements militaires. Cette pratique atteint son paroxysme avec la nomination de vingt-cinq consuls pour une seule année. Il conserve une grande partie des revenus pour lui-même, mais il prend bien garde de verser des sommes substantielles à Commode.

C'est à cette époque que se produit le second attentat contre l'empereur. L'âme du complot est complètement étrangère à la maison impériale. Il s'agit d'un certain Maternus, déserteur, devenu brigand, qui fomente une révolte en Gaule. Il envisage d'assassiner Commode pendant la fête de Grande Déesse, célébrée en mars 187, à Rome. Mais les conjurés sont dénoncés et Maternus exécuté avant la fête. Commode renforce sa sécurité. « Il s'entoura d'une garde plus puissante et apparut rarement en public ; il passa la plus grande partie de son temps à éviter les affaires légales et impériales en s'installant dans la banlieue ou dans ses domaines impériaux, loin de Rome. »

La chute de Cléandre survient en 190, au cours d'une grave pénurie de grains qui a peut-être été orchestrée par ses ennemis. Le peuple est convaincu que Cléandre s'est servi de son énorme fortune pour acheter tout le grain disponible et provoquer une pénurie artificielle. Le véritable coupable est plutôt le commissaire aux grains Papirius Dionysius, qui a pris des mesures aggravant la pénurie naturelle pour mieux en rejeter la faute sur Cléandre. Une révolte éclate sur le Circus Maximus. La foule en colère descend la via Appia vers le sud et se dirige vers la villa des Quintillii, à six kilomètres de Rome, où séjourne Commode, afin de réclamer l'exécution de Cléandre. Ce dernier ordonne à la cavalerie de ramener le peuple à Rome, mais à l'arrivée dans la cité, les soldats perdent le contrôle des événements. Ils sont attaqués du haut des toits, tandis que les cohortes urbaines (la police de Rome) se rangent du côté du peuple.

On en est là lorsque Commode est informé de ce qui se passe. Craignant pour sa vie, l'empereur convoque Cléandre et le fait exécuter. La foule, ravie, s'en prend au corps du ministre déchu et promène sa tête plantée sur une pique à travers la ville. Commode retourne à Rome, acclamé par le peuple reconnaissant. Tirant les leçons de l'épisode, il ne remplace pas Cléandre par un autre puissant fonctionnaire et demeure seul au centre de la scène. Mais il apparaît vite que cette décision ne répond pas exactement à l'attente du peuple romain.

Dieu et gladiateur. C'est après la mort de Cléandre que Commode commence à montrer des signes de mégalomanie. Les divers attentats auxquels il a échappé auraient-ils fait vaciller sa raison ? Toujours est-il qu'il demande au sénat de le diviniser comme dieu vivant et s'identifie à Jupiter. Dans le monde divin, il a cependant pour héros privilégié le demi-dieu Hercule. L'empereur se fait appeler Hercule, fils de Jupiter, plutôt que Commode, fils de Marc. Dans les cérémonies publiques, il revêt une peau de lion et porte une massue.

Autre acte grandiose, il rebaptise les mois d'après ses propres titres : Amazonius, Invictus, Felix, Pius, Lucius, Aelius, Aurelius, Commodus, Augustus, Herculeus, Romanus, Exsuperatorius, signe que « le scélérat dévergondé avait atteint le suprême degré de la folie ». *Exsuperatorius*, le suprême, est le titre de Jupiter, tandis que *Amazonius* assimile à nouveau l'empereur à Hercule.

En 191, un grave incendie provoque une nouvelle bouffée mégalomaniaque de la part de Commode. Le feu détruit le temple de la Paix, que de nombreux Romains utilisent pour déposer leurs objets de valeur. Plus terrible encore, il détruit le temple de Vesta et l'image sacrée qu'Enée était supposé avoir rapportée de Troie. De vastes secteurs du centre de la ville, gravement touchés, exigent réparations et reconstructions. Commode en conçoit l'idée pour se considérer comme le second fondateur de Rome, et donne à la cité le nouveau nom de "Colonia Commodiana".

A la fin de son règne, Commode devient de plus en plus vindicatif et se montre très menaçant envers les sénateurs. Tandis que l'empereur refonde la ville et se proclame dieu vivant, les têtes tombent. C'est cependant dans l'arène que Commode donne toute la mesure de son excentricité.

Si l'organisation des jeux fait partie des devoirs d'un empereur, Commode va, lui, se démarquer de ses prédécesseurs en y participant personnellement. Dans l'ancienne Rome, les gladiateurs occupent le bas de l'échelle sociale et sont méprisés. Aussi, beaucoup de citoyens, et pas seulement chevaliers et sénateurs, seront-ils choqués de voir leur empereur s'abaisser à leur niveau. De plus, Commode exige d'être assisté par les citoyens les plus en vue, qui ne peuvent faire défaut sans courir de gros risques. Pour le peuple, il s'agit certes d'un spectacle assez extraordinaire. Les foules accourent d'ailleurs de toute l'Italie pour le voir.

ROME SOUS COMMODE

Commode, en Hercule, trace les limites de la nouvelle cité de Rome. Pièce de bronze (COS VII PP = 192 ap. J.-C.).

L'incendie qui s'est déclaré en 191, à la fin du règne de Commode, a gravement endommagé la ville. Le feu a fait rage pendant plusieurs jours et n'a cessé qu'avec la pluie. Il a détruit le temple de la Paix, « le plus vaste et le plus beau de la ville », le temple de Vesta et leurs alentours. Le feu, qui n'a pas épargné le palais impérial, a réduit en cendres beaucoup d'archives de l'Etat. Commode a commencé les reconstructions, achevées par Septime Sévère qui s'en est vu attribué tout le mérite.

L'Histoire Auguste ne s'attarde pas sur l'œuvre architecturale de Commode : « Il ne subsiste de lui aucun bâtiment public, sinon les thermes que Cléandre avait fait construire en son nom. Mais le sénat dut effacer son nom qu'il avait fait graver sur des monuments préexistants. » (Histoire Auguste, *Commode Antonin* XVII, 1) Cet exposé sommaire ne rend pas justice à Commode. Le temple du divin Marc Aurèle a été érigé sous son règne, tandis que les bains, attribués à Cléandre mais qui portent le nom de *Thermae Commodianae*, ont peut-être été entrepris sur ordre de l'empereur lui-même. Les thermes étaient très vastes. Si ces édifices avaient survécu, sans doute aurait-on une autre opinion de l'héritage de Commode.

L'ÉPOUX ET L'AMANT

En 178, à l'âge de seize ans, Commode épouse Bruttia Crispina. Le père de celle-ci, Gaius Bruttius Praesens, a combattu aux côtés de Marc Aurèle pendant les guerres danubiennes. Peu après le mariage, célébré sans ostentation particulière, Commode part pour la frontière du Nord. Le mariage se terminera tragiquement, dix ans plus tard. Bruttia Crispina est exilée à Capri puis exécutée pour adultère. Le couple n'a pas eu d'enfants. Commode ne consacre pas d'attention particulière à son épouse. Il s'entoure de nombreuses maîtresses et concubines. Selon les auteurs anciens, il aurait eu un véritable harem, composé de trois cents femmes et d'un nombre équivalent de garçons. Sa concubine favorite, Marcia, a participé au complot qui lui a coûté la vie.

Le comble est atteint dans les derniers mois de 192. Aux jeux de novembre, Commode apparaît en Hercule Venator, "le chasseur", et tire sur les bêtes sauvages à partir d'une galerie protégée. Il descend aussi dans l'arène pour tuer d'autres animaux, dont un tigre, un éléphant et un hippopotame. Il combat en tant que gladiateur avec un bouclier et une épée en bois, et reçoit un million de sesterces, prélevé sur la caisse des gladiateurs, pour chacune de ses prestations. Commode double de sérieuses menaces ce qui n'aurait dû rester qu'un "divertissement". Lorsqu'il s'avance vers les sénateurs en brandissant la tête tranchée d'une autruche dans sa main gauche et une épée ensanglantée dans la main droite, il sous-entend qu'il peut les occire aussi facilement que la malheureuse bête.

Tandis que les jeux de novembre suivent leur cours, Commode prépare d'autres jeux pour le début de la nouvelle année 193, qui célébreront la fondation de la nouvelle Rome, la Colonia Commodiana. L'empereur se produira sous la forme d'Hercule Romanus Conditor ("le fondateur de Rome"). Son plan comporte autre chose encore : l'exécution des consuls qui, au lendemain de leur élection, se retrouveront à la fois gladiateurs et consuls.

Un attentat réussi. Dans cette atmosphère de sanglante mégalomanie, nul n'est plus à l'abri. Ce sont donc les intimes de l'empereur, Eclectus, successeur de Cléandre au poste de chambellan, Quintus Aemilius, commandant de la garde prétorienne, et Marcia, sa concubine favorite, qui décident d'agir avant d'être éliminés à leur tour. Le 31 décembre au soir, Marcia administre du poison à Commode. Celui-ci passe la nuit dans la villa Vectilienne (une école de gladiateurs proche du Colisée) afin d'être prêt pour sa prestation du lendemain. L'empereur, qui se sent somnolent, ne soupçonne rien et gagne sa chambre pour se coucher. Au lieu de mourir, comme l'espèrent ses assassins, il est pris de violentes nausées et rend le poison. Effrayés à l'idée qu'il guérisse, les conjurés le font étrangler par un jeune athlète du nom de Narcisse.

Le corps de l'empereur est confié à Fabius Cilo, l'un des consuls élus que Commode voulait tuer, qui l'enterre pendant la nuit. Le sénat fait déterrer le cadavre pour le traîner à travers la ville comme celui d'un vulgaire criminel. « Plus cruel que Domitien, plus fou que Néron. Ce qu'il a fait aux autres, qu'on le lui fasse à lui. »

Les restes de Commode connaissent un meilleur traitement qu'on aurait pu le penser. Son successeur Pertinax les transfère dans le Mausolée d'Hadrien. Bien que son nom ait été effacé de tous les monuments, Commode est divinisé quatre ans plus tard par Septime Sévère. Commode a laissé un souvenir de cruauté et de mégalomanie. Contrairement à son père, très respecté, il n'a su prendre soin ni de lui-même, ni du pouvoir dont il a hérité. Sa mort met fin à la dynastie des Antonins. ■

L'Histoire Auguste décrit Pertinax ainsi : « C'était un vieillard [d'aspect] vénérable : longue barbe, cheveux tirés en arrière, un corps assez massif au ventre proéminent, mais une allure impériale. Il était médiocre orateur, plus charmeur que bon, et ne passa jamais pour un homme franc. »

Buste du musée du Vatican, Rome.

PERTINAX

IMPERATOR
CAESAR
PUBLIUS
HELVIUS
PERTINAX
AUGUSTUS
193

DIDE JULIEN

IMPERATOR
CAESAR
MARCUS
DIDIUS
SEVERUS
IULIANUS
AUGUSTUS
193

PERTINAX

- Né à Alba Pompeia, en Ligurie, le 1er août 126
- Accession le 1er janvier 193
- Epouse : Flavia Titiana
- Enfants : un fils Publius Helvius Pertinax et une fille (nom inconnu)
- Assassiné sur le Palatin, à Rome, le 28 mars 193

« MALGRÉ SA GRANDE EXPÉRIENCE DES AFFAIRES, IL N'AVAIT PAS COMPRIS QU'IL EST IMPOSSIBLE DE CORRIGER EN UNE FOIS DE NOMBREUX ABUS SANS S'EXPOSER À DES DANGERS, ET QUE LA CONSTITUTION D'UN ÉTAT PLUS QU'AUCUNE AUTRE CHOSE EXIGE DU TEMPS ET DE LA PRUDENCE. »

DION CASSIUS, ***Histoire romaine*** LXXIII, 10

La mort de Commode plonge Rome dans l'incertitude et provoque de nouvelles effusions de sang. Pourtant, au début, les perspectives semblent bonnes. Un nouvel empereur dirige l'Etat, avec sagesse et compétence et sans opposition sérieuse. Mais sa mort, qui survient trois mois

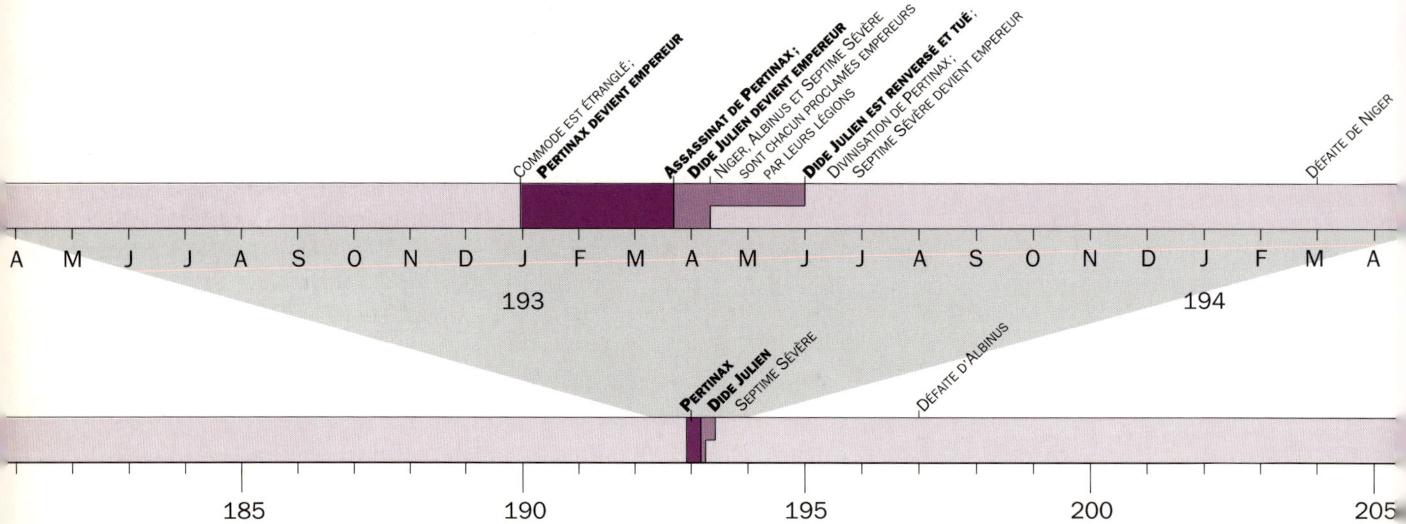

L'histoire de Pertinax est celle d'une formidable ascension et du passage de la misère à la richesse, de l'esclavage à l'exercice du pouvoir, en l'espace de deux générations seulement. Son père est un esclave qui a réussi dans le commerce de la laine. Pertinax reçoit une bonne éducation classique et se prépare à devenir lui-même professeur. Mais il en est dissuadé par le faible salaire. En 161, à l'âge de trente-cinq ans, il choisit la carrière militaire. Il est d'abord commandant d'une cohorte de Gaulois, stationnée en Syrie. Il fait rapidement la preuve de ses compétences, ce qui lui vaut d'être promu tribun de la Sixième Légion "Victrix", qui tient garnison à York. L'avancement de sa carrière le mène sur la frontière du Danube, où il participe aux rudes guerres de Marc Aurèle. En récompense de ses services, il est nommé sénateur, puis consul (175), gouverneur des deux Mésies, de Dacie et finalement gouverneur de Syrie (180). Il jouit aussi de la faveur de l'empereur Commode, qui lui confie la tâche vitale de réprimer la mutinerie de Bretagne. Après avoir exercé brièvement la charge de gouverneur d'Afrique (la Tunisie moderne), il est nommé préfet de la ville (Rome) en 189. A la mort de Commode, le 31 décembre 192, il occupe toujours cette fonction.

seulement après son avènement, donne le signal d'une terrible guerre civile. Quatre rivaux, pas moins, vont se disputer le pouvoir au cours des mois qui suivent. Comme en 69, année de lutte pour le pouvoir, ce sont les armées des frontières qui emportent la décision finale. Mais quatre ans s'écouleront avant qu'un homme puisse imposer sa loi à l'ensemble de l'Empire romain.

Revenons au drame de la nuit du 31 décembre 192. Commode, l'empereur haï, vient d'être assassiné et les chefs des conjurés, Laetus et Eclectus, ont besoin de temps pour mener leur plan à bien. Ils enveloppent le corps de l'empereur dans des draps ordinaires et le font emporter hors de la villa Vectilienne (où Commode avait passé la nuit) par deux fidèles esclaves. Ceux-ci passent avec un soi-disant paquet de linge sale devant les gardes impériaux, qui ne se méfient pas. Laetus et Eclectus traversent ensuite les rues de Rome et se rendent chez Publius Helvius Pertinax. Passé la frayeur causée dans la maisonnée par les coups frappés à la porte à cette heure, Laetus et Eclectus réussissent à convaincre Pertinax que Commode est mort et lui offrent la pourpre impériale.

Pertinax doit encore obtenir le soutien de la garde prétorienne pour être reconnu empereur. Les 12000 sesterces offerts à chacun de ses membres emportent l'adhésion. Escorté par des soldats, Pertinax se dirige à travers les rues encore noires vers le sénat. L'assemblée qui siège alors offre un remarquable spectacle : c'est à qui dénoncera avec la plus grande virulence les agissements de Commode. Les sénateurs confirment l'autorité impériale de Pertinax, lequel affiche une réticence toute symbolique, en lui conférant le titre d'Auguste et les pouvoirs traditionnels.

Mais Pertinax commet l'erreur fatale de vouloir changer trop de choses trop vite et s'aliène les soutiens indispensables. Ainsi, il met un frein aux excès de la garde prétorienne, décision certes appréciée du peuple, mais qui ne lui gagne certainement pas la sympathie des soldats. Dès le 3 janvier, ces derniers tentent de faire d'un sénateur un empereur rival de Pertinax ; prudent, l'homme en question avertit Pertinax et quitte la ville.

Au même moment, les affranchis impériaux — anciens esclaves qui, en tant que fonctionnaires du palais, s'occupent d'une grande partie de l'administration — sont accusés de détournements de fonds. Pertinax leur reproche publiquement d'avoir vidé les caisses de l'Etat. Le sénat et le peuple de Rome sont ravis, mais l'opposition conjuguée des gardes prétoriens et des fonctionnaires du palais place Pertinax dans une situation extrêmement dangereuse.

Début mars, alors que Pertinax inspecte à Ostie les installations prévues pour les importantes cargaisons de grains, une tentative de coup d'Etat a lieu à Rome. Une fois de plus, la garde prétorienne est à l'origine de l'affaire. Elle a, cette fois, pour candidat le consul Quintus Sosius Falco. Eventé, le complot échoue. Si Falco est pardonné, plusieurs soldats sont, en revanche, exécutés pour leur participation à la conjuration.

Les prétoriens auront plus de chance quelques semaines plus tard. Le 28 mars, Pertinax, qui a annulé ses obligations officielles pour la journée, est assailli dans le palais par une troupe de trois cents soldats. Ni les gardes, ni les fonctionnaires du palais ne songent à leur résister. Au contraire, ils les encouragent. On conseille à Pertinax de fuir pour sauver sa vie. Mais, très courageusement, Pertinax fait face à ses attaquants. Il s'efforce de les raisonner, « espérant leur en imposer par sa présence ou les gagner par ses paroles ». En vain. Pendant qu'il parle, un soldat se rue sur lui et le frappe en criant: « Les soldats t'ont envoyé cette épée ! » Ses camarades l'imitent et s'acharnent sur cet homme de soixante-six ans jusqu'à ce qu'il expire. Il n'aura régné que quatre-vingt-sept jours.

Les assassins s'empressent de revenir au camp prétorien avec la tête de Pertinax plantée au bout d'une pique. Ils ferment les portes, inquiets d'une éventuelle réaction du peuple romain. En l'absence de successeur désigné, ce sont les soldats eux-mêmes qui détiennent la clé de l'accès au pouvoir. C'est à eux que revient le choix du nouvel empereur.

Telle est la toile de fond de l'un des épisodes les plus scandaleux de l'histoire de Rome. Deux candidats au trône se présentent alors au camp prétorien et se disputent le soutien des soldats à la manière d'une vente aux enchères. Nul ne songe à cacher la nature des négociations: les prétoriens envoient des hérauts sur les murailles afin de proclamer que la charge d'empereur est à vendre.

Le premier candidat est Titus Flavius Sulpicianus, le père de l'épouse de Pertinax. Le deuxième, Marcus Dide Julien, est un ancien consul qui possède une fortune considérable. Les enchères se prolongent quelque temps avant que les soldats ne se prononcent en faveur de Dide Julien. Il a non seulement annoncé le plus haut prix, mais aussi prévenu les soldats que, s'ils élisaient Sulpicianus, ils devraient s'attendre à ce que celui-ci venge le meurtre de Pertinax.

Dide Julien doit sa position à la seule garde prétorienne. Conscient de sa vulnérabilité au regard de la fin brutale de Pertinax, il aurait passé sa « première nuit à veiller, angoissé par le destin qui s'offrait à lui ». Le sénat ne l'aime pas, le peuple de Rome non plus, qui manifeste publiquement contre lui. Incapable d'honorer ses promesses, il ne tarde pas à perdre aussi le soutien de la garde prétorienne.

La mort de Pertinax a provoqué l'entrée en scène de trois autres candidats, chacun chef d'une armée cantonnée aux frontières. Caius Pescennius Niger, gouverneur de Syrie, est le premier à se manifester. Proclamé empereur à la mi-avril par les quatre légions de Syrie, il fait d'Antioche sa capitale temporaire. S'il avait marché immédiatement sur Rome, le pouvoir impérial serait tombé entre ses mains. Mais, il reste à Antioche et perd un temps précieux à chercher d'autres appuis avant de passer à l'offensive. Cela lui sera fatal. En avril, en Bretagne, c'est au tour du gouverneur Decimus Clodius Albinus, qui commande trois légions et de nombreux contingents auxiliaires, de se déclarer.

Mais déjà un autre candidat plus redoutable est apparu. Il s'agit de Septime Sévère, gouverneur de la Pannonie supérieure, sur le Danube moyen. Politicien rusé et sans pitié, il bénéficie déjà de l'appui de toute l'armée du Rhin et du Danube, qui ne compte pas moins de seize légions. Le 9 avril, moins d'une quinzaine de jours après la mort de Pertinax, Septime

Marcus Didius Severus Julianus, ou Dide Julien (ci-dessus, musée du Vatican) a grandi dans la maison de Domitia Lucilla, la mère de Marc Aurèle. Les liens noués alors lui ont servi ensuite pour sa carrière. Son père Quintus Petronius Didius Severus vient de Milan, tandis que la famille de sa mère est formée de provinciaux, originaires d'Afrique du Nord. Après quelques charges mineures, vers 172, Dide Julien est nommé commandant de la Vingt-Deuxième Légion "Primagenia" en Germanie. En 175, il devient consul avec Pertinax et, entre 172 et 190, il ne gouverne pas moins de quatre provinces dont la Germanie inférieure et l'Afrique (la Tunisie moderne). En 193, au moment de l'assassinat de Pertinax, c'est un sénateur âgé et respecté. Malgré une certaine impopularité et les sordides enchères du camp prétorien au cours desquelles il "emporte" la charge impériale, Dide Julien est un candidat naturel à l'empire.

DIDE JULIEN

- Né à Milan, le 30 janvier 133
- Accession le 28 mars 193
- Epouse : Manlia Scantilla
- Enfants : une fille Didia Clara
- Assassiné sur le Palatin, à Rome, le 1er juin 193

Sévère se fait proclamer par la légion stationnée dans son quartier général, à Carnuntum, près de la Vienne moderne. Avant de marcher sur Rome, il conclut un accord avec Clodius Albinus à qui il offre, contre son soutien, le titre de César.

Dide Julien fait tout ce qu'il peut pour s'opposer aux troupes de Septime Sévère en marche sur Rome. Il demande à la garde prétorienne de creuser des fortifications autour de Rome (la ville ne possède pas de défenses à cette époque). Mais pour les soldats, non accoutumés à ce genre de travail, tous les moyens sont bons pour échapper à la corvée. Des sicaires sont dépêchés auprès de Septime Sévère pour l'éliminer, mais ne parviennent pas à forcer le service de sécurité qui veille sur lui en permanence. Dide Julien ne voit finalement pas d'autre solution que de proposer au sénat de nommer son rival coempereur. Mais Septime Sévère, désormais près de la ville, n'a aucunement besoin de partager le pouvoir.

Le 1er juin 193, le sénat vote une motion condamnant Dide Julien à mort, nomme Septime Sévère empereur et décerne les honneurs divins à Pertinax. L'officier qui doit exécuter la sentence trouve Dide Julien « seul et abandonné de tous ». Il le tue « au milieu d'une honteuse scène de larmes ». D'après Dion Cassius, Julianus se serait écrié avant de mourir : « Mais qu'ai-je donc fait ? Qui ai-je tué ? » Il n'aura goûté aux délices du pouvoir que pendant soixante-six jours. Le corps est rendu à sa femme et à sa fille qui l'enterrent dans le tombeau de son arrière-grand-père, au cinquième mille de la via Labicane. ■

Au cours de l'été 193, Septime Sévère marche sur Rome et renverse Dide Julien. Il devra encore combattre des rivaux à l'est (Pescennius Niger, en 193-194) et à l'ouest (Clodius Albinus, en 196-197) avant de devenir le maître incontesté de Rome.

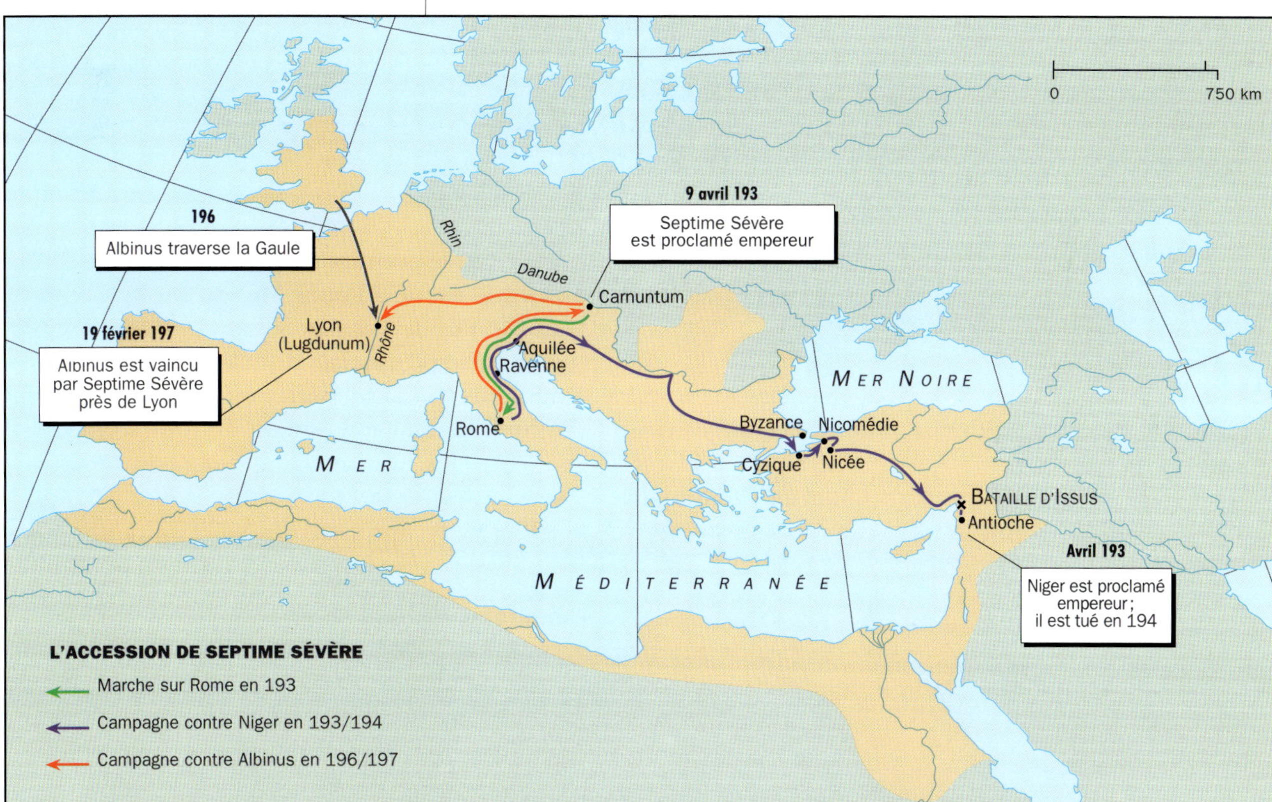

SEPTIME SÉVÈRE

IMPERATOR
CAESAR
LUCIUS
SEPTIMIUS
SEVERUS
PERTINAX
AUGUSTUS
193-211

Les bustes de Septime Sévère montrent une intéressante évolution au cours de ses dix-huit ans de règne. L'empereur abandonne assez vite les représentations de soldat et d'homme d'action pour des portraits de style antonin, calqués sur ceux de Marc Aurèle et d'Antonin le Pieux. Les portraits les plus tardifs (ci-contre) sont encore différents et figurent Septime Sévère sous la forme du dieu Sérapis.

« MAIS QU'UN SEUL HOMME AIT, PAR SON HABILETÉ, TRIOMPHÉ DE L'ARMÉE CANTONNÉE À ROME, QU'IL AIT ÉLIMINÉ TROIS EMPEREURS DÉJÀ MAÎTRES DE L'EMPIRE, EN DISPOSANT DE L'UN DANS LE PALAIS IMPÉRIAL ET EN VAINQUANT AVEC COURAGE LE DEUXIÈME, QUI COMMANDAIT DEPUIS LONGTEMPS DÉJÀ LES TROUPES D'ORIENT ET AVAIT REÇU DES ROMAINS LE TITRE D'EMPEREUR, PUIS LE TROISIÈME, QUI AVAIT LE TITRE DE L'AUTORITÉ D'UN CÉSAR: VOILÀ QUI NE TROUVE PAS FACILEMENT D'ÉQUIVALENT. »

HÉRODIEN, ***Histoire des empereurs romains*** III, 7, 8

« IL AVAIT LE CORPS LOURD, MAIS ROBUSTE, MALGRÉ LA GOUTTE QUI L'AVAIT BEAUCOUP AFFAIBLI, L'ESPRIT PÉNÉTRANT ET PLEIN DE VIGUEUR; IL AIMAIT LES LETTRES PLUS QU'IL N'Y AVAIT D'HABILETÉ; AUSSI ÉTAIT-IL PLUS FORT EN PENSÉES QU'EN PAROLES. RECONNAISSANT ENVERS SES AMIS ET REDOUTABLE À SES ENNEMIS, APPLIQUÉ À TOUT CE QU'IL VOULAIT FAIRE ET INDIFFÉRENT AUX DISCOURS QU'ON SEMAIT SUR LUI. »

DION CASSIUS, LXXVI, 16

Septime Sévère est le premier empereur originaire d'Afrique du Nord. Il est né à Leptis Magna, sur la côte de la Libye actuelle. Fils de Publius Septimius Geta, il appartient à une famille provinciale dont le rang n'est pas très élevé. Deux cousins de son père sont pourtant parvenus à la dignité de consul alors qu'il était encore enfant. La première épouse de Septime Sévère, Pacca Marciana, est une dame de Leptis. Lui-même conservera toujours un accent africain.

Septime Sévère arrive à Rome peu après son dix-huitième anniversaire et est nommé sénateur par Marc Aurèle. Il remplit un certain nombre de

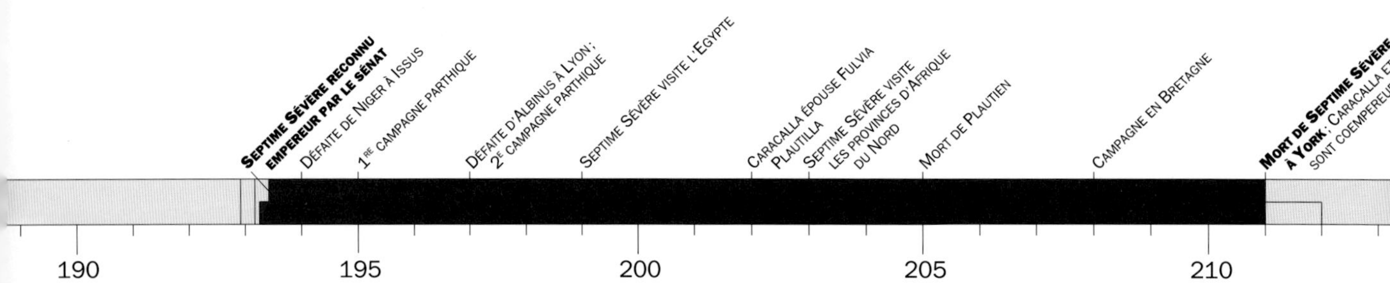

SEPTIME SÉVÈRE

- Né à Leptis Magna, le 11 avril 145
LUCIUS SEPTIMIUS SEVERUS
- Accession le 9 avril 193 :
IMPERATOR CAESAR LUCIUS SEPTIMIUS SEVERUS PERTINAX AUGUSTUS PROCONSUL
- Entrée à Rome le 9 juin 193 :
PONTIFEX MAXIMUS
- Auto-adoption en 195 dans la famille de Marc Aurèle : **DIVI MARCI PII FILIUS, DIVI COMMODI FRATER** ; adoption du nom de famille **PIUS**
- Ajouté fin 193 : **PATER PATRIAE**
- Pris en 195 : **ARABICUS** et **ADIABENICUS**
- Titres de victoire : **PARTHICUS MAXIMUS** en 198, **BRITANNICUS MAXIMUS** en 209 ou 210
- **CONSUL** I (190), II (193), III (194), IV (202)
- Puissance tribunicienne, la 1re fois le 9 juin 193, renouvelée annuellement le 10 décembre
- **IMPERATOR** I (9 avril 193), II (fin 193), III (janvier 194), IV (194), V-VII (195), VIII (fin 195), IX (début 197), X-XI (fin 197), XII (207)
- Titulature complète à sa mort :
IMPERATOR CAESAR LUCIUS SEPTIMIUS SEVERUS PIUS PERTINAX AUGUSTUS ARABICUS ADIABENICUS PARTHICUS MAXIMUS, BRITANNICUS MAXIMUS, PONTIFEX MAXIMUS, TRIBUNICIAE POTESTATIS XIX, IMPERATOR XII, CONSUL IV, PATER PATRIAE
- Epouses
(1) Paccia Marciana
(2) Julia Domna
- Enfants
Deux fils de Julia Domna : Septimius Bassianus (Caracalla) et Publius Septimius Geta
- Mort de maladie le 4 février 211 à York ; cendres déposées dans le Mausolée d'Hadrien

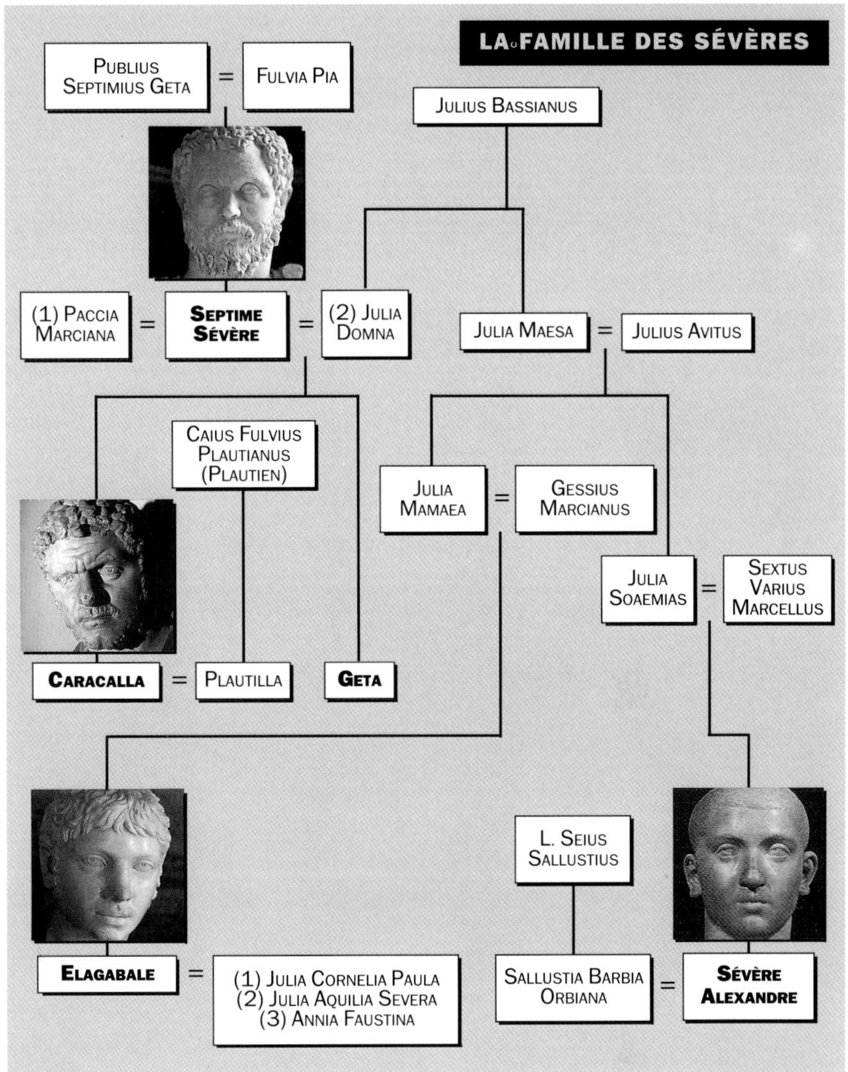

charges civiles et militaires jusqu'à sa nomination, en 191, au poste de gouverneur de l'importante province de Pannonie supérieure. Plus qu'à son propre mérite, il doit cette promotion à l'influence de son compatriote et ami, le chef de la garde prétorienne Aemilius Laetus. Septime Sévère se trouve à Carnuntum, capitale de la Pannonie supérieure, lorsqu'il apprend la mort de Commode, puis celle de Pertinax. C'est là que commence sa propre course au pouvoir.

Acclamé empereur par les légions du Danube, Septime Sévère marche sur Rome en avril 193. L'opposition se disloque devant lui et, lorsqu'il se présente devant la cité, le sénat, résolu à l'inévitable, lui offre les pouvoirs impériaux. Dide Julien est mort le 1er juin 193. Neuf jours plus tard, Septime Sévère fait, avec son armée, une entrée triomphale dans la ville. Mais auparavant, il règle les comptes avec les prétoriens. Il mettra tout en œuvre pour tenir sa promesse de venger la mort de Pertinax, incluant même le nom de ce dernier dans sa titulature impériale. Il feint d'inviter les pré-

Caius Pescennius Niger (ci-dessus, collection Albani, Rome) est un militaire dont la carrière n'a rien d'exceptionnel. En 189, il est nommé consul, en 191, gouverneur de Syrie. Après la mort de Pertinax, en avril 193, Niger est proclamé empereur par les légions de Syrie. Moins d'un an plus tard, il est battu et tué par les troupes de Septime Sévère. Partisan d'une discipline rigide en matière militaire, Niger semble avoir été un homme d'une intégrité peu commune.

toriens à défiler à l'extérieur de la ville sans leurs armes, comme ils le font pour les cérémonies officielles. Puis il les fait cerner par ses hommes et ordonne l'exécution de ceux qui ont pris part au meurtre de Pertinax. Les autres sont renvoyés et sommés de stationner, sous peine de mort, à plus de 150 kilomètres de Rome.

Un rival en Orient. Après avoir consolidé sa position à Rome, Septime Sévère se tourne vers Pescennius Niger, le gouverneur de Syrie, proclamé empereur par les légions d'Orient. Niger a rassemblé ses forces et fortifié les cols des montagnes du Taurus, qui protègent le flanc nord de la Syrie et Antioche, sa capitale. Il a également envoyé une armée, à l'ouest, s'emparer de Byzance, cité qui contrôle le passage étroit du Bosphore. Cela n'empêche pas les troupes de Septime Sévère de passer de Thrace en Asie Mineure. Vers la fin de 193, elles remportent deux importantes victoires sur l'armée de Niger, la première près de Cyzique, sur les rives de la mer de Marmara, la seconde à Nicée, un peu plus à l'est. Les travaux de Niger dans les cols du Taurus n'arrêtent pas davantage l'armée de son adversaire, qui avance vers la Syrie.

La bataille décisive a lieu en mars ou avril 194, près d'Issus, dans la plaine où Alexandre le Grand a vaincu le roi perse Darius III cinq cents ans auparavant. Les troupes de Niger, moins fortes que les légions du nord, se font tailler en pièces dans leur fuite. Niger lui-même se sauve à cheval vers le sud. Capturé dans les environs d'Antioche, il est décapité. Ses partisans sont châtiés sans pitié. Beaucoup d'entre eux préfèrent se réfugier chez les Parthes, voisins et ennemis héréditaires des Romains en Orient, plutôt que de subir la féroce répression de Septime Sévère. Au cours de l'été 195, ce dernier entreprend une expédition dans le nord de la Mésopotamie pour punir les Parthes qui ont soutenu Niger et ses partisans.

Les massifs soubassements voûtés sont presque les seuls vestiges de la nouvelle aile ajoutée par Septime Sévère au palais impérial sur le Palatin (ci-dessous).

JULIA DOMNA

« IL FUT CEPENDANT MOINS AVISÉ DANS SA VIE FAMILIALE EN GARDANT SA FEMME JULIA, NOTOIREMENT ADULTÈRE ET QUE L'ON ACCUSAIT MÊME D'AVOIR COMPLOTÉ CONTRE LUI. »

HISTOIRE AUGUSTE, *Sévère* XVIII, 8

Portrait de la famille impériale (bois peint, vers 199) : Caracalla a fait effacer le visage de Geta après la mort de ce dernier.
Staatliche Museen Preussischer Kulturbesitz, Berlin

Julia Domna est la femme remarquable que Septime Sévère épouse en secondes noces, en 186 ou 187. Née vers 170, elle est la fille de Julius Bassianus, grand prêtre du dieu solaire Elagabale, vénéré dans le grand temple d'Emèse, en Syrie. C'est une union avantageuse des deux côtés. Sévère est une étoile montante de l'administration romaine tandis que Julia et son père descendent de la vieille dynastie qui gouverne Emèse. Sévère a peut-être eu d'autres raisons d'épouser Julia. Cet homme très superstitieux aurait, dit-on, consulté des astrologues et aurait choisi Julia Domna dont l'horoscope prédisait qu'elle épouserait un roi. Julia a donné deux fils à son époux, Caracalla et Geta. Protectrice des écrivains et des philosophes, elle ne gagne sa réputation de femme adultère que bien plus tard. Sous le règne de son fils Caracalla, elle continue à tenir un rôle public important. En 217, atteinte d'un cancer et pourchassée par Macrin, elle se laisse mourir de faim.

Comme Septime Sévère, Decimus Clodius Albinus est d'origine nord-africaine, mais il est issu d'une famille de rang sénatorial. Il a grandi dans la richesse et le luxe hérités de ses ancêtres. On connaît mal le début de sa carrière, mais on sait qu'il occupe toute une série de postes militaires avant de devenir consul en 187, gouverneur de Germanie inférieure en 189 et finalement, en 191, gouverneur de Bretagne. Avec sa garnison de trois légions et un important corps de troupes auxiliaires, la Bretagne pèse de tout son poids sur la période de troubles qui suit le meurtre de Pertinax. Pour obtenir son soutien, Septime Sévère offre d'abord à Albinus le titre et le rang de César. Mais en 196, la rivalité des deux hommes tourne à l'affrontement ouvert. A Rome, nombreux sont ceux qui préfèrent Albinus, moins cruel et de meilleure famille que son adversaire. En février 197, Albinus est vaincu et tué par Septime Sévère.

La guerre civile en Occident. Après la défaite de Niger, Septime Sévère ne compte plus qu'un rival sérieux : Clodius Albinus, gouverneur de Bretagne. Il lui a donné le titre de César pour acheter son soutien — ou tout au moins sa neutralité — dans la guerre qui l'oppose à Niger. Mais il n'a aucunement l'intention de partager le pouvoir avec Albinus. Vers la fin de 195, Septime Sévère change le nom de son fils aîné Septimius Bassianus (plus connu sous le nom de Caracalla) en Marcus Aurelius Antoninus, par référence à la dynastie antonine. Au même moment, Caracalla, garçon de sept ans seulement, reçoit le titre de César. Clodius Albinus n'est donc plus le successeur désigné de Sévère. Cet acte équivaut à une déclaration de guerre.

Au cours de l'année 196, Clodius Albinus traverse la Gaule avec une armée de quarante mille hommes dont le noyau est formé par les trois légions de Bretagne. Albinus bénéficie aussi du soutien de la Septième Légion "Gemina", stationnée en Espagne. Il s'installe à Lyon, lève de nouvelles troupes et réussit presque à s'emparer des pays rhénans avec leurs garnisons et leurs forts. De son côté, Septime Sévère passe la plus grande partie de l'année à Rome. Il formule de nouvelles lois et affermit son pouvoir. En janvier 197 seulement, il se met en route pour la confrontation finale avec son ancien allié.

La bataille se déroule le 19 février 197, aux abords de Lyon. L'issue demeure quelque temps incertaine : Septime Sévère, jeté à bas de son cheval, se débarrasse du manteau impérial pour cacher son identité. La cava-

LE MESSAGE DES ÉTOILES

Septime Sévère s'adonnait à l'astrologie. Il consultait régulièrement des astrologues et était expert dans l'art d'interpréter les horoscopes. Il apprit même ainsi l'heure de sa propre mort. Cette information demeura cependant soigneusement cachée dans les décors astrologiques du palais impérial :

« IL LE SAVAIT SURTOUT D'APRÈS LA CONNAISSANCE DES ASTRES SOUS LESQUELS IL ÉTAIT NÉ, CAR IL LES AVAIT FAIT PEINDRE SUR LES PLAFONDS DES SALLES DE SON PALAIS OÙ IL RENDAIT LA JUSTICE, OÙ TOUT LE MONDE POUVAIT LES VOIR À L'EXCEPTION DE LA PARTIE DU CIEL QUI, COMME LE DISENT LES ASTROLOGUES, "OBSERVAIT L'HEURE" À LAQUELLE IL ÉTAIT VENU AU JOUR ; CAR CETTE PARTIE N'ÉTAIT PAS FIGURÉE DE MÊME FAÇON DE CHAQUE CÔTÉ. »

DION CASSIUS, *Histoire romaine* LXXVI, 11

lerie arrive à point pour rétablir la situation. Battu, Albinus s'enfuit à Lyon, mais il ne parvient pas à semer ses ennemis et se suicide. Dans un acte de cruauté révélateur de l'homme, Septime Sévère étale le cadavre nu sur le sol et le piétine avec son cheval. La tête, coupée, est envoyée à Rome, tandis que le corps est jeté dans le Rhône avec ceux de la femme et des fils d'Albinus.

La guerre parthique. De retour à Rome, l'empereur prend des mesures rigoureuses pour éliminer les partisans de Niger et d'Albinus. Tous deux ont joui de la sympathie de certains membres du sénat. C'est pourquoi, dans la purge de 197, vingt-neuf sénateurs sont exécutés. Une nouvelle fois, Septime Sévère se montre terriblement cruel. Certains le surnomment le "Sylla punique", par référence aux célèbres proscriptions du dictateur Sylla pendant les guerres civiles de la fin de la république. L'empereur, qui ne sera jamais aimé du sénat, s'appuie sur l'armée. Il améliore la solde et les conditions de vie des soldats, leur permet de se marier et de vivre avec leurs femmes et leurs familles plutôt que dans les casernes. Septime Sévère prend aussi des mesures pour gagner la faveur du peuple de Rome. Il organise continuellement des spectacles de toutes sortes et sacrifie dans l'arène des animaux sauvages venus du monde entier. Quelques mois, plus tard, il se lance dans une nouvelle campagne militaire.

Cette fois, il s'attaque aux Parthes, qui menacent en Orient les avant-postes romains et les rois clients de Rome. Sa première campagne n'est guère plus qu'une démonstration de force. La seconde se révèle plus sérieuse. Parvenus dans le nord de la Mésopotamie, Septime Sévère et son armée descendent l'Euphrate en bateau, puis marchent sur la capitale parthe, Ctésiphon. Les troupes romaines, qui rencontrent une faible résistance, s'emparent de la cité et la pillent. Les hommes sont exécutés, les femmes et les enfants — cent mille environ — réduits en esclavage, tandis que le trésor des rois parthes est vidé de ses bijoux et autres objets pré-

Septime Sévère a mené deux guerres contre les Parthes. La première (195) a débouché sur la création de la nouvelle province romaine d'Osrhoène. La seconde (197), beaucoup plus sérieuse, a abouti au sac de Ctésiphon, la capitale parthe, et à la formation d'une deuxième province, la Mésopotamie.

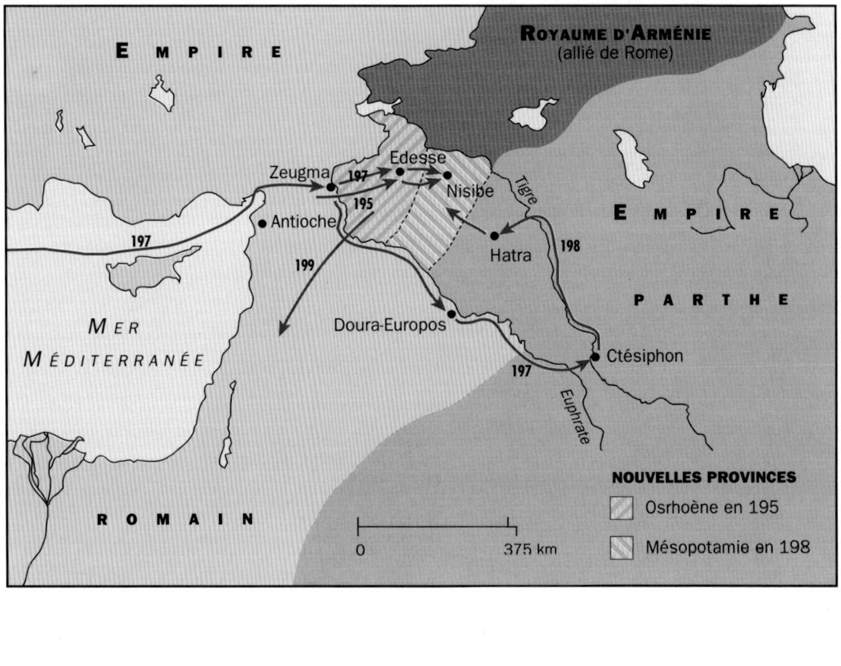

cieux. Le nord de la Mésopotamie redevient une province romaine, comme dans les dernières années du règne de Trajan.

La prise de Ctésiphon survient à la fin de 197. Septime Sévère demeure encore cinq ans en Orient. Il passe les deux premières années à organiser la nouvelle province et à tenter d'enlever (sans succès) l'importante cité caravanière d'Hatra. L'empereur entreprend ensuite un voyage en Palestine et en Egypte. Il se recueille devant le corps embaumé d'Alexandre le Grand, à Alexandrie, et remonte le Nil pour visiter les pyramides et les temples de Thèbes.

L'affaire Plautien. Septime Sévère revient à Rome au cours de l'été 202. Agé selon les critères romains, perturbé par de fréquentes maladies, il a déjà prévu sa succession en élevant, au début de 198, son fils Caracalla au rang d'Auguste. Après son retour à Rome, Septime Sévère marie son fils à Publia Fulvia Plautilla, la fille de son ami Caius Fulvius Plautien. Commandant de la garde prétorienne, Plautien a reçu de l'empereur de très importants pouvoirs et une grosse fortune. Il a suivi Septime Sévère dans toutes ses campagnes. Une rumeur circule même, selon laquelle les deux hommes, jadis, auraient été amants. Plautien n'est guère apprécié car, selon Hérodien, « il abusait de ses pouvoirs et n'épargnait ni la cruauté ni la violence dans toutes ses entreprises, et il était devenu plus redoutable que n'importe quel autre responsable politique au monde ». La rumeur populaire ajoute qu'il aurait fait castrer des hommes pour servir d'eunuques à sa fille.

Caracalla hait ce mariage. Il rejette à la fois son épouse et le père de celle-ci. Il refuse de manger, de dormir avec sa femme et menace de la tuer, elle et son père, dès qu'il sera au pouvoir. Trois ans plus tard, le 22 janvier 205, la crise éclate. Là, les récits diffèrent. Selon l'un d'eux, Caracalla aurait persuadé trois centurions de rapporter de fausses informations aux dépens de Plautien : après la fête des ancêtres, juste avant que l'on serve le dîner, ils informent l'empereur que Plautien leur a ordonné, à eux ainsi qu'à sept autres centurions, de l'assassiner, lui et Caracalla. Hérodien affirme, lui, qu'il s'agissait d'un vrai complot et que Plautien aurait bien tenté d'empêcher l'avènement de Caracalla pour s'emparer lui-même de l'empire ; mais l'homme engagé pour supprimer l'empereur et son fils serait allé tout raconter à Septime Sévère et à Caracalla. Les deux versions se terminent de la même manière, par l'assassinat de Plautien, dont le corps est jeté à la rue et livré au peuple. Le grand gagnant dans cette affaire est Caracalla, qui s'est débarrassé à la fois de son beau-père et de son épouse, exilée sur l'île de Lipari. Caracalla la fera tuer dès son avènement.

La dernière campagne. La mort de Plautien élimine une cause de troubles à Rome, mais ne règle pas l'antagonisme croissant entre Caracalla et son frère Publius Septimius Geta. Leurs partisans réciproques nourrissent et encouragent cette inimitié : « Ces gens-là ne se contentaient pas de servir leurs passions et leurs goûts pour les pires infamies, mais allaient jusqu'à imaginer des moyens nouveaux de plaire à celui qu'ils flattaient tout en affligeant son frère. » Aussi la révolte qui se produit en Bretagne et

SEPTIME SÉVÈRE LE BÂTISSEUR

« IL RÉPARA UN GRAND NOMBRE D'ANCIENS ÉDIFICES ET IL Y FIT GRAVER SON NOM, COMME S'IL LES AVAIT REBÂTIS DE FOND EN COMBLE ET DE SES PROPRES DENIERS ; IL SACRIFIA AUSSI SANS NÉCESSITÉ DE FORTES SOMMES POUR RESTAURER OU RECONSTRUIRE LES ŒUVRES DES AUTRES ; C'EST AINSI QU'IL BÂTIT À BACCHUS ET À HERCULE UN TEMPLE D'UNE GRANDEUR DÉMESURÉE. »

DION CASSIUS, *Histoire romaine* LXXVI, 16

Il revient à l'empereur Septime Sévère d'avoir tiré le meilleur parti de l'incendie qui a ravagé Rome en 191 en entreprenant d'imposants travaux de restauration. C'est à cette occasion que fut établi le plan à grande échelle de Rome, gravé sur cent cinquante et une dalles de marbre et fixé sur le mur extérieur d'une des bibliothèques publiques du Forum de Vespasien. Les nouvelles constructions de Septime Sévère dans Rome font partie d'une politique d'affirmation de l'image de son régime. L'une des plus ambitieuses, le Septizonium, a disparu sans laisser de traces. L'édifice avec son imposante façade à colonnades faisait face à l'angle sud-ouest de la colline du Palatin. Septime Sévère a aussi agrandi le palais impérial du Palatin en construisant sur le bord de la colline qui surplombait le Circus Maximus. On peut encore voir les massifs soubassements voûtés qui supportaient des bâtiments disparus aujourd'hui.

Le plus célèbre monument de Septime Sévère que l'on peut voir encore aujourd'hui est l'arc de triomphe élevé en 203 par le sénat sur le Forum romain pour célébrer ses victoires sur les Parthes. Quatre panneaux, sculptés en relief, montrent de vivantes scènes de guerre ; les artistes s'écartent ici de la tradition classique pour se rapprocher des conventions de l'art romain tardif.

Dion Cassius ne s'étend pas sur l'immense temple dédié par Septime Sévère à Bacchus et Hercule, équivalents romains de Melqart et Shadrapa, divinités d'Afrique du Nord. Ce temple faisait sans doute partie des nombreux édifices érigés par Septime Sévère dans sa ville natale de Leptis Magna : un nouveau port artificiel, des thermes, un forum, une basilique, des temples, des rues bordées de colonnades et un arc de triomphe à quatre arches. Grâce à la protection de Septime Sévère, Leptis Magna est devenue l'une des plus belles villes d'Afrique du Nord.

Relief de l'arc des Sévères à Leptis Magna (203-204), montrant l'empereur et ses fils dans un char (ci-contre, à gauche). (Ci-dessous) La basilique des Sévères à Leptis Magna, inaugurée en 216.

L'arc de Septime Sévère sur le Forum, à Rome (en haut).
(Ci-dessus) Fragment du plan de Rome, gravé sur cent cinquante et une dalles de marbre sous les Sévères et fixé au mur de l'une des deux bibliothèques du Forum de Vespasien (ou Forum de la Paix). (Ci-dessous) Tête de Méduse appartenant au riche décor sculpté du Forum des Sévères à Leptis Magna.

oblige Septime Sévère à partir en emmenant ses deux fils en campagne est-elle bienvenue.

Le cortège impérial quitte Rome dans les premiers mois de 208. L'empereur, immobilisé par la goutte, se déplace en litière. Mais son implacable volonté ne supporte pas de séjourner dans un lieu plus longtemps que nécessaire. Après une rapide traversée de la Gaule, il s'embarque pour la Bretagne. Sévère décide de régler une fois pour toutes les incessants problèmes frontaliers en conquérant l'île entière. Geta est chargé de la province et de l'administration civile de l'empire, pendant que Septime Sévère et Caracalla franchissent le mur d'Hadrien et conduisent l'armée en Ecosse.

En 209 et 210, les Romains remportent quelques succès. Ils s'enfoncent loin vers le nord et contraignent leurs adversaires à composer. Mais Septime Sévère, trop âgé, éprouve de plus en plus de difficultés à diriger en personne les opérations. Caracalla, pour sa part, ne s'intéresse pas à cette campagne de Bretagne, dans laquelle il ne voit qu'une simple occasion de gagner la faveur de l'armée. Hérodien (III, 15, 2) raconte : « Quant à son père, dont les souffrances se prolongeaient et qui tardait à mourir, son existence lui était pénible et insupportable. Il tenta de persuader les médecins et les serviteurs du vieil homme de ne plus lui faire suivre aussi scrupuleusement le bon traitement afin d'en être débarrassé plus vite. » On dit même que Caracalla aurait essayé de poignarder son père dans le dos alors qu'ils chevauchaient côte à côte, à la tête de l'armée. Sévère, alerté par les cris de son entourage, aurait tourné la tête pour voir ce qui se passait. Les cris auraient effrayé Caracalla qui aurait renoncé à son projet.

Septime Sévère est mort à York, le 4 février 211, à l'âge de soixante-cinq ans, laissant la conquête de l'Ecosse inachevée. Ses fils interrompent la campagne et retournent à Rome avec l'urne contenant ses cendres. Celles-ci sont déposées dans le Mausolée d'Hadrien. Peu après, le sénat décide de diviniser l'empereur. Laissons le mot de la fin à Hérodien (III, 14, 2-3) : « Il avait, durant son existence, acquis plus de gloire militaire que jamais aucun autre empereur, tant il avait élevé de trophées, remportés aussi bien sur ses adversaires dans des guerres civiles que sur ses ennemis dans des guerres extérieures. Il mourut au terme d'un règne de dix-huit ans, laissant à ses jeunes fils et successeurs plus d'argent que n'importe quel autre empereur ainsi qu'une armée invincible. » ■

Les portraits de Caracalla figurent un homme au visage large, qui a souvent l'expression renfrognée. Cette image du "rude soldat" s'inscrit en réaction contre les dernières statues de Septime Sévère où l'empereur est représenté sous forme de dieu. Dans ses portraits, Caracalla fait aussi référence à son héros, Alexandre le Grand.

CARACALLA

IMPERATOR CAESAR
MARCUS AURELIUS
SEVERUS ANTONINUS
PIUS AUGUSTUS
211-217

GETA

IMPERATOR CAESAR
PUBLIUS SEPTIMIUS
GETA AUGUSTUS
211

MACRIN

MARCUS OPELLIUS
SEVERUS MACRINUS
AUGUSTUS
217-218

« C'ÉTAIT UN HOMME AUX MŒURS CORROMPUES, PLUS CRUEL ENCORE QUE SON IMPITOYABLE PÈRE, GLOUTON ET MÊME PORTÉ SUR LA BOISSON ; LES SIENS LE HAÏSSAIENT ET TOUS LES SOLDATS, À L'EXCEPTION DES PRÉTORIENS, LE DÉTESTAIENT. IL N'Y AVAIT VRAIMENT AUCUN POINT COMMUN ENTRE LUI ET SON FRÈRE. »

HISTOIRE AUGUSTE, ***Antonin Caracalla*** IX, 3.

Dans les livres d'histoire, Caracalla est classé dans les mauvais empereurs de Rome, portés sur la cruauté et la violence. Il offre un nouvel exemple du danger que représente la succession héréditaire, laquelle ne garantit ni les qualités ni les compétences du successeur. Mais, le simple fait que Caracalla ait une réputation détestable ne suffit pas à en faire un mauvais empereur. Il est certain qu'il était apprécié de l'armée. Geta, par contre, demeure un personnage énigmatique. Son meurtre, perpétré par son propre frère, l'a élevé au rang de martyr. Mais aurait-il été un empereur plus compétent et vertueux que Caracalla ?

Septime Sévère a légué à ses fils le secret d'un bon gouvernement : « Accordez-vous, distribuez de l'argent aux soldats et méprisez les autres

LE CARACALLUS

« IL IMAGINA UNE SORTE DE VÊTEMENT D'UNE COUPE BARBARE, COMPOSÉ DE MORCEAUX COUSUS EN FORME DE LACERNE ; IL S'EN REVÊTIT FRÉQUEMMENT, CE QUI LUI VALUT LE SURNOM DE CARACALLUS. »

DION CASSIUS, ***Histoire romaine*** LXXVIII, 3

Le *caracallus*, d'origine germanique ou celtique, est un manteau court, près du corps, pourvu d'une capuche. Ce manteau, que Caracalla fait allonger jusqu'aux pieds, lui est si étroitement associé qu'il lui a servi de surnom. Deux siècles auparavant, un empereur avait reçu le nom d'une botte ! Au IVe siècle, "Caracallus" est remplacé par "Caracalla", le nom que nous utilisons aujourd'hui.

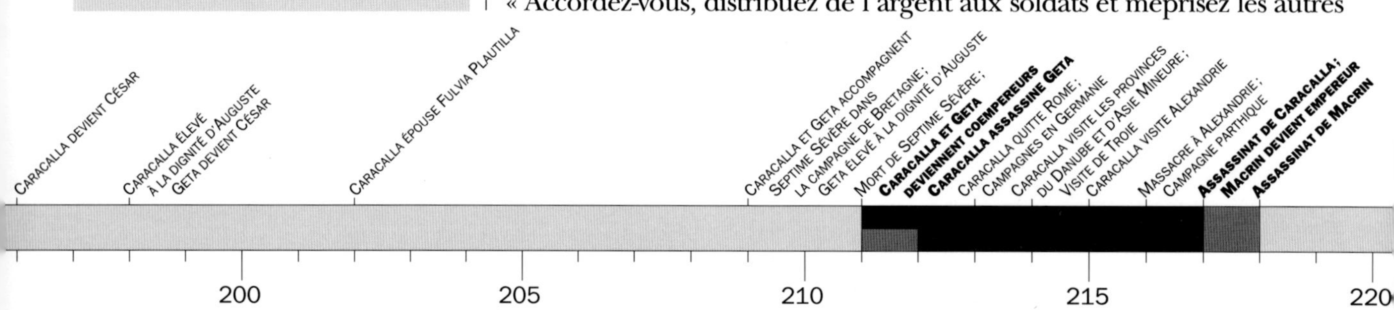

CARACALLA

- Né à Lyon, le 4 avril 188
LUCIUS SEPTIMIUS BASSIANUS
- En 195, auto-adoption dans la famille de Marc Aurèle :
MARCUS AURELIUS ANTONINUS CAESAR
- En janvier 198, élévation au rang d'Auguste :
IMPERATOR CAESAR MARCUS AURELIUS ANTONINUS AUGUSTUS PROCONSUL
- Ajouté en 198 : **PIUS**
- Décerné par le sénat en 199 :
PATER PATRIAE
- A partir de 200 : **PIUS FELIX**
- Accession le 4 février 211 :
IMPERATOR CAESAR MARCUS AURELIUS SEVERUS ANTONINUS PIUS AUGUSTUS
- Pris avec Septime Sévère, fin 209 ou 210 : **BRITANNICUS MAXIMUS**
- Ajouté en 213 : **GERMANICUS MAXIMUS**
- **CONSUL** I (202), II (205), III (208), IV (213)
- Puissance tribunicienne la 1re fois le 28 janvier 198, renouvelée annuellement le 10 décembre
- **IMPERATOR** I (28 janvier 198), II (207), III (septembre 213)
- Titulature complète à sa mort :
IMPERATOR CAESAR MARCUS AURELIUS ANTONINUS PIUS FELIX AUGUSTUS PARTHICUS MAXIMUS, BRITANNICUS MAXIMUS, GERMANICUS MAXIMUS, PONTIFEX MAXIMUS, TRIBUNICIAE POTESTATIS XX, IMPERATOR III, CONSUL IV, PATER PATRIAE
- Epouse : Publia Fulvia Plautilla
- Assassiné le 8 avril 217 près de Carrhes en Mésopotamie ; ses cendres sont déposées dans le Mausolée d'Hadrien à Rome

GETA

- Né à Rome, le 7 mars 189
- Accession le 4 février 211
- Epouse : aucune
- Enfants : aucun
- Assassiné à Rome en décembre 211

hommes. » Si les deux derniers préceptes apparaissent faciles à suivre, il n'en va pas de même du premier. En effet, il était fort peu probable que les deux frères Marcus Aurelius Antoninus (Caracalla) et Publius Septimius Geta réussissent à s'entendre. Agés respectivement de vingt-trois et vingt-deux ans, ils ont déjà derrière eux un lourd passif de rivalité et de franche hostilité. Il n'est donc guère surprenant que, après la mort de Septime Sévère, Caracalla ait entrepris de confisquer le pouvoir. Septime Sévère lui-même avait initialement l'intention de laisser le pouvoir au seul Caracalla. Dès 198, il lui décerne les titres d'*Imperator Destinatus* et d'*Augustus*; il n'accordera à Geta le rang d'Auguste qu'en 209, alors que les deux garçons n'ont qu'un an de différence. Les prétentions de Geta sont soutenues par sa mère, la puissante impératrice Julia Domna, et Caracalla se voit contraint de partager le trône. Ce sont donc deux coempereurs qui ramènent les cendres de leur père à Rome.

Le meurtre de Geta. Rome n'est pas assez grande pour abriter deux souverains aussi violemment opposés l'un à l'autre. Ils s'efforcent de cohabiter dans le palais impérial de la colline du Palatin. Ils le divisent en deux parties, chacune pourvue de son entrée principale, et condamnent toutes les portes et couloirs de communication. Mais cela ne suffit pas à établir un modus vivendi. Chacun des deux frères combat l'autre tout en cherchant le soutien de sénateurs et d'autres personnages éminents. Geta recrute des partisans parmi les hommes de lettres de Rome et jouit d'une meilleure réputation que Caracalla, même si, en tant que souverains, il n'y a guère de différence entre eux. Pour toutes les nominations officielles, les deux hommes s'affrontent en avançant leur propre candidat. Chacun encourage différentes factions des jeux du cirque, qui le soutiennent en retour. La rivalité des deux hommes affecte même l'issue des procès, les deux Augustes intervenant dans l'administration de la justice pour faire gagner leurs partisans. Finalement, les deux frères tentent de s'empoisonner mutuellement.

Quelques mois après le début de ce règne commun, Caracalla et Geta en arrivent à la conclusion que la seule solution pour préserver la paix consiste à diviser l'empire. Geta recevra les provinces d'Asie, tandis que Caracalla conservera l'Europe et le nord-ouest de l'Afrique. Geta pense installer sa capitale à Antioche ou à Alexandrie. Si elles avaient été traduites dans les faits, ces dispositions auraient sans doute débouché, non sur la paix, mais sur une guerre civile totale. Julia Domna s'oppose au projet en demandant à ses deux fils comment, s'ils divisent l'empire, ils vont s'y prendre pour la partager elle, leur mère ?

L'effondrement de ce plan conduit Caracalla à adopter une solution de dernière extrémité. Il va trouver le moment propice, à la fin de décembre 211, pour assassiner Geta, pourtant soigneusement gardé par ses partisans, alors qu'ils se trouvent tous deux avec Julia Domna. Selon un auteur ancien, Caracalla l'aurait assassiné de ses propres mains. Geta, expirant dans les bras de sa mère, se serait écrié : « Mère, je souffre, mère, je souffre, au secours ! On m'assassine. » La cohabitation entre Caracalla et Geta a duré un peu plus de dix mois.

LES THERMES DE CARACALLA

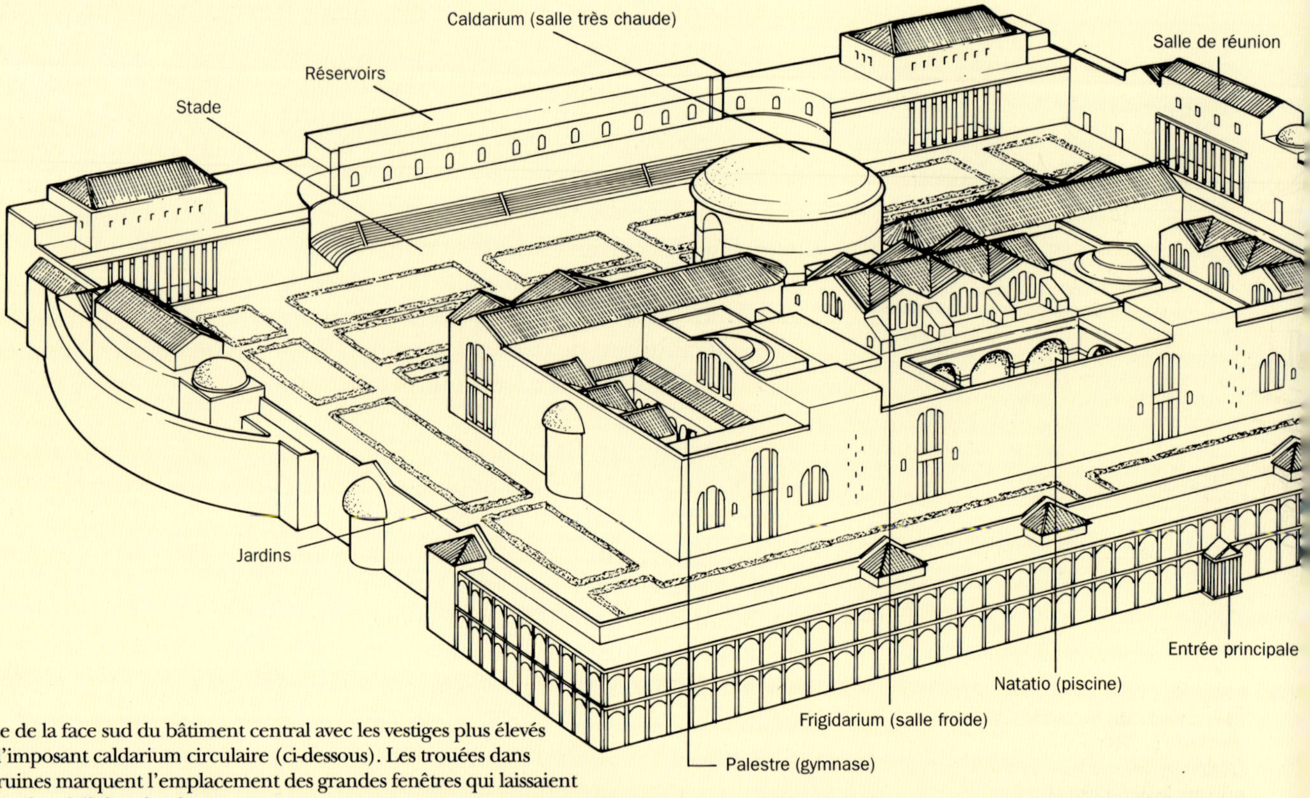

Vue de la face sud du bâtiment central avec les vestiges plus élevés de l'imposant caldarium circulaire (ci-dessous). Les trouées dans les ruines marquent l'emplacement des grandes fenêtres qui laissaient entrer le soleil dans les thermes.

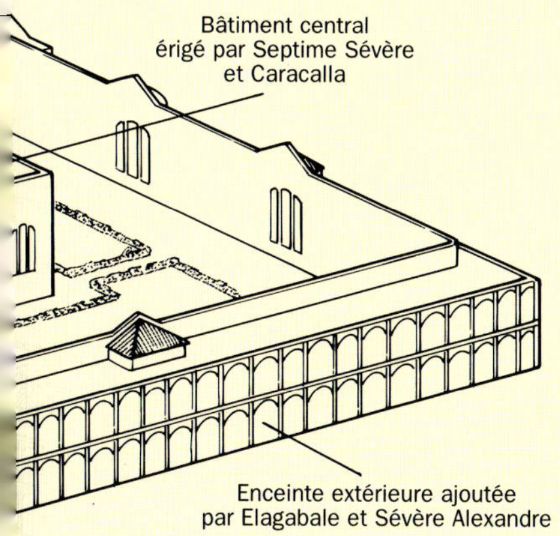

Reconstitution des thermes de Caracalla au temps de Sévère Alexandre (ci-dessus). (A droite) Intérieur du *frigidarium*, la salle principale des thermes.

« PARMI LES MONUMENTS PUBLICS QU'IL LAISSA À ROME, IL Y A LES ADMIRABLES THERMES QUI PORTENT SON NOM ET DONT LA CELLA SOLIARIS EST, AUX DIRES DES ARCHITECTES, D'UNE CONCEPTION PROPREMENT INIMITABLE. CAR L'ENSEMBLE DE LA VOÛTE REPOSE, DIT-ON, SUR UNE SUPERPOSITION DE BARREAUX DE BRONZE ET DE CUIVRE ET SA PORTÉE EST TELLE QUE LES EXPERTS EN MÉCANIQUE STATIQUE EN JUGENT LA RÉALISATION IMPOSSIBLE. »

HISTOIRE AUGUSTE, *Antonin Caracalla* IX, 4

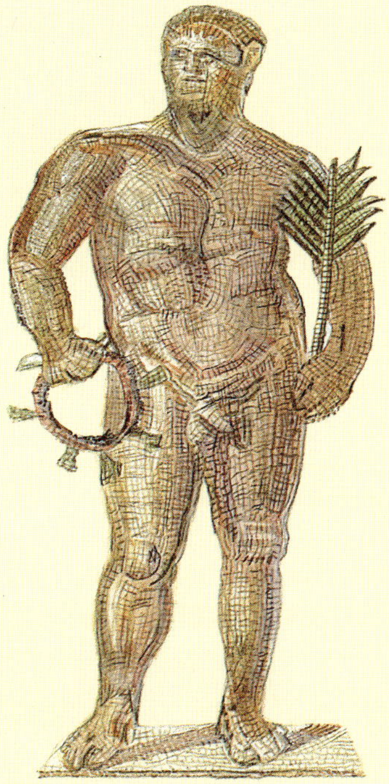

Mosaïque d'athlète provenant des thermes de Caracalla. Plus que de simples établissements de bains, les thermes étaient aussi équipés de gymnases et de bibliothèques.

Les vestiges des *Thermae Antoninianae* ou thermes de Caracalla comptent aujourd'hui parmi les plus impressionnants monuments de la Rome impériale. A l'époque de la rédaction de l'Histoire Auguste, vers la fin du IVe siècle, ils sont déjà considérés comme une merveille. Le plan de l'édifice, en briques et en blocage, combine savamment l'utile et l'artistique. Ses dimensions sont colossales. La voûte circulaire du *caldarium* (salle très chaude) est plus haute que celle du Panthéon et presque aussi large. La *cella soliaris*, qui a tellement impressionné l'auteur de l'Histoire Auguste, est l'entrée principale ou *frigidarium* ; une grille de barres de fer jointes supporte son toit voûté. L'intérieur, avec ses sols couverts de mosaïques, ses murs revêtus de marbre et ses plafonds ornés de mosaïques ou de stucs peints, devait être une splendeur. Il a fallu de nombreuses années pour construire ces thermes, commencés par Septime Sévère et inaugurés en 216.

LE CADET DES AUGUSTES

L'empereur Geta, buste de Munich.

« Il [Caracalla] montra sa haine contre son frère défunt, en abolissant les jeux célébrés pour son jour natal; il s'irrita contre les pierres qui portaient ses statues et fit fondre toute la monnaie frappée à son effigie. »

Dion Cassius, *Histoire romaine* LXXVII, 12

Caracalla, qui a détruit les pièces de monnaie et les monuments de Geta, n'a pu échapper au jugement des historiens anciens. Geta est né à Rome un an après Caracalla, probablement le 7 mars 189. On a dit qu'il ressemblait à son père Septime Sévère. A en croire l'Histoire Auguste, ce n'était pas un saint: « C'était un beau jeune homme, d'un caractère violent sans être immoral, glouton, très porté sur la nourriture et les vins diversement aromatisés. » Il a aussi une réputation d'avare qui dépense pour lui-même en vêtements et bijoux, mais ne fait jamais de cadeaux à personne. Il a vingt ans quand son père l'élève à la dignité d'Auguste, alors que son frère est Auguste depuis l'âge de neuf ans. La décision de faire des deux frères des coempereurs correspond, semble-t-il, à un changement des plans de succession intervenu à la fin du règne. Dès lors, on peut comprendre les sentiments d'amertume et d'hostilité ressentis par Caracalla envers ces nouveaux arrangements.

Des conséquences sanglantes. Caracalla n'ignore pas que Geta a des amis puissants et qu'il va devoir affronter un vaste mouvement d'opposition. Son premier mouvement consiste à se réfugier dans le camp des prétoriens. Là, il affirme aux soldats qu'il a failli être assassiné par son frère et qu'il a dû le tuer pour se défendre. La promesse de substantielles sommes d'argent et d'une augmentation de la solde contribue à convaincre les plus suspicieux. Le lendemain, Caracalla se présente au sénat pour expliquer son geste. Il prétend à nouveau que Geta a tenté de l'éliminer.

Caracalla, dont la sécurité n'est guère assurée, ordonne le massacre général des partisans de son frère. Sénateurs, préfets du prétoire, gouverneurs de province, serviteurs du palais, soldats, conducteurs de char et amis sont exécutés sans procès ou sous des prétextes fallacieux: chez eux, aux bains publics ou en pleine rue. Au cours des premiers mois de 212, pas moins de vingt mille personnes vont disparaître de cette manière. Caracalla fait taire avec la même dureté toute forme de protestation publique contre le nombre important d'exécutions. Parmi les victimes figurent Cornificia, la fille aînée de Marc Aurèle que l'on a vue pleurer Geta, et Publia Fulvia Plautilla, l'épouse exilée de Caracalla.

Le massacre des amis de Geta détériore les relations entre l'empereur et le sénat et lui aliène la sympathie d'une partie de la population romaine. L'ombre de Geta va planer sur l'ensemble du règne de Caracalla.

Le grand périple. Caracalla n'est pas à l'aise dans la capitale. Dans les premiers mois de 213, il s'en va sur la frontière germanique. Très vite, le jeune empereur gagne le cœur des soldats en marchant à pied à leurs côtés, au lieu de voyager en litière, et en préférant la nourriture commune aux produits délicats importés de Rome. On rapporte qu'il prépare lui-même sa farine en écrasant l'orge. L'affection des soldats n'est certes pas

L'ENFANCE DE CARACALLA

« CE FUT DONC UN ENFANT CHARMANT, AIMABLE ENVERS SES PARENTS, PRÉVENANT ENVERS LEURS AMIS, BIEN ACCEPTÉ PAR LE PEUPLE, BIEN VU DU SÉNAT, CE QUI LUI PERMIT DE SE CONCILIER LA SYMPATHIE GÉNÉRALE. IL NE SE MONTRA NI PARESSEUX DANS SES ÉTUDES, NI AVARE DE BIENFAITS, NI PARCIMONIEUX DANS SES LARGESSES, NI INSENSIBLE À LA CLÉMENCE. »

HISTOIRE AUGUSTE, *Antonin Caracalla* I, 3-4.

Le futur empereur Caracalla est né à Lyon en 188, alors que son père Septime Sévère était gouverneur de la Gallia Lugdunensis, la province de la Lyonnaise qui couvrait le nord de la France. Il s'appelle alors Lucius Septimius Bassianus. Fils aîné de Septime Sévère et de Julia Domna, il emprunte son dernier nom à son grand-père maternel Julius Bassianus, grand prêtre de la cité d'Emèse en Syrie. Caracalla est un enfant intelligent et sensible qui, dès l'adolescence, est entraîné dans des relations de jalousie et de rivalité avec son cadet Geta, né en 189.

désintéressée car, après être devenu le seul maître du pouvoir, Caracalla a augmenté les soldes de façon substantielle. Il s'agit d'une hausse de 50 % qui a coûté au trésor la somme colossale de 70 millions de sesterces.

Au cours de l'été 213, l'armée obtient plusieurs victoires sur les Germains dans les champs Décumates et sur le front des pays rhénans. Impressionné, le sénat décerne à Caracalla le titre de *Germanicus Maximus*. L'année suivante, l'empereur et sa suite continuent vers l'est, traversent la Dacie et la Thrace et atteignent l'Asie Mineure. C'est en Thrace, nous dit-on, qu'il « se prit brutalement pour Alexandre le Grand et qu'il se mit à nouveau à célébrer son souvenir de toutes sortes de façons ». Dion Cassius rapporte que, comme Alexandre, il s'entoure de nombreux éléphants et qu'il persécute les aristotéliciens parce que Aristote aurait eu une part de responsabilité dans la mort d'Alexandre. A Rome et dans d'autres villes, on élève des statues d'Alexandre. Le culte du héros est poussé jusqu'à l'extravagance : on fait réaliser des représentations de têtes à deux visages, celui d'Alexandre et celui de Caracalla.

Le côté romantique de Caracalla resurgit à Ilium, sur le site de l'ancienne Troie. L'empereur visite les ruines de la cité et la prétendue tombe d'Achille, qu'il fait décorer de guirlandes et de fleurs. La mort de l'un de ses secrétaires au cours du séjour est l'occasion pour l'empereur d'organiser une cérémonie, avec sacrifices d'animaux et grand bûcher funéraire, à l'image de celui que décrit Homère pour Patrocle, l'ami d'Achille.

Massacre à Alexandrie. L'année suivante, Caracalla poursuit son grand périple. Durant l'hiver 214-215, il séjourne à Nicomédie, dans le nord-ouest de l'Asie Mineure. En mai 215, il arrive à Antioche, en Syrie, où il passe l'été. Puis il rejoint Alexandrie, où les citoyens lui réservent un accueil grandiose. Avec un demi-million d'habitants, c'est la seconde ville de l'empire. Aux yeux de Caracalla, elle a surtout l'inestimable mérite d'abriter la sépulture d'Alexandre. Aussitôt arrivé, il visite la tombe de son héros, dépose sur le tombeau son manteau impérial de pourpre et les parures qu'il porte.

La visite d'Alexandrie, qu'il avait commencée de manière si plaisante, s'achève par un massacre, celui de citoyens sans défense par les hommes de Caracalla. On ne connaît pas la cause première de cette atrocité. Mais c'est bien la colère de Caracalla, quel qu'en soit le motif, qui a conduit à la mort de milliers d'Alexandrins (voir page 144).

La guerre parthique de Caracalla. La volonté de mener une guerre de conquête contre les Parthes constitue la principale raison de la présence de Caracalla en Orient. Après le massacre d'Alexandrie, il retourne à Antioche pour rassembler ses troupes et partir en campagne. Les préparatifs de celle-ci ont débuté deux ans auparavant, tandis que Caracalla se trouvait en Asie Mineure. On a recruté des unités militaires, amélioré les moyens de communication et installé de nouveaux ateliers pour frapper la monnaie nécessaire aux troupes. L'armée, rassemblée à la frontière de la Syrie au début de l'été 216, équivaut globalement à huit légions. C'est une force importante.

« IL ÉTAIT MALADE PHYSIQUEMENT, EN PROIE À DES INDISPOSITIONS, LES UNES VISIBLES, LES AUTRES CACHÉES ; IL ÉTAIT MALADE AUSSI MORALEMENT, TOURMENTÉ PAR DE SOMBRES FANTÔMES, ET SOUVENT IL LUI SEMBLAIT QUE SON PÈRE ET SON FRÈRE LE POURSUIVAIENT L'ÉPÉE À LA MAIN. »

DION CASSIUS, *Histoire romaine* LXXVII, 15

Allée menant au sanctuaire d'Esculape à Pergame (ci-dessus).
(Ci-dessous) Théâtre d'Alexandrie, IIIe siècle ap. J.-C.

LE FARDEAU DE LA CULPABILITÉ

Qu'ils soient anciens ou modernes, les historiens se sont montrés hostiles à Caracalla. Enfant, il ne paraît pas avoir été particulièrement méchant. Une fois empereur, ses actes violents semblent avant tout liés au meurtre de Geta. Le crime qui a mis fin au gouvernement conjoint des deux frères a définitivement entaché sa réputation. Il semble pourtant plus motivé par la peur que par une tendance naturelle à la cruauté. On raconte que, juste avant sa mort, Caracalla aurait vu son père en rêve et que celui-ci lui aurait dit : « De même que tu as assassiné ton frère, je te tuerai. » L'empereur est visiblement plus heureux loin de Rome, au milieu de ses troupes. Malade, il fréquente en vain la chapelle d'Apollon Grannus (dieu guérisseur celtique) en Germanie, le sanctuaire d'Esculape (dieu guérisseur grec) à Pergame, en Asie Mineure, et le temple de Sérapis à Alexandrie, dont il attend la guérison. Mais, il est surtout perturbé par la culpabilité et l'insécurité, qui l'entraînent à commettre des atrocités comme le massacre d'Alexandrie, ordonné pendant sa grande tournée dans l'empire. L'empereur arrive dans la ville en décembre 215 et y demeure jusqu'en mars ou avril de l'année suivante. Durant ce séjour, il se passe quelque chose qui provoque sa colère contre les Alexandrins. Y aurait-il eu un complot contre sa vie ? Il s'agit plus probablement de critiques concernant le meurtre de Geta. La réaction de Caracalla est en tout cas d'une férocité inouïe. Il rassemble les jeunes gens de la cité sous un faux prétexte, puis les fait cerner et exécuter par ses soldats. La tuerie s'étend à d'autres quartiers de la ville. Des milliers de citoyens impuissants périssent. C'est l'un des épisodes les plus terribles de l'histoire d'Alexandrie et l'un des plus sombres du règne de Caracalla.

Le moment choisi pour attaquer est idéal. Depuis 213, en effet, deux prétendants au trône se disputent l'Empire parthe, plongé dans la guerre civile. L'un d'eux, Vologèse V, tient la basse Mésopotamie et la capitale Ctésiphon. L'autre, Artaban V, contrôle le plateau iranien, situé au-delà. Caracalla met à profit cette division en prenant le parti d'Artaban, auquel il offre d'épouser sa fille. Mais le projet échoue et l'empereur se retourne contre Artaban. Les troupes romaines ravagent les territoires situés à l'est du Tigre pratiquement sans rencontrer d'obstacles.

C'est une victoire obtenue par la trahison, mais Caracalla ne peut que s'en féliciter. Il se retire dans la cité d'Edesse, dans le nord de la Mésopotamie, pour passer l'hiver. La ville abrite le quartier général de la campagne. L'empereur, occupé par la chasse et les courses de char, prépare aussi de nouvelles opérations contre les Parthes pour l'année suivante.

Celles-ci n'auront pas lieu. Pendant que Caracalla guerroie en Orient, des intrigues se nouent à Rome concernant la vie même de l'empereur. Flavius Maternianus, commandant de l'armée en l'absence de Caracalla, apprend l'existence d'un complot. Il écrit à Caracalla pour l'avertir, mais la lettre tombe entre les mains de Julia Domna, la mère de l'empereur, qui s'occupe de la correspondance impériale à Antioche. Marcus Opellius Macrin, commandant de la garde prétorienne, est soupçonné d'être l'un des principaux conjurés.

Julius Martialis, officier de la garde impériale, a été désigné pour porter le coup fatal. Martialis en veut personnellement à Caracalla qui, selon Hérodien, aurait fait exécuter son frère quelque temps auparavant pour une faute non prouvée. De son côté, Dion Cassius affirme que Martialis n'aurait pas supporté que l'empereur lui refuse d'être promu centurion. Quelle que soit la bonne version, Macrin et Martialis font tous deux partie de la suite qui accompagne Caracalla, le 8 avril, d'Edesse à Carrhes. L'empereur, qui a l'estomac dérangé, ordonne une halte pour se soulager. C'est l'occasion rêvée pour Martialis. Un seul serviteur demeure auprès de l'empereur, tandis que les gardes du corps tournent le dos afin de respecter l'intimité de leur maître. Martialis s'avance comme si on l'avait appelé et tue Caracalla, qui baisse sa culotte, d'un seul coup d'épée.

L'assassin cherche aussitôt à s'enfuir à cheval, mais l'un des gardes de Caracalla, à cheval également, l'abat avec un javelot. Pendant ce temps, Macrin feint l'innocence et pleure la mort de l'empereur. Le corps de Caracalla, haï par beaucoup mais aimé des soldats, est incinéré dans les règles. Les cendres sont envoyées à Julia Domna, à Antioche. L'empereur n'avait que vingt-neuf ans. L'urne, rapportée à Rome, est déposée dans le Mausolée d'Hadrien. Les cendres de Julia Domna suivront à quelques semaines d'intervalle. Quelques mois plus tard, Elagabale divinisera la mère et le fils.

Ainsi s'achève le règne de Caracalla, un homme que la culpabilité et l'insécurité ont rendu cruel, mais qui ne manquait ni de compétence en tant que souverain ni du souci de bien gouverner. Il écoutait les procès patiemment et consciencieusement. Il a aussi réformé la monnaie en créant une nouvelle pièce d'argent, l'antoninianus. Surtout, Caracalla a étendu la citoyenneté romaine à tous les hommes libres (non esclaves) de l'empire par l'édit de 212 ou constitution antonine. Son intention était sans doute d'étendre l'obligation de service public et d'accroître les revenus impériaux, car les citoyens étaient soumis à des impôts supplémentaires. Toutefois, en supprimant la différence entre Romain et non-Romain, l'édit de Caracalla a consolidé l'idée que l'empire était une communauté et non plus une série de provinces dominées par l'Italie.

Si l'on cherche un souvenir du règne de Caracalla, on ne retiendra ni l'extension de la citoyenneté, ni la réputation cruelle de l'homme, mais les immenses thermes qu'il a bâtis à Rome. Bien qu'en ruine aujourd'hui, ils constituent l'un des monuments les plus représentatifs de la puissance romaine. ■

L'origine maure de Macrin est bien visible sur ses portraits. Il met un point d'honneur à cultiver certaines attitudes évoquant la mémoire de Marc Aurèle. Il va par exemple jusqu'à arranger sa barbe à la mode de ce temps. Il porte aussi les vêtements et bijoux qui paraient les hauts dignitaires romains du début du IIIe siècle. Il reste quatre bustes de Macrin. Un seul d'entre eux (ci-dessus), un buste en bronze découvert près de Belgrade en 1969, figure la longue barbe sur le modèle de Marc Aurèle.

« MACRIN ÉTAIT MAURE DE NAISSANCE, ORIGINAIRE DE CÉSARÉE, FILS DE PARENTS TELLEMENT OBSCURS QU'ON L'A COMPARÉ, AVEC BEAUCOUP DE JUSTESSE, À L'ÂNE CONDUIT PAR LE GÉNIE DANS LE PALAIS ; IL AVAIT, D'AILLEURS, UNE OREILLE PERCÉE À LA FAÇON DE LA PLUPART DES MAURES ; MAIS SA MODÉRATION COUVRAIT LA BASSESSE DE SON EXTRACTION ; QUANT AUX LOIS, IL ÉTAIT MOINS HABILE DANS LEUR CONNAISSANCE QUE FIDÈLE À LES FAIRE APPLIQUER. »

DION CASSIUS, ***Histoire romaine*** LXXVIII, 11

MACRIN

- Né à Césarée, en Maurétanie, en 164 **MARCUS OPELLIUS MACRINUS**
- Accession le 11 avril 217 : **IMPERATOR MARCUS OPELLIUS SEVERUS MACRINUS AUGUSTUS, PIUS FELIX, PROCONSUL**
- Décerné par le sénat en (juin ?) 217 : **PATER PATRIAE**
- Rang consulaire en 217, mais il exerce la charge de **CONSUL** pour la 1re fois le 1er janvier 218. Certaines inscriptions disent "Cos I" pour 217 et "Cos II" pour 218 ; mais la forme exacte est "Cos I" pour 218 seulement.
- Puissance tribunicienne la 1re fois le 11 avril 217, renouvelée le 10 décembre 218
- Titulature complète à sa mort : **IMPERATOR MARCUS OPELLIUS SEVERUS MACRINUS PIUS FELIX AUGUSTUS, PONTIFEX MAXIMUS, TRIBUNICIAE POTESTATIS II, CONSUL, PATER PATRIAE, PROCONSUL**
- Epouse : Nonia Celsa
- Enfants : un fils Marcus Opellius Diaduménien
- Exécuté à Archelais en Cappadoce en juin/juillet 218

Au moment du meurtre de Caracalla, le 8 avril 217, l'Empire romain ne possède pas de candidat à la succession. Caracalla n'a pas eu d'enfants et n'a pas désigné d'héritier officiel. Les conspirateurs ont donc le champ libre pour proposer leur homme. A en croire Dion Cassius et Hérodien, la succession aurait été prévue à l'avance et l'on aurait tué Caracalla pour laisser la place à Macrin. Si cela est exact, les conspirateurs se sont montrés très prudents, puisque Macrin a attendu trois jours avant de solliciter l'acclamation des troupes, le 11 avril 217.

Si Macrin n'est pas le premier provincial devenu empereur, il est bien, en revanche, le premier à obtenir la fonction suprême sans être sénateur. Né en 164 à Césarée, ville portuaire de la côte maurétanienne, Macrin n'est sans doute pas d'aussi modeste origine que le laissent entendre les historiens anciens. Ses parents, qui sont de rang équestre, appartiennent à la classe moyenne et non à celle des pauvres travailleurs. La carrière de Macrin, qui est avocat de formation, débute véritablement lorsqu'il devient intendant du puissant Plautien, commandant de la garde prétorienne sous Septime Sévère. En 212, Macrin occupe lui-même la même fonction sous les ordres de Caracalla, lorsque se présente l'occasion de s'emparer du pouvoir. Le règne de Macrin commence avec quelques inévitables exécutions et le remplacement de plusieurs gouverneurs de pro-

UN HÉRITIER À ABATTRE

« DIADUMÈNE ÉTAIT UN ENFANT D'UNE RARE BEAUTÉ : TAILLE ÉLANCÉE, CHEVEUX BLONDS, YEUX NOIRS, NEZ AQUILIN, MENTON DE FORME PARTICULIÈREMENT GRACIEUSE, BOUCHE FAITE POUR LES BAISERS ; À SA ROBUSTESSE NATURELLE S'ALLIAIT UNE GRANDE ÉLÉGANCE DANS LES EXERCICES PHYSIQUES. »

HISTOIRE AUGUSTE, *Diadumène Antonin* III, 2

La description flatteuse de Diaduménien semble oublier que l'enfant n'avait que neuf ans lorsqu'il a été tué. Marcus Opellius Diaduménien est en fait l'un des personnages les plus jeunes et les plus fantomatiques qui aient porté le titre d'empereur. Né en 208, il est devenu héritier avec le titre de César lorsque Macrin a été proclamé empereur en avril 217. Il prend aussi le surnom d'Antonin afin de donner une certaine légitimité au nouveau régime. En mai 218, lors de la mutinerie des partisans d'Elagabale, Diaduménien est élevé au rang d'Auguste. Le sénat n'ayant jamais confirmé le titre, celui-ci reste non officiel bien qu'il figure sur les pièces frappées à Antioche. Après la victoire des rebelles, Macrin envoie son fils chercher refuge à la cour des Parthes. Mais Diaduménien est arrêté en chemin et tué à Zeugma.

vince par des hommes de son choix, issus de sa propre classe. Il se brouille rapidement avec Julia Domna, qui vit à Antioche et ne peut s'empêcher de conspirer avec les soldats. Macrin lui ordonne alors de quitter Antioche. Julia Domna, qui souffre d'un grave cancer du sein, préfère se laisser mourir de faim plutôt que de partir.

Pour le nouvel empereur, le problème parthe va constituer le test décisif. Les Parthes n'étaient pas prêts pour l'invasion de Caracalla l'année précédente, mais, à l'automne 217, ils ont réuni une puissante armée et s'avancent en force vers les positions romaines. Les deux armées s'affrontent à Nisibe, dans le nord de la Mésopotamie, mais aucune d'elles ne parvient à l'emporter. Pour conclure la paix, Macrin accepte de verser aux Parthes la somme colossale de 200 millions de sesterces. Cet accord humiliant ne lui gagne pas l'estime des soldats, d'autant qu'il commence à leur retirer certains privilèges concédés par Caracalla.

C'est ce moment difficile que choisit le "faux Antonin" pour entrer en scène. Il s'agit de Varius Avitus, plus connu sous le nom d'Elagabale, qui est le petit-fils de Julia Maesa, la sœur de Julia Domna. C'est un adolescent de quatorze ans. Dans la nuit du 15 mai 218, une petite troupe de complices l'introduit furtivement dans le camp de la Troisième Légion "Gallica", à Raphaneia près d'Emèse. Le matin suivant, les soldats le proclament empereur et entrent en rébellion, encouragés par la rumeur selon laquelle Elagabale serait le fils illégitime de Caracalla. Car Caracalla, comme Commode avant lui, était très aimé des soldats. Macrin essaie de consolider sa position en élevant son fils de neuf ans, Diaduménien, au rang d'Auguste. A cette occasion, il distribue de l'argent aux troupes pour gagner leurs faveurs. Mais sa générosité ne parvient pas à enrayer le flot des désertions, et il est contraint de se replier sur Antioche.

Le 8 juin 218, les rebelles battent Macrin à l'extérieur d'Antioche. Celui-ci s'enfuit vers le nord dans l'espoir de trouver des appuis à Rome. Il rase sa barbe et ses cheveux pour passer inaperçu, mais il est trahi et arrêté en Calcédoine, alors qu'il s'apprête à traverser le Bosphore. Presque en même temps, son fils, qui tentait d'atteindre le royaume parthe, est fait prisonnier à Zeugma, sur la frontière syrienne. Macrin, ramené dans le sud sous bonne garde, est exécuté à Archelais en Cappadoce. Il a alors cinquante-trois ans.

Son incapacité à remporter une vraie victoire sur les Parthes et sur les partisans d'Elagabale a définitivement compromis son pouvoir. Mais ce que Macrin a payé de sa vie, c'est le fait de n'avoir pas compris à quel point il était dangereux de toucher aux privilèges de l'armée. ■

Il ne reste qu'un buste contemporain d'Elagabale (ci-contre) ; il montre un visage doux et immature, aux grands yeux et aux lèvres pleines.
Musées du Capitole, Rome.

ELAGABALE

IMPERATOR
MARCUS AURELIUS
ANTONINUS PIUS
FELIX AUGUSTUS
PROCONSUL
218-222

SÉVÈRE ALEXANDRE

IMPERATOR CAESAR
MARCUS AURELIUS
SEVERUS ALEXANDER
PIUS FELIX
AUGUSTUS
222-235

« CET HOMME, QUI FUT LE DERNIER DES ANTONINS (...) S'ÉTAIT RENDU SI ODIEUX PAR SA VIE, SON CARACTÈRE ET SA DÉPRAVATION QUE LE SÉNAT ALLA JUSQU'À MARTELER SON NOM. »

HISTOIRE AUGUSTE, *Antonin Elagabale* XVIII, 1

« IL PORTAIT DES TUNIQUES TOUT EN OR, D'AUTRES DE POURPRE, D'AUTRES ENCORE CONSTELLÉES DE PIERRERIES À LA MODE PERSE ET QUI, DISAIT-IL, L'ACCABLAIENT D'UN PESANT PLAISIR. IL AVAIT DES JOYAUX JUSQUE SUR SES CHAUSSURES, CERTAINS MÊME GRAVÉS, CE QUI SUSCITAIT L'HILARITÉ GÉNÉRALE À L'IDÉE QU'ON POUVAIT CONTEMPLER LES GRAVURES DES PLUS GRANDS ARTISTES SUR DES JOYAUX QU'IL S'ÉTAIT ATTACHÉS AUX PIEDS. IL VOULUT ÉGALEMENT AVOIR UN DIADÈME ORNÉ DE PIERRES PRÉCIEUSES POUR REHAUSSER SA BEAUTÉ ET RENDRE SON VISAGE PLUS EFFÉMINÉ, ET IL LE PORTAIT MÊME CHEZ LUI. »

HISTOIRE AUGUSTE, ***Antonin Elagabale*** XXIII, 3-5

Si Commode et Caracalla sont passés à la postérité comme des monstres et des tyrans, celui qui succède à Macrin est un personnage vraiment extraordinaire. Le comportement excentrique de l'empereur syrien Elagabale a profondément choqué l'opinion romaine, à la fois par ses débordements sexuels et ses pratiques religieuses exotiques. Tour à tour perplexes et horrifiés, les historiens anciens ont dépeint son règne sous un jour

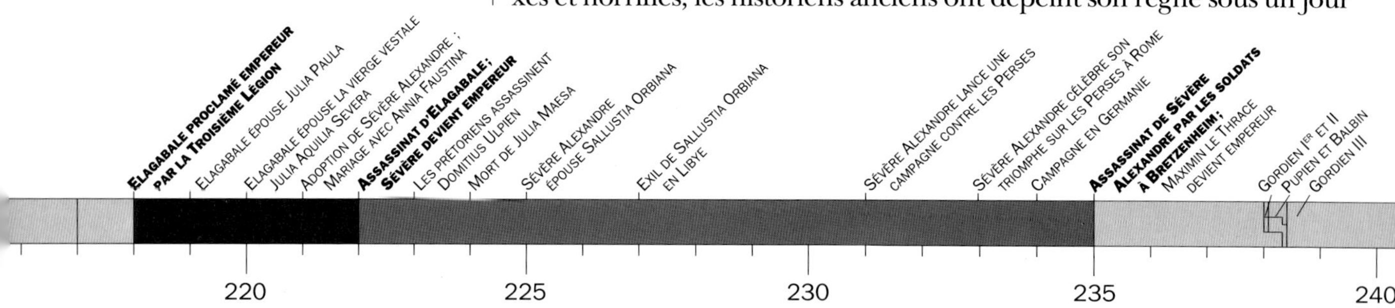

ÉLAGABALE

- Né à Emèse, en Syrie, en 203 ou 204 **VARIUS AVITUS BASSIANUS**
- Accession le 16 mai 218 : **IMPERATOR CAESAR MARCUS AURELIUS ANTONINUS PIUS FELIX AUGUSTUS PROCONSUL** (titulature identique à celle de Caracalla, dont il prétend être le fils naturel)
- Dans les inscriptions : **DIVI ANTONINI MAGNI FILIUS, DIVI SEVERI PII NEPOS** (fils de Caracalla, petit-fils de Sévère)
- Ajouté en juillet 218, lors de la reconnaissance par le sénat et par les collèges de prêtres à Rome : **PATER PATRIAE** et **PONTIFEX MAXIMUS**
- A partir de 220 : **SACERDOS AMPLISSIMUS DEI INVICTI SOLIS ELAGABALI** (grand prêtre du dieu Soleil invincible Elagabale)
- **CONSUL** I (218), II (219), III (220), IV (222)
- Puissance tribunicienne la 1re fois le 16 mai 218, renouvelée annuellement le 10 décembre
- Titulature complète à sa mort : **IMPERATOR CAESAR DIVI ANTONINI MAGNI FILIUS, DIVI SEVERI PII NEPOS, MARCUS AURELIUS ANTONINUS PIUS FELIX AUGUSTUS, SACERDOS AMPLISSIMUS DEI INVICTI SOLIS ELAGABALI, PONTIFEX MAXIMUS, TRIBUNICIAE POTESTATIS V, CONSUL IV, PATER PATRIAE**
- Connu sous le nom de son dieu Elagabale, qu'il n'a jamais porté officiellement ; par la suite, les historiens latins ont transcrit Héliogabale, de manière erronée. Dion Cassius l'appelle Sardanapale
- Epouses :
(1) Julia Cornelia Paula
(2) Julia Aquilia Severa
(3) Annia Faustina
- Assassiné le 11 mars 222, dans le camp prétorien à Rome, et jeté dans le Tibre

La pierre sacrée portée en procession ; la légende dit "Sanct Deo Soli", "au dieu solaire et sacré" ; en dessous figure "Elagabale", nom partagé par le dieu et l'empereur.

terrifiant. Dans le monde romain, une chose était d'avoir un empereur d'origine provinciale, qui avait franchi tous les échelons de la carrière militaire, tels Pertinax ou Septime Sévère ; une autre était, en revanche, d'accepter comme souverain le prêtre héréditaire d'un dieu solaire oriental, un Syrien âgé de quatorze ans seulement.

Petit-fils de Julia Maesa, la sœur cadette de l'impératrice Julia Domna, Elagabale se nomme Varius Avitus Bassianus à sa naissance. Membre de la même famille émésienne que Julia Domna, il est le grand prêtre héréditaire du dieu Elagabale. Son père Sextus Varius Marcellus, également syrien, est parvenu au rang de sénateur sous Caracalla ; sa mère Julia Soaemias fait courir le bruit que son vrai père n'est autre que Caracalla, dont la mémoire est toujours chère à l'armée. En réalité, Avitus est seulement le neveu de Caracalla.

L'idée de faire d'Avitus un empereur vient de Gannys, l'amant de sa mère. C'est lui qui, à la faveur de la nuit, conduit la mère et le fils au camp de la Troisième Légion "Gallica" pour le faire acclamer empereur au matin du 16 mai 218. Avitus prend le titre de Marcus Aurelius Antoninus. Mais il est connu sous le nom d'Elagabale, emprunté à son dieu.

Les rebelles battent les troupes de Macrin, l'empereur régnant, avec une facilité surprenante. Le 8 juin 218, leur victoire près d'Antioche amène la reconnaissance immédiate d'Elagabale comme empereur de Rome et de tout l'empire.

Le nouvel empereur n'est pas pressé de se rendre à Rome. Il passe plusieurs mois en Orient, d'abord à Antioche, puis à Nicomédie, en Asie Mineure. A Nicomédie, il fait exécuter Gannys, l'homme qui l'a porté au pouvoir, car, nous dit-on, ce dernier l'aurait forcé à vivre « avec mesure et prudence ». C'est plus probablement parce que l'amant de sa mère devenait trop puissant et traitait le jeune empereur comme une simple marionnette. Auparavant, Elagabale avait songé à décerner le titre de César à Gannys et à lui faire épouser sa mère. La disparition de Gannys profite surtout à sa mère Julia Soaemias et à sa grand-mère, la terrible Julia Maesa.

Au printemps 219, le cortège impérial quitte Nicomédie pour Rome. Hormis la famille d'Elagabale, il comprend la fameuse pierre noire, symbole du culte du dieu Elagabale, prise dans le temple de celui-ci à Emèse, en Syrie. Hérodien décrit l'objet comme « une très grande pierre, circulaire en bas et pointue à l'extrémité supérieure, de forme conique et de couleur noire », et ajoute : « Les gens du pays en parlent solennellement comme d'une statue tombée du ciel, ils en montrent certaines petites proéminences ou incisions, et veulent qu'on voie en elle l'image inachevée du Soleil, parce qu'ils la regardent effectivement ainsi. » L'empereur emmène son dieu avec lui à Rome. A son arrivée dans la capitale, il installe la pierre noire sur le Palatin où il fait construire pour elle un grand temple, l'Elagabalium.

Elagabale est profondément dévoué au dieu dont il est le grand prêtre. Chaque jour, à l'aube, sur les autels de son temple, il sacrifie des taureaux et du petit bétail en abondance. Les sénateurs et les chevaliers assistent au culte qui se poursuit ainsi : « Quant aux entrailles des victimes et aux aromates, placés dans des vases d'or, ce n'étaient pas des serviteurs ou des

LES TEMPLES D'ÉLAGABALE

« DES BÂTIMENTS PUBLICS ÉDIFIÉS SOUS SON RÈGNE, AUCUN NE SUBSISTE, MIS À PART LE TEMPLE DU DIEU HÉLIOGABALE — QUE CERTAINS APPELLENT "LE SOLEIL" ET D'AUTRES "JUPITER" —, UNE RESTAURATION DE L'AMPHITHÉÂTRE APRÈS UN INCENDIE ET LES THERMES DU QUARTIER SULPICIUS QU'AVAIT COMMENCÉ À CONSTRUIRE ANTONIN, LE FILS DE SÉVÈRE. CES THERMES AVAIENT ÉTÉ EN EFFET DÉDIÉS PAR ANTONIN CARACALLA, QUI S'Y ÉTAIT BAIGNÉ ET LES AVAIT OUVERTS AU PUBLIC ; MAIS IL Y MANQUAIT LES PORTIQUES, QUI FURENT ENSUITE ÉLEVÉS PAR NOTRE PRÉTENDU ANTONIN ET ACHEVÉS PAR ALEXANDRE. »

HISTOIRE AUGUSTE, *Antonin Elagabale* XVIII, 8-9

Maquette de la Rome impériale avec le temple d'Elagabale au premier plan et à droite du Colisée.

L'empereur Elagabale a restauré l'amphithéâtre flavien (Colisée), gravement endommagé par la foudre en 217. Il a également commencé la construction du mur d'enceinte des thermes de Caracalla et bâti les Horti Variani, un complexe palatial qui comprenait un amphithéâtre, un cirque, des thermes et une salle d'audience. Mais ses monuments les plus célèbres sont les deux temples dédiés au culte d'Elagabale, l'un sur le Palatin (l'Elagabalium), l'autre à la limite sud-est de Rome.

L'Elagabalium, consacré ensuite à Jupiter Ultor, le "Vengeur", était un énorme édifice à colonnades de 70 mètres sur 40 mètres, entouré d'une enceinte à portiques. Le podium massif du temple domine toujours l'angle nord-est du Palatin. Le deuxième temple voué au dieu se trouvait peut-être à l'emplacement de l'actuelle église Sainte-Croix de Jérusalem. Les contemporains décrivent un édifice vaste et magnifique, comprenant de hautes tours d'où l'empereur faisait des dons à la foule assemblée en dessous. A l'intérieur du sanctuaire, les rites religieux d'Elagabale ne connaissaient aucune mesure. Dion Cassius en dresse un tableau terrifiant : « Pour passer sous silence les chants barbares que Sardanapale chantait, avec sa mère et avec son aïeule, en l'honneur d'Elagabale, les sacrifices secrets qu'il lui offrait, immolant des enfants, recourant à des pratiques magiques ; pour ne rien dire d'un lion, d'un singe et d'un serpent vivants qu'il renferma dans le temple de son dieu, de membres virils qu'il y jeta, ni de toutes les autres impiétés qu'il commit, ainsi que des mille amulettes dont il faisait usage. » (Dion Cassius, *Histoire romaine* LXXIX, 11)

hommes de tout venant qui les portaient sur leur tête, mais les préfets du prétoire et les responsables les plus élevés : ceux-ci étaient vêtus de robes talaires pourvues de larges manches, à la manière des Phéniciens, avec, au milieu, une seule bande de pourpre, et avaient aux pieds des chaussures de lin comme les prophètes de ces contrées-là. » (Hérodien, V, 5, 9-10)

Ces pratiques font sensation dans la capitale ; mais ce n'est rien en comparaison du scandale que provoque l'outrage qu'il fait subir aux dieux

LES FRASQUES SEXUELLES D'UN EMPEREUR

« IL (...) AVAIT TOUT LE CORPS ÉPILÉ ET CONSIDÉRAIT QUE LE PRINCIPAL ATTRAIT DE LA VIE ÉTAIT DE PARAÎTRE DIGNE ET CAPABLE D'ASSOUVIR LA JOUISSANCE DU PLUS GRAND NOMBRE DE GENS POSSIBLE. (...) À ROME, ENSUITE, IL NE S'OCCUPA QUE DE TROUVER DES ÉMISSAIRES CHARGÉS DE LUI PROCURER DES HOMMES DOTÉS DE MEMBRES VIRILS IMPOSANTS ET DE LES CONDUIRE AU PALAIS POUR QU'IL PUISSE JOUIR DE LEURS ATTRIBUTS. »

HISTOIRE AUGUSTE, *Antonin Elagabale* V, 5; V, 3

« LE MARI DE CETTE FEMME ÉTAIT HIÉROCLÈS, ESCLAVE CARIEN, ANCIEN MIGNON DE GORDIUS, QUI LUI AVAIT APPRIS À CONDUIRE UN CHAR. (...) D'AUTRES AUSSI OBTINRENT D'ÉLAGABALE DES HONNEURS ET DU CRÉDIT; LES UNS, POUR AVOIR PRIS PART À SA RÉVOLTE, LES AUTRES, POUR AVOIR ÉTÉ SES AMANTS, CAR IL VOULAIT PASSER POUR AVOIR DES AMANTS, AFIN D'IMITER EN CELA LES FEMMES LES PLUS DÉVERGONDÉES; SOUVENT, MÊME, IL SE LAISSAIT VOLONTAIREMENT PRENDRE SUR LE FAIT, CE QUI LUI VALAIT, DE LA PART DE SON "MARI", DES INJURES BRUTALES ET DES COUPS DONT IL PORTAIT LES TRACES AU-DESSOUS DES YEUX. »

DION CASSIUS, *Histoire romaine* LXXIX, 15

« IL SONGEA À S'AFFRANCHIR COMPLÈTEMENT DE SES PARTIES GÉNITALES, MAIS CE DÉSIR LUI VINT DE SA FÉMINITÉ; TANDIS QUE LA CIRCONCISION, QU'IL PRATIQUA VRAIMENT, FAISAIT PARTIE DES DEVOIRS DE PRÊTRE D'ÉLAGABALE, CE QUI LUI FIT MUTILER PAREILLEMENT PLUSIEURS DE SES COMPAGNONS. »

DION CASSIUS, *Histoire romaine* LXXIX, 11

traditionnels de Rome. L'empereur veut, en effet, faire d'Elagabale le dieu principal et unique, initiative qui atteint son paroxysme en l'an 220. Le dieu oriental surpasse Jupiter lui-même. Il doit aussi prendre femme. Le choix de l'épouse se porte d'abord sur Pallas, la statue sacrée (originaire, pense-t-on, de Troie), cachée dans le temple de Vesta sur le Forum et gardée par les vierges vestales. Dans ce contexte, l'empereur et grand prêtre doit épouser l'une des vestales. L'idée soulève tant d'indignation qu'elle est abandonnée, et c'est Uranie, la déesse lune, connue aussi sous le nom de Caelestis, qui devient l'épouse du dieu Elagabale au lieu de Pallas.

Le souverain érige un immense temple solaire de type oriental à la limite de Rome. Chaque année, au cœur de l'été, une grande procession y conduit la pierre noire d'Elagabale qui quitte momentanément le temple du Palatin. La pierre voyage dans un char tiré par six chevaux blancs, précédé par l'empereur qui marche à reculons pour de ne pas tourner le dos à son dieu. Le but de l'empereur est d'établir une sorte de monothéisme qui prendrait pour divinité principale le Soleil Elagabale et ravalerait les autres dieux au rang d'esclaves ou de serviteurs. Dans le cadre de cette politique de syncrétisme religieux, il tente de rassembler les symboles sacrés de divers cultes dans le temple d'Elagabale. Chrétiens et juifs sont également contraints de vénérer la divinité. Selon le même principe qui considère que toutes les croyances sont subordonnées au culte du dieu solaire, l'empereur participe aux rituels de différentes religions. D'après l'Histoire Auguste : « Toute une cohorte de mages l'entourait et travaillait chaque jour sous ses ordres; il remerciait les dieux de s'être montrés favorables à leur égard lorsqu'il examinait les entrailles des enfants et torturait les victimes selon le rite de son pays d'origine. »

Outre sa folie religieuse, l'empereur se distingue par des pratiques sexuelles extravagantes. Il a épousé trois femmes — cinq d'après certaines sources — en l'espace de trois ans. D'après Dion Cassius, « il s'enferma avec un plus grand nombre encore, sans que cette union eût aucun titre légal ».

Ce ne sont pas tant ses relations avec les femmes qui choquent les Romains que celles avec les hommes. L'homosexualité, qui n'est pas bien vue dans la Rome du IIIe siècle, l'est encore moins de la façon dont Elagabale la conçoit. En effet, l'empereur n'est pas seulement bisexuel, il se travestit également. Dion Cassius rapporte qu'« il entrait, la nuit, dans les cabarets, avec des cheveux postiches, et y remplissait les fonctions de cabaretière. Il se rendait dans les lupanars fameux, où, après avoir chassé les courtisanes, il se livrait à la prostitution. » Finalement, il « épouse » un esclave carien du nom de Hiéroclès, qui est autorisé à le battre. Les rumeurs scandaleuses vont plus loin. On dit qu'Elagabale ne se contente pas de se comporter et de s'habiller comme une femme, mais qu'il veut aussi se transformer physiquement en femme. « Il demanda aux médecins de trouver le moyen de le doter du vagin d'une femme en pratiquant une incision et leur promit pour cela de fortes sommes. » On évoque aussi son admiration pour un homme doté d'un appareil particulièrement avantageux, qui n'a pas retenu longtemps son attention à cause de ses piètres performances.

Elagabale est aussi critiqué pour avoir nommé à des postes importants du gouvernement des hommes de modeste extraction. Publius Valerius

Comazon, issu d'une famille de danseurs ou d'acteurs professionnels, devient ainsi commandant de la garde prétorienne en 218. Avec des choix comme celui-ci, les amateurs de scandales ont beau jeu de proclamer que l'empire est gouverné par des cuisiniers, des barbiers et des conducteurs de char. En fait, ce sont des hommes de confiance pour l'empereur et sa famille. Mais ils ne contribuent guère à établir la respectabilité du régime.

Le comportement d'Elagabale est particulièrement insupportable aux soldats. Le règne connaît d'ailleurs une série de révoltes. Dès le début de 218, la Troisième Légion "Gallica", qui tient garnison en Syrie, décide de se débarrasser de son ancien protégé et tente de proclamer empereur son commandant, Verus. La manœuvre échoue, tout comme les tentatives suivantes faites par la Quatrième Légion, la marine et un vague prétendant nommé Seleucus.

Au début de l'été 221, la proche famille d'Elagabale et ses partisans commencent à s'inquiéter du comportement impérial. Pour préserver l'avenir, ils persuadent Elagabale d'adopter son cousin Bassianus Alexianus, un adolescent de treize ans, comme César, fils et héritier. L'adoption a lieu le 26 juin. Alexianus, le futur empereur Sévère Alexandre, jouit de la faveur de la garde prétorienne. Il devient rapidement le rival d'Elagabale. Chacun d'eux a derrière lui une mère ambitieuse. Elagabale est soutenu par Julia Soaemias, Alexandre par sa mère Julia Mamaea et par sa grand-mère Julia Maesa. A la fin de 221, Elagabale veut assassiner son cousin, mais personne n'accepte d'exécuter ses ordres. Cela ne l'incite pas pour autant à abandonner son sanglant dessein. Le 11 mars 222, au cours d'une visite au camp prétorien, l'empereur s'emporte contre le soutien que les soldats apportent ouvertement à Alexandre et s'irrite de sa propre impopularité. Il ordonne l'arrestation immédiate des coupables qu'il veut châtier, mais les soldats, excédés, réagissent : Elagabale est assassiné dans les latrines où il s'est réfugié. Une autre source rapporte qu'on a cherché à lui faire quitter les lieux secrètement dans un coffre, mais que la ruse a été découverte et qu'il a été tué. Sa mère est assassinée en même temps. Leurs corps, décapités et dénudés, sont traînés à travers les rues de Rome. Le cadavre de l'empereur est finalement jeté dans le Tibre, traitement réservé traditionnellement aux criminels.

Ainsi périt Elagabale, qui a régné moins de quatre ans. Il est presque étonnant qu'il ait pu rester aussi longtemps sur le trône. Comment y est-il parvenu ? Sans doute est-ce en partie à cause de son jeune âge (il n'a que dix-huit ans à sa mort) et aussi parce que le pouvoir était en réalité exercé par les femmes de sa famille, les princesses syriennes Julia Maesa et Julia Soaemias. Certes, les excès de l'empereur irritent le peuple et les soldats, mais sont finalement tolérés tant que les princesses dirigent l'Etat avec vigilance et compétence. Les postes clefs sont occupés par les partisans du nouveau régime, qui comptent des hommes d'origine modeste, dont la réussite dépend entièrement de la famille impériale. La crise éclate lorsque les princesses elles-mêmes sont renversées. Toutefois, il n'en résulte pas un changement de régime, mais un simple changement de souverain. L'empereur Sévère Alexandre n'est, en effet, pas moins syrien que son cousin Elagabale. ■

LES TROIS FEMMES D'ÉLAGABALE

Peu après son arrivée à Rome, en 219, Elagabale épouse Julia Cornelia Paula, femme d'une famille influente, qui prend le titre d'Augusta. A la fin de 220, il divorce et se remarie avec Julia Aquilia Severa, une vestale. Il transgresse ainsi ouvertement la loi et la tradition romaines, qui condamnent les vestales ayant perdu leur virginité à être enterrées vives. Sous le règne de Caracalla, quatre vestales ont péri de cette manière. Elagabale justifie son mariage en arguant du fait que, étant respectivement grand prêtre et grande prêtresse, il naîtra de leur union des enfants semblables aux dieux.

Un an plus tard, Aquilia Severa est abandonnée à son tour. Elagabale épouse ensuite Annia Faustina, une descendante de Marc Aurèle, veuve d'un homme que l'empereur vient de faire exécuter. Le mariage est célébré en juillet 221. Elagabale se lasse vite de sa nouvelle femme qu'il congédie. A la fin de l'année, il retourne à Julia Aquilia Severa, la seule femme qu'il aime véritablement selon ses dires. Ces dames ont porté le titre d'*Augusta* et ont eu la dignité d'impératrice : elles n'en ont pas moins toutes senti peser sur elles le pouvoir détenu par la mère et la grand-mère d'Elagabale.

SÉVÈRE ALEXANDRE

• Né à Césarée, en Phénicie, le 1er octobre 208 **Bassianus Alexianus**
• Adoption par Elagabale en 221 avec le rang de César : **Imperatori Caesaris Marci Aurelii Antonini Pii Felicis Augusti Filius, Divi Antonini Magni Pii Nepos, Divi Severis Pronepos, Marcus Aurelius Alexander, Nobilissimus Caesar Imperi et Sacerdotis, Princeps Iuventutis** (fils de l'empereur Marcus Aurelius Antoninus Pius Felix Augustus [Elagabale] ; petit-fils d'Antoninus Magnus Pius [Caracalla] ; arrière-petit-fils du divin Sévère [Septime Sévère], Marcus Aurelius Alexander, très noble César du pouvoir et du clergé, prince de la jeunesse)
• Accession le 13 mars 222 : **Imperator Caesar Marcus Aurelius Severus Alexander Pius Felix Augustus**
• **Consul** I (222), II (226), III (229)
• Puissance tribunicienne pour la 1re fois le 14 mars 222, renouvelée annuellement le 10 décembre
• **Imperator** I (13 mars 222), II (avant 226), III-X (avant 235)
• Titulature complète à sa mort : **Imperator Caesar Marcus Aurelius Severus Alexander Pius Felix Augustus, Pontifex Maximus, Tribuniciae Potestatis XV, Imperator X, Consul III, Pater Patriae**
• Epouse : Sallustia Orbiana
• Assassiné au Vicus Britannicus (Bretzenheim) en mars 235 ; enterré à Rome ?

« APRÈS UN RÈGNE QUI NE DÉPASSA PAS TREIZE ANS, IL LAISSA L'ÉTAT PARTOUT RENFORCÉ. CET ÉTAT, QUI PRIT SON ESSOR DÈS ROMULUS ET GRANDIT À L'ENVI JUSQU'À SEPTIME SÉVÈRE, SE TROUVA COMME AU FAÎTE DE SA GRANDEUR SOUS LE SAGE GOUVERNEMENT DE BASSIEN (CARACALLA). IL DUT À ALEXANDRE DE NE PAS ENTRER AUSSITÔT EN DÉCADENCE. »

AURELIUS VICTOR, *Livre des Césars* XXIV, 7-8.

A la mort d'Elagabale en 222, son cousin Sévère Alexandre, César depuis l'année précédente, hérite de la pourpre impériale. Le nouveau règne apporte l'espoir d'un gouvernement plus ordonné et, de fait, les historiens anciens considèrent Sévère Alexandre comme un empereur modèle. Ils ne peuvent cependant passer sous silence le fait que l'empereur ne maîtrise pas totalement les événements. Le pouvoir repose en réalité sur les épaules de sa mère Julia Mamaea, qui gouverne l'empire avec ses conseillers. Mais elle ne contrôle pas l'armée, et le règne est perturbé par l'agitation et l'indiscipline des soldats.

Le règne s'ouvre par la corégence de Julia Mamaea et de sa mère, la grand-mère de l'empereur, la terrible Julia Maesa. La mort de cette dernière, en 224, laisse Julia Mamaea libre de conforter son autorité. Ses pouvoirs toujours plus étendus provoquent le ressentiment d'Alexandre. Ainsi, « il s'indignait vivement qu'elle montrât de l'avidité et manifestât un si vif intérêt pour l'argent ». De même, il ne peut retenir « son indignation à la voir s'approprier sous la menace les biens et l'héritage d'autrui ». En 227, Julia Mamaea est nommée *Mater Augusti et castrorum et senatus et patriae* ("mère de l'empereur, de l'armée, du sénat et de la patrie"). Plus tard, elle adopte le titre plus grandiloquent de *Mater universi generis humani* ("mère de tout le genre humain").

Malgré ses prétentions, Julia Mamaea gouverne avec modération, à la satisfaction générale, sans tomber dans les pièges du règne précédent. Elle choisit seize sénateurs, éminents et respectés, comme conseillers de l'empereur. Les excès religieux d'Elagabale sont oubliés, les anciens dieux restaurés dans leurs sanctuaires. La pierre noire retourne en Syrie, tandis que l'Elagabalium, sur le Palatin, est transformé en temple de Jupiter Ultor. Julia Mamaea, qui surveille la vie privée de son fils, s'emploie à prévenir les dérèglements du genre de ceux d'Elagabale.

Dans les premiers mois du règne, Julia Mamaea a pour bras droit Domitius Ulpianus (Ulpien), avocat et écrivain remarquable. Ulpien est nommé commandant de la garde prétorienne, avec des pouvoirs importants. Il introduit avec succès un certain nombre de réformes, mais ne parvient pas à contrôler les prétoriens. Ainsi, des affrontements entre les prétoriens et la population de Rome font, durant trois jours, de nombreux morts des deux côtés. La chute d'Ulpien intervient en 223 ou au début de 224, lorsque, celui-ci ayant fait exécuter Julius Flavianus et Geminius Chrestus, également commandants des prétoriens, ces derniers l'assassinent dans le palais impérial.

« Il n'aimait pas qu'on l'appelle syrien mais se disait romain de vieille souche et s'était fait peindre un arbre généalogique qui montrait que sa famille descendait des Metelli. »

Histoire Auguste, *Alexandre Sévère* LIV, 3

Sévère Alexandre n'a que treize ans quand il accède au pouvoir et vingt-six lorsqu'il meurt. Ses portraits, qui le montrent enfant, adolescent puis jeune adulte, permettent de suivre son évolution vers la maturité. Les sculpteurs ont fait ressortir des qualités de spiritualité et de noblesse sereines, qui s'opposent au fanatisme religieux d'Elagabale. Les représentations d'Alexandre jeune homme, comme ce buste du Louvre, adoptent le style classique et retenu. Elles imitent consciemment les portraits de l'époque d'Auguste et s'écartent des sculptures baroques, aux cheveux flottants, des empereurs antonins.

En 225, Sévère Alexandre épouse la fille d'une famille patricienne, qui porte le redoutable nom de Gnaea Seia Herennia Sallustia Orba Barbia Orbiana. Le mariage, arrangé par Julia Mamaea, crée de nouvelles difficultés. Comme le rapporte Hérodien, « si la mère de l'empereur accablait d'outrages sa belle-fille, c'est parce qu'elle-même voulait régner seule en impératrice et lui refusait ce titre ». Elle jalouse également le père de sa belle-fille, qui a peut-être été élevé au rang de César. La crise éclate en 227. Julia Mamaea jette Orbiana hors du palais impérial et l'insulte si violemment que son père l'emmène se réfugier dans le camp des prétoriens. Cela équivaut à une véritable rébellion. Julia Mamaea ordonne l'exécution du père et exile la fille en Afrique du Nord. Sévère Alexandre n'intervient pas. Certes attaché à sa femme, il est trop faible pour s'opposer à sa mère.

Au cours des années suivantes, l'armée continue à s'agiter. En 229, Sévère Alexandre recommande à l'historien Dion Cassius de séjourner hors de Rome pendant son consulat, faute de pouvoir garantir sa sécurité. L'indiscipline et l'insubordination règnent en maîtres non seulement chez les prétoriens, mais aussi chez les légions, cantonnées aux frontières de l'empire.

La guerre persique. A ce mécontentement s'ajoutent bientôt de sérieux troubles en Orient. Pendant trois cents ans, les Parthes ont fait figure d'ennemi principal des Romains au Proche-Orient. Depuis le IIe siècle, l'Empire parthe décline, et Rome a saccagé pas moins de trois fois sa capitale Ctésiphon. Septime Sévère a même réussi à créer la nouvelle province de Mésopotamie en territoire parthe. Tout change au début du IIIe siècle, avec la résurgence de la puissance perse. Le roi perse Ardachir a commencé son règne comme sujet des Parthes. Mais en avril 224, il bat son maître, le roi parthe Artaban, et, en 226, devient le souverain officiel du nouvel Empire perse. Son nom, Ardachir ou Artaxerxès, est une réminiscence du glorieux passé perse, du temps où l'empire s'étendait de la Méditerranée à l'Indus.

Après avoir consolidé sa position dans son royaume, Ardachir s'intéresse aux conquêtes romaines du nord de la Mésopotamie. En 230, ses troupes envahissent la province de Mésopotamie et s'emparent des importantes cités de Nisibe et Carrhes. Bien que très attentifs aux récents événements d'Orient, les Romains semblent être pris au dépourvu par la conquête de la Mésopotamie. Sévère Alexandre, qui n'a aucune expérience militaire, prépare, non sans réticence, une expédition en Orient.

L'empereur quitte Rome au printemps 231. Au passage, il s'adjoint des troupes cantonnées sur la frontière du Danube et arrive à Antioche à la fin de l'été. Mais ses plans sont bouleversés par l'agitation des soldats. Avant même le début de l'expédition, la Deuxième Légion "Traiana" d'Egypte se mutine pour imposer un nouvel empereur à la place de Sévère Alexandre. De plus, un autre usurpateur — à moins que ce ne soit le même — prend peur et se noie dans l'Euphrate. La révolte est réprimée, mais cela augure mal de l'avenir.

L'assaut contre les Perses est lancé en 232. Sévère Alexandre dirige l'armée principale vers Palmyre et Hatra, tandis que les colonnes latérales progressent les unes vers le nord, à travers l'Arménie, en direction du nord de l'Iran, les autres vers le sud, le long de l'Euphrate, en direction du golfe Persique. La manœuvre n'obtient qu'un succès limité. La colonne du nord est victorieuse. En revanche, pour des raisons inconnues, les troupes de Sévère Alexandre, au centre du dispositif, ne font guère d'effort pour s'enfoncer en territoire ennemi et laissent la colonne sud à la merci du principal corps d'armée perse. Lorsque Sévère Alexandre se retire à Antioche à la fin de l'été, les deux adversaires ont essuyé de lourdes pertes.

JULIA MAMAEA

« SA MÈRE AVAIT SUR LUI UN EMPIRE EXTRAORDINAIRE ET IL ACCOMPLISSAIT TOUS LES ORDRES QU'ELLE LUI DONNAIT. C'EST LE SEUL REPROCHE QU'ON POURRAIT LUI ADRESSER: L'INDULGENCE EXCESSIVE ET LE TROP GRAND RESPECT QU'IL AVAIT POUR SA MÈRE FAISAIENT QU'IL AVAIT BEAU LA DÉSAPPROUVER, IL LUI OBÉISSAIT. »

HÉRODIEN,
Histoire des empereurs romains VI, 1, 10

La mère de Sévère Alexandre, Julia Mamaea, est extrêmement puissante. Par jalousie, elle fait exiler sa belle-fille Sallustia Orbiana. Mais sa prééminence protège l'empereur, car c'est contre elle que sont dirigées toutes les critiques à l'encontre du régime. Leur double assassinat, aussi tragique soit-il, s'inscrit donc dans la logique des événements. La mort de Julia Mamaea marque la fin de la domination des princesses syriennes à Rome, qui avait commencé quarante plus tôt avec Julia Domna, l'épouse de Septime Sévère. Le pouvoir sans partage de Julia Mamaea n'a été remis en cause que par la guerre persique en 231 et le soulèvement de Maximin en 235. La confiscation du pouvoir par les princesses syriennes est l'un des traits caractéristiques de la période des Sévères.

Buste de Julia Mamaea. Musée du Louvre, Paris.

LA RESTAURATION DE ROME

« Il restaura les bâtiments publics des empereurs précédents tout en construisant lui-même un grand nombre de nouveaux, parmi lesquels les thermes qui portent son nom et qui jouxtent l'endroit où se trouvaient ceux de Néron, ainsi que l'aqueduc que l'on appelle encore l'aqueduc d'Alexandre. »

Histoire Auguste, *Alexandre Sévère* XXV, 3

Sévère Alexandre répartit son activité de bâtisseur entre la restauration ou l'agrandissement de bâtiments existants et la construction de nouveaux édifices. Le Colisée, endommagé par la foudre en 217, est réparé progressivement (la restauration ne se terminera qu'en 238). L'empereur achève l'enceinte des thermes de Caracalla, commencée par son prédécesseur Elagabale. Il érige un splendide nymphée (fontaine) ainsi que des bains, les Thermae Alexandrinae. Pour ceux-ci, il triche un peu, puisqu'il utilise les thermes de Néron comme noyau de son projet. C'était un monument splendide situé au cœur d'un vaste jardin et alimenté par un aqueduc, édifié tout spécialement. Sévère Alexandre a levé une taxe spéciale pour l'entretien des thermes de la cité et, afin qu'ils restent ouverts après la tombée de la nuit, il fournissait l'huile pour les lampes.

Le moral a aussi souffert et les Romains ne peuvent se glorifier d'aucun succès d'importance. On accuse même Sévère Alexandre de lâcheté, pour ne pas mener la guerre de façon plus résolue. Cependant, les Perses ne s'aventureront plus en territoire romain durant le reste du règne de Sévère Alexandre.

La guerre en Germanie. De retour à Rome, où il célèbre un triomphe pour sa "victoire" sur les Perses, Sévère Alexandre apprend que des troubles ont éclaté à l'ouest de l'empire. Les Germains ont percé la frontière du Rhin en plusieurs endroits. Ils ont détruit des fortins, envahi les campagnes. Sévère Alexandre prépare une nouvelle guerre. Pour faire face à cette menace, il fait appel aux troupes d'Orient.

En 234, l'empereur concentre ses troupes le long de la frontière du Rhin. L'armée traverse le fleuve vers la Germanie sur un pont de bateaux. Pour gagner du temps, Alexandre tente d'acheter les Germains par des promesses d'argent. Cette politique, sage sans doute, rencontre l'hostilité des légions, toujours plus méfiantes envers le comportement peu guerrier de leur empereur. Voici ce que rapporte Hérodien : « Mais les soldats supportaient mal ces délais inutiles et s'irritaient à l'idée que l'empereur, loin de montrer de la vaillance ou de l'ardeur à combattre, ne s'intéressât qu'aux courses de chars et aux plaisirs alors qu'il eût dû attaquer les Germains et punir leurs actes d'audace. » Ils sont tout aussi irrités des efforts déployés par Sévère Alexandre pour réduire les dépenses militaires, soldes et primes comprises. Cet ensemble de circonstances les pousse à se donner un nouveau chef, Caius Julius Verus Maximinus, un soldat thrace qui a gravi les échelons de la carrière militaire.

En mars 235, Maximin se trouve dans un camp près de Mayence où, suivant les ordres de Sévère Alexandre, il s'occupe des nouvelles recrues. Hérodien fait un récit dramatique des événements qui suivent. Un matin, les soldats se réunissent pour l'entraînement sur le terrain d'exercice habituel ; aussitôt que Maximin apparaît, ils posent sur ses épaules le manteau de pourpre et le proclament empereur. Maximin feint d'être surpris et accepte l'honneur avec réticence. En fait, la scène a été soigneusement mise au point. Les rebelles se retournent rapidement contre Sévère Alexandre, qui réside dans le camp voisin du Vicus Britannicus (actuellement Bretzenheim).

Informé de ce qui se trame avant l'arrivée des rebelles, Sévère Alexandre va manquer de sagesse et de courage. « Il bondit hors de la tente impériale comme en délire, avec des larmes et des tremblements : il accusait Maximin de déloyauté et d'ingratitude, rappelait tous les bienfaits que ce dernier avait reçus de lui. » Ses soldats lui promettent fidélité, mais le lendemain, à l'aube, à la vue du nuage de poussière qui annonce l'arrivée des troupes de Maximin, ils changent d'avis et passent aux rebelles. La fin est rapide. « Alexandre, tremblant et presque déjà mort, s'en revint avec peine dans sa tente. Il s'y jeta dans les bras de sa mère et l'accusa, dit-on, avec force lamentations, d'être la cause de ses malheurs : c'est ainsi qu'il attendit son meurtrier ! De son côté, proclamé Auguste par la totalité de l'armée, Maximin envoyait un tribun et des centurions avec l'ordre de tuer

En 224, la victoire d'Ardachir sur le roi parthe Artaban V annonce la renaissance du pouvoir perse, assoupi depuis la chute des Achéménides cinq cents ans auparavant. Les ambitions perses causent de sérieux problèmes à Sévère Alexandre et à ses successeurs du IIIe siècle, surtout sous le règne du fils d'Ardachir, Shapur Ier (242-272). (Ci-contre) L'intronisation d'Ardachir Ier par le dieu Hormuzd.
Relief rupestre de Naqsh-i Rustam, Iran.

Alexandre, sa mère et tous ceux de son entourage qui leur résisteraient. Parvenus à la tente d'Alexandre, les soldats s'y précipitent, tuent l'empereur, sa mère et tous les personnages qui paraissaient avoir son amitié et son estime. » (Hérodien, VI, 9, 6-7)

Si l'Histoire Auguste dit vrai, le corps de Sévère Alexandre est ramené à Rome et enterré dans une très belle tombe. En Gaule, on érigera un cénotaphe à sa mémoire, mais après la disparition de Maximin, qui a condamné officiellement son prédécesseur et effacé son nom des inscriptions. Trois ans plus tard, en 238, Sévère Alexandre est divinisé par le sénat. Un collège de prêtres, les sodales Alexandrini, sont voués à son culte.

Sévère Alexandre a régné treize ans, trois fois plus longtemps que le pittoresque Elagabale. Pourtant, il demeure fantomatique et mystérieux. Hérodien, la principale source du règne, émet sur lui un double avis. D'une part, il dit que, avec son avènement, Rome est passée de la tyrannie arbitraire d'Elagabale à un gouvernement de type aristocratique, approuvé à la fois par le peuple et par le sénat. Il loue particulièrement les années qui précèdent la guerre persique, au cours desquelles Sévère Alexandre a gouverné sans donner matière à la moindre critique. L'Histoire Auguste va plus loin en le décrivant comme "le meilleur des empereurs". D'autre part, Hérodien, comme d'autres sources, affirme que Sévère Alexandre était faible et qu'il restait trop dans le giron de sa mère. En outre, il était incompétent sur le plan militaire et n'a pas su se montrer généreux avec l'armée. C'est ce qui a finalement scellé son destin. ■

MAXIMIN Ier, DIT LE THRACE

PUPIEN

PHILIPPE Ier, DIT L'ARABE

TRAJAN DÈCE

LE TEMPS DU CHAOS

MAXIMIN Ier, DIT LE THRACE
235-238

GORDIEN Ier
238

GORDIEN II
238

PUPIEN ET BALBIN
238

GORDIEN III
238-244

PHILIPPE Ier, DIT L'ARABE
244-249

TRAJAN DÈCE
249-251

TRÉBONIEN GALLE
251-253

AEMILIEN
253

VALÉRIEN Ier
253-260

GALLIEN
253-268

CLAUDE II
268-270

QUINTILLE
270

AURÉLIEN
270-275

TACITE
275-276

FLORIEN
276

PROBUS
276-282

CARUS
282-283

NUMÉRIEN
283- 284

CARIN
283-285

L'EMPIRE GAULOIS

POSTUMUS
260-269

LÉLIEN
269

MARIUS
269

VICTORIN
269-271

TÉTRICUS
271-274

L'EMPIRE RESTAURÉ

DIOCLÉTIEN
284-305

MAXIMIEN
286-305

CONSTANCE CHLORE
305-306

GALÈRE
305-311

SÉVÈRE II
306-307

MAXENCE
306-312

MAXIMIN II, DIT MAXIMIN DAIA
310-313

CONSTANTIN Ier
307-337

LICINIUS
308-324

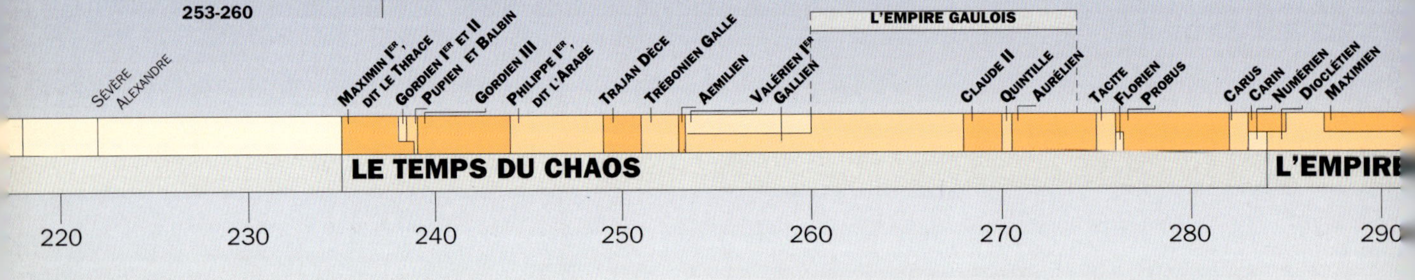

VALÉRIEN Ier

GALLIEN

PROBUS

CONSTANTIN Ier

CRISE ET RENOUVEAU

LE TEMPS DU CHAOS 235-285

L'EMPIRE RESTAURÉ 284-337

LES CINQUANTE ANS qui suivent l'assassinat de Sévère Alexandre constituent l'une des périodes les plus sombres de l'histoire romaine. Les frontières subissent menaces et pressions, tandis qu'à l'intérieur, le pays est confronté à des problèmes et à des divisions d'un genre nouveau. Les empereurs du IIe siècle étaient des hommes de haut rang ; ceux du IIIe siècle, généralement issus de l'armée, sont d'origine modeste.

Cette époque troublée connaît une succession de souverains au règne extrêmement bref, qui se termine souvent dans la violence — nombre d'entre eux sont assassinés par leurs propres troupes. Au milieu du IIIe siècle, l'Empire romain, assailli par les Perses en Orient, les Alamans et les Goths sur le Rhin et le Danube, lutte pour sa survie. En 251, Trajan Dèce est le premier empereur romain mort en combattant un ennemi étranger. En 260, Valérien est, lui, le premier et le seul empereur fait prisonnier et mort en captivité. Ces revers ne découragent pourtant pas les souverains, qui réagissent: Aurélien et Probus reconquièrent les territoires et le prestige perdus.

En 284, l'avènement de Dioclétien marque un autre tournant. Sa vaste réforme de l'administration impériale débouche sur une autre conception du rôle de l'empereur et de la division des pouvoirs. Ceux-ci sont désormais répartis entre quatre hommes, deux Augustes et deux Césars. Si le système collégial ne résiste pas longtemps au départ de Dioclétien, les nouvelles structures du gouvernement mises en place se révèlent souples et efficaces. L'ultime transformation est due à Constantin. Au début du IVe siècle, il fait du christianisme la religion officielle de l'Empire romain. ■

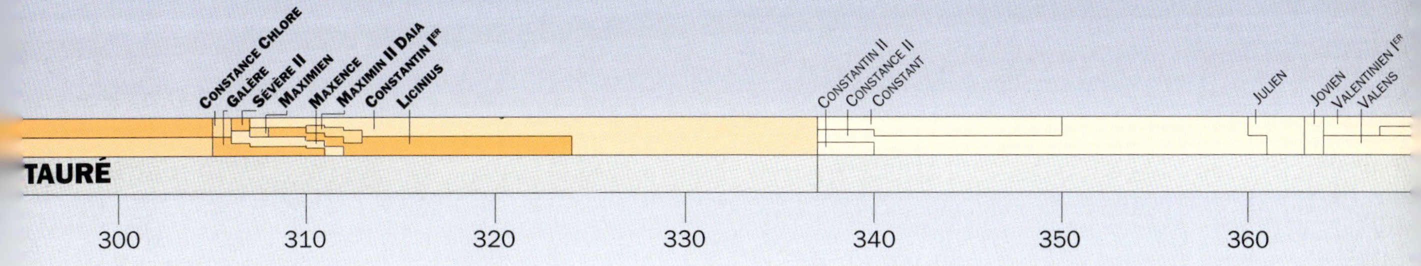

De tous les empereurs, Maximin est celui qui a la plus forte corpulence et la plus haute stature. D'après l'Histoire Auguste, il mesure 2,60 mètres et il est si fort qu'il peut tirer seul des chariots avec leur cargaison. Sa pointure, également légendaire, a donné naissance à l'expression populaire "la botte de Maximin" qui désigne un individu gigantesque. Les bustes de l'empereur, comme celui du Louvre, figurent un homme très musclé, avec une mâchoire puissante et des cheveux ras. C'est l'image d'un soldat endurci, qui semble loin des attitudes méditatives et raffinées qui plaisaient tant à Sévère Alexandre.

MAXIMIN Ier DIT LE THRACE

- Né en Thrace ou en Mésie, en 172 ou 173
- Accession en février ou mars 235
- Epouse : Caecilia Paulina
- Enfants : un fils, Gaius Julius Verus Maximinus
- Assassiné par l'armée à Aquilée en avril 238

MAXIMIN Ier DIT LE THRACE

IMPERATOR CAESAR
GAIUS JULIUS
VERUS MAXIMINUS
PIUS FELIX
INVICTUS
AUGUSTUS

235-238

GORDIEN Ier ET GORDIEN II

IMPERATOR CAESAR
MARCUS ANTONIUS
GORDIANUS
SEMPRONIANUS
ROMANUS
AFRICANUS
(TOUS LES DEUX)

238

PUPIEN

IMPERATOR CAESAR
MARCUS CLODIUS
PUPIENUS
MAXIMUS AUGUSTUS

238

BALBIN

IMPERATOR CAESAR
DECIUS CAELIUS
CALVINUS BALBINUS
PIUS FELIX AUGUSTUS

238

GORDIEN III

IMPERATOR CAESAR
MARCUS ANTONIUS
GORDIANUS
PIUS FELIX
AUGUSTUS

238-244

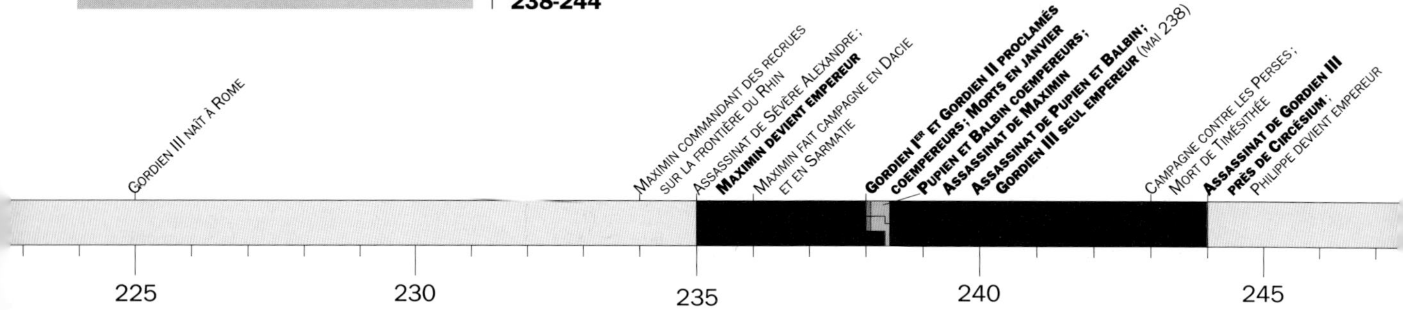

GORDIEN IER

- Né en 158 ou 159, lieu inconnu
- Accession début janvier 238 en Afrique
- Epouse : Fabia Orestilla
- Enfants : deux fils, Marcus Antonius Gordianus II et un fils au nom inconnu ; une fille, Maecia Faustina
- Se suicide fin janvier 238 à Carthage

GORDIEN II

- Né vers 192, lieu inconnu
- Accession début janvier 238 en Afrique, tué en défendant Carthage fin janvier 238

PUPIEN

- Né vers 164, lieu inconnu
- Accession (avec Balbin) début février 238
- Epouse : nom inconnu
- Enfants : deux fils, Titus Clodius Pupienus Pulcher Maximus et Marcus Pupienus Africanus ; une fille, Pupiena Sextia Paulina Cethegilla
- Assassiné par les prétoriens à Rome début mai 238

BALBIN

- Date et lieu de naissance inconnus
- Accession (avec Pupien) début février 238
- Epouse et enfants inconnus
- Assassiné par les prétoriens à Rome début mai 238

GORDIEN III

- Né le 20 janvier 225 à Rome

Marcus Antonius Gordianus

- **César** en mars 238

Marcus Antonius Gordianus Nobilissimus Caesar, Princeps Juventis

- Accession en mai 238

Imperator Caesar Marcus Antonius Gordianus Pius Felix Augustus, Pontifex Maximus, Pater Patriae, Proconsul

- **Consul** I (239), II (241)
- Puissance tribunicienne la 1re fois lors de l'accession, renouvelée annuellement le 10 décembre
- **Imperator** I lors de l'accession, II (239), III (240), IV (241), V-VI (242), VII (243)
- Titulature complète à sa mort :

Imperator Caesar Marcus Antonius Gordianus Pius Felix Augustus, Pontifex Maximus, Tribuniciae Potestatis VII, Imperator VII, Pater Patriae, Consul II, Proconsul

- Epouse : Tranquillina
- Assassiné près de Circésium en Syrie, en février 244

« ET DE FAIT, GAIUS JULIUS MAXIMIN, GOUVERNEUR MILITAIRE DE TREBELLICA, FUT LE PREMIER DES SIMPLES SOLDATS, QUI, MALGRÉ SON IGNORANCE À PEU PRÈS TOTALE, PRIT LE POUVOIR AVEC LE SUFFRAGE DES LÉGIONS. »

AURELIUS VICTOR, *Livre des Césars* 25

L'accession de Maximin, surnommé le Thrace, marque une nouvelle étape dans l'évolution de la fonction impériale et annonce les développements ultérieurs. Maximin est en effet d'une condition beaucoup plus modeste que tous ses prédécesseurs. Simple soldat, il est sorti du rang de l'armée romaine. En outre, bien qu'il soit né citoyen romain, il est originaire de Thrace (sans doute de la partie comprise dans la province romaine de Mésie). C'est l'une des régions les moins considérées de l'empire, ce qui explique que nombre d'auteurs romains qualifient Maximin de barbare. Mais l'empereur possède par ailleurs de grandes compétences militaires. Il renforce les frontières du Rhin et du Danube et gagne le soutien de l'armée romaine. L'animosité du sénat à son égard est liée, d'une part, au préjugé de classe, d'autre part, aux lourds impôts que l'assemblée doit lever pour financer les coûteuses opérations militaires du souverain. Le fait que Maximin ait passé ses trois ans de règne avec l'armée, sans jamais visiter Rome, n'a certes pas facilité les relations avec les sénateurs.

La carrière militaire de Maximin a commencé vers 190 avec son enrôlement dans une unité auxiliaire thrace. En 232, il joue un rôle majeur dans l'expédition mésopotamienne de Sévère Alexandre. En 234, lors de la campagne de Germanie, il est responsable des nouvelles recrues.

C'est en mars 235, près de Mayence, qu'il est acclamé empereur par l'armée. Quelques jours plus tard, le sénat reconnaît et ratifie son accession au pouvoir — non sans réserves. Presque aussitôt, un groupe de sénateurs important fomente, avec le concours de certains éléments de l'armée, une conspiration contre lui. Maximin, qui s'apprête à faire campagne contre les Germains, a fait construire un nouveau pont de bateaux sur le Rhin. Les conjurés ont l'intention de laisser l'empereur passer en territoire ennemi pour détruire le pont et l'abandonner sur cette rive inhospitalière. Mais le complot est éventé et les responsables sont exécutés sans procès. Peu après, une seconde conjuration, mise au point par Titus Quartinus avec l'aide des archers d'Osrhoène en Syrie, échoue également. A l'été 235, Maximin traverse le pont du Rhin et passe le reste de l'année à combattre les Germains dans la région du Taunus et du Wurtemberg. Sa participation énergique aux opérations militaires contraste vivement avec l'attitude timorée de Sévère Alexandre. On lui décerne bientôt le titre de *Germanicus Maximus*. L'empereur tourne ensuite son attention vers la frontière du Danube, où il combat les Daces et les Sarmates pendant les deux années suivantes.

Ces campagnes, couronnées de succès, coûtent extrêmement cher. De fait, elles rendent Maximin impopulaire auprès des classes possédantes de

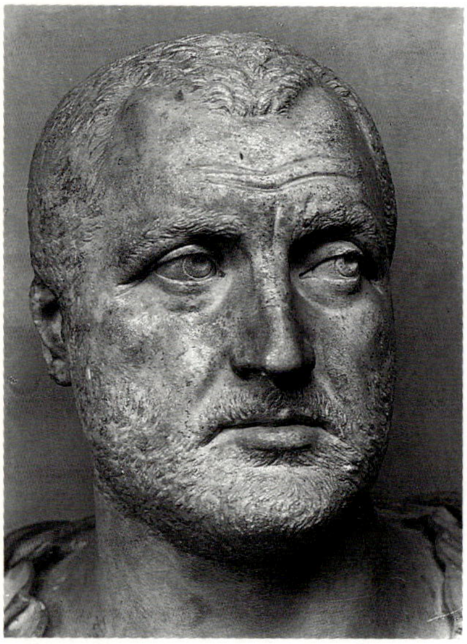

Portrait attribué à Gordien II (ci-dessus). Musées du Capitole, Rome.

LE VIEUX PATRICIEN

« Il avait une taille normale pour un Romain, une belle chevelure grisonnante et un air distingué, un teint plus coloré que pâle, le visage large, des yeux, une bouche, un front qui appelaient le respect, le corps plutôt grassouillet. Son comportement était d'une telle réserve qu'on ne pouvait jamais lui reprocher d'avoir fait preuve d'avidité, d'immodestie ou d'excès. »

Histoire Auguste, *Les trois Gordiens* VI, 1-2.

Gordien l'Ancien a, dit-on, quatre-vingts ans lorsqu'il est proclamé empereur en 238. Homme riche, féru de littérature, il est l'auteur d'un récit en vers des vies d'Antonin le Pieux et de Marc Aurèle en trente livres, *l'Antoninéade*. Il n'a été appelé à de hautes fonctions que tardivement. En 216, il est gouverneur de la Bretagne inférieure, consul sous Caracalla ou Elagabale, puis gouverneur d'Afrique en 237. Les trois semaines qu'il a passées à la tête de l'empire, en janvier 238, n'ont laissé aucun portrait identifiable de lui ou de son fils et coempereur Gordien II. Maximin a condamné leur mémoire, mais le sénat les a rapidement divinisés sous Pupien et Balbin.

Rome et des provinces, en butte aux confiscations et aux extorsions. Tant que ces mesures ne concernent que les riches, la stabilité de l'Etat n'est pas menacée. Mais, Maximin va plus loin et prélève de l'argent sur les fonds consacrés aux pauvres et sur les allocations de grains. Au début de 238, alors que la sécurité des frontières est rétablie, les multiples exactions financières de Maximin commencent à souder contre lui une vive opposition. ■

« Celui-ci [Gordien] déclina d'abord son offre en prétextant son grand âge, mais comme par ailleurs il aimait la gloire, il finit par accepter sans déplaisir, préférant le péril futur au danger présent et ne jugeant pas grave, dans l'extrême vieillesse où il était, de subir, au besoin, la mort, si cela devait être au milieu de tous les honneurs impériaux. »

Hérodien, ***Histoire des empereurs romains*** VII, 7, 7

Le foyer principal de la réaction se trouve, non à Rome ou en Italie, mais dans la riche province d'Afrique du Nord, l'Africa Proconsularis (qui correspond grossièrement à la Tunisie actuelle), où le procurateur fiscal sert Maximin avec un zèle tout particulier. Le mécontentement à l'égard de l'administration impériale y est partagé aussi bien par les paysans que par les riches propriétaires fonciers. En janvier 238, un groupe de jeunes aristocrates va transformer ce ressentiment en plan d'action. Ils ordonnent à leurs serviteurs de se rassembler à Thysdrus (la moderne El Djem) où le procurateur surveille les rentrées de la récolte d'olives. Les jeunes nobles attendent le moment propice pour s'approcher de l'homme et l'assassiner. Ils se rendent ensuite chez le gouverneur de la province, qui séjourne aussi à Thysdrus, et l'obligent à revêtir la pourpre impériale.

Le gouverneur en question, Marcus Antonius Gordianus Sempronianus, est un vieil homme de quatre-vingts ans. Gordien accepte, non sans

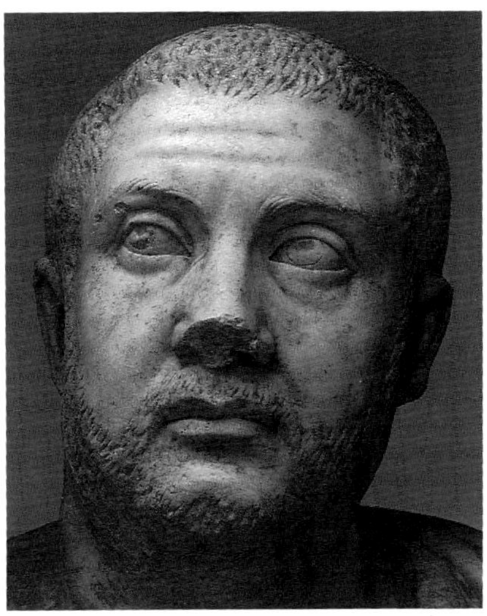

Les portraits de Pupien (en haut, musées du Capitole) figurent un militaire sévère, au visage long et émacié, encadré d'une grande barbe. Ses cheveux sont coupés ras, à la mode militaire. Balbin, quant à lui, apparaît décontracté et pensif. L'un de ses plus beaux portraits est une sculpture le montrant avec sa femme, provenant du couvercle en marbre de son sarcophage (ci-dessus). On a découvert les fragments de ce monument près de la via Appia.
(Ci-contre, à gauche) L'amphithéâtre de Thysdrus (la moderne El Djem en Tunisie), construit au début du IIIe siècle avec les revenus des oliveraies. La rébellion gordienne a commencé à Thysdrus, cité qui fut sévèrement punie après l'échec du coup d'Etat.

réticence, le titre d'Auguste et revient de Thysdrus à Carthage, la capitale de la province, pour affronter les pièges inhérents à la fonction impériale. Il envoie des messages à ses amis de Rome, où le sénat s'empresse de le reconnaître comme empereur. Après tout, il est l'un des leurs. L'assemblée préfère de loin cet ancien et éminent consul, qui prétend descendre de Trajan et des Gracques, à Maximin, homme de basse naissance. Le sénat confère au vieux Gordien et à son fils de quarante-six ans, Gordien II, le titre d'Auguste et invite les provinces à le soutenir.

Maximin est mis au courant des événements quelque dix jours plus tard, à Sirmium, près de Belgrade. Il prend aussitôt la tête de son armée pour marcher sur Rome, les légions de Pannonie ouvrant la voie. Pendant ce temps, la révolte gordienne ne se déroule pas comme prévu. La province d'Africa Proconsularis, que dirige Gordien, est bordée à l'ouest par la Numidie, dont le gouverneur Capellianus nourrit une vieille rancune à l'égard des Gordiens. De plus, Capellianus contrôle la Troisième Légion "Augusta", seule légion de la région et important corps de troupes frontalières. Avec elle, il se dirige sur Carthage et vient facilement à bout des milices locales qui s'efforcent de défendre la ville. Le jeune Gordien meurt au combat. Quand son père apprend la nouvelle, il se retire dans une pièce, ôte sa ceinture et se pend. Le règne des deux Gordiens, qui s'achève brutalement à la fin du mois de janvier, n'a duré que vingt jours. ■

La fin inattendue de Gordien place le sénat de Rome dans une situation très périlleuse. Porté par les espoirs de victoire, il a clairement soutenu la rébellion. Aussi ne doit-il attendre aucune pitié de la part de Maximin quand il arrivera à Rome à la tête de son armée. Dans cette perspective, les sénateurs décident de tout miser sur une dernière carte. Ils se réunissent dans le temple de Jupiter Optimus Maximus, sur le Capitole, et décident de défier Maximin en élisant deux des leurs comme coempereurs. Cette disposition rappelle les consuls de l'ancienne république.

Le choix se porte sur deux ex-consuls, Decius Caelius Calvinus Balbinus et Marcus Clodius Pupienus Maximus. Tous deux sont âgés de quelque soixante-dix ans, ont derrière eux de brillantes carrières et possèdent une grande expérience civile et militaire. Le sénat nomme aussi un Conseil des Vingt, le *vigintiviri*, pour aider les deux empereurs à défendre l'Italie.

Le premier obstacle au plan du sénat provient du peuple de Rome. La foule s'est en effet rassemblée lors de l'élection de Pupien et Balbin. Ayant appris que le sénat a élu deux patriciens — que le peuple ne tient pas en grande estime —, elle refuse de laisser les empereurs quitter le Capitole et accueille le cortège impérial par des volées de pierres et de bâtons. Elle exige que le nouvel empereur soit choisi dans la famille des Gordiens, qui ont beaucoup de partisans parmi les plus pauvres de la ville. Les empereurs n'ayant d'autre solution que le compromis, ils envoient chercher le petit-fils, âgé de treize ans, du vieux Gordien (le fils de sa fille) et le nomment César.

Dans les premiers jours de février, le nouveau régime prend la direction des affaires à Rome. Maximin a alors atteint les frontières de l'Italie, et Pu-

Buste du jeune empereur Gordien III.

pien part à sa rencontre avec toutes les forces qu'il a pu réunir. Maximin traverse les Alpes, a la désagréable surprise de constater que la cité d'Aquilée, sur la côte adriatique nord de l'Italie, lui ferme ses portes et refuse toutes ses offres d'amnistie. Il assiège la ville qui se défend courageusement. De son côté, le Conseil des Vingt bloque les routes et empêche le ravitaillement des assaillants. Une anecdote pittoresque rapporte que les femmes d'Aquilée auraient sacrifié leurs cheveux afin de faire des cordes pour les arcs des défenseurs de la cité. Rapidement, les divisions italiennes de Maximin se lassent de ce vain combat contre leurs compatriotes. Vers la mi-avril, des membres de la garde prétorienne (de Rome) et de la Deuxième Légion "Parthica" (dont le camp se trouve normalement dans le Latium) fomentent un complot. Ils gagnent la tente de l'empereur, où ils arrachent son portrait et le tuent, ainsi que son fils de vingt-trois ans, Caius Julius Verus Maximus, élevé au rang de César deux ans auparavant.

Les assassins apportent les têtes de Maximin et de son fils à Ravenne, où Pupien rassemble des troupes, puis à Rome. Pupien disperse les forces des deux camps, renvoie les légions dans leurs provinces et ne ramène à Rome que les prétoriens et une garde de Germains qui lui est particulièrement fidèle. A son arrivée, il reçoit un accueil enthousiaste.

Mais déjà, les deux empereurs ont commencé à se quereller. Balbin pense qu'il doit prendre le dessus sur son rival en raison de ses plus nobles origines. De son côté, Pupien a pour lui une importante carrière militaire. Son nom est placé en premier dans toutes les inscriptions. Ces dissensions sont d'autant plus mal venues qu'en face, il y a une garde prétorienne qui n'a jamais réellement accepté le nouveau gouvernement et n'apprécie pas de servir des empereurs choisis par le sénat. Au début du mois de mai, un groupe de prétoriens fait irruption dans le palais, s'empare des deux vieillards et les traîne nus à travers les rues de Rome. Pupien et Balbin sont battus et mutilés, on leur arrache les cheveux et les sourcils avant de les assassiner dans le camp prétorien. Ils n'ont régné que quatre-vingt-dix-neuf jours. A leur place, les prétoriens proclament Gordien III empereur de Rome. ■

« TELLE FUT DONC LA FIN, INDIGNE ET SCANDALEUSE, QUE CONNURENT CES VÉNÉRABLES ET REMARQUABLES VIEILLARDS (MAXIME ET BALBIN), QUI, D'ORIGINE NOBLE, ACCÉDÈRENT À L'EMPIRE GRÂCE À LEURS MÉRITES. QUANT À GORDIEN, IL AVAIT ENVIRON TREIZE ANS LORSQU'IL FUT PROCLAMÉ EMPEREUR ET REÇUT LA CHARGE DE L'EMPIRE ROMAIN. »

HÉRODIEN, ***Histoire des empereurs romains*** VIII, 8

Avec la mort de Pupien et Balbin, l'histoire romaine entre dans une période confuse, pour laquelle on ne dispose plus du témoignage de contemporains comme Dion Cassius et Hérodien. Il faut se contenter des récits sommaires compilés au IVe siècle et des biographies peu fiables et largement

LE JEUNE GORDIEN

« Gordien était un jeune homme gai, beau, affable, cher à tous, agréable à vivre, d'une solide culture littéraire, au point qu'il n'y avait vraiment rien, sinon l'âge, qui semblait lui manquer pour exercer le pouvoir. »

Histoire Auguste, *Les trois Gordiens* XXXI, 4

Gordien III n'est pas le fils de Gordien II, mais celui de Maecia Faustina, la fille de Gordien Ier. Il n'a que treize ans quand il est proclamé empereur et dix-neuf quand il meurt. Le début de la guerre contre les Perses et son décès prématuré l'ont empêché de mener à bien certains projets de construction à Rome, comme les colonnades bordant le Champ de Mars et les thermes d'été qui devaient porter son nom. Ses portraits montrent un retour au style idéalisé de Sévère Alexandre, qui contraste avec le réalisme austère adopté par Maximin. Le meurtre de Gordien III par les troupes ralliées à Philippe l'Arabe n'est que l'une des versions de sa mort. Les Perses ont ainsi affirmé avoir remporté une grande bataille sur les Romains au nord-ouest de Ctésiphon, au cours de laquelle Gordien aurait été tué.

enjolivées de l'Histoire Auguste. Gordien III n'a que treize ans lorsque la révolte des prétoriens, en mai 238, fait de lui le seul empereur de Rome. Il n'est pas particulièrement favori des soldats, mais il a le mérite d'être soutenu par une puissante faction du sénat et du peuple romain. Certains personnages ont tenu les rênes du pouvoir pendant les premières années du règne du jeune empereur. Une source mentionne sa mère, mais c'est en réalité Caius Furius Sabinius Aquila Timesitheus (Timésithée), un dignitaire consciencieux nommé commandant de la garde prétorienne par Gordien, qui exerce le pouvoir. Au début de 241, le mariage de l'empereur avec la fille de Timésithée, Furia Sabinia Tranquillina, resserre les liens entre les deux hommes.

Etant donné les événements de l'année précédente, Gordien III ne pouvait guère connaître un règne paisible. Les premières difficultés surgissent en 240, lorsque Marcus Asinius Sabinianus, gouverneur d'Afrique, se fait proclamer empereur à Carthage. La révolte est réprimée par le gouverneur de la Maurétanie voisine. Des troubles plus sérieux éclatent en Orient, lorsque, en 240, les Perses, sous la conduite du prince héritier Shapur Ier, s'emparent d'Hatra, la cité du désert que Trajan et Septime Sévère avaient tenté de prendre sans succès.

En 241, Shapur Ier se lance à l'assaut des territoires romains. En réaction, Timésithée prépare une grande expédition. Au début, tout se déroule bien. Une opération préliminaire sur le Danube inférieur repousse les Goths de l'autre côté du fleuve et rétablit la frontière. Les forces romaines continuent ensuite sur la Syrie. Au cours de l'année 243, elles défont les Perses à Rhésaena, dans le nord de la Mésopotamie, et reprennent le contrôle de Carrhes et Nisibe. Mais, en pleine campagne, Timésithée tombe malade et meurt. Il est remplacé comme préfet du prétoire par Marcus Julius Philippus, connu sous le nom de Philippe l'Arabe.

Avec la mort de Timésithée, la campagne semble avoir perdu son élan. Philippe met à profit sa nouvelle fonction, non pour poursuivre l'expédition, mais pour saper l'autorité de Gordien et encourager les troupes à se mutiner. Les difficultés d'approvisionnement et les revers militaires sont attribués à l'incompétence du jeune empereur, Philippe utilisant la situation pour se faire proclamer régent. Gordien, qui a maintenant dix-neuf ans, se trouve dans une position de plus en plus instable. Au camp de l'armée, près de Circesium, il demande aux soldats de choisir entre lui et Philippe. Son pari échoue, car les hommes se prononcent en faveur de Philippe et le tuent. On élève un monument à sa mémoire près de l'endroit où il a été assassiné, à une trentaine de kilomètres de Circesium, sur les rives de l'Euphrate, et l'on rapporte ses restes à Rome pour les y enterrer. Le sénat décrète sa divinisation.

Dans la triste galerie de portraits des empereurs du IIIe siècle, Gordien III éveille particulièrement la compassion. Orphelin dès l'enfance, il n'a, semble-t-il, jamais goûté véritablement au pouvoir. La mort de son protecteur compétent, Timésithée, l'abandonne à la merci des diverses factions auxquelles l'armée prête l'oreille. Son appel, vain, à la loyauté des troupes contre la trahison de Philippe l'Arabe reste l'image la plus forte de son règne. ■

Ce célèbre buste de Philippe l'Arabe, conservé au musée du Vatican, montre le retour à un style plus sévère après les statues idéalisées de Gordien III et celles qui évoquent la dignité sénatoriale de Pupien. Il ne reste pas de description de Philippe, mais du buste émane une impression de grand réalisme.

PHILIPPE L'ARABE

IMPERATOR CAESAR
MARCUS JULIUS
PHILIPPUS
PIUS FELIX
INVICTUS
AUGUSTUS

244-249

TRAJAN DÈCE

IMPERATOR CAESAR
GAIUS MESSIUS
QUINTUS TRAIANUS
DECIUS
PIUS FELIX
INVICTUS
AUGUSTUS

249-251

TRÉBONIEN GALLE

IMPERATOR CAESAR
GAIUS VIBIUS
TREBONIANUS GALLUS
PIUS FELIX
INVICTUS
AUGUSTUS

251-253

AEMILIEN

IMPERATOR CAESAR
MARCUS AEMILIUS
AEMILIANUS
PIUS FELIX
INVICTUS
AUGUSTUS

253

PHILIPPE L'ARABE

- Né à Philippopolis, en Arabie, vers 204
- Accession en février 244 en Mésopotamie
- Epouse : Marcia Otacilia Severa
- Enfants : un fils, Marcus Julius Philippus (le Jeune)
- Tué au combat en septembre/octobre 249 à Béroé, en Macédoine

« DEUX PHILIPPES, LE FILS ET LE PÈRE, S'EMPARÈRENT DU POUVOIR APRÈS LE MEURTRE DE GORDIEN, ET, APRÈS AVOIR RAMENÉ L'ARMÉE SANS DOMMAGE, PARTIRENT DE LA SYRIE POUR L'ITALIE. SOUS LEUR RÈGNE, ON CÉLÉBRA LA MILLIÈME ANNÉE DE LA VILLE DE ROME, AVEC UN GRAND APPAREIL DE JEUX ET DE SPECTACLES. PUIS TOUS LES DEUX FURENT MASSACRÉS PAR L'ARMÉE. »

EUTROPE, ***Abrégé de l'histoire romaine*** IX, 3

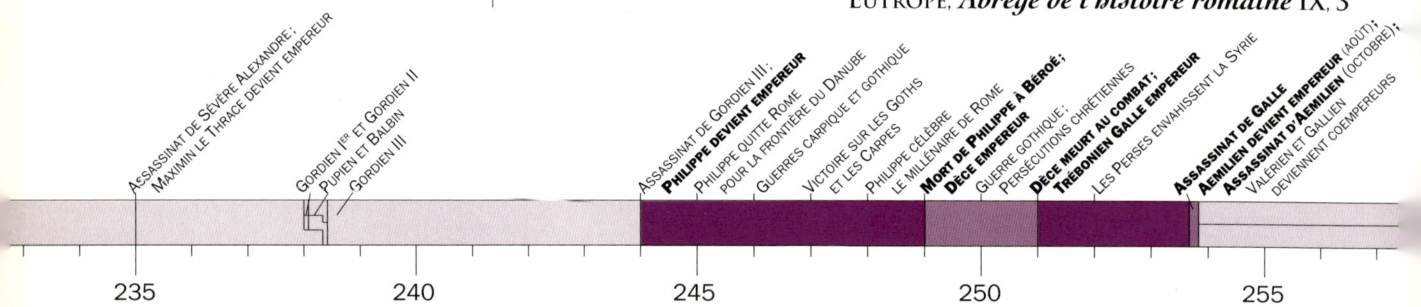

UN EMPEREUR CHRÉTIEN ?

« Philippe fit de son fils Philippe son collègue pour le gouvernement et fut le premier de tous les empereurs de Rome à être chrétien. »

Jérôme, *Chronici Canones*

Philippe l'Arabe est un souverain consciencieux, qui gouverne avec le consentement ou, du moins, l'assentiment du sénat. Il prend des mesures pour juguler la prostitution masculine et se montre tolérant envers les chrétiens. Selon une tradition postérieure, Philippe lui-même serait chrétien : un jour, il aurait même fait pénitence pour être admis dans une église et suivre le service de Pâques. Le fait que Philippe ait fait diviniser son père va à l'encontre de cette hypothèse qui tient plus du vœu pieux que d'une réalité fondée sur des preuves tangibles. En outre, les spectaculaires jeux païens (avec combats de gladiateurs) organisés par Philippe pour célébrer le millième anniversaire de la fondation de Rome peuvent difficilement être l'œuvre d'un fervent chrétien.

Les années 244 à 260 sont les plus confuses et les plus mal connues de toute l'histoire de l'Empire romain. Seize hommes, pas moins, ont reçu ou pris le titre d'Auguste. Aucun d'eux n'a connu de mort véritablement naturelle. Certains sont morts au combat, d'autres ont été assassinés par leurs partisans et un, au moins, a été emporté par la peste. Quand la période s'achève, l'Empire romain, qui voit mourir l'un de ses empereurs en esclavage chez les Perses, est au plus bas.

Le premier de ces empereurs éphémères est Philippe l'Arabe, originaire d'une petite ville de Trachonitis, région du sud-ouest de la Syrie. C'est un soldat sorti du rang, qui devient préfet du prétoire sous Gordien III, succédant au loyal Timésithée mort en 243. Des récits tardifs rapportent que Philippe a profité de sa fonction pour saper l'autorité du jeune empereur et qu'il a manipulé les événements de façon à ce que l'armée le proclame empereur à la place de Gordien. Cela s'est produit pendant la campagne persique alors que le camp de l'armée était installé près de Circesium, sur l'Euphrate. On raconte que Philippe aurait d'abord répugné à tuer Gordien, puis qu'il aurait réalisé que c'était la seule solution pour garantir la sécurité de son règne. Peut-être Philippe est-il le bénéficiaire d'une révolte générale de l'armée et non le traître sans pitié qui a renversé son maître, tout seul. Quelle que soit la manière dont il est parvenu au pouvoir, le meurtre du jeune Gordien a assuré son accession.

Philippe devient empereur entre janvier et mars 244 et veut regagner Rome pour consolider son pouvoir. Il signe donc rapidement un traité de paix avec le roi perse Shapur. Les Romains vont considérer que les termes de cet accord sont déshonorants : Philippe consent à verser une somme de 500 000 dinars à laquelle s'ajoute une indemnité annuelle. Cette affaire réglée, Philippe confie les provinces orientales à son frère Caius Julius Priscus et prend le chemin de la capitale. Là, il déclare que Gordien a succombé à la maladie, organise des funérailles d'Etat et décerne les honneurs divins à son prédécesseur.

On connaît peu de chose de l'histoire des trois années suivantes. Philippe a, semble-t-il, passé la plus grande partie de cette période à combattre les Carpes sur la frontière du Danube. Lors de son accession en 244, il a nommé César son jeune fils de cinq ou six ans. En juillet ou août 247, il élève celui-ci au rang d'Auguste. Peu après, il célèbre un triomphe à Rome pour ses victoires sur les Carpes. A Rome, Philippe fait également construire une citerne pour mettre fin à une pénurie d'eau chronique dans la partie ouest de la ville. L'événement le plus fameux de tout son règne est la célébration du millième anniversaire de la fondation de Rome. Elle est marquée par des jeux somptueux qui ont lieu du 21 au 23 avril 248.

Au moment où Philippe fête l'anniversaire de Rome, une révolte éclate sur la frontière du Danube, où les légions de Mésie et de Pannonie proclament empereur leur commandant Tiberius Claudius Marinus Pacatianus. Les pièces de monnaie qui portent le nom de ce dernier avec l'inscription "Victoire des empereurs" semblent indiquer que l'usurpateur a tenté de parvenir à un compromis avec Philippe. Si c'est le cas, la démarche a été vaine, car ses soldats l'ont tué peu de temps après. La même année, une autre rébellion se produit en Orient, où le gouvernement brutal et les exactions financières de Priscus ont semé le mécontentement. Au cours de cette révolte, qui ne sera pas réprimée avant l'été 249, un certain Jotapien est proclamé empereur. Deux autres révoltes avortées, connues uniquement par des pièces de monnaie, éclatent sous le règne de Philippe : l'une est conduite par Silbannacus sur le Rhin, l'autre par Sponsianus sur le Danube.

Pour s'assurer de la loyauté des légions du Danube et repousser une incursion des Goths, Philippe nomme, en 249, un honorable sénateur, Quintus Decius Valerinus (Dèce), gouverneur des provinces de Mésie et de Pannonie. Cette décision bien imprudente place sous les ordres d'un seul homme plusieurs légions, qui ont de surcroît déjà affiché leur volonté de changer d'empereur. Le résultat ne se fait pas attendre. Dèce, victorieux des Goths, est prié par les soldats d'accepter la charge d'empereur. Dèce et ses légions marchent ensuite sur Rome. En septembre ou octobre 249, les deux partis s'affrontent à Béroé, en Macédoine. Philippe est vaincu et tué au combat. Dès que la nouvelle parvient à Rome, son fils est assassiné dans le camp de la garde prétorienne. ■

« LES DÈCES, EN POURSUIVANT LES BARBARES AU-DELÀ DU DANUBE, PÉRIRENT À ABRYTUS, VICTIMES D'UNE TRAHISON, APRÈS DEUX ANS ACCOMPLIS DE RÈGNE. MAIS LA PLUPART DES AUTEURS LEUR ATTRIBUENT UNE MORT GLORIEUSE, CAR LE FILS, QUI AVAIT ENGAGÉ LE COMBAT AVEC TROP DE HARDIESSE, TOMBA SUR LA LIGNE DE BATAILLE ; QUANT AU PÈRE, COMME LES SOLDATS BOULEVERSÉS LUI TENAIENT DE LONGS DISCOURS POUR LE CONSOLER, IL

TRAJAN DÈCE

- Né à Budalia, près de Sirmium, vers 190
- Accession en septembre/octobre 249
- Epouse : Herannia Etruscilla
- Enfants : deux fils : Quintus Herrenius Decius et Caius Valens Hostilianus
- Tué en 251 à Abrittos, en Mésie, en combattant les Goths

LE FARDEAU DE L'EMPIRE

« DÈCE FUT DONC REVÊTU DE LA POURPRE ET OBLIGÉ DE SE CHARGER DU GOUVERNEMENT, MALGRÉ SA RÉTICENCE ET SA RÉPUGNANCE. »

ZOSIME, *Histoire Nouvelle* I, 22

Bien qu'issu d'une province du Danube, Dèce est un farouche partisan du vieil ordre romain. Il a épousé Herennia Etruscilla, qui appartient à l'aristocratie italienne. Sa tête en marbre traduit l'anxiété d'un homme qui porte de lourdes responsabilités. La mort de Dèce au combat a été interprétée comme la preuve de son incompétence militaire. Mais une source rapporte qu'il aurait en fait été trahi par son successeur Trébonien Galle, qui se serait allié secrètement aux Goths.

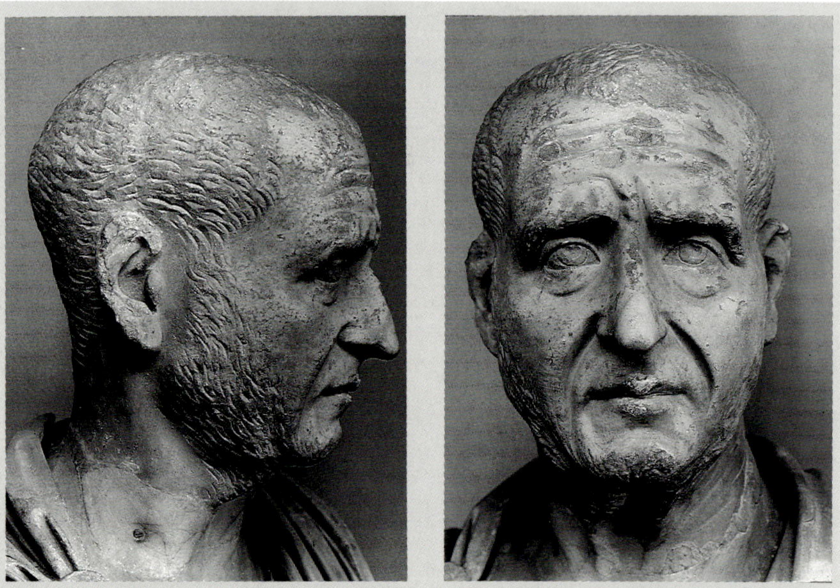

Tête de marbre de l'empereur Dèce. Musées du Capitole, Rome.

Les Goths, puissant peuple germanique, apparaissent pour la première fois comme ennemis de Rome dans les années 230. Une tradition postérieure situe leur pays d'origine dans la Suède méridionale. Au début du IIIe siècle, ils se déplacent vers le sud pour s'établir dans les régions au nord de la mer Noire. En 238, ils traversent le Danube pour piller les provinces romaines des Balkans. A partir de 248, ils lancent une série d'attaques qui atteint son paroxysme avec la défaite et la mort de Dèce en 251. En 256 et en 267, ils ravagent à nouveau le nord-ouest de l'Asie Mineure. Quelques années plus tard, Claude le Gothique les met au pas. A la suite de cela, ils se séparent en Ostrogoths, qui demeurent dans la région de la mer Noire, et Wisigoths, qui occupent la province romaine abandonnée de Dacie. Mais les Romains n'ont pas fini d'entendre parler des Goths. En 410, les Wisigoths, conduits par Alaric, saccageront Rome. Les Goths ne sont, toutefois, que l'un des peuples germaniques qui cherchent à percer la frontière romaine dans les décennies du milieu du IIIe siècle. A l'ouest, une importante confédération de tribus germaniques, connue sous le nom d'Alamans, effectue des razzias en Gaule et en Italie — les Alamans sont rejoints par une horde franque qui ravage Tarragone en Espagne. Les Romains affrontent aussi à plusieurs reprises les Sarmates et les Juthunges.

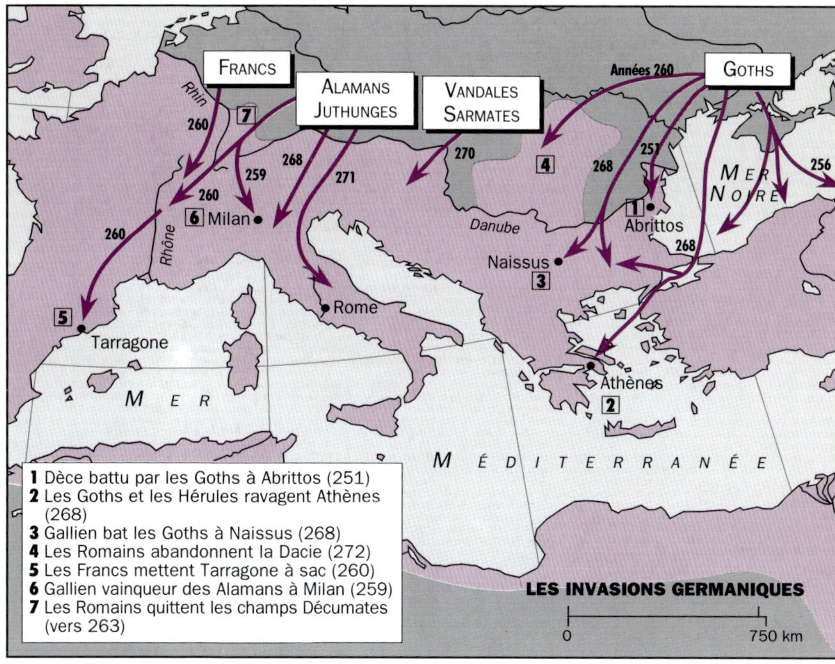

DÉCLARA ÉNERGIQUEMENT QUE LA PERTE D'UN SEUL HOMME LUI PARAISSAIT PEU DE CHOSE. ET, APRÈS AVOIR RECOMMENCÉ LA GUERRE, EN COMBATTANT AVEC ARDEUR, IL MOURUT DE LA MÊME MANIÈRE QUE SON FILS. »

AURELIUS VICTOR, *Livre des Césars* 29, 4-5

L'empereur qui remplace Philippe l'Arabe, Quintus Decius Valerinus, est le premier d'une longue série de souverains originaires des Balkans. Il est né vers 190 à Budalia, près de Sirmium. Contrairement à Maximin ou à Philippe, Dèce n'a pas commencé sa carrière dans l'armée. C'est un sénateur qui a été consul en 232, puis gouverneur de Mésie et de Germanie inférieure. De 235 à 238, il a été gouverneur de l'Espagne tarraconnaise et préfet de la ville à Rome sous le règne de Philippe l'Arabe.

Après la mort de Philippe à Béroé à la fin de 249, Dèce se rend à Rome où il séjourne durant plusieurs mois pour renforcer son pouvoir. Il adopte le surnom de "Traianus" en mémoire de celui qui fut l'un des grands empereurs du siècle précédent. Il entreprend des projets de construction dans la capitale tels que les Thermae Decianae ou thermes de Dèce sur l'Aventin, achevés en 252. Ils existaient encore au XVIe siècle, époque à laquelle Palladio en a dressé le plan. Dèce a également fait réparer le Colisée, frappé par la foudre.

En 250, l'empereur mène une expédition contre les Goths, qui ont traversé une nouvelle fois le Danube et ravagent la province de Thrace. Ils se sont alliés au gouverneur de Thrace, Titus Julius Priscus, lequel s'autoproclame empereur contre Dèce mais est tué peu après. La guerre contre les

Goths dure jusqu'en 251, date à laquelle Dèce, qui fait campagne sur le Danube inférieur, apprend qu'un nouveau prétendant au trône impérial s'est manifesté à Rome. Il s'agit de Julius Valens Licinianus qui bénéficie du soutien du sénat et du peuple de la capitale. A la fin du mois de mars, cependant, Valens meurt à son tour. De son côté, Dèce ne survivra pas à l'année 251. Après avoir remporté quelques succès contre les Goths et avoir réussi à couper leur retraite à Abrittos, le souverain et son armée tombent dans un piège en juin 251. Dèce y trouve la mort. C'est le premier empereur romain tué en combattant un ennemi extérieur. Son fils aîné, Quintus Herennius Etruscus Messius Decius, élevé au rang de César l'année précédente, succombe également au cours de l'affrontement.

Telle est la fin glorieuse du règne bref mais honorable de Dèce. Les générations successives ont pourtant considéré Dèce comme un scélérat en raison des persécutions ordonnées par lui contre les chrétiens. Le fait que l'*Histoire ecclésiastique* d'Eusèbe de Césarée affirme que Philippe l'Arabe était lui-même chrétien brouille un peu plus encore les données. Si l'allégation est exacte, la persécution de Dèce pourrait en effet être considérée comme une réaction contre le régime précédent. La persécution de 249-251 a été provoquée par un édit impérial obligeant tous les citoyens à faire des sacrifices en l'honneur de l'empereur, à une date précise. Ceux qui n'obéissaient pas risquaient la torture et la mort. L'édit ne concernait pas spécifiquement les chrétiens; il était en fait conçu comme un serment d'allégeance à l'empereur et à l'Etat romain. Un certain nombre de chrétiens qui refusèrent furent exécutés. Parmi ceux de Rome figure le pape Fabien. A Carthage et à Alexandrie, les sentiments antichrétiens provoquèrent des pogroms. Dès la deuxième année du règne de Dèce, la rage persécutrice s'est relâchée et l'ancienne tradition de tolérance religieuse a recommencé à prévaloir. Mais l'Eglise chrétienne n'a pas oublié le règne de Dèce, le "féroce tyran". ■

« ALORS QUE LA SITUATION ÉTAIT TELLE, QUE LES SOUVERAINS N'ÉTAIENT NULLEMENT CAPABLES DE DÉFENDRE L'ÉTAT, ET QU'ILS NÉGLIGEAIENT TOUT CE QUI SE PASSAIT HORS DE ROME, LES GOTHS, LES BORANES, LES URUGONDES ET LES CARPES RECOMMENCÈRENT À PILLER LES VILLES EN EUROPE. »

ZOSIME, ***Histoire Nouvelle*** I, 27, 1

TRÉBONIEN GALLE

- Né à Pérouse, vers 206
- Accession en juin 251
- Epouse : Afinia Gemina Baebiana
- Enfants : un fils, Caius Vibius Volusianus, et une fille, Vibia Galla
- Tué en août 253 par ses soldats à Interamna (Terni)

Après la mort de Dèce et de son fils, en juin 251, dans la guerre contre les Goths, l'armée romaine, vaincue, choisit comme empereur Caius Vibius Trebonianus Gallus. D'origine italienne, Galle est né vers 206 près de Pérouse. Sénateur, il a été consul et gouverneur de Mésie supérieure. A partir de 250, il a joué un rôle majeur dans les guerres danubiennes de Dèce. Certains prétendent que Galle avait connaissance du piège tendu par les Goths, mais cela n'est sans doute qu'une invention tardive. De son propre chef ou sous la pression de l'armée, il adopte le fils cadet de Dèce, Caius Valens Hostilianus Messius Quintus, laissé à Rome par son

Tête d'une statue colossale en bronze, trouvée près du Latran à Rome, qui est peut-être celle de Trébonien Galle.
Metropolitan Museum of Arts, New York.

père. Trop jeune pour régner en son nom propre, Hostilien est proclamé coempereur, tandis que le fils de Gallus, Caius Vibius Volusianus (Volusien), reçoit le rang de César. Le règne de Galle a été troublé par les Goths, les Perses et la peste. Impatient d'entrer à Rome, Galle conclut la paix avec les Goths en leur permettant de conserver le butin et les prisonniers romains qu'ils ont faits, et en consentant à leur verser un tribu annuel. Puis il retourne à Rome, ravagée par la peste. Hostilien est l'un des premiers emportés par l'épidémie ; il meurt en juillet 251. Pour le remplacer, Galle élève son fils Volusien à la dignité d'empereur.

Galle va gagner l'affection du peuple romain en prenant des mesures pour enterrer convenablement les victimes de la peste, y compris les plus pauvres. Ce désastre s'accompagne de sérieux revers aux frontières nord et est de l'empire. En Orient, le roi perse Shapur Ier lance, en 252, une nouvelle offensive contre les provinces romaines. Il défait les légions d'Orient à Barbalissos (la moderne Qalat Balis) et envahit toute la province de Syrie. L'année suivante, Antioche, troisième ville du monde romain et capitale de la Syrie, tombe aux mains des Perses. Pendant ce temps, sur le Danube inférieur, les Goths rompent l'accord conclu avec Galle et pillent à nouveau les territoires romains. Il sont battus par Aemilius Aemilianus (Aemilien), gouverneur de Mésie supérieure, aussitôt proclamé empereur par les légions qu'il a menées à la victoire.

En conséquence, Galle et son fils rassemblent aussitôt leurs troupes pour faire face à l'invasion attendue de l'Italie. Mais, ils sont pris de vitesse par l'avancée d'Aemilien. Ils ne sont qu'à Interamna (la moderne Terni), à quatre-vingts kilomètres de Rome, lorsqu'ils sont assassinés, en 253, par leurs propres soldats. Le règne de Galle a duré un peu plus de deux ans. ■

AEMILIEN

- Né à Djerba, en Afrique, vers 207
- Accession en août 253
- Epouse : Gaia Cornelia Supera
- Enfants : aucun connu
- Tué en octobre 253 par ses soldats près de Spolète

« AEMILIEN, DE LA PLUS OBSCURE NAISSANCE, FUT UN EMPEREUR ENCORE PLUS OBSCUR, ET MOURUT AU BOUT DE TROIS MOIS. »

EUTROPE, ***Abrégé de l'histoire romaine*** IX, 5

Le pouvoir passe brièvement à Marcus Aemilius Aemilianus, Aemilien. Né vers 207, le nouvel empereur a environ le même âge que Galle. Il est aussi sénateur et ex-consul. Il n'est pas originaire d'Italie, mais de l'île de Djerba, au large de la côte sud de la Tunisie. On dit d'Aemilien qu'il a régné avec mesure et avec l'accord du sénat dont il se présente comme le général et non le maître. Mais, il lui manque encore l'appui de l'armée lorsqu'un nouveau candidat apparaît sur la scène. Publius Licinius Valerianus (Valérien) avait été chargé par Galle de réunir des troupes pour une campagne sur le Danube supérieur. Après l'assassinat de Galle, il s'autoproclame empereur et marche sur l'Italie avec les forces qu'il a rassemblées. Les événements qui ont eu lieu trois mois plus tôt vont se répéter à l'identique. En octobre 253, Aemilien est tué par son armée, près de Spolète, ce qui évite la confrontation directe. Il n'a régné que quatre-vingt-huit jours. Le lieu de sa mort a toujours conservé le nom de Pons Sanguinarius, le Pont du Sang. ■

Valérien Ier

Imperator Caesar Publius
Licinius Valerianus
Pius Felix
Invictus Augustus

253-260

Gallien

Imperator Caesar Publius
Licinius Egnatius
Gallienus Pius Felix
Invictus Augustus

253-268

Claude II

Imperator Caesar Marcus
Aurelius Claudius
Pius Felix
Invictus Augustus

268-270

Quintille

Imperator Caesar Marcus
Aurelius Claudius
Quintillus Invictus
Pius Felix Augustus

270

Aurélien

Imperator Caesar Lucius
Domitius Aurelianus
Pius Felix
Invictus Augustus

270-275

L'EMPIRE GAULOIS

Postumus

Imperator Caesar
Marcus Cassianius Latinius
Postumus Pius Felix
Invictus Augustus

260-269

Lélien

Imperator Caesar
Gaius Ulpius
Cornelius Laelianus
Pius Felix Augustus

269

Marius

Imperator Caesar
Marcus Aurelius Marius
Pius Felix
Invictus Augustus

269

Victorin

Imperator Caesar Marcus
Piavonius Victorinus
Pius Felix
Invictus Augustus

269-271

Tétricus

Imperator caesar gaius
pius esuvius tetricus
Pius Felix
Invictus Augustus

271-274

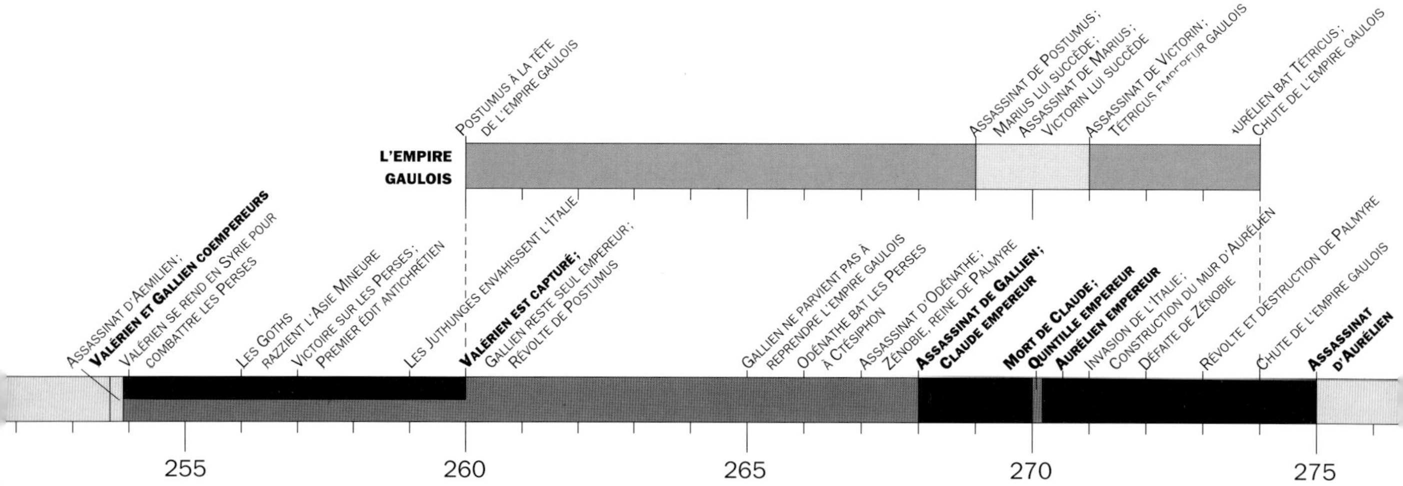

VALÉRIEN

- Né vers 195, lieu de naissance inconnu
- Accession en octobre 253
- Epouse : Egnatia Mariniana
- Enfants : deux fils, Publius Licinius Egnatius Gallienus et Publius Licinius Valerianus
- Fait prisonnier par les Perses en juin 260 ; mort en captivité (date inconnue)

L'empereur Valérien est né vers 195. C'est un descendant de l'importante famille Licinia d'Etrurie. On sait peu de choses sûres à son sujet. Il a été consul dans les années 230 et s'est illustré comme l'un des principaux partisans de Gordien lors de la révolte de 238. Il a occupé de hautes fonctions sous les empereurs suivants. Juste avant sa mort, Gallien lui a confié un commandement militaire de premier plan.
La réputation de Valérien en tant qu'empereur a été occultée par sa fin ignominieuse : prisonnier des Perses, il meurt en captivité. Au cours des sept ans qu'il passe en Orient, il ne réussit pas à stopper l'avance perse, mais il obtient des succès temporaires.
Le désastre survient au moment où la peste ravage son armée. La date de la mort de Valérien est incertaine ; sa capture par les Perses remonte sans doute à juin 260 et, deux ans plus tard, il était peut-être encore en vie.
(Ci-dessous) Camée du IVe siècle figurant la victoire de Shapur sur Valérien.
Bibliothèque nationale, Paris.

« VOILÀ SUR VALÉRIEN LES FAITS DIGNES D'ÊTRE CONNUS ; PENDANT SOIXANTE-DIX ANS, SA VIE ADMIRABLE LUI AVAIT VALU UNE GLOIRE TELLE QU'APRÈS TOUTES SES FONCTIONS ET MAGISTRATURES GÉRÉES DE FAÇON REMARQUABLE, IL DEVINT EMPEREUR, NON PAS COMME CELA EST COUTUMIER, À LA SUITE D'UNE MANIFESTATION POPULAIRE TUMULTUEUSE OU DES ACCLAMATIONS TURBULENTES DES SOLDATS, MAIS EN VERTU DE SES MÉRITES PROPRES ET, POUR AINSI DIRE, PAR LA DÉCISION UNANIME DU MONDE ENTIER. »

HISTOIRE AUGUSTE, *Vies des deux Valériens* V, 1

Après la mort d'Aemilien, Publius Licinius Valerianus devient le maître incontesté du monde romain. Il se rend à Rome et s'attelle à la lourde tâche de ramener l'ordre dans l'empire. Les guerres civiles de 253 ont aggravé une situation déjà fragile sur les frontières du nord et de l'est, en y prélevant des troupes pour combattre en Italie. Valérien, ex-consul et membre de l'une des plus éminentes familles de Rome, est enfin un empereur que le sénat peut accepter sans réserve. C'est sans aucune difficulté que les sénateurs élèvent son fils aîné Publius Licinius Egnatius Gallienus à la dignité de coempereur dès l'arrivée des deux hommes dans la capitale, en octobre 253. Valérien est âgé de cinquante-huit ans, son fils de quarante ans. Le sénat entend combiner les capacités des deux hommes en confiant la défense de l'Occident à Gallien et celle de l'Orient à Valérien.

La priorité absolue de Valérien va au rétablissement de la situation en Syrie, où de nombreuses cités importantes, à commencer par Antioche, ont été mises à sac lors de l'invasion perse de Shapur Ier. En 254, l'empereur arrive à Antioche (sans doute déjà abandonnée par les troupes perses). Il passera les dernières années de sa vie en Orient. Il commence par mater la révolte d'Uranius Antoninus, roi prêtre d'Emèse, qui s'est proclamé empereur après avoir vaincu les troupes perses qui attaquaient la ville. Pour avoir restauré l'ordre dans les provinces orientales, Valérien est gratifié des titres de Restaurateur de l'Orient et de Restaurateur du genre humain.

On ignore le détail des campagnes que Valérien a menées contre les Perses au cours des années suivantes. Une victoire, en 257, est attestée sur les pièces de monnaie qui la commémorent. Elle est jugée suffisamment importante pour justifier le titre de Restaurateur du monde. Pendant ce temps, Gallien remporte plusieurs batailles à l'ouest, contre les Germains.

Mais, hélas ! la série de succès s'interrompt. Au début de l'été 260, l'armée de Valérien, qui soutient un nouvel assaut des Perses, est décimée par la peste et assiégée dans Edesse. L'empereur s'efforce de dégager ses troupes en négociant et accepte fort imprudemment l'invitation de Shapur à venir le trouver en personne, avec une escorte réduite. Le souverain perse les fait tous prisonniers. Outre Valérien, il y a là le préfet du prétoire, des grands dignitaires et des sénateurs. Valérien ne sera jamais relâché et finira ses jours comme esclave. Shapur contraint l'empereur, déjà relativement âgé, à s'accroupir pour lui servir de marchepied lorsqu'il monte à cheval.

« [IL] PORTA SOUVENT DANS SES DÉPLACEMENTS UNE COURONNE RADIÉE. À ROME, OÙ LES EMPEREURS SE MONTRAIENT TOUJOURS EN TOGE, ON LE VIT EN CHLAMYDE DE POURPRE AUX FIBULES DE PIERRERIES ET D'OR. »

HISTOIRE AUGUSTE, *Les deux Galliens* XVI, 4

L'Histoire Auguste suggère que le règne de Gallien a marqué un pas en avant dans la représentation de l'empereur en monarque absolu, qui se pare en public du manteau impérial et de la couronne. L'homme est à la fois un chef militaire compétent et un poète habile. Il contrôle strictement l'armée et réprime durement l'indiscipline. Il n'en est pas moins attentif à conserver la fidélité de ses troupes. Gallien fait frapper des pièces d'or spéciales, les *multipla*, pour payer les soldats, en remplacement de la monnaie d'argent, considérablement dévaluée.
(Ci-dessus) Buste de Gallien.
Staatliche Museen, Berlin.

GALLIEN

- Né vers 213, lieu de naissance inconnu
- Accession en octobre 253 (avec Valérien) ; règne seul à partir de juin 260
- Epouse : Cornelia Salonina
- Enfants : Trois fils, Licinius Valerianus, Licinius Saloninus et Licinius Egnatius Marinianus
- Assassiné dans un camp à l'extérieur de Milan en septembre 268, enterré dans une tombe de la via Appia

Après sa mort, on écorche la peau de l'infortuné et on la teint en vermillon avant de la placer dans un temple perse où elle servira d'avertissement aux futures délégations romaines.

Pour les auteurs chrétiens, cette fin ignominieuse est une preuve de la colère divine. Valérien, comme Dèce avant lui, est un célèbre persécuteur des chrétiens. Mais, alors que Dèce avait légiféré contre tous ceux qui refusaient de prêter le serment de loyauté à l'empereur, Valérien vise, lui, spécifiquement les chrétiens dans ses deux édits de 257 et 258. Il s'attaque en particulier à la hiérarchie de l'Eglise, aux chevaliers et aux sénateurs, afin d'éradiquer le christianisme dans les classes supérieures de la société romaine. Peut-être s'agit-il d'une réaction aux calamités — guerre, famine et peste surtout — qui touchent successivement l'empire à cette époque. Quoi qu'il en soit, le règne de Valérien est le plus troublé et le plus malheureux qu'il y ait eu depuis la fondation de l'empire, et la capture de ce souverain par les Perses a failli faire vaciller tout l'édifice. ■

« GALLIEN, NOMMÉ AUGUSTE ALORS QU'IL ÉTAIT ADOLESCENT, EUT UN RÈGNE D'ABORD HEUREUX, PUIS SATISFAISANT, ET À LA FIN DÉSASTREUX. »

EUTROPE, *Abrégé de l'histoire romaine* IX, 6

La crise que provoque dans l'empire la capture de Valérien exige de son fils Gallien — désormais seul empereur — de rassembler son courage et sa détermination pour en venir à bout. Dans beaucoup de sources, Gallien a mauvaise réputation ; après une période initiale d'action, il se serait livré aux plaisirs et serait épris de Pipa, la fille du chef germain Attale. La vérité est en fait très différente et révèle un empereur énergique qui lutte vaillamment pour maintenir son pouvoir et restaurer l'ordre dans l'empire. Gallien est, en outre, un protecteur des arts. Il révoque les édits antichrétiens de son père Valérien et instaure une période de tolérance religieuse qui durera pendant plus de quarante ans.

Les décennies précédentes ont montré que deux sortes de dangers menaçaient la paix et l'unité de l'empire : les invasions extérieures et les divisions intérieures. Gallien va devoir employer les grands moyens pour faire face aux deux. De 260 à 262, pas moins de sept candidats prétendent au titre impérial, cela sans compter la dynastie palmyrénienne qui contrôle les provinces orientales. L'Histoire Auguste appelle le règne de Gallien la période des Vingt Prétendants. Même si le chiffre est exagéré, il traduit bien l'esprit de l'époque.

Gallien, ou Publius Licinius Egnatius Gallienus, a environ quarante ans lorsque son père devient empereur en 253 et que lui-même est nommé César. Un mois plus tard, il est élevé au rang d'Auguste et de coempereur. L'année suivante, quand Valérien quitte Rome pour contrer la menace perse, il confie à Gallien la responsabilité des provinces occidentales. Le père et le fils ne devaient plus jamais se revoir.

SOLDAT ET POÈTE

L'intérêt de Gallien pour la poésie et les arts dans une période dominée par la peste, la guerre civile et les invasions étrangères peut surprendre. L'aspect littéraire de sa personnalité transparaît dans de nombreux poèmes et discours tels que ces vers composés pour un mariage célébré dans sa famille :

Ite, agite, o pueri, pariter sudate medullis
omnibus inter vos, non murmura vestra [columbae,
brachia non hederae, non vincant oscula [conchae.
Ludite ; sed vigiles nolite extinguere lychnos.
Omnia nocte vident, nil cras meminere lucernae.

« Allez, allez donc, enfants, transpirez [tous deux l'un contre l'autre [jusqu'à la moelle,
Rivalisez avec les colombes [par vos soupirs,
Avec le lierre par vos étreintes, [avec les escargots par vos baisers.
Faites l'amour ; mais, vous qui restez [éveillés, n'éteignez pas les lampes.
Celles-ci voient tout la nuit, demain [elles ne se souviendront de rien. »

Même l'Histoire Auguste, généralement peu avare de critiques, reconnaît que ses œuvres ont permit à Gallien de « briller tant parmi les poètes que parmi les orateurs de son temps ». Gallien soutient aussi Plotin, le dernier grand philosophe païen, et encourage un nouveau style de sculpture qui revient au classicisme du siècle d'Auguste.

Les années de troubles (254-262). Tandis que Valérien fait campagne à l'est, Gallien défend les frontières du Rhin et du Danube contre les attaques des Germains. De 254 à 256, il se bat sur le Danube, puis, lorsque la frontière est suffisamment sûre, il se déplace vers l'ouest, sur le Rhin. Le fait qu'on lui ait décerné le titre de *Germanicus Maximus* cinq fois entre 255 et 258 et celui de *Dacicus Maximus* en 257 prouve que ses efforts ont été couronnés de succès, ce que confirment les pièces de monnaie qui mentionnent des victoires sur les Germains. En 258, l'empereur retourne sur la frontière du Danube. C'est là que son fils aîné, le jeune Valérien, auquel on a accordé le rang de César deux ans auparavant, meurt au début de l'année. Gallien est sans doute engagé dans des opérations sur le Danube moyen lorsque des troubles éclatent plus à l'ouest. En 259, les Juthunges traversent le Danube supérieur et descendent sur l'Italie. Ils se dirigent vers Rome, mais sont repoussés par une armée formée à la hâte, puis interceptés par Gallien, qui s'est empressé de rejoindre l'Italie et les bat sévèrement près de Milan. Au printemps suivant, les Juthunges sont vaincus une seconde fois près d'Augsbourg, et des milliers de prisonniers italiens sont libérés.

A l'automne 260, la capture de Valérien est connue de tous. Nombreux sont ceux qui pensent que, la position de Gallien étant considérablement affaiblie, le pouvoir impérial se trouve à portée. L'un des premiers à vouloir tirer profit de la situation est Ingénuus, le gouverneur de Pannonie et de Mésie. Les troupes placées sous son commandement le proclament empereur près de Sirmium. Mais il est rapidement battu par Aureolus, le général de Gallien à Mursa (la moderne Osijek) en Pannonie. Ingénuus fuit le champ de bataille, mais est tué par ses propres partisans. Dans les provinces danubiennes, Regalianus reprend le flambeau de la rébellion. Gallien, qui agit avec célérité, a tôt fait de l'éliminer.

A la fin de 260, une révolte plus grave éclate dans les provinces orientales, où Fulvius Junius Macrianus (Macrien) et son jeune frère Fulvius Junius Quiétus sont proclamés coempereurs. Ils établissent leur capitale à Antioche et sont reconnus en Syrie, en Egypte et en Asie Mineure. Macrien et son père (un autre Macrien) marchent à la rencontre de Gallien. En 261, ils sont battus et tués par Aureolus dans les Balkans. Quiétus, qui est resté en Syrie, est assassiné par les habitants d'Emèse, la cité où il s'est réfugié à l'instigation d'Odénathe, souverain de Palmyre, lequel agit sur ordre de Gallien. Ainsi s'achève la rébellion des Macriens. Mais cela ne marque pas la fin des difficultés pour Gallien. En effet, l'année suivante, c'est au tour d'Aureolus de se révolter. Il finit certes par faire la paix avec son maître Gallien ce qui écarte la menace de la guerre civile, mais ses ambitions resurgiront dans le dernier acte du règne de Gallien.

La révolte de Postumus. Malgré ces vicissitudes, Gallien parvient à conserver le contrôle de l'armée du Danube. Il est moins heureux avec l'armée du Rhin et les provinces orientales. Alors qu'un groupe d'Alamans envahit l'Italie durant l'été 260, une autre bande ravage la Gaule, et des guerriers francs frappent en Espagne, détruisant la cité de Tarragone. Gallien ne peut fournir une aide immédiate aux provinciaux terrorisés.

L'EMPIRE GAULOIS

A l'automne 260, la révolte de Postumus, gouverneur de Germanie inférieure, entraîne la création d'un Empire gaulois qui va rester indépendant pendant près de quinze ans. Le noyau de cet empire est formé par les trois provinces de Gaule (Lyonnaise, Aquitaine et Narbonnaise) et par les deux provinces de Germanie avec leurs puissantes troupes frontalières. En 261, la Bretagne et l'Espagne passent aussi à Postumus. L'Empire gaulois se rallie les peuples de ces régions en assurant la défense de la frontière du Rhin. Ni Postumus, ni ses successeurs ne cherchent à marcher sur Rome. En revanche, conscients de la diversité des provinces occidentales romaines, ils s'efforcent d'en faire une source de puissance. Le fait que l'Empire gaulois ait survécu à la mort de son fondateur montre que cette politique a été payante. Il y a eu quatre empereurs gaulois et au moins un prétendant avant que cette entité soit réincorporée à l'Empire romain par Aurélien.

Proclamé empereur par les légions du Rhin au début de l'automne 260, après la capture de Valérien par les Perses, **POSTUMUS** est sans doute d'origine germanique (c'est probablement un Batave), mais l'on ignore son âge et son lieu de naissance. Il franchit une étape dans la rébellion en s'emparant de Salonin, le fils de Gallien et en l'exécutant à Colonia Agrippina (Cologne). Une fois sûr que Postumus n'a aucunement l'intention de marcher sur Rome, Gallien décide de ne pas intervenir tant qu'il n'a pas réglé la situation sur le front du Danube. Postumus profite de ce délai de quatre ans pour réorganiser l'administration de son empire, rétablir les défenses de la frontière du Rhin et réparer les dégâts causés par les invasions des Francs et des Alamans en 260. En 265, Gallien veut reconquérir les provinces occidentales. Il marche contre Postumus avec Aureolus, le commandant de la cavalerie. après plusieurs succès initiaux, l'expédition est abandonnée, Gallien ayant été blessé dans le dos au cours d'un siège. Postumus règne encore quatre ans et survit à Gallien. Il n'exploite pas la situation créée par la rébellion d'Aureolus en 268 et refuse de conduire ses troupes en Italie pour le soutenir. Cette incapacité à saisir cette formidable opportunité a sans doute détourné de lui quelques-uns de ses plus fidèles partisans. C'est aussi probablement ce qui a motivé son assassinat l'année suivante, au cours de la révolte de Lélien. ■

En février 269, Postumus se trouve à Trèves (la capitale de l'Empire gaulois) lorsque **LÉLIEN** se révolte à Mayence. Comme gouverneur de la Germanie supérieure (sous Postumus), Lélien dispose de deux légions, face aux deux légions de Germanie inférieure qui restent fidèles à Postumus, ainsi qu'aux troupes plus lointaines d'Espagne et de Bretagne. Les soutiens de Lélien s'amenuisent rapidement. En deux mois, Postumus parvient à vaincre l'usurpateur et à reprendre Mayence. On ignore ce qu'il advient de Lélien, mais on sait que Postumus meurt après le siège. Ses soldats l'assassinent parce qu'il leur a refusé le pillage de la ville. ■

Le successeur de Postumus, qui est un ancien forgeron, n'a guère le profil d'un empereur. Lors de son accession au pouvoir, **MARIUS** n'est probablement qu'un simple soldat. D'après certaines sources, il n'aurait régné que deux jours, mais les nombreuses pièces de monnaie frappées à son nom indiquent plutôt qu'il a dû régner au moins deux ou trois mois. A l'été ou à l'automne 269, il est étranglé à la suite d'une querelle d'ordre privé. ■

La mort de Marius est suivie par un interrègne de deux jours. Le pouvoir échoit ensuite à **VICTORIN**, un militaire compétent parvenu à un grade élevé sous Postumus. Peut-être était-il considéré comme le successeur naturel de ce dernier. Au milieu de l'an 269 s'amorce le déclin de l'Empire gaulois. L'Espagne refuse de reconnaître Victorin, et Claude II envoie un corps expéditionnaire reprendre le contrôle des territoires gaulois situés à l'est du Rhône. Ce qui pousse les Eduens du centre de la Gaule à se soulever contre Victorin. A l'automne 270, après un siège de sept mois, Victorin s'empare de la ville d'Autun et réprime la révolte des Eduens. L'empereur aurait pu dès lors jouir d'une situation assez stable, si son besoin irrépressible de séduire les femmes des autres n'avait excité l'animosité de son entourage. Au début de 271, Victorin est assassiné, après avoir suborné l'épouse d'un de ses officiers. ■

Pavement de mosaïque provenant de la demeure que possédait Victorin à Trèves avant de devenir empereur. L'inscription dit : « Marcus Piavonius Victorinus, tribun de la garde prétorienne, a restauré cela à ses frais. » La maison était vaste et luxueuse, comme il convenait à un officier de son rang.

L'Empire gaulois, fondé par Postumus en 260, a survécu comme Etat indépendant pendant près de quinze ans. Le noyau de ce royaume est formé par les trois provinces de Gaule (Lyonnaise, Aquitaine et Narbonnaise) auxquelles s'ajoutent les deux provinces de Germanie avec leurs importantes garnisons frontalières. En 261, la Bretagne et l'Espagne passent aussi à Postumus. Ce dernier contrôle, en outre, la Rhétie durant une courte période. Gallien la reprend vers 263. L'Empire gaulois connaît un sérieux déclin après le meurtre de Postumus, en 269. Cette année-là, les provinces d'Espagne font sécession, tandis que les régions situées à l'est du Rhône sont reprises par Claude II. Enfin, en 274, le dernier empereur gaulois Tétricus est vaincu par Aurélien à Châlons-sur-Marne. Les provinces de Gaule, de Bretagne et de Germanie sont alors réintégrées dans l'Empire romain.

La mort brutale de Victorin plonge une nouvelle fois l'Empire gaulois dans l'incertitude, car aucun successeur naturel n'est là pour prendre sa place. C'est la mère de Victorin, Victoria, qui prend les affaires en main. Cette femme fortunée achète la soumission des légions en leur versant d'importantes sommes d'argent. Avec leur soutien, elle confie la fonction d'empereur à **TÉTRICUS**, gouverneur de l'Aquitaine. Il est membre de l'une des grandes familles de Gaule et sans doute apparenté à Victoria. Ce choix semble largement accepté.

Au printemps 271, à Bordeaux, Tétricus est investi de la fonction impériale et part pour Trèves, la capitale de son empire. Avant d'arriver dans la ville, il s'emploie à faire échec à une invasion germanique. L'année suivante, il affronte encore les Germains. Le nouvel empereur est sans aucun doute un commandant militaire efficace et respecté. Au printemps ou à l'été 273, il désigne son fils, appelé aussi Tétricus, comme héritier et lui donne le rang de César. Au début de 274, père et fils se trouvent à Trèves lorsque Aurélien s'avance à leur rencontre. Une rude bataille s'engage à Châlons-sur-Marne entre les troupes de l'Empire gaulois et celles d'Aurélien. C'est ce dernier qui l'emporte. Après la reddition de Tétricus et de son fils, les provinces de Bretagne, de Gaule et de Germanie sont réintégrées à l'Empire romain.

L'histoire se termine de bien étrange façon. D'après plusieurs auteurs, Tétricus aurait conclu un accord secret avec Aurélien avant la bataille décisive et se serait rendu dès le début des combats. On dit même que Tétricus aurait invité Aurélien à envahir son empire pour le sortir de ses propres difficultés politiques. Il est, de fait, très surprenant qu'Aurélien n'ait fait ni exécuter ni emprisonner Tétricus, qui se voit au contraire confier une importante charge administrative dans le sud de l'Italie (gouverneur de Lucanie), où il a vécu jusqu'à un âge avancé. Son fils, lui aussi pardonné, a vu confirmer son rang sénatorial, et nombre de hauts dignitaires au service de Tétricus ont poursuivi leur carrière dans d'autres régions de l'empire. Aurélien a incontestablement mené une politique d'apaisement et non de répression ; il a veillé à ce que les provinces occidentales soient accueillies plutôt que ramenées dans l'empire. ■

UNE DYNASTIE ÉPHÉMÈRE

Hormis les noms de son épouse et de ses trois fils, tous morts prématurément, on connaît peu de chose de la famille de Gallien. Sa femme Salonina, nommée Augusta et *Mater castrorum* (mère des camps) en 254, a sans doute été assassinée en 268 avec lui. On pense qu'au même moment, leur cadet, âgé de trois ans, a été tué à Rome sur ordre du sénat avec le frère de Gallien, Publius Licinius Valerianus. Les deux fils aînés étaient déjà décédés. Le premier a sans doute été assassiné par l'usurpateur gaulois Postumus, en 260, à Cologne. Outre sa famille officielle, Gallien a "épousé" ou pris pour concubine une certaine Pipa, fille d'Attale, le roi des Marcomans. Cette alliance fait partie d'un traité, par lequel Gallien cédait des territoires romains à Attale en échange de son aide contre les autres envahisseurs germaniques.

- **Valérien** = Egnatia Mariniana
  - **Gallien** = Julia Cornelia Salonina
    - Cornelius Valerianus
    - Cornelius Saloninus Valerianus
    - Marinianus
  - Publius Licinius Valerianus

Son fils Salonin, à qui il a confié la direction des affaires à Colonia Agrippina (Cologne), n'y parvient pas davantage. C'est dans ces circonstances que Marcus Cassianius Latinius Postumus, le gouverneur de la Germanie inférieure, défait l'un des groupes de pillards. Fort de ce succès, il tente de s'emparer du pouvoir. Après avoir été proclamé empereur par les soldats, il marche sur Cologne, où se trouve Salonin, récemment élevé au rang d'Auguste. Postumus assiège la ville et refuse de lever le siège tant que Salonin et son gardien Silvanus ne lui auront pas été remis. Dès qu'ils sont en son pouvoir, il les fait mettre à mort.

Postumus libère les provinces occidentales de l'empire des envahisseurs étrangers et rétablit la frontière du Rhin. A la fin de 261, il est reconnu empereur en Gaule, en Bretagne et en Espagne. Il fait alors savoir à Gallien qu'il se contentera de ces territoires et qu'il n'a pas l'intention d'attaquer Rome. Gallien ne peut, dans un premier temps, rien tenter contre les provinces sécessionnistes. Mais, aussitôt qu'il a ramené un peu d'ordre dans le reste de l'empire, il prépare une expédition et marche contre Postumus au printemps 265. Gallien s'enfonce profondément en Gaule, sans obtenir de victoire décisive. Postumus évitant la bataille, Gallien doit finalement interrompre la campagne après avoir été blessé par une flèche dans le dos alors qu'il assiégeait une ville où Postumus avait trouvé refuge. Pendant le reste du règne de Gallien, Postumus restera paisiblement en possession de l'Empire gaulois.

L'alliance palmyrénienne. Tandis que Gallien affronte les prétendants au trône sur le Danube et les sécessionnistes de Gaule, les événements d'Orient prennent un tour inattendu. La capture de Valérien a

L'ÈRE DES USURPATEURS

« PASSONS MAINTENANT AUX VINGT TYRANS QUI, À L'ÉPOQUE DE GALLIEN, DURENT LEUR EXISTENCE AU MÉPRIS QU'ENGENDRAIT CE DÉPLORABLE PRINCE. »

HISTOIRE AUGUSTE, *Les deux Galliens* XXI, 1

L'auteur de l'Histoire Auguste parle ici de vingt tyrans. Mais dans le livre qu'il leur consacre ensuite, il n'en dénombre pas moins de trente, qui se seraient manifestés sous les règnes de Valérien et de Gallien. Gallien, qualifié de "déplorable prince", est désigné comme le responsable de cette situation et ne se voit même pas crédité des efforts qu'il a faits pour rétablir l'ordre dans l'empire. Le chiffre de vingt usurpateurs est de toute façon exagéré, on ne compte pas plus de sept rivaux sérieux :

INGÉNUUS Gouverneur de Pannonie et de Mésie, acclamé empereur par les soldats à Sirmium après la capture de Valérien, à l'été 260. La même année, il est vaincu par Aureolus, général de Gallien, près de Mursa et meurt au combat.

RÉGALIEN Acclamé empereur par les troupes d'Ingénuus après la défaite de ce dernier en 260. Après avoir vaincu les Sarmates, Régalien est battu par Gallien. Il est ensuite tué par ses soldats (en 260 ou au début de 261).

MACRIEN Acclamé empereur par l'armée en Syrie, en 260, avec son jeune frère Quiétus. Il marche sur Rome, mais se fait battre et tuer par Aureolus, en Illyrie, au printemps 261.

QUIÉTUS Acclamé empereur avec Macrien en 260. Il se réfugie à Emèse après la défaite de son frère en 261. Assiégé par Odénathe de Palmyre, il est assassiné par les habitants d'Emèse.

MUSSIUS AEMILIANUS Gouverneur d'Egypte, acclamé empereur après la chute de Macrien et de Quiétus en 261. Il est vaincu par Théodote, général de Gallien, au début de 262, et exécuté.

AUREOLUS Commandant des troupes de Gallien, vainqueur d'Ingénuus en 260 et de Macrien en 261. Il se rebelle en 262, puis se réconcilie avec Gallien. Il commande la cavalerie au cours de la campagne contre Postumus en 265. En 268, il tient garnison à Milan pour empêcher Postumus de franchir les Alpes. Il fait défection et se proclame empereur une seconde fois en août 268. Le mois suivant, il est tué à Milan par les soldats de Claude II.

POSTUMUS Gouverneur de la Germanie inférieure, il est acclamé empereur en 260. En 261, il règne sur la Gaule, la Bretagne et l'Espagne. Il résiste victorieusement à l'attaque de Gallien en 265. Ses soldats l'assassinent à Mayence en 269.

ouvert au roi perse Shapur une nouvelle possibilité de déferler sur les provinces romaines, sept ans après les avoir envahies pour la première fois. Antioche tombe encore aux mains des Perses, qui y sèment la mort et la destruction. Mais ils ne parviennent pas à s'emparer durablement des territoires qu'ils ravagent, et leur invasion n'est pas couronnée de succès. Ballista, nommé préfet du prétoire par Valérien, est le premier à faire échec à leurs ambitions. Il rassemble les forces romaines et défait ses adversaires en Cilicie, s'emparant même du harem de Shapur. Les Perses se retirent rapidement sur l'autre rive de l'Euphrate, où ils sont attaqués par Odénathe, souverain de Palmyre et allié de Rome, qui reprend possession de la province de Mésopotamie.

L'année suivante, en 261, Odénathe rend un autre service à Gallien en réprimant la révolte de Quiétus à Emèse. Quiétus s'est soulevé pour soutenir les prétentions des deux Macriens, son père et son frère, qui ont cherché à usurper le pouvoir dans les Balkans. Gallien récompense Odénathe en lui accordant les titres de Souverain des Romains et Gouverneur de l'Orient. Si Odénathe ne demande pas et ne reçoit pas le rang de co-Auguste, il est clair qu'il détient l'autorité dans les provinces orientales de l'empire. En 266, Odénathe accomplit son plus bel exploit. Toujours à la poursuite des Perses, il pénètre au cœur de la Mésopotamie et bat ses ennemis à Ctésiphon. L'année suivante, il étend son champ d'action et se rend dans le nord de l'Asie Mineure pour faire échec à une invasion des Goths. C'est au retour de cette expédition victorieuse, à l'automne 267, qu'il est assassiné, victime de dissensions familiales. Certains ont accusé Gallien, effrayé par le pouvoir considérable de son allié palmyrénien, de ne pas être étranger à l'événement. Si c'est le cas, la manœuvre est une

PALMYRE

La fortune de la cité-oasis de Palmyre, située dans le désert séparant la Syrie et la Mésopotamie, date du Ier siècle av. J.-C., époque à laquelle la ville devient un centre commercial très actif. Au début du siècle suivant, la ville tombe sous la domination romaine, mais conserve une certaine autonomie. A la faveur des décennies troublées du milieu du IIIe siècle, elle s'affirme comme une puissance majeure. Le gouvernement de la cité échoit à Septimius Odénathe, le chef de la plus influente des quatre tribus de Palmyre. Odénathe, le roi non couronné de Palmyre, se voit investi par Gallien de l'autorité sur les provinces orientales de l'empire. Il combat avec succès les Perses jusqu'à son assassinat, en 267. Son épouse, la célèbre Zénobie, et leur fils Vaballath lui succèdent et dirigent Palmyre jusqu'à ce qu'ils tombent aux mains d'Aurélien en 272. L'année suivante, la ville est mise à sac par les Romains et entre ensuite dans l'oubli.

Le temple de Bel à Palmyre, en Syrie, consacré en 32 ap. J.-C . Vue de la vaste cour carrée (à gauche) qui entoure le sanctuaire proprement dit, haute construction rectangulaire bordée de colonnes. L'architecture suit les modèles gréco-romains, mais les détails tels que les merlons de la corniche sont typiquement orientaux.
(A droite) L'empire palmyrénien dans sa plus grande extension et la campagne d'Aurélien en 272.
(En bas, à gauche) La Grande Colonnade est l'un des plus remarquables vestiges de Palmyre aujourd'hui. Commencée au Ier siècle et complétée aux IIe et IIIe siècles, elle est restée inachevée en raison de la chute de Zénobie.
(Ci-dessous) Le théâtre de Palmyre construit au IIe siècle. Son mur de scène comporte des détails richement sculptés, caractéristiques de l'architecture palmyrénienne.

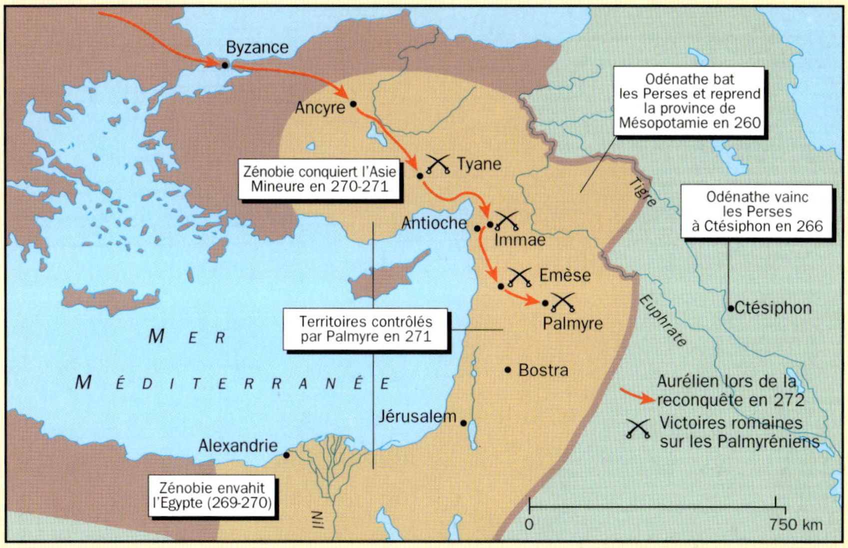

ZÉNOBIE

« Elle avait le visage basané, le teint foncé, des yeux noirs d'une exceptionnelle vivacité, un esprit extraordinaire, un charme incroyable. »

Histoire Auguste, *Les trente tyrans* XXX, 15

Zénobie est la seconde épouse d'Odénathe de Palmyre, lequel devient le véritable souverain des provinces orientales de l'empire après la capture de Valérien par les Perses en 260. Les inscriptions palmyréniennes la nomment Bat-Zabbai, fille d'Al-Zabba, ce qui signifie (peut-être par référence à sa mère) "la belle aux longs cheveux". Après l'assassinat d'Odénathe en 267, Zénobie assume la régence pour son jeune fils Vaballath. Célèbre pour son intelligence et sa chasteté, Zénobie aime la chasse et boit volontiers en compagnie de ses généraux ou des émissaires étrangers. Elle hérite d'Odénathe la souveraineté sur les provinces orientales, avec le consentement de Gallien puis avec celui de Claude II. Mais cela ne satisfait pas ses ambitions. En 270, elle rompt avec Rome, envahit l'Egypte et étend son pouvoir sur la majeure partie de l'Asie Mineure. Au début de 272, elle fait proclamer Vaballath (alors adolescent) empereur avec la titulature romaine complète : *Imperator Caesar Lucius Julius Aurelius Septimius Vaballathus Athenodorus Pius Felix Invictus Augustus*. Zénobie devient elle-même *Augusta*. Mais, en quelques mois, Aurélien réussit à la vaincre et à la faire prisonnière. On ne sait pas exactement ce qu'il est advenu d'elle par la suite. Selon certains auteurs, elle aurait figuré dans le triomphe d'Aurélien à l'automne 274 et aurait passé le restant de ses jours dans une propriété de Tivoli.

erreur. Les Palmyréniens vont battre facilement le général romain envoyé par Gallien l'année suivante. L'Orient passe alors sous le contrôle de la redoutable Zénobie, veuve d'Odénathe, et de son jeune fils Vaballath.

La guerre gothique et le siège de Milan. L'invasion des Goths, en 268, est la dernière grande catastrophe du règne de Gallien. C'est à cause d'elle qu'il ne peut intervenir contre Postumus en Gaule. Depuis quelques années déjà, les Goths et d'autres peuples, installés au nord de la frontière du Danube, exercent une pression continuelle. Ils ont attaqué les territoires romains en 256 et en 262-263, et ils ont ravagé l'Asie Mineure en 267. Leur plus grande offensive a lieu au début de 268. Ils organisent une invasion massive des Balkans avec le concours d'autres peuples germaniques de la région de la mer Noire, les Hérules. Gallien part à leur rencontre et, bien qu'il n'ait pu éviter le sac d'Athènes, il les défait à la grande bataille de Naissus (Nis).

Une grave révolte se produit alors à Milan, qui empêche Gallien d'exploiter plus avant la victoire de Naissus. Pendant qu'il combattait dans les Balkans, Gallien a laissé le commandant de la cavalerie, Aureolus, à Milan avec la mission de défendre l'Italie contre une attaque de Postumus. Au début de 268, Aureolus passe du côté de Postumus et, à l'été, il se proclame empereur. En septembre 268, Gallien confie la direction de la guerre contre les Goths à ses généraux et retourne en Italie. Il défait Aureolus à Pontérolo et l'assiège dans Milan. Mais avant qu'il ait pu mener l'affaire à son terme, Gallien est victime d'une conspiration fomentée par ses officiers. Une nuit, après la tombée du jour, un messager annonce la fausse nouvelle que les ennemis attaquent. Troublé par cette information, Gallien sort de sa tente en toute hâte, sans son escorte habituelle. Le commandant de la cavalerie dalmate — la nouvelle force de frappe mobile créée par Gallien dans le cadre de ses réformes militaires — abat alors l'empereur, sans protection.

C'est ainsi que périt l'un des empereurs à la fois les plus décriés et les plus héroïques. Gallien n'est pas enterré dans un grand mausolée impérial, mais dans une petite tombe de la via Appia, à une quinzaine de kilomètres de Rome. Claude obtiendra du sénat les honneurs divins pour son prédécesseur, ce qui n'empêchera pas le martelage de certaines de ses inscriptions. De fait, Gallien a perdu les bonnes grâces des sénateurs en leur refusant l'accès aux charges militaires. Il avait pourtant de bonnes raisons pour cela. Beaucoup de sénateurs avaient prouvé leur déloyauté en apportant leur soutien à Postumus, Régalien ou Macrien. De surcroît, rares étaient ceux qui possédaient les compétences militaires requises pour de hauts commandements, la majorité préférant les paisibles carrières civiles au dangereux métier des armes. La politique de Gallien ayant excité leur ressentiment, les sénateurs ont en retour fait de lui le bouc émissaire pour tous les troubles de son règne. Les historiens postérieurs, qui ont hérité de cette vision très déformée, ne font aucune allusion au combat de quinze années livré par Gallien pour maintenir un empire malade. ■

CLAUDE II

- Né en Illyrie, le 10 mai 214
- Accession en septembre 268
- Epouse et enfants inconnus
- Mort de la peste à Sirmium en août 270

« IL SERAIT TROP LONG D'ÉNUMÉRER TOUS LES HONNEURS QUE MÉRITA CET HOMME ; IL EN EST UN CEPENDANT QUE JE NE DOIS PAS PASSER SOUS SILENCE : LE SÉNAT ET LE PEUPLE EURENT POUR LUI, TANT AVANT SON RÈGNE QUE PENDANT SON RÈGNE ET APRÈS SON RÈGNE, UN ATTACHEMENT TEL QU'À COUP SÛR NI TRAJAN, NI LES ANTONINS, NI AUCUN AUTRE EMPEREUR NE FURENT PAREILLEMENT AIMÉS. »

HISTOIRE AUGUSTE, *Le divin Claude* XVIII, 4

L'homme qui succède à Gallien, Claude II le Gothique, est une sorte de héros pour les historiens tardifs, influencés par la légende entourant sa mort et par sa parenté supposée avec l'empereur Constantin. Cet engouement s'explique aussi par opposition à Gallien, empereur de mauvaise réputation. Malgré ce parti pris en faveur de Claude — partagé par les historiens modernes —, on trouve peu de chose à son sujet qui mérite une mention particulière. Il faut porter à son crédit la poursuite de l'œuvre de consolidation commencée par Gallien, qui sera achevée par son successeur, l'empereur Aurélien.

L'empereur Claude est né vers le 10 mai 214, sans doute dans la région de Dardanie en Illyrie. Il est le premier d'une importante lignée d'empereurs illyriens, qui s'étend au siècle suivant. Avant d'accéder à la dignité d'Auguste, Claude a détenu d'importants commandements militaires sous Valérien et Gallien. L'armée le considère comme le successeur naturel de Gallien après l'assassinat de ce dernier, en septembre 268. Le sénat et le peuple de Rome semblent avoir bien accueilli cette nomination.

Au moment où le commandant de la cavalerie dalmate assassine Gallien à Milan, Claude commande des troupes de réserve à Ticinum (la moderne Pavie), à une trentaine de kilomètres du lieu du meurtre. Il reprend aussitôt la direction des opérations contre Aureolus ; après la reddition de Milan, l'usurpateur est exécuté. Les meurtriers de Gallien ne sont toutefois pas inquiétés, peut-être parce que Claude lui-même faisait partie des conjurés. Il n'en persuade pas moins le sénat de diviniser son prédécesseur et ordonne que cesse l'élimination des partisans de Gallien.

Les affaires de Milan étant réglées, Claude part vers le nord pour affronter les Alamans qui ont envahi une nouvelle fois le territoire romain : ils ont traversé les Alpes et menacent l'Italie. A la fin de 268, il leur inflige une cuisante défaite à proximité du lac de Garde. L'empereur passe l'hiver suivant à Rome avant de reprendre la route du nord pour achever la campagne contre les Goths, commencée l'année précédente par Gallien. L'expédition victorieuse de 269 lui vaut le titre de *Gothicus Maximus*. Mais en 270, les Goths remportent un succès partiel au mont Haemus, en Thrace, et les Romains ne viennent finalement à bout de leurs adversaires que grâce à la peste qui les décime. Claude ne profitera pas des fruits de sa victoire, car il est, lui aussi, emporté par l'épidémie. Il meurt à Sirmium, en août 270.

Telle est l'œuvre de Claude sur la frontière nord, mais qu'en est-il des provinces orientales et occidentales qui échappent toujours au pouvoir

L'ÉLOGE D'UN EMPEREUR

« QUANT À CLAUDE LUI-MÊME, IL SE DISTINGUAIT PAR LE SÉRIEUX DE SA CONDUITE, UNE VIE INIMITABLE, UNE CHASTETÉ EXEMPLAIRE ; IL ÉTAIT PEU PORTÉ SUR LE VIN MAIS JOUISSAIT D'UN SOLIDE APPÉTIT ; IL AVAIT UNE HAUTE STATURE, DES YEUX BRILLANTS, UN VISAGE LARGE ET PLEIN ; SES DOIGTS ÉTAIENT SI VIGOUREUX QU'IL LUI ARRIVA SOUVENT, D'UN COUP DE POING, DE BRISER DES DENTS À DES CHEVAUX OU À DES MULETS. »

HISTOIRE AUGUSTE, *Le divin Claude* XIII, 5

Les exploits physiques loués par le biographe de Claude, au IVe siècle, éveilleront-ils la même admiration chez le lecteur moderne ? La biographie est en fait un panégyrique à peine déguisé, qui doit plus à la pseudo-parenté entre Claude et Constantin (empereur de 306 à 337, on le prétend arrière-petit-fils de Claude) qu'aux mérites intrinsèques de Claude. au reste, rien ne permet de douter des qualités de cet empereur qui aurait sans doute accompli de grandes choses... s'il n'avait été fauché par la peste au bout de deux ans de règne. Le sénat est censé lui avoir dédié une statue en or, de trois mètres de haut, élevée devant le temple de Jupiter sur le Capitole. Mais il ne s'agit peut-être là que d'une invention tardive.

CLAUDE ET LA LÉGENDE

La mort brutale de Claude, emporté par la peste alors qu'il combattait les Goths, a été durement ressentie par une bonne partie de l'armée et par le sénat qui le considéraient comme un empereur modèle. La légende veut que le souverain ait librement accepté la mort pour le bien de l'empire. Avant de quitter Rome pour la guerre gothique, il aurait consulté les Livres Sibyllins qui lui auraient révélé que seule la mort du chef de l'Etat pouvait assurer la victoire. Héroïque jusqu'au bout, Claude est parti à la rencontre des Goths en sachant parfaitement le sort qui l'attendait.

central ? Dans ces cas, les gains réalisés à l'ouest vont contrebalancer les pertes sévères subies à l'est. En 269, Claude envoie un corps expéditionnaire reprendre à l'empereur gaulois Victorin la partie sud de la Gaule située à l'est du Rhône. Au même moment, l'Espagne rejette le joug gaulois et revient dans l'orbite de Rome.

Claude, qui concentre ses efforts sur les Goths, ne poursuit pas l'avantage de façon à enlever le reste de la Gaule. De plus, la situation est beaucoup plus alarmante en Orient. Zénobie, la veuve d'Odénathe, a rompu avec Claude en 269 et étendu son pouvoir jusqu'à Ankara, à l'ouest. L'année suivante, elle envahit l'Egypte, écrase la garnison romaine et coupe l'approvisionnement en blé dont la ville de Rome dépend depuis l'époque d'Auguste. Avant d'avoir pu réagir, Claude est emporté par la peste. ■

C'est sous le règne d'Aurélien que Rome se voit pour la première fois sérieusement menacée par les guerriers germaniques. En 271, les Juthunges et les Marcomans envahissent le nord de l'Italie et battent l'armée impériale à Plaisance. Ils progressent jusqu'au centre de l'Italie et sont finalement repoussés. Aurélien réalise qu'il faut entourer la cité d'une muraille pour la protéger contre de nouvelles incursions. Les travaux sont entrepris d'urgence. Partout où cela est possible, les monuments existants sont englobés dans le mur d'enceinte. La construction est en blocage, avec un parement extérieur en briques. Seules les portes sont en pierre. Les briques mêmes sont souvent des remplois. Le mur construit par Aurélien et complété par Probus mesure 4 mètres de large à la base et atteint une hauteur de 6,40 mètres. Tous les 30 mètres (100 pieds romains), il est ponctué de tours rectangulaires. Les fortifications, percées de dix-huit portes, ont un périmètre de dix-neuf kilomètres. C'est la fin d'une période de trois siècles durant laquelle Rome, ville ouverte, n'était protégée que par la puissance de ses légions. (Ci-contre) Vue de la porta Appia (aujourd'hui la porte San Sebastiano) du mur d'Aurélien, à Rome. Au siècle suivant, l'empereur Maxence (306-312) a doublé la hauteur du mur. Les portes, y compris celle-ci, ont été largement remaniées par Honorius en 403.

QUINTILLE

- Date et lieu de naissance inconnus
- Accession en septembre 270
- Epouse : nom inconnu
- Enfants : deux, aux noms inconnus
- Suicide à Aquilée, en septembre 270

Rien ne s'oppose à la divinisation de Claude, aimé du sénat comme du peuple de Rome. Le pouvoir échoit brièvement à son plus jeune frère Quintille, qui devient empereur en 270. Claude l'avait laissé à Aquilée, lui confiant la défense de l'Italie du nord pendant qu'il affrontait les Goths. Son règne va durer deux mois, peut-être même dix-sept jours seulement. Les légions du Danube sur lesquelles il comptait se déclarent en faveur d'Aurélien, le commandant de la cavalerie. Sans même bouger d'Aquilée, Quintille, désespérant de son propre succès, appelle un docteur pour se faire ouvrir les veines. ■

AURÉLIEN

- Né en Mésie, le 9 septembre 214
- Accession en septembre 270
- Epouse : Ulpia Severina
- Enfants : une fille au nom inconnu
- Assassiné par la garde prétorienne, en septembre/octobre 275, à Caenophrurium et enterré au même endroit

« NOTRE ÉTAT EN EFFET, APRÈS L'INFORTUNE DE VALÉRIEN ET LA PERVERSITÉ DE GALLIEN, AVAIT, SOUS LE GOUVERNEMENT DE CLAUDE, COMMENCÉ À RESPIRER. MAIS C'EST GRÂCE À AURÉLIEN ET À SES VICTOIRES DANS L'UNIVERS ENTIER QU'IL A RETROUVÉ SA SPLENDEUR PASSÉE. »

HISTOIRE AUGUSTE, *Le divin Aurélien* XLI, 7

En septembre 270, au moment de la mort de Claude, Aurélien se trouve avec l'armée sur la frontière du Danube. Commandant de la cavalerie créée par Gallien et général efficace de ce dernier, Aurélien apparaît comme un successeur tout désigné. Il a déjà trempé dans un complot contre l'empereur ; c'est à lui qu'on prête l'idée de l'alerte nocturne qui a tiré Gallien de sa tente devant Milan et l'a livré sans défense à ses meurtriers. Mais les prétentions d'Aurélien se trouvent alors écartées au profit de Claude, qui jouit d'un plus grand respect. Deux ans plus tard, la mort de Claude, suivie de celle de son frère Quintille, ouvre à Aurélien le chemin du pouvoir.

Aurélien passe l'hiver à Rome. L'année suivante, il rejoint l'armée sur le Danube, où Claude avait fait des préparatifs militaires contre de nouveaux envahisseurs germaniques, les Vandales. La campagne de 271 n'est pas décisive, mais elle permet de repousser sur l'autre rive du fleuve les Vandales (auxquels se sont joints les Sarmates), lesquels demandent la paix. Durant ce temps, d'autres Germains, les Juthunges et les Marcomans, ont envahi l'Italie du Nord. Ils sortent vainqueurs du premier affrontement avec Aurélien et avancent jusqu'à Piacenza. Ils sont alors repoussés au cours de deux importante batailles. L'invasion va avoir des effets visibles et durables : Aurélien décide, en effet, d'entourer Rome, ville ouverte depuis le début de l'époque impériale, de fortifications pour la protéger de futures incursions germaniques. Le célèbre mur d'Aurélien, commencé en 271, sera achevé par son successeur Probus.

En dépit de ses victoires, le pouvoir d'Aurélien est menacé par plusieurs rivaux, en 271 et au début de 272. Il s'agit de Domitianus dans les Balkans, de Septimius en Dalmatie et d'un certain Urbanus. On ne connaît que leurs noms, ce qui laisse supposer que leurs révoltes ont été vite étouffées.

RESTITUTOR ORBIS

« QUANT À AURÉLIEN, BEAUCOUP NE LE PLACENT NI PARMI LES BONS NI PARMI LES MAUVAIS PRINCES, PARCE QU'IL ÉTAIT DÉNUÉ DE CETTE CLÉMENCE QUI EST POUR UN EMPEREUR LA QUALITÉ PREMIÈRE. »

HISTOIRE AUGUSTE, *Le divin Aurélien* XLIV, 1

Lucius Domitius Aurelianus, le futur empereur Aurélien, est né probablement le 9 septembre 214 en Mésie (devenue la Dacia Ripensis) dans le nord des Balkans. Son père était le régisseur du riche sénateur Aurelius, nom qui a servi à désigner la famille. Aurélien s'engage dans la carrière des armes et se distingue sur la frontière du Danube sous les règnes de Gallien et de Claude. A la mort de Claude, il est commandant de la cavalerie, la fonction même qu'occupait Claude quand il a succédé à Gallien. Devenu empereur, Aurélien se montre énergique et compétent, avec une réputation de grande sévérité. On rapporte ainsi qu'il a tué le fils (d'autres parlent de la fille) de sa sœur sans raison valable. C'est pourquoi on l'a considéré plus comme un souverain utile que comme un bon empereur. Il a cependant épargné les vies de Tétricus et de Zénobie, fait régner une stricte discipline dans l'armée et pris des mesures pour mettre un terme à la corruption et aux extorsions pratiquées par ses fonctionnaires.

Il est aussi celui qui a conféré une plus grande dignité à la fonction impériale en se nommant lui-même *deus et dominus*, dieu et maître.

La défaite de Zénobie. La déroute des Juthunges et des Marcomans donne à Aurélien la possibilité de s'occuper des provinces de l'est et de l'ouest qui ont fait sécession. Au printemps 272, il part pour l'Orient à la tête de son armée. Il traverse le Danube, écrase définitivement les Goths, puis organise l'abandon et l'évacuation de la province de Dacie pour stabiliser la frontière du nord. Il est désormais prêt pour l'affrontement avec Zénobie, la souveraine de Palmyre qui contrôle tous les territoires entre l'Egypte et l'Asie Mineure. La première bataille a lieu à Immae, à quelque 40 kilomètres à l'est d'Antioche. En fin stratège, Aurélien parvient à neutraliser la cavalerie lourde des Palmyréniens et remporte une victoire complète. Antioche tombe le jour suivant. Zénobie et ses troupes se retirent au sud d'Emèse. C'est là que se livre une seconde bataille, au cours de laquelle Aurélien triomphe à nouveau des Palmyréniens ; les auxiliaires de Palestine, armés de massues, se montrent particulièrement efficaces contre les troupes de Zénobie, équipées de lourdes armures.

Après cette seconde défaite, Zénobie se retire dans la capitale, la cité-oasis de Palmyre, et prépare l'ultime résistance. Elle compte sur le fait qu'Aurélien ne pourra ravitailler son armée et soutenir un long siège en plein désert. Mais ses calculs s'avèrent rapidement faux, et ce sont les défenseurs de Palmyre qui manquent de vivres. Zénobie décide alors de solliciter elle-même l'aide des Perses. Montée sur un chameau rapide, elle se dirige vers la frontière de l'Euphrate. Aurélien envoie des cavaliers à sa poursuite qui parviennent à la capturer juste avant qu'elle ne traverse le fleuve. Palmyre se rend et est épargnée par les vainqueurs, tandis que les provinces orientales retournent paisiblement dans le giron de l'Empire romain. On possède deux versions de la fin de Zénobie. L'une rapporte qu'elle est morte pendant le voyage qui la conduisait à Rome, où elle devait figurer dans le triomphe d'Aurélien l'année suivante. L'autre affirme qu'elle était présente au triomphe et qu'elle a ensuite vécu dans une villa de Tivoli, près de Rome où elle est morte quelque temps après.

Malgré la perte de leur souveraine, les Palmyréniens ne renoncent pas à leurs ambitions. Peu après le départ d'Aurélien, ils se soulèvent et massacrent les six cents archers de la garnison romaine. Un certain Septimius Antiochus (peut-être l'un des jeunes fils d'Odénathe, le précédent souverain de Palmyre) se fait proclamer empereur. Son règne est de courte durée. Quand Aurélien apprend la nouvelle de la rébellion, au printemps 273, il combat les Carpes sur le Danube. L'empereur revient aussitôt en Syrie et prend les Palmyréniens complètement par surprise. Après cette seconde révolte, Aurélien n'est plus disposé à la clémence. Palmyre est pillée et détruite par ses troupes. La perle du désert ne retrouvera jamais sa splendeur d'antan.

La restauration de l'empire. L'année suivante, Aurélien repart en guerre. Cette fois, son but est de supprimer l'Empire gaulois, à l'ouest. Durant l'été 274, son armée remporte une victoire éclatante à la bataille de Châlons-sur-Marne. Aurélien épargne la vie du dernier empereur gaulois, Tétricus, qui s'est rendu. Il l'emmène à Rome pour le faire figurer, en même temps que Zénobie, dans le magnifique triomphe célébré un peu plus tard. Par la suite, Tétricus reçoit une charge administrative dans le sud de l'Italie où il finit paisiblement ses jours.

A l'automne 274, l'Empire romain est enfin réunifié. C'est à juste titre qu'Aurélien peut désormais porter le titre de *Restitutor Orbis*, Restaurateur du monde. Il reste cependant plusieurs problèmes à résoudre, à commencer par la crise de la monnaie impériale. Depuis 268, la qualité de la monnaie d'argent s'est gravement détériorée, ce qui a entamé la confiance dans le système monétaire lui-même. Aurélien s'est efforcé de redresser la situation en rachetant l'ancienne monnaie dévaluée et en émettant de nouvelles pièces à la teneur d'argent plus élevée. C'est ce qui pourrait avoir provoqué la révolte des ouvriers de la monnaie (à cette époque ou plus tôt dans le règne), sous la conduite de Felicissimus, contrôleur de la monnaie. Peut-être accusés de détourner l'argent et de déprécier la monnaie à leur profit, les rebelles se réfugient sur la colline du Caelius. Sept mille soldats vont perdre la vie au cours des combats qui suivent.

En 274 aussi, Aurélien consacre un nouveau temple au Soleil, au nord de Rome, près du Mausolée d'Auguste. Le monument abrite des objets assez étonnants, comme les robes incrustées de pierreries et autres accessoires pris dans le temple de Bel à Palmyre. Le culte de Sol Invictus (le Soleil invincible) est alors très répandu dans l'armée romaine et dans les provinces orientales. Aussi Aurélien n'a-t-il sans doute pas érigé le temple par dévotion personnelle, mais pour qu'il serve de point de ralliement aux peuples très divers de l'empire.

En 275, Aurélien repart pour la frontière du nord et fait échouer une incursion des Juthunges. Il se dirige ensuite vers l'est et rassemble une armée pour attaquer les Perses. En septembre ou en octobre de cette même année, il se trouve à Caenophrurium, près de Périnthe, où il s'apprête à traverser le Bosphore, lorsqu'il est assassiné. L'instigateur du crime est Eros, son secrétaire particulier, et ses exécutants appartiennent à la garde prétorienne. Les raisons de cet acte n'apparaissent pas clairement. L'une des sources évoque la cruauté croissante du comportement d'Aurélien ; mais la véritable cause est peut-être à rechercher du côté d'une querelle privée ou bien de la sévérité avec laquelle l'empereur punissait les exactions de ses fonctionnaires.

Quelles que soient les raisons de son assassinat, Aurélien meurt adulé par ses troupes, qu'il a conduites de nombreuses fois à la victoire. L'armée enterre son chef en grande pompe à Caenophrurium. Le sénat le divinise aussitôt après. Peu d'empereurs ont mérité cet honneur autant qu'Aurélien. En cinq ans de règne, il a accompli une œuvre considérable. Il a surtout restauré l'intégrité de l'Empire romain, réunifié pour la première fois depuis quinze ans. ■

Buste de l'empereur Tacite. L'Histoire Auguste rapporte que Tacite est un homme aux mœurs frugales, un vieux sénateur respecté, qui aime la laitue et les produits de la campagne. En réalité, ce n'est probablement qu'un général parmi tant d'autres, tiré de sa retraite par les soldats.
Musée du Louvre, Paris.

TACITE
IMPERATOR CAESAR
MARCUS CLAUDIUS TACITUS
PIUS FELIX AUGUSTUS
275-276

FLORIEN
IMPERATOR CAESAR
MARCUS ANNIUS FLORIANUS
PIUS FELIX AUGUSTUS
276

PROBUS
IMPERATOR CAESAR
MARCUS AURELIUS
PROBUS PIUS FELIX
INVICTUS AUGUSTUS
276-282

CARUS
IMPERATOR CAESAR
MARCUS AURELIUS
CARUS PIUS FELIX
INVICTUS AUGUSTUS
282-283

NUMÉRIEN
IMPERATOR CAESAR
MARCUS AURELIUS
NUMERIANUS
PIUS FELIX AUGUSTUS
283-284

CARIN
IMPERATOR CAESAR
MARCUS AURELIUS
CARINUS PIUS FELIX
INVICTUS AUGUSTUS
283-285

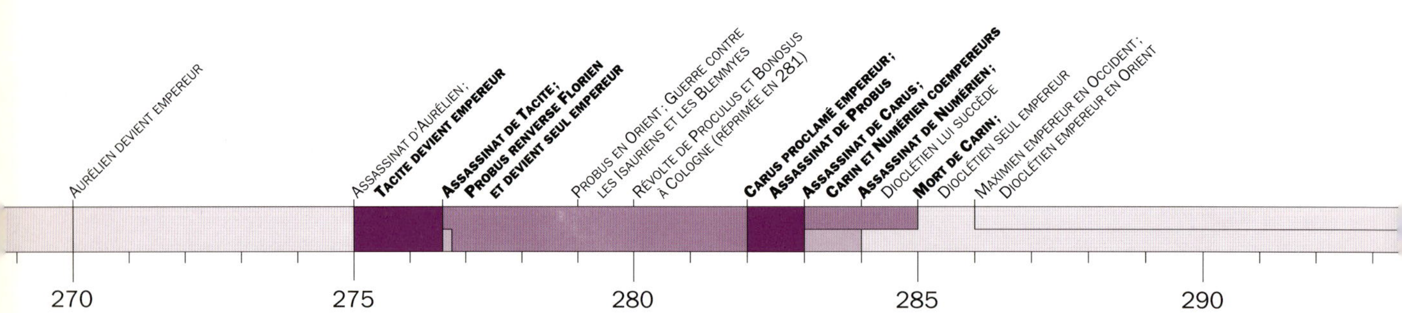

TACITE

- Né dans les provinces danubiennes, vers 200
- Accession en novembre/décembre 275
- Epouse : nom inconnu
- Enfants : plusieurs fils, noms inconnus
- Assassiné en juillet 276 à Tyane, en Cappadoce

« MAIS DANS LE CAS DE TACITE, LA GRANDEUR RESIDE DANS LA MANIÈRE SI GLORIEUSE AVEC LAQUELLE IL A OBTENU LE POUVOIR IMPÉRIAL. »

HISTOIRE AUGUSTE, ***Tacite*** XIII, 4

La manière dont Tacite est parvenu au pouvoir, ou plutôt le mythe qui s'est construit autour de cette accession, est assez remarquable. En septembre 275, lorsqu'Aurélien est assassiné, personne n'est prêt à revêtir la pourpre impériale. On aurait pu s'attendre à ce que l'un des chefs militaires — le commandant de la garde prétorienne par exemple — profite de l'occasion pour prendre le pouvoir. Ce que nous en disent les historiens anciens est bien loin de ce cas de figure : les troupes, qui accompagnaient Aurélien avant sa mort, écrivent au sénat pour qu'il désigne l'un de siens comme empereur. Selon ce récit, le sénat se serait d'abord méfié de cette offre, redoutant un piège. Puis, quand il devient certain que les soldats sont sincères, l'assemblée choisit son propre président, Marcus Claudius Tacitus, un homme âgé, pour gouverner l'empire.

Si l'on s'en tient toujours à cette version officielle, il y aurait donc eu un interrègne de six ou huit semaines, pendant lequel le sénat et l'armée auraient discuté de la meilleure façon de procéder. Etant donné le contexte de l'époque, il est beaucoup plus vraisemblable que Tacite ait été choisi directement par l'armée. Peut-être ce vieux général a-t-il été tiré de sa retraite en Italie par ses anciens collègues pour se voir confier les rênes du pouvoir ? On raconte aussi que Tacite est né à Interamna (la moderne Terni), en Ombrie, que, lors de son accession comme empereur, à l'âge de soixante-quinze ans, c'est un riche sénateur dont la fortune personnelle s'élève à 280 millions de sesterces. Presque tout cela n'est qu'invention. Tacite, né vraisemblablement dans les provinces danubiennes, fait partie de la lignée des empereurs soldats, originaires de cette région, qui se sont succédé à la tête de l'empire tout au long du IIIe siècle. Il n'est devenu consul que très tard, en 273, et n'appartient pas à une famille ancienne ni éminente. Il prétend être parent du célèbre historien Tacite, ce qui est faux malgré le fait qu'ils portent le même nom et malgré les nombreuses copies des travaux de l'écrivain que l'empereur fait réaliser dans les bibliothèques de Rome.

A la fin de l'année 275, Tacite est investi de la fonction d'empereur. Au début de l'année suivante, il rejoint l'armée en Thrace. Il s'agit sans doute de celle qu'Aurélien a réunie pour son expédition contre les Perses. Tacite conduit ses troupes en Asie Mineure, où il bat les Hérules durant l'été 276. Cela lui vaut le titre de *Gothicus Maximus.* Il ne survit pas longtemps à sa victoire, car il est assassiné à Tyane, en Cappadoce (au sud de la Turquie), alors qu'il se prépare à rentrer en Europe. Il n'a régné que six mois.

L'empereur Tacite nous est présenté comme un homme qui mène une vie simple et se passionne pour le travail du verre. Il déteste l'ostentation et dispose encore d'une excellente vue malgré son grand âge. En tant que candidat du sénat, il a eu la faveur des historiens sénatoriaux, Aurelius

Victor et l'auteur de l'Histoire Auguste. Sur les pièces de monnaie, on lui donne le titre de *Restitutor Rei Publicae* (Restaurateur de la république). Mais en réalité, il se peut que son règne ait été moins idyllique. Le motif avancé pour son assassinat est lié au mécontentement qu'auraient provoqué les exactions de son parent Maximin en Syrie. Il se peut que Tacite n'ait pas réussi à contrôler et réfréner ses subordonnés. Comme on l'a constaté, le portrait qui dépeint Tacite comme un citoyen d'âge vénérable choisi par le sénat correspond plus au désir de ce dernier qu'à la réalité politique de l'époque — à savoir l'autocratie militaire. ■

FLORIEN

- Date et lieu de naissance inconnus
- Accession en juillet 276
- Epouse et enfants inconnus
- Assassiné par ses soldats en septembre 276 à Tarse

« FLORIEN, QUI AVAIT SUCCÉDÉ À TACITE, NE RESTA SUR LE TRÔNE QUE DEUX MOIS ET VINGT JOURS ET NE FIT RIEN DE MÉMORABLE. »

EUTROPE, ***Abrégé de l'histoire romaine*** IX, 10

A la mort de Tacite, c'est le préfet du prétoire Marcus Annius Florianus qui hérite du pouvoir. Le sénat et la majorité des provinces le reconnaissent rapidement comme empereur. On connaît mal sa carrière passée. D'après certains, il serait le demi-frère de Tacite et aurait eu la même mère. L'empereur entreprend aussitôt de nouvelles opérations contre les Hérules. Au bout de quelques semaines, ceux-ci sont sur le point d'être vaincus. Tout ce serait déroulé à merveille si l'Egypte, la Syrie et les provinces orientales ne s'étaient pas déclarées en faveur d'un empereur rival : Marcus Aurelius Probus, commandant sur la frontière de l'est. Florien interrompt la campagne contre les Hérules et marche vers le sud, à la rencontre de l'usurpateur. Il installe son camp à Tarse, près de la frontière de la Syrie rebelle.

Florien disposant de la force la plus puissante, la défaite de Probus semble assurée. Mais la chaleur de l'été, les maladies affectent gravement les unités européennes de Florien, dont la loyauté commence à vaciller. Des escarmouches à l'issue incertaine vont finalement déboucher sur un coup d'Etat: les soldats de Probus convainquent ceux de Florien de déposer leur empereur et de se rallier à leur candidat. Dès que Florien tente de reprendre l'initiative, il est assassiné. Il n'a régné que quatre-vingt-huit jours. A Interamna, on élève à sa mémoire une statue haute de neuf mètres et on en dédie une seconde à son prédécesseur, Tacite. Sa mort porte à trois le nombre des empereurs assassinés en l'espace d'un an. Le régime impérial est encore une fois au bord de l'éclatement. ■

« VIF, VAILLANT, JUSTE, L'ÉGAL D'AURÉLIEN EN GLOIRE MILITAIRE, SUPÉRIEUR À CE PRINCE PAR L'AFFABILITÉ DU CARACTÈRE, IL FUT CEPENDANT MIS À MORT À SIRMIUM. »

EUTROPE, ***Abrégé de l'histoire romaine*** IX, 9

PROBUS

- Né à Sirmium, le 19 août 232
MARCUS AURELIUS PROBUS
- Accession en juillet 276 :
IMPERATOR CAESAR MARCUS AURELIUS PROBUS PIUS FELIX INVICTUS AUGUSTUS, PONTIFEX MAXIMUS, PATER PATRIAE, PROCONSUL
- Ajouté en 277 : **GOTHICUS**
- Ajoutés en 279 : **GOTHICUS MAXIMUS, GERMANICUS MAXIMUS, PARTHICUS** ou **PERSICUS MAXIMUS**
- Puissance tribunicienne la 1re fois à l'été 276 ; renouvelé annuellement chaque été
- **CONSUL** I (277), II (278), III (279), IV (281), V (282)
- Titulature complète à sa mort :
IMPERATOR CAESAR MARCUS AURELIUS PROBUS PIUS FELIX AUGUSTUS PONTIFEX MAXIMUS, GOTHICUS MAXIMUS, GERMANICUS MAXIMUS, PERSICUS MAXIMUS, TRIBUNICIAE POTESTATIS VII, CONSUL V, PATER PATRIAE, PROCONSUL
- Epouse et enfants inconnus
- Tué par ses soldats à la fin de septembre 282 près de Sirmium ; enterré près du lieu de son assassinat

En septembre 276, Marcus Aurelius Probus succède à Florien, assassiné. Probus, qui est né à Sirmium, près de la frontière du Danube (ou peut-être à Siscia, la moderne Sisak, à 270 kilomètres à l'ouest), est un militaire. On ne sait rien de sûr en ce qui concerne sa famille ou son passé. Lorsqu'il accède au pouvoir, il est âgé de quarante-quatre ans et il s'est taillé une solide réputation au sein de l'armée. Sa science de la guerre et ses connaissances militaires égalent, dit-on, celles d'Aurélien. C'est une chance pour l'empire, car Probus consacre presque tout son règne à lutter contre les envahisseurs étrangers et les usurpateurs.

Lors de son avènement, le problème le plus sérieux provient de la mise à sac généralisée de la Gaule et des provinces rhénanes, que ce soit par des envahisseurs francs, au nord, ou par des peuples germaniques (Vandales et Burgondes en particulier), dans le centre et le sud. C'est le plus grand désastre qui ait frappé cette partie du monde romain depuis son incorporation à l'empire quelque trois siècles auparavant. Probus va passer deux ans (277-278) à combattre et à vaincre tour à tour chacun de ces peuples. Il réussit à restaurer la frontière romaine sur le Rhin et sur le Danube supérieur. En 279, il se tourne plus à l'est, bat les Gètes sur le Danube inférieur avant de se rendre en Asie Mineure, où des bandes de brigands terrorisent la Pamphylie et la Lycie sous la conduite de Lydius l'Isaurien. Après un long siège, le quartier général des rebelles se rend à Probus. Lydius est tué au cours des combats. L'empereur continue ensuite sur la Haute-Egypte, où il écrase une révolte orchestrée par les Blemmyes, un peuple nubien.

A l'automne 279, Probus pense certainement avoir raffermi son emprise sur les provinces orientales et occidentales. Il prend même le titre de *Persicus Maximus*, sans doute à cause de quelque victoire remportée sur les Perses. Il réalisera vite, hélas ! qu'il a tort. Ses dernières années de règne sont assombries par une série de soulèvements intérieurs. Le premier se produit en

L'ERREUR FATALE

« CI-GÎT L'EMPEREUR PROBUS QUI FUT VÉRITABLEMENT PROBE, VAINQUEUR DE TOUTES LES NATIONS BARBARES, VAINQUEUR AUSSI DES TYRANS. »

HISTOIRE AUGUSTE, *Probus* XXI, 4

Même si l'inscription funéraire mentionnée par l'Histoire Auguste est imaginaire, le jeu de mots sur le nom (*probus* signifie probité, vertu) montre qu'au IVe siècle, on tenait Probus en grande estime. On garde en mémoire ses grands travaux, tels que le drainage des marais du Nil et du Danube pour lesquels il avait mobilisé les soldats. Il a aussi érigé temples et ponts en Egypte, complété le mur d'enceinte d'Aurélien à Rome. Probus a en outre développé la culture de la vigne en Gaule et dans les provinces du Danube, confiant aux paysans locaux les nouveaux vignobles, après les avoir fait planter par les soldats. Il s'est employé à restaurer la prospérité des provinces, qui ont beaucoup souffert des guerres et des invasions au cours des décennies précédentes. Mais cette politique ignore le fait que les soldats ne partagent pas l'enthousiasme de l'empereur pour le relèvement des campagnes. Leur engagement forcé dans certains travaux causera la perte de Probus.

Buste présumé de Probus.
Musées du Capitole, Rome.

280, lorsque Bonusus et Proculus se proclament coempereurs à Cologne. Ces derniers étant fermement soutenus par les provinces occidentales de l'empire, il faut plusieurs mois à Probus pour reprendre le contrôle de la situation. Les rebelles sont finalement vaincus près de Cologne. Bonusus se suicide ; Proculus, quant à lui, est soit mort au combat, soit exécuté par Probus auquel il a été livré par les Francs chez lesquels il s'était enfui. Une autre rébellion, fomentée par le gouverneur de Bretagne, est rapidement étouffée par les représentants de Probus. En Orient, la révolte de Julius Saturninus, le gouverneur maure de la Syrie, semble plus menaçante. Julius Saturninus se fait appeler *Imperator Caesar Julius Saturninus Augustus*. Probus se prépare à intervenir en personne, lorsqu'il apprend que Saturninus a été tué par ses troupes.

Vers la fin de 281, Probus célèbre un triomphe à Rome pour fêter ses victoires sur les Germains. Des spectacles somptueux réunissent des centaines de gladiateurs et d'animaux sauvages. Sur le Circus Maximus, on installe de grands arbres, plantés dans des caissons en bois remplis de terre, pour simuler une forêt où se déroulera une chasse aux animaux sauvages. Un autre jour, les spectateurs du Colisée assistent au massacre de deux cents lions, deux cents léopards et trois cents ours. Les Germains, les Isauriens et les Nubiens captifs, qui ont défilé lors du triomphe, sont finalement transformés en gladiateurs dans l'arène.

Au printemps suivant, Probus quitte Rome pour l'Orient avec l'intention de faire campagne contre les Perses. Pour le préfet du prétoire, Marcus Aurelius Carus, la tentation est trop forte. Vers le début du mois de septembre 282, il se proclame empereur, avec le soutien des armées de Rhétie et de Norique (sur le Danube supérieur). Les forces que Probus dépêche pour réprimer la rébellion passent à l'usurpateur. A la nouvelle de cette défection, le reste de l'armée de Probus décide de changer de camp également. Elle se retourne contre l'empereur et l'assassine dans la tour fortifiée où il a trouvé refuge, près de Sirmium. Selon une source, le corps est enterré à proximité, dans une tombe élevée sur un tertre, mais sa mémoire est condamnée et son nom rayé des inscriptions. La propagande officielle ne pourra cependant empêcher les historiens du IVe siècle, comme Eutrope, Aurelius Victor et l'auteur de l'Histoire Auguste, de le transformer en héros. Ces auteurs le présentent comme un empereur travailleur et compétent, fauché à la fleur de l'âge par l'inconstance de ses soldats et la déloyauté de ses subordonnés. ■

CARUS

- Né à Narbonne, en Gaule, vers 224
- Accession en septembre 282
- Epouse : nom inconnu
- Enfants : deux fils, Marcus Aurelius Carinus et Marcus Aurelius Numerius Numerianus, et une fille, Aurelia Paulina
- Foudroyé en juillet/août 283 à Ctésiphon

« VENONS-EN À CARUS, UN HOMME DE NIVEAU MOYEN — SI JE PUIS AINSI M'EXPRIMER —, QUI MÉRITE D'ÊTRE RANGÉ PARMI LES BONS PRINCES PLUTÔT QUE PARMI LES MAUVAIS, ET QUI AURAIT ÉTÉ BIEN MEILLEUR ENCORE S'IL N'AVAIT LAISSÉ UN CARIN COMME HÉRITIER. »

HISTOIRE AUGUSTE, ***Carus, Carin et Numérien*** III, 8

Le meurtre de Probus par ses propres soldats en septembre 282 permet au nouveau souverain, Marcus Aurelius Carus, d'hériter du pouvoir dans le calme. Commandant de la garde prétorienne, il se trouve à Sirmium lorsque, au début du même mois, il est proclamé empereur contre Probus. Il y est sans doute toujours, lorsque Probus vient à sa rencontre et se fait assassiner. Dans son entreprise de conquête du pouvoir, Carus bénéficie de l'important soutien de l'armée et de ses principaux chefs. L'homme appartient vraisemblablement au corps d'officiers qui gouverne l'empire depuis quarante ans, mais il diffère de ses prédécesseurs de par sa provenance géographique. Carus, en effet, ne vient pas des provinces fortement militarisées, mais de la cité assoupie de Narbonne, sur la côte méditerranéenne de la Gaule. Né vers 224, il a quelque six ans de plus que Probus ; à l'âge de cinquante-huit ans, il approche de la fin de sa carrière lorsque se présente pour lui l'occasion de tenter un coup d'Etat.

En possession du pouvoir, Carus prend le chemin de Rome en compagnie de ses deux fils, Marcus Aurelius Carinus et Marcus Aurelius Numerius Numerianus. Tous deux reçoivent le titre de César et l'aîné devient consul avec son père le 1er janvier 283. Carin se voit confier le gouvernement et la défense des provinces occidentales, tandis que Carus et son cadet Numérien se chargent de contrôler l'Orient.

Au printemps 283, Carus et Numérien affrontent victorieusement les Sarmates et les Quades sur le Danube. Leur objectif principal demeure néanmoins la guerre contre les Perses que Probus préparait au moment de sa mort. Cette campagne tient plus de l'aventure militaire que de la nécessité stratégique ; la Perse ne représente plus, comme au temps de Shapur Ier, une menace. La force d'invasion romaine progresse à travers la Mésopotamie, défait les Perses, s'empare de Ctésiphon, la capitale, et de la cité voisine de Coche, fondée par le roi Adachir cinquante ans auparavant. En dépit de ces remarquables succès, l'expédition n'est pas allée plus loin. Carus, en effet, aurait été foudroyé dans son camp installé sur le rives du Tigre. Certains ajoutent même qu'il se trouvait dans sa tente au moment de l'accident. Mais tout cela est peu probable. Nombreux sont ceux qui pensent que la "foudre" qui a frappé n'était autre que la main d'Aper, le préfet du prétoire, ou celle de Dioclétien, le commandant de la garde impériale. Mais ce ne sont là que des hypothèses qu'aucune preuve ne vient étayer. ■

NUMÉRIEN

- Né vers 253, lieu de naissance inconnu
- Accession en juillet/août 283
- Epouse : nom inconnu
- Assassiné en novembre 284 près de Nicomédie

La mort brutale de Carus, en juillet ou en août 283, laisse le commandement de l'expédition perse aux mains de son fils cadet, Numérien. Bien que ce dernier ne soit plus un adolescent mais un homme de trente ans, il reçoit de son père moins de pouvoir et de responsabilités que son frère aîné, Carin. Carus garde Numérien près de lui comme simple César, alors qu'il confie le gouvernement des provinces occidentales à Carin et partage avec lui le titre d'Auguste. Peut-être nourrit-il des craintes légitimes sur les capacités de souverain de Numérien, par ailleurs très renommé pour sa poésie. Les imperfections de Numérien n'ont en tout cas guère eu le temps de se manifester. Au cours de la campagne en Mésopotamie, il contracte une grave infection aux yeux qui le rend partiellement aveugle. La prise de Ctésiphon ayant marqué l'aboutissement de la campagne contre les Perses, Numérien n'a aucune difficulté à ordonner la retraite au moment de la mort de Carus. Numérien passe l'hiver de l'an 283 en Syrie et, l'année suivante, le cortège impérial traverse l'Asie Mineure en direction du Bosphore. Invalide, Numérien voyage dans une litière ; il est une proie facile pour son peu scrupuleux beau-père, le préfet du prétoire Lucius Flavius Aper. C'est du moins ce que l'on affirme. Pendant quelque temps, personne ne s'aperçoit du meurtre ; la litière reprend chaque jour sa place dans l'ordre de marche jusqu'à ce que l'odeur de putréfaction rende le crime impossible à cacher.

L'armée a atteint Nicomédie, lorsque éclate au grand jour la nouvelle de l'assassinat, en novembre 284. Aper est traîné devant une assemblée militaire au grand complet et accusé de meurtre. On ne lui laisse guère l'occasion de se défendre. Les troupes acclament Dioclétien, le commandant de la garde impériale, comme empereur à la place de Numérien. Sa première action consiste à déposer Aper ; certains auteurs rapportent qu'il le tue de ses propres mains sur une tribune et devant toute l'armée. La succession des événements semble à ce point planifiée qu'il ne faut guère d'imagination pour comprendre que Dioclétien est également impliqué dans le meurtre de Numérien. Pour les contemporains, il ne s'agissait sans doute que d'une péripétie de la sanglante succession impériale. Mais Dioclétien va réformer l'empire et régner pendant plus de vingt ans. C'est le règne le plus long depuis celui d'Antonin le Pieux, un siècle et demi auparavant. ■

CARIN

- Né vers 250, lieu de naissance inconnu
- Accession au printemps 283
- Epouse : Magnia Urbica
- Enfant : un fils, Nigrinianus
- Assassiné durant l'été 285 pendant la bataille livrée sur la rivière Margus (aujourd'hui Morava)

« IL SERAIT TROP LONG D'EN VOULOIR DIRE DAVANTAGE SUR LA CONDUITE EXTRAVAGANTE DE CARIN. »

HISTOIRE AUGUSTE, ***Carus, Carin et Numérien*** XVII, 7

A la mort de Numérien, son frère Carin contrôle toujours les provinces occidentales. Né vers 250, Carin est élevé au rang d'Auguste par son père Carus en 283. A la même époque, il combat victorieusement les Germains sur le Rhin. A l'automne 283, il bat les Quades sur le front danubien. Au début de l'an 284, il célèbre un triomphe. A partir du 1er janvier, il devient consul, conjointement avec Numérien. C'est sa vie privée et surtout sa voracité sexuelle qui font l'objet de critiques. L'auteur de l'Histoire Auguste se délecte à relater toutes sortes d'anecdotes scandaleuses. Il raconte que Carin corrompt la jeunesse, que, de mariages en divorces, il totalise jusqu'à neuf femmes, qu'il peuple son palais d'acteurs, de prostituées et de proxénètes. En réalité, on ne lui connaît qu'une seule épouse officielle, une dame nommée Magnia Urbica. La majeure partie de ces allégations relève de la fausse propagande, faite par Dioclétien pour justifier son usurpation. Toutefois, la mort de Carin vient confirmer la véracité de certaines

CARIN, LE DIABOLIQUE

« Carin (...) se souilla de tous les crimes, mit à mort, sur de fausses accusations, quantité d'innocents, porta le trouble dans d'illustres ménages, et se montra aussi sans pitié pour des condisciples, qui l'avaient à l'école froissé en lui adressant la plus légère plaisanterie. »

Eutrope, *Abrégé de l'histoire romaine* IX, 12

Buste de l'empereur Carin.
Musées du Capitole, Rome.

Carin est décrit comme un être cruel et vindicatif, qui outrage les femmes des citoyens éminents et débauche les jeunes gens. L'Histoire Auguste le dépeint ainsi : « Alors que son père l'avait préposé en tant que César au gouvernement des Gaules, de l'Italie, de l'Illyrie, des provinces espagnoles et britanniques et de l'Afrique, et qu'il disposait, en plus du pouvoir propre à un César, de la faculté de jouir de toutes les prérogatives des Augustes, il se déshonora par ses vices monstrueux et ses épouvantables turpitudes. Il envoya en exil tous ceux de ses conseillers qui étaient des hommes de valeur pour ne choisir ou ne garder que des gredins et nomma préfet de la ville un de ses greffiers, acte plus scandaleux que tout ce qu'on aurait pu imaginer ou dire. Il fit tuer le préfet du prétoire en charge et mit à sa place un ancien proxénète, Matronianus, l'un de ses secrétaires, confident et pourvoyeur attitré de ses obscénités et de ses débauches. (...) De mariages en répudiations, il épousa neuf femmes, dont il se débarrassait généralement quand elles étaient enceintes. (...) Il se montrait plein d'égards pour des canailles qu'il invitait sans cesse à sa table. Il lui arrivait fréquemment de faire servir à ses banquets cent livres d'oiseaux, cent livres de poissons et mille livres de différentes sortes de viande. Il répandait le vin à flot et nageait au milieu des fruits et des melons. Il jonchait de roses de Milan les salles à manger et les chambres à coucher. Il prenait ses bains chauds dans une eau aussi froide que celle qu'on trouve en général dans les citernes et ses bains froids dans de l'eau toujours additionnée de neige. Arrivé un jour d'hiver dans une localité dont l'eau de source qu'on avait utilisée pour son bain était spécialement tiède, comme cela se produit tout naturellement en hiver, il aurait dit aux garçons de bain : "C'est une eau pour femmes que vous m'avez préparée !" » (Histoire Auguste, *Carus, Carin et Numérien* XVI, 1-5, 7 ; XVII, 2-5.)

A ce portrait, il convient d'opposer le bon gouvernement des provinces occidentales par Carin au cours de ses deux années de règne. Sa mauvaise réputation est principalement due à la propagande de son rival Dioclétien, même si rien ne permet d'affirmer que Carin ait été un modèle de vertu.

affirmations concernant son comportement sexuel. En 284, Carin fait campagne en Bretagne, où ses succès lui valent le titre de *Britannicus Maximus.* Les difficultés commencent après la mort de son frère, à la fin de l'année. Il y a d'abord l'apparition d'un usurpateur dans le nord de l'Italie. Celuici se nomme *Imperator Caesar Marcus Aurelius Sabinus Julianus Pius Felix Augustus.* Carin marche contre Julien et le bat près de Vérone (certains auteurs disent en Illyrie) au début de l'année 285. Carin peut donc maintenant se concentrer sur le problème le plus sérieux : l'avance de Dioclétien à la tête de l'armée de l'est. A la fin de l'été, les forces de Dioclétien et de Carin s'affrontent à la bataille de Margus (Morava), près de la moderne Belgrade. Carin possédant l'armée la plus forte, il prend le dessus — c'est alors qu'il se fait rattraper par son passé. Certains officiers nourrissent d'anciennes rancœurs contre l'empereur, qui a séduit ou maltraité leurs épouses. L'un d'eux, inquiet de ce que pourrait être l'avenir si Carin était gagnant, va le frapper en pleine gloire.

C'est ainsi que Dioclétien arrache la victoire finale. Les troupes de Carin se rallient à lui sans opposition. L'impératrice Magnia Urbica, la femme de Carin, meurt en même temps que son mari. Sa mémoire, tout comme celle de Carus, Numérien et Carin, sera condamnée ; les inscriptions les concernant sont effacées. La dynastie fondée par Carus n'a duré que trois ans. Avec elle s'achèvent les cinquante années de crise traversées par l'empire. L'accession de Dioclétien marque le début d'une nouvelle ère. ■

Tête de Dioclétien découverte à Nicomédie, sa capitale orientale. Le diadème est caractéristique de la nouvelle image impériale que Dioclétien cherche à imposer.

DIOCLÉTIEN

IMPERATOR CAESAR
CAIUS
AURELIUS
VALERIUS
DIOCLETIANUS
PIUS FELIX
INVICTUS AUGUSTUS
284-305

MAXIMIEN

IMPERATOR CAESAR
MARCUS
AURELIUS
VALERIUS
MAXIMIANUS
PIUS FELIX
INVICTUS AUGUSTUS
286-310

« ESPRIT FÉCOND EN INVENTIONS ET EN MACHINATIONS SCÉLÉRATES, DIOCLÉTIEN, ACHARNÉ À TOUT DÉTRUIRE, NE PUT S'EMPÊCHER DE PORTER LA MAIN SUR DIEU LUI-MÊME. ON PEUT DIRE QUE SA CUPIDITÉ, JOINTE À SA PEUR, FUT LA PERTE DU MONDE. IL ASSOCIA EN EFFET TROIS PRINCES À SON POUVOIR, DIVISANT LE MONDE EN QUATRE PARTIES, ET MULTIPLIANT LE NOMBRE DES ARMÉES, CAR CHACUN DES EMPEREURS S'EFFORÇAIT DE POSSÉDER BEAUCOUP PLUS DE TROUPES QUE N'EN AVAIENT EUES LEURS PRÉDÉCESSEURS, LORSQU'ILS ÉTAIENT SEULS À DIRIGER L'ÉTAT. »

LACTANCE, ***De la mort des persécuteurs*** VII, 1-2

La description de la personnalité et du règne de Dioclétien par le rhéteur chrétien Lactance constitue un mélange de contrevérités et d'exagérations. Lactance est bien forcé d'admettre, cependant, que l'accession de Dioclétien au pouvoir, le 20 novembre 284, marque le début d'une ère nouvelle. Les crises qui se sont succédé au cours des cinquante années précédentes ont mis en évidence les carences du gouvernement impérial. Le prestige et l'action d'Aurélien ou de Probus n'ayant pas per-

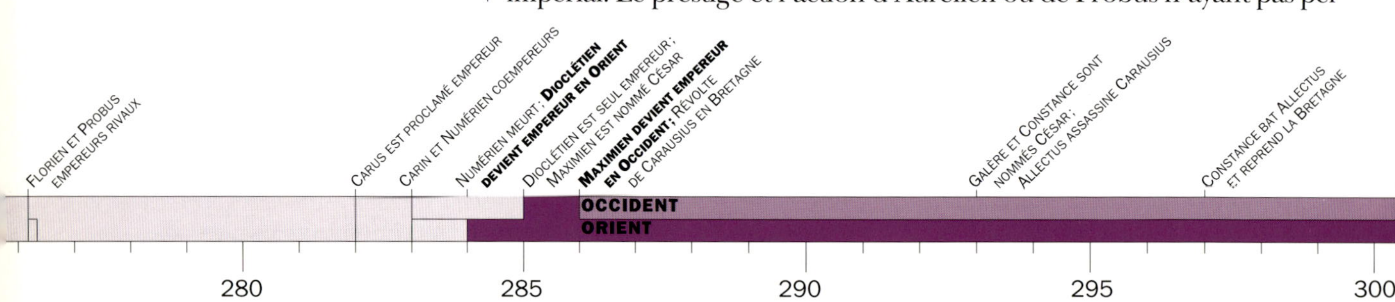

DIOCLÉTIEN

- Né en Dalmatie (Split ?), le 22 décembre 245 : **Diocles** (nom complet inconnu)
- Accession le 20 novembre 284 : **Imperator Caesar Caius Aurelius Valerius Diocletianus Pius Felix Invictus Augustus, Pontifex Maximus, Pater Patriae, Proconsul**
- Ajouté en 286 : **Jovius**
- Titres de victoire : **Germanicus Maximus** I (285), II (287), III (287), IV (288), V (293), VI (301) ; **Sarmaticus Maximus** I (285), II (289), III (294), IV (300) ; **Persicus Maximus** I (295), II (298) ; **Britannicus Maximus** (297) ; **Carpicus Maximus** (297) ; **Armenicus Maximus** (298) ; **Medicus Maximus** (298) ; **Adiabenicus Maximus** (298) ;
- **Imperator** I (284), II (285), renouvelé annuellement jusqu'à XXI (304)
- **Consul** I (284), II (285), III (287), IV (290), V (293), VI (296), VII (299), VIII (303), IX (304), X (308)
- Puissance tribunicienne pour la 1re fois lors de l'accession, renouvelée ensuite annuellement le 10 décembre
- Titulature complète lors de l'abdication : **Imperator Caesar Caius Aurelius Valerius Diocletianus Pius Felix Invictus Augustus, Pontifex Maximus, Germanicus Maximus VI, Sarmaticus Maximus IV, Persicus Maximus II, Britannicus Maximus, Carpicus Maximus, Armenicus Maximus, Medicus Maximus, Adiabenicus Maximus, Tribuniciae Potestatis XXII, Consul X, Imperator XXI, Pater Patriae, Proconsul**
- Epouse : Prisca
- Enfant : une fille, Galeria Valeria
- Mort (suicide ?) le 3 décembre 311 à Split

mis d'y remédier, c'est à Dioclétien qu'il revient de prendre les mesures qui vont corriger ces défaillances. Le changement primordial réside dans la division de l'autorité impériale, d'abord entre deux, puis quatre empereurs frères, ceux auxquels se réfère Lactance. Les quatre hommes ont pour tâche la défense des différentes frontières et la prévention de toute forme d'émergence de prétendants au trône. Le fait que Dioclétien ait régné vingt ans et qu'il ait abdiqué pour finir ses jours à l'écart du monde démontre amplement le succès de cette politique. Mais aux yeux de Lactance, les persécutions ordonnées par Dioclétien contre les chrétiens occultent complètement les actes positifs de l'empereur.

Dioclétien est né le 22 décembre, aux environ de l'an 245, en Dalmatie, probablement près de Spalato (Split) où il a choisi de passer ses dernières années. D'origine modeste, il est peut-être fils de scribe ou même d'affranchi (ancien esclave) au service d'un riche sénateur. Il choisit la carrière des armes et se distingue suffisamment pour entrer dans le corps d'élite des officiers de l'armée illyrienne, celui qui a dominé l'armée et l'empire pendant les décennies du milieu du IIIe siècle.

Durant les années 270, Diocles (c'est alors son nom) sert comme commandant en Mésie, sur le Danube moyen. Il accompagne Carus dans l'expédition perse de 283 en tant que commandant des *protectores domestici*, ou cavalerie de l'empereur, qui est une partie essentielle de la garde impériale. Il conserve cette charge sous Numérien. On ne peut que formuler des hypothèses sur le rôle qu'il a joué dans le meurtre de ce dernier ; s'il est coupable, force est de constater qu'il a réussi à rejeter la responsabilité du crime sur Aper, le préfet du prétoire, qui est un personnage extrêmement ambitieux. Lors de l'assemblée de l'armée en novembre 284, près de Nicomédie, Diocles parvient à déjouer les plans d'Aper et à se faire proclamer empereur par les troupes.

L'élévation de Maximien. La défaite de Carin sur les rives du Margus dix mois plus tard laisse Dioclétien seul maître de l'empire. A la surprise générale, il ne poursuit pas les partisans de Carin, mais cherche au contraire à se les rallier et maintient nombre d'entre eux dans leurs fonctions. Deux mois plus tard, en novembre 285, il surprend à nouveau tout le monde en donnant le titre de César à l'un de ses proches généraux, avec la charge du contrôle des provinces occidentales. L'objectif de Dioclétien consiste à se débarrasser de la menace d'invasions sur le Rhin et à avoir ainsi les mains libres pour s'occuper des problèmes de la frontière du Danube. Dioclétien, qui est âgé de quarante ans, a une fille sans doute adolescente mais pas de fils sur lequel il puisse compter. C'est pourquoi il s'appuie sur l'un de ses généraux. Son choix s'avère excellent. Maximien,

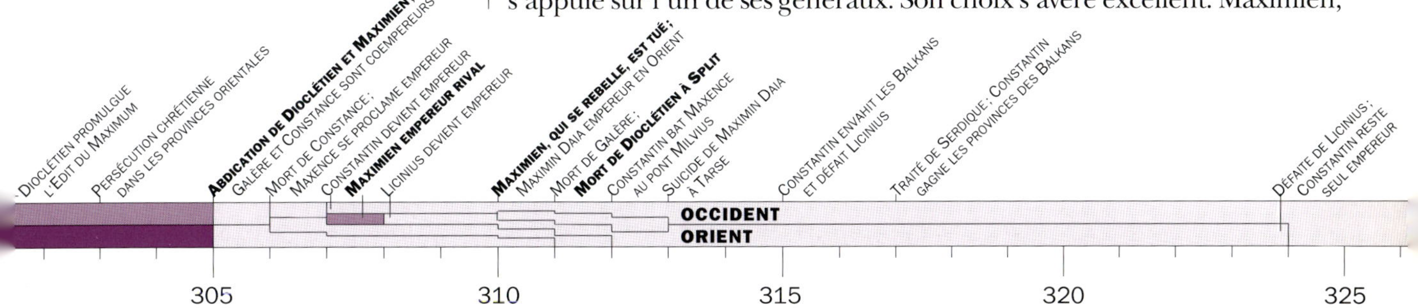

MAXIMIEN

- Né près de Sirmium, le 21 juillet vers 250 : **MAXIMIANUS** (nom complet inconnu)
- Lors de sa nomination comme César en 285 : **AURELIUS VALERIUS MAXIMIANUS NOBILISSIMUS CAESAR**
- Accession le 1er avril 286 : **IMPERATOR CAESAR MARCUS AURELIUS VALERIUS MAXIMIANUS PIUS FELIX INVICTUS AUGUSTUS, PONTIFEX MAXIMUS, PATER PATRIAE, PROCONSUL**
- Adopté en 286 : **HERCULIUS**, mais ne fait généralement pas partie de la titulature complète
- **CONSUL** I (287), II (288), III (290), IV (293), V (297), VI (299), VII (303), VIII (304), IX (307)

Ses autres titres sont les mêmes que ceux de Dioclétien à la différence qu'ils comptent une acclamation impériale, une puissance tribunicienne et les titres de victoire **GERMANICUS MAXIMUS** et **SARMATICUS MAXIMUS** en moins, Maximien ayant accédé au pouvoir un an plus tard

- Titulature complète lors de l'abdication : **IMPERATOR CAESAR MARCUS AURELIUS VALERIUS MAXIMIANUS PIUS FELIX INVICTUS AUGUSTUS, PONTIFEX MAXIMUS, HERCULIUS, GERMANICUS MAXIMUS V, SARMATICUS MAXIMUS III, PERSICUS MAXIMUS II, BRITANNICUS MAXIMUS, CARPICUS MAXIMUS, ARMENICUS MAXIMUS, MEDICUS MAXIMUS, ADIABENICUS MAXIMUS, TRIBUNICIAE POTESTATIS XXI, CONSUL IX, IMPERATOR XX, PATER PATRIAE, PROCONSUL**
- Après l'abdication en mai 305, Dioclétien et Maximien deviennent **SENIORES AUGUSTI** (empereurs aînés) et **PATRES IMPERATORUM** et **CAESARUM** (pères des empereurs et Césars)
- Epouse : Eutropia
- Enfants : un fils, Marcus Valerius Maxentius ; une fille, Fausta ; une belle-fille, Theodora
- Assassiné (ou se suicide) à Marseille en juillet 310

le nouveau César, est également un officier de l'armée illyrienne, qui a cinq ans de moins que Dioclétien. Fils de commerçants, il est né dans les environs de Sirmium. Comme Dioclétien, il est sorti du rang et s'est distingué au cours de la campagne mésopotamienne de 283-284. Il va se révéler un collègue loyal et compétent pour Dioclétien. Leur relation, qui pourrait se transformer en rivalité, restera toujours fondée sur la confiance mutuelle. A aucun moment, Maximien ne perd de vue le fait que Dioclétien est le premier empereur, même lorsqu'il est élevé au rang d'Auguste, le 1er avril 286. Dioclétien conserve un droit de veto pour toutes les décisions politiques importantes ; de son côté, Maximien respecte la sagesse et le jugement de son collègue. Les deux hommes partagent le consulat en 287, et la propagande impériale compare leurs rôles respectifs à ceux des dieux : Dioclétien est semblable à Jupiter, figure suprême et paternelle, tandis que Maximien apparaît comme Hercule, son agent qui délivre la terre du mal. Dioclétien prend le titre de Jovius, Maximien celui d'Herculius. Ils proclament qu'ils sont les fils respectifs de ces deux dieux et fixent au 21 juillet 287 leur anniversaire divin. Cette parenté divine est censée inspirer le respect et mettre une distance entre les souverains du monde et le commun des mortels.

Du gouvernement commun à la tétrarchie. De 286 à 290, Dioclétien passe cinq saisons à faire campagne sur le Danube et sur la frontière orientale. En 285, il avait déjà combattu les Sarmates ; il recommence en 289. Au cours de l'année 287, consacrée à la frontière orientale, il fait une démonstration de force contre les Perses. Pendant ce temps, Maximien mène des opérations en Occident. En 286, il soumet les Bagaudes, bandes de brigands formées de paysans déracinés qui ravagent certaines régions de la Gaule. L'un de leurs chefs, Amandus, pousse l'audace jusqu'à s'arroger le titre impérial. Maximien concentre ensuite son attention sur la frontière du Rhin. En 288, les deux empereurs montent une expédition commune contre les Alamans. Maximien traverse le Rhin, tandis que Dioclétien progresse à partir du Danube supérieur.

Mais l'histoire de ces années n'est pas faite que de succès. En effet, à la fin de l'an 286, de sérieux troubles éclatent lorsque Carausius, le commandant de la flotte romaine de la mer du Nord, prend le contrôle de la Bretagne et se proclame empereur. En 289, Maximien tente de détrôner l'usurpateur de Bretagne, mais la puissante marine de Carausius repousse son armée, lui infligeant probablement de lourdes pertes.

Malgré la révolte de Carausius, les années 285-290 prouvent l'efficacité du système des coempereurs, expérimenté par Dioclétien. En nommant Maximien César, en 285, Dioclétien fait de lui son successeur. Les années passant, Dioclétien se montre soucieux de prendre des dispositions plus formelles pour régler la succession. Avec sagesse, il préserve le système du gouvernement d'empereurs conjoints qu'il a établi. Lui-même et Maximien s'adjoignent respectivement un souverain plus jeune, un César, qui leur succédera automatiquement dès que l'un ou l'autre mourra ou se retirera du pouvoir. Ainsi, le 1er mars 293, Maximien adopte son préfet du prétoire, Constance, comme fils et César. Le même jour, à Nicomédie,

LA FAMILLE DE DIOCLÉTIEN

La loyauté et la compétence, non les liens du sang, sont les critères sur lesquels s'est fondé Dioclétien pour choisir les hommes qui ont régné avec lui. Les mariages ont pourtant servi à unir les familles des tétrarques. On ignore tout de l'histoire de la famille de Prisca, la femme de Dioclétien. Lorsque Dioclétien s'est retiré à Split, Prisca semble être restée à Thessalonique avec sa fille Valeria et son gendre Galère. A la mort de Galère, Valeria refuse d'épouser le nouvel empereur Maximin Daia. La mère et la fille sont alors exilées en Syrie, où Licinius les fait exécuter en 314. Candidianus, fils illégitime de Galère, adopté par Valeria, tombe également sous les coups de Licinius la même année. On ne sait rien du sort de la fille légitime de Galère et Valeria, Valeria Maximilla. Peut-être est-elle morte après le décès de Maxence, son mari, à la bataille du pont de Milvius en 313. Quoi qu'il en soit, leur fils, Valerius Romulus, les a précédés dans la tombe en 309. On ne leur connaît pas d'autres enfants.

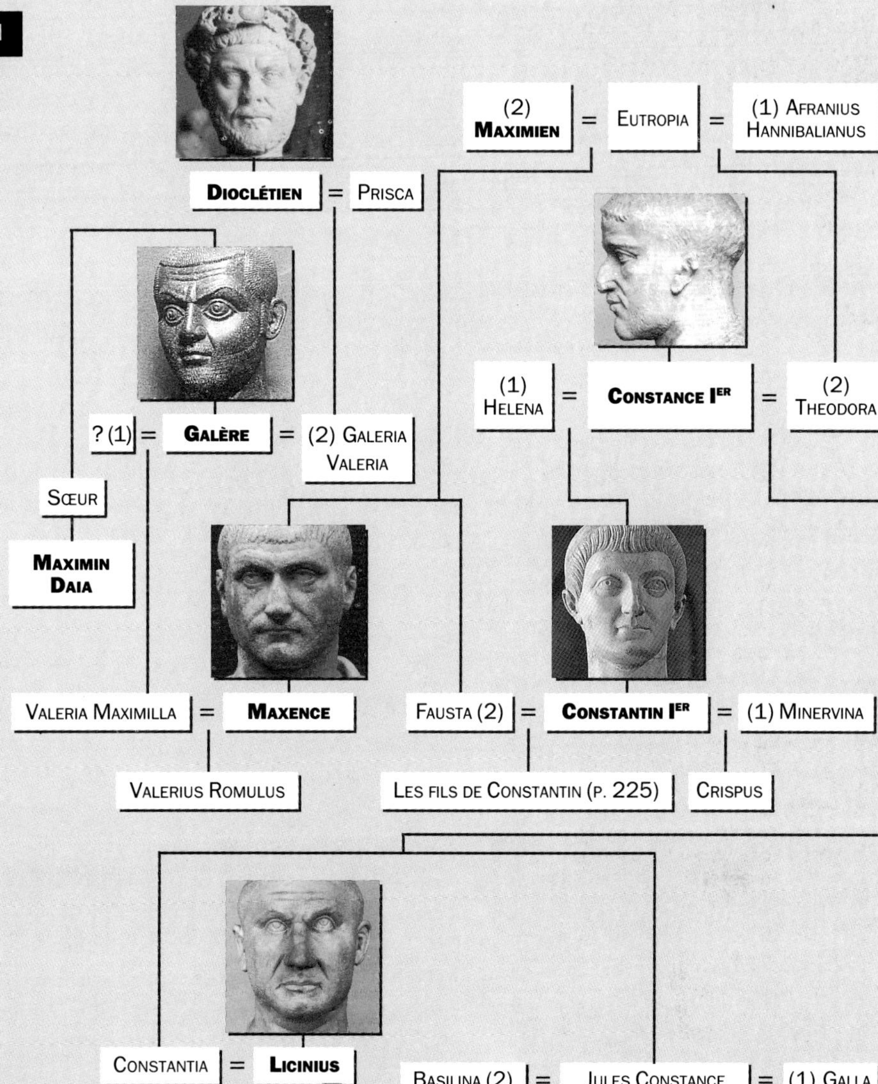

Dioclétien confère la même position à Galère Maximianus. Constance est marié depuis déjà quatre ans à la belle-fille de Maximien, Theodora ; le mariage de Galère avec la fille de Dioclétien, Valeria, en juin 293, vient compléter le dispositif dynastique.

Victoires en Orient et en Occident (293-298). Des troubles éclatent en Afrique du Nord, où une confédération de peuples berbères, connue sous le nom de Quinquegentiani ("cinq peuples"), a franchi la frontière de l'empire. Dans le nord de l'Europe, le problème de l'empire indépendant de Carausius n'est toujours pas résolu. En Orient, la Perse se fait à nouveau menaçante : en 293, le belliqueux Narses a renversé Bahram III qui n'a régné que quatre mois. En 296, les Perses s'emparent de l'Arménie, dirigée par Tiridate, roi client de Rome, puis marchent sur Antioche,

CARAUSIUS ET LE LITTORAL SAXON

Le succès de la rébellion de Carausius, en Bretagne, doit beaucoup à sa réputation de commandant militaire, même si, pour asseoir sa légitimité, il adopte les noms évocateurs de *Marcus Aurelius*. Sa titulature officielle complète est *Imperator Caesar Marcus Aurelius Mausaeus Carausius Pius Felix Invictus Augustus*, accompagnée des titres traditionnels *Pontifex Maximus* et *Pater Patriae*. Il mène une propagande habile pour se présenter comme le cosouverain de Dioclétien et Maximin ; les monnaies figurent ainsi trois bustes impériaux avec la légende "Carausius et ses frères". Les tentatives de reconquête de la province sécessionniste sont rendues difficiles par la présence des puissantes forteresses construites au IIIe siècle pour défendre les points vulnérables des côtes sud et est de la Bretagne. Ce *litus saxonicum* ou littoral saxon, conçu à l'origine contre les pirates venus du nord, va se montrer tout aussi efficace contre les invasions lancées à partir du continent.

Burgh Castle, Suffolk, l'un des forts du littoral saxon, fin du IIIe siècle.

la capitale de la Syrie. Galère, qui se porte à leur rencontre, subit une cuisante défaite dans les plaines de Mésopotamie, entre Carrhes et Calinicum. L'échec étant imputable au mauvais jugement de Galère, Dioclétien l'humilie publiquement devant l'armée, pour avoir attaqué les Perses avec une armée inférieure en nombre.

La victoire de Narses a d'importantes répercussions en Egypte, où elle pousse un obscur prétendant du nom de Lucius Domitius Domitianus à se proclamer empereur. Lorsqu'il meurt (ou est assassiné) quatre ou cinq mois plus tard, en décembre 297, un certain Aurelius Achilleus, tout aussi obscur, prend sa place. Dioclétien rétablit l'ordre au début de 298, après avoir vaincu et tué Achilleus à Alexandrie. Ce soulèvement rappelle les dangers qui guettent le pouvoir central au moindre signe de faiblesse.

Après la défaite que lui a infligée Narses en 297, Galère a compris la leçon et ne reproduit pas la même erreur. Quelques mois plus tard, avec les renforts venus des armées du Danube, il lance une attaque surprise contre les Perses en Arménie. La victoire des Romains est sans appel. Si Narses réussit à fuir le champ de bataille, ce n'est pas le cas de ses femmes, de ses sœurs et de ses enfants qui sont capturés en même temps que nombre de nobles perses. Le traité qui suit la bataille est très favorable aux Romains qui obtiennent le contrôle de nouveaux territoires le long du Tigre supérieur. La paix que l'on établit alors durera quarante ans.

Tandis que Dioclétien et Galère combattent en Orient, Constance et Maximien soumettent l'empire sécessionniste de Bretagne. La tâche échoit surtout à Constance. Durant l'été 293, il reprend les territoires situés sur la côte nord de la Gaule, dont l'importante base navale de Gesoriacum (Boulogne). Carausius ne survit pas longtemps à cette défaite ; un peu plus tard la même année, il est assassiné par Allectus, son trésorier, qui prend aussitôt sa place.

Constance ne passe pas immédiatement en Bretagne, mais consacre trois ans à la préparation de sa campagne. Il renforce notamment sa flotte. La grande invasion, lancée en 297, se divise en deux mouvement. Constance, à la tête d'une partie de la flotte, croise près de la côte du Kent, tandis que son préfet du prétoire débarque près de Winchester et marche sur Londres avec ses troupes. Allectus, troublé par ces manœuvres de diversion, part rapidement vers l'ouest pour tenter de repousser l'invasion. Il est vaincu et tué près de Farnham. Après dix ans d'indépendance, la Bretagne revient dans le giron de Rome.

Si les victoires en Bretagne et dans l'est écartent les menaces les plus graves pour l'empire, elles ne mettent pas fin pour autant aux nécessaires opérations militaires sur l'un ou l'autre front. Ainsi, Maximien se rend en Afrique du Nord pour combattre les Quinquegentiani ; Galère fait campagne contre les Carpes et les Sarmates sur le Danube ; Constance triomphe des Alamans sur le Rhin. Les grandes crises d'ordre militaire appartiennent au passé et les innovations majeures des dernières années du règne de Dioclétien concernent désormais les affaires intérieures du royaume.

Le nouvel empire. Ce que Dioclétien va léguer de plus significatif à l'Empire romain est sa vaste réforme de l'administration impériale. Il met

Dioclétien réorganise l'empire, en créant un système de provinces plus petites regroupées en douze grandes unités administratives, appelées diocèses. Dans le même temps, il dissocie pouvoir civil et pouvoir militaire, privant les gouverneurs de provinces et de diocèses de toute autorité militaire. Les commandements militaires sont établis de telle sorte qu'ils chevauchent les frontières des provinces. Rome est abandonnée en tant que résidence impériale au profit de nouveaux centres installés près des frontières menacées : Trèves et Milan à l'ouest, Thessalonique et Nicomédie à l'est.

en place un système à deux niveaux, en regroupant les provinces en douze grands "diocèses", gouvernés par des "vicaires". Les gouverneurs de province et les vicaires ne détiennent aucune autorité militaire. L'armée est pourvue d'une structure de commandement bien distincte de l'administration civile, structure qui chevauche les frontières des provinces de façon à rendre impossibles rébellions et insurrections. Ces nouvelles dispositions fonctionnent bien. Il faut également mettre au crédit de Dioclétien l'introduction de lois et règlements impartiaux, pour la protection des contribuables et pour la promotion d'une nouvelle classe sociale chargée d'administrer l'empire.

Les habitants d'Italie sont les grands perdants de la réorganisation provinciale de l'empire. Le pays (à l'exception des environs immédiats de Rome) est désormais soumis à l'impôt et divisé sur le même mode que les autres provinces. Le sénat perd également une bonne part de son pouvoir, même si, pour faire bonne mesure, Dioclétien fait reconstruire le bâtiment sénatorial, détruit par un incendie en 285. Les sénateurs se trouvent presque totalement exclus de l'administration des provinces. A la fin du règne de Dioclétien, ils ne peuvent régir que deux des provinces que leur avait allouées Auguste, en l'occurrence de taille fort réduite. Le déclin du sénat coïncide avec celui de Rome elle-même, dont l'importance a for-

SEIGNEUR ET MAÎTRE

« DIOCLÉTIEN ÉTAIT (...) LE PLUS DILIGENT ET LE PLUS HABILE DES PRINCES; LE PREMIER, IL DONNA À L'EMPIRE ROMAIN UNE FORME PLUS MONARCHIQUE QUE LIBÉRALE: IL VOULUT QU'ON SE PROSTERNÂT DEVANT LUI, ALORS QUE TOUS SES PRÉDÉCESSEURS S'ÉTAIENT CONTENTÉS DU SALUT. IL COUVRIT SES VÊTEMENTS ET SES CHAUSSURES DE BROCHETTES DE PIERRES PRÉCIEUSES: CAR AUPARAVANT L'ORNEMENT DISTINCTIF DES EMPEREURS CONSISTAIT SEULEMENT EN UNE CHLAMYDE DE POURPRE; LE RESTE DE LEUR COSTUME ÉTAIT CELUI DE TOUT LE MONDE. »

EUTROPE, *Abrégé de l'histoire romaine* IX, 16

Dioclétien a développé le cérémonial de la cour et se place lui-même en dehors du commun des mortels. Il ne veut pas seulement affirmer sa propre dignité, mais se donner l'aura d'un dieu, pour engendrer le respect et une plus grande sécurité en rendant sacrilège l'assassinat de sa personne. Ses apparitions publiques sont soigneusement programmées. Quiconque s'approche de l'empereur est obligé d'exécuter l'*adoratio*, c'est-à-dire de s'agenouiller et d'embrasser le bord du manteau impérial. Dioclétien va plus loin encore : il se proclame fils de Jupiter et fait célébrer son anniversaire divin le 21 juillet, tout en cessant, toutefois, de prétendre qu'il est un dieu vivant. Ces innovations ne se limitent pas à Dioclétien. Maximien, Constance et Galère font prévaloir aussi ce statut magnifié et cette parenté divine. On est bien loin de l'image publique des premiers empereurs, qui se décrivaient comme les premiers parmi leurs égaux.

tement décru au sein de l'empire. A la fin du IIIe siècle, la ville a cessé d'être une grande résidence impériale, car trop éloignée des zones frontalières et stratégiques. Dioclétien y est venu une fois seulement avec certitude, en novembre-décembre 303. Le gouvernement impérial est mobile par nature, et le cœur du pouvoir se situe là où séjourne l'empereur. Il n'y en a pas moins, sous les tétrarques, des lieux de résidence favoris, Milan et Trèves en Occident, Thessalonique et Nicomédie en Orient, qui font figure de capitales impériales.

Les réformes administratives ne sont qu'une part de la bataille que livre Dioclétien pour laisser à ses successeurs un empire stable et prospère. Il s'attaque également au problème urgent des finances et de l'inflation. Le souverain révise le système d'imposition et s'efforce de stopper l'inflation, en émettant des pièces de monnaie de meilleure qualité. Cette dernière mesure étant un échec, il promulgue l'Edit du Maximum qui fixe prix de vente et prix d'achat des marchandises et des services. Ce décret, qui forme une précieuse source d'informations sur les salaires et les prix de l'époque, ne parvient pas à enrayer la hausse des prix qui continuent de progresser pendant tout le règne.

La grande persécution. Plusieurs empereurs du IIIe siècle ont encouragé le culte du Soleil comme thème unificateur, dans la mesure où ce culte pouvait être accepté par une majorité de sujets romains. A l'inverse, Dioclétien revient aux dieux romains traditionnels, Jupiter et Hercule. Ce choix va avoir des conséquences désastreuses pour les chrétiens qui forment désormais une minorité importante au sein de l'armée et de l'administration. L'empereur frappe le premier coup en 297 ou 298, lorsqu'il exige de tous les soldats et fonctionnaires qu'ils sacrifient aux dieux; ceux qui refusent sont obligés de quitter le service. L'affaire en reste là pendant six ans. Puis, le 24 février 303, un édit ordonne la destruction des églises et des livres saints dans tout l'empire, ainsi que des mesures punitives à l'encontre des chrétiens de premier plan. D'autres décrets publiés la même année prescrivent l'arrestation et l'emprisonnement de l'ensemble du clergé chrétien; on ne relâchera leurs membres que s'ils sacrifient aux dieux de Rome. En avril 304, un dernier édit condamne, à la peine de mort cette fois, tout chrétien, religieux ou laïc, qui refuse de faire le sacrifice.

Les mesures antichrétiennes sont appliquées de manière variable à travers l'empire. Les provinces occidentales qui sont sous la domination de Maximien et Constance ne sont guère touchées. En Orient, en revanche, Dioclétien et Galère organisent la persécution sur une vaste échelle. Les chrétiens qui refusent d'abjurer sont torturés et exécutés. Les auteurs chrétiens vont rendre Galère responsable de ces événements, en le décrivant comme « le plus mauvais de tous les hommes mauvais qui ont vécu jusque-là ». Ils prétendent que c'est Galère qui, durant l'hiver 302-303, à Nicomédie, a vivement insisté pour lancer une campagne antichrétienne et finalement arraché l'accord d'un Dioclétien réticent. Il est cependant difficile de laver Dioclétien de toute responsabilité dans la grande persécution, avec son cortège de martyrs battus, brûlés et jetés en pâture aux lions.

La fin du règne. Au moment de la promulgation du dernier édit antichrétien, Dioclétien est déjà en mauvaise santé. En novembre 303, il séjourne à Rome pour célébrer un superbe triomphe et assister aux festivités qui accompagnent le début de sa vingtième année de règne. En décembre, il part pour Ravenne et tombe malade au cours du voyage, qu'il doit poursuivre en litière. Il lutte encore contre la maladie durant l'été suivant mais, en décembre, il est victime d'une attaque dans son palais de Nicomédie. Contrairement aux prévisions, il ne meurt pas, mais la maladie l'amène à prendre une décision tout à fait inhabituelle : celle d'abdiquer. Il vivra ses dernières années dans le splendide palais qu'il a fait construire à Split, sur la côte dalmate.

Pour permettre au nouveau système de pouvoir de fonctionner, Maximien doit également abdiquer. Fait remarquable, Dioclétien réussit à obtenir son adhésion. Aussi, le 1er mai 305, les deux empereurs aînés renoncent-ils à leur charge, Dioclétien à Nicomédie, Maximien à Milan. Constance et Galère les remplacent comme Augustes, tandis que Maximin Daia et Sévère II deviennent leurs successeurs et nouveaux Césars. La tétrarchie se voit ainsi maintenue, tandis que Dioclétien se retire à Split et Maximien dans le sud de l'Italie.

Les événements vont pourtant démontrer que Maximien n'a pas complètement perdu le goût du pouvoir ; dès l'année suivante, il est de retour dans l'arène politique. Pour Dioclétien, par contre, la retraite est définitive. Il fait une dernière apparition publique en novembre 308, en participant à la conférence des empereurs à Carnuntum, sur le Danube. Dioclétien, à qui l'on propose alors de reprendre ses fonctions, refuse en disant : « Si seulement vous pouviez voir les choux que nous avons plantés à Salonae de nos propres mains, vous ne considéreriez plus jamais cela comme une perspective alléchante. »

Dioclétien meurt à Split, probablement le 3 décembre 311. Lactance affirme qu'il se serait laissé mourir de faim. Il est clair que, en dépit des choux de son jardin, les derniers mois de Dioclétien ont été marqués par de grandes déceptions. Durant l'été 311, sa femme et sa fille sont expulsées du palais de Nicomédie, puis exilées par Maximin Daia. Plus tard, la même année, Constantin détruit bon nombre de ses propres statues, dans le cadre de l'épuration dirigée contre Maximien. La retraite a dû prendre un goût amer pour le vieil empereur qui assiste ainsi à la disparition de son prestige et à la remise en cause de son œuvre. Aux yeux des historiens, c'est ce qui, fondamentalement, fait de Dioclétien un empereur à part parmi tous ceux qui ont régné : « Modèle d'une vertu exceptionnelle, il fut le seul, depuis la fondation de l'Empire romain, à redescendre spontanément du faîte où il était monté à la vie privée et à la condition d'un simple citoyen. Aussi, par un privilège sans exemple de mémoire d'homme, quoiqu'il fût mort simple particulier, on le mit cependant au nombre des dieux. » (Eutrope, *Abrégé de l'histoire romaine,* IX, 16.). ■

UN SEUL ET MÊME BUT

La tétrarchie établie par Dioclétien était constituée de militaires originaires des Balkans. L'idée qu'ils partagent un seul et même but s'exprime dans les statues de groupe qui figurent les quatre souverains à l'identique. La loyauté des trois collègues de Dioclétien fut assez remarquable, si l'on considère les troubles civils des cinquante années précédentes. Le rhéteur chrétien Lactance explique que la bonne coopération entre Dioclétien et Maximien est due au fait qu'ils étaient tous deux cupides et dénués de scrupules — à cette nuance près que Dioclétien était plus hésitant. De leur côté, les auteurs non chrétiens louent Dioclétien pour sa sagesse et sa prévoyance. C'est un « empereur très travailleur et compétent », quelqu'un qui, certes, s'entoure d'une certaine pompe, mais fondamentalement « se comporte comme un parent ». Maximien, par contre, est « franchement brutal et disgracieux de nature », c'est un homme possédé par de « mauvais désirs ». Rappelons-nous cependant que c'est la loyauté à toute épreuve de Maximien qui a permis à Dioclétien de mener à bien ses réformes. Les deux Césars ont également rempli consciencieusement les tâches qui leur ont été confiées. Galère remporte la guerre persique de 297-298, tandis que Constance reconquiert la Bretagne en 297. Si des tensions ont certainement dû se produire, il n'empêche que la solidarité reste la principale caractéristique des tétrarques.

Dioclétien et les autres tétrarques en costume militaire. Groupe en porphyre rapporté de Constantinople par la quatrième croisade (1204) et dressé à l'angle de la basilique Saint-Marc à Venise.

LES CONSTRUCTIONS DE DIOCLÉTIEN

« A CELA S'AJOUTAIT CHEZ DIOCLÉTIEN UNE PASSION DE BÂTIR JAMAIS SATISFAITE, ET ON NE PRESSURAIT PAS MOINS LES PROVINCES POUR LA FOURNITURE DES OUVRIERS, DES ARTISANS, DU CHARROI ET DE TOUT CE QUI EST NÉCESSAIRE À DES CONSTRUCTIONS. ICI, C'ÉTAIENT DES BASILIQUES, LÀ, UN CIRQUE, LÀ, UN ATELIER MONÉTAIRE, ICI, UNE FABRIQUE D'ARMES, LÀ UNE MAISON POUR LA FEMME DE L'EMPEREUR, UNE AUTRE POUR SA FILLE. »

LACTANCE, *De la mort des persécuteurs* VII, 8-9

Les réformes de Dioclétien ont forcément mis à contribution les finances impériales, de même que la construction de splendides palais pour lui-même et ses collègues impériaux. Il ne subsiste pratiquement rien de son palais de Nicomédie, ni de celui de Maximien à Milan. Mieux conservé est le palais, ceint de hauts murs, qu'il a fait édifier pour sa retraite à Spalato (Split), sur la côte dalmate. Il ressemble à un camp militaire avec son plan rectangulaire, ses tours saillantes, réparties régulièrement sur les trois façades côté terre, et ses grandes portes aménagées au centre des façades. A l'intérieur se trouvent des salles de réception, des quartiers résidentiels et le mausolée hexagonal dans lequel Dioclétien a été enterré. Dioclétien est également célèbre pour la construction, entre 298 et 306, de grands thermes à Rome. Son frigidarium était plus vaste que celui des thermes de Caracalla. Les inscriptions dédicatoires indiquent que, malgré leur nom, les bains de Dioclétien sont surtout l'œuvre de son coempereur Maximien.

Le palais de Dioclétien à Split (ci-dessus) était à la fois une forteresse et une résidence. Des rues bordées de colonnades scindaient l'intérieur du complexe en blocs de bâtiments rectangulaires, lesquels, au nord, s'ordonnaient autour d'une cour ouverte. Les édifices les plus importants se trouvaient au sud ; à partir du carrefour central, on y accédait par une voie monumentale. Celle-ci débouchait sur un haut vestibule et hall d'entrée qui ouvrait sur les appartements de Dioclétien, aménagés sur le côté faisant face à la mer. Au nord-est de cette partie privée s'élevait le mausolée, structure octogonale renfermant une chambre funéraire surmontée d'un dôme. Par une curieuse ironie de l'histoire, le lieu d'inhumation de l'un des plus célèbres persécuteurs de chrétiens est aujourd'hui une cathédrale.

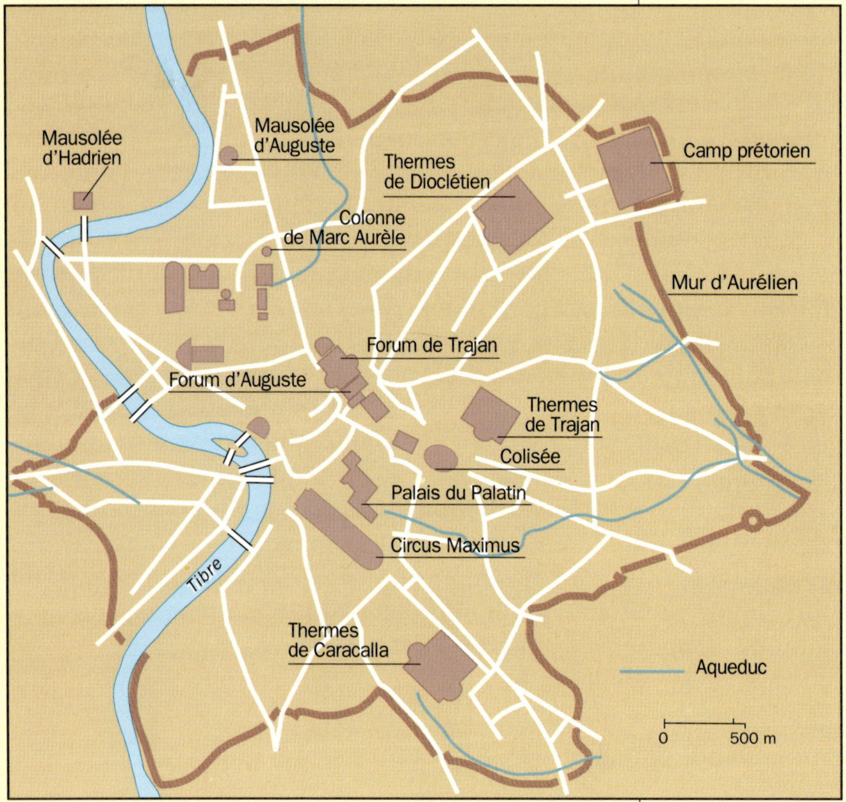

Si, à la fin du IIIe siècle, Rome n'est plus le centre du gouvernement, son prestige et son glorieux passé continuent d'inciter les empereurs à embellir la cité de nouvelles constructions. Dioclétien et Maximien restaurent le Forum romain, endommagé par un incendie en 283. De même, ils reconstruisent le sénat, conservant en grande partie ses lignes antérieures. Leur œuvre majeure est un édifice entièrement nouveau, érigé au nord de la ville : les thermes de Dioclétien (à gauche).

L'entrée nord du palais de Split (en haut) avec, à gauche, les vestiges de l'une des tours qui la flanquaient. Malgré leurs arcades décoratives et les niches jadis garnies de statues, les portes appartiennent bien à l'architecture militaire romaine tardive. L'entrée elle-même comportait deux portes, intérieure et extérieure. Cette dernière était encadrée par d'imposantes tours polygonales et fermée par deux battants défendus par une herse. La porte intérieure était également pourvue de lourds vantaux. Il n'y avait pas de grande entrée cérémonielle, mais uniquement de solides fortifications.

Les thermes de Dioclétien à Rome (ci-dessus). A l'origine, les murs en briques étaient revêtus de stuc imitant le marbre. Pour faire face à la demande de briques exigée par cet énorme chantier, il fallut réorganiser toute l'industrie de la brique à Rome et la placer sous contrôle impérial.

Restitution de l'intérieur des thermes de Dioclétien à Rome (à gauche). Vue du *frigidarium* (salle froide) à partir du *tepidarium* (salle chaude et pièce principale des bains). Le *tepidarium* a servi de base à la construction de l'église Santa Maria dei Angeli. La salle étaitornée d'une profusion de marbres, de stucs peints et de statues.

D'après Lactance, « le physique de Galère répondait à son caractère : taille élevée, énorme embonpoint qui faisait de lui une masse de chair horriblement enflée et bouffie. Bref, le son de sa voix, ses gestes, son aspect plongeaient tout le monde dans la crainte et la terreur. » Pour le non-chrétien Eutrope, Galère est à l'inverse un « prince qui joignait la probité du caractère à d'éminents talents militaires ». Son portrait figure un militaire déterminé aux cheveux ras, caractéristiques de l'époque. (Ci-contre) Buste en porphyre d'un tétrarque, sans doute Galère, qui provient d'Athribis en Egypte et date de la fin du IIIe ou du début du IVe siècle.
Musée égyptien du Caire.

CONSTANCE Ier

IMPERATOR CAESAR
CAIUS FLAVIUS
VALERIUS
CONSTANTIUS
AUGUSTUS
305-306

GALÈRE

IMPERATOR CAESAR
GALERIUS VALERIUS
MAXIMIANUS
PIUS FELIX
INVICTUS AUGUSTUS
305-311

SÉVÈRE II

IMPERATOR SEVERUS
PIUS FELIX
AUGUSTUS
306-307

MAXENCE

MARCUS AURELIUS
VALERIUS
MAXENTIUS
PIUS FELIX
INVICTUS AUGUSTUS
306-312

MAXIMIN DAIA

IMPERATOR CAESAR
GALERIUS VALERIUS
MAXIMINUS
PIUS FELIX
AUGUSTUS
310-313

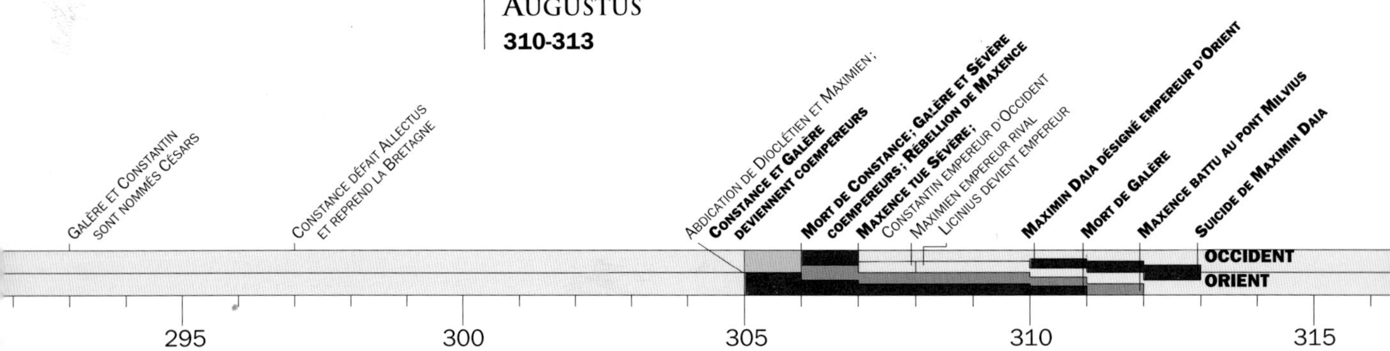

CONSTANCE Ier

- Né en Illyrie, le 31 mars vers 250
- **César** le 1er mars 293
- **Auguste** le 1er mai 305
- Epouses : (1) Helena (2) Theodora
- Enfants : un fils (Helena), Caius Flavius Valerius Constantinus (Constantin) ; deux fils (Theodora), Flavius Dalmatius et Flavius Julius Constantius
- Mort de maladie à York, le 25 juillet 306

GALÈRE

- Né à Romulianum, près de Serdique, vers 260
- **César** le 1er mars 293
- **Auguste** le 1er mai 305
- Epouses : (1) nom inconnu (2) Galeria Valeria
- Enfants : une fille avec sa première épouse, Valeria Maximilla ; un fils, Candidianus, avec une concubine inconnue
- Mort de maladie à Serdique en mai 311

SÉVÈRE II

- Né en Illyrie (date inconnue)
- **César** le 1er mai 305
- **Auguste** en août 306
- Epouse : nom inconnu
- Enfant : un fils, Sévère
- Contraint d'abdiquer en mars/avril 307 ; est assassiné ou se suicide près de Rome, le 16 septembre 307

MAXENCE

- Né probablement en Syrie vers 283
- **Auguste** le 28 octobre 306
- Epouse : Valeria Maximilla
- Enfants : deux fils, Valerius Romulus et un fils au nom inconnu
- Se noie au pont Milvius le 28 octobre 312

MAXIMIN DAIA

- Né en Illyrie, le 20 novembre 270
- **César** le 1er mai 305
- **Auguste** le 1er mai 310
- Epouse : nom inconnu
- Enfant : une fille au nom inconnu
- Se suicide à Tarse en juillet/août 313

« PENDANT TOUT LE TEMPS DES DIX ANNÉES DE LA PERSÉCUTION, IL N'Y EUT PAS POUR EUX D'INTERRUPTION DANS LES COMPLOTS ET LA GUERRE CIVILE. LES MERS N'ÉTAIENT PLUS NAVIGABLES ET IL N'ÉTAIT PAS POSSIBLE, À CEUX QUI DÉBARQUAIENT D'OÙ QUE CE FÛT, DE N'ÊTRE PAS SOUMIS À TOUTES SORTES DE TORTURES. (...) EN OUTRE, CE N'ÉTAIT QUE FABRICATION DE BOUCLIERS ET DE CUIRASSES, DE TRAITS ET DE LANCES ; PRÉPARATION D'AUTRES ARMEMENTS DE GUERRE, DE TRIÈRES, D'ARMES DESTINÉES AUX COMBATS MARITIMES. EN TOUT LIEU ON N'ENTENDAIT QUE CELA, ET PERSONNE N'AVAIT D'AUTRE SOUCI QUE D'ATTENDRE CHAQUE JOUR L'ARRIVÉE DE LA GUERRE. »

EUSÈBE DE CÉSARÉE, ***Histoire ecclésiastique*** VIII, 15

Les huit années comprises entre 305 et 313 sont marquées par une guerre civile d'un type particulier : certains protagonistes combattent pour confisquer le pouvoir à leur seul profit, tandis que d'autres cherchent simplement à se tailler une place de César ou d'Auguste dans le système de gouvernement établi par Dioclétien. De ce curieux mélange d'ambitions personnelles et d'actions collectives résulte un jeu complexe d'intrigues, d'alliances et de guerres. Les apologistes chrétiens ont laissé de cette période une description haute en couleurs, même s'ils déforment les mérites et les caractères des empereurs rivaux pour mieux servir leurs démonstrations.

Le renouvellement de la tétrarchie. Avec l'abdication de Dioclétien et de Maximien, Constance et de Galère deviennent les nouveaux Augustes du monde romain. L'investiture officielle a lieu en même temps que l'abdication, à savoir le 1er mai 305, à Milan et à Nicomédie. Chacun des deux nouveaux empereurs s'adjoint alors un collègue plus jeune, un César : il s'agit de Sévère, en Occident, et de Maximin, surnommé Daia, en Orient. La tétrarchie se voit donc maintenue. Dioclétien n'est probablement pas étranger à ces dispositions, mais c'est à l'évidence Galère qui a la haute main sur le choix des Césars, deux personnages proches de lui : Maximin est son beau-fils et Sévère un ami intime et fort ancien.

A première vue, les nouveaux ressemblent aux anciens : ce sont des militaires de condition modeste, originaires des Balkans. Ni l'un ni l'autre n'aura la faveur des historiens, chrétiens ou non. Selon eux, Sévère est d'origine et de mœurs ignobles. Maximin Daia ne s'en tire guère mieux : pour les auteurs païens, bien que d'éducation paysanne, il cultive les philosophes et les hommes de lettres, est d'un caractère tranquille et apprécie le vin ; pour les chrétiens, c'est un être maudit, un persécuteur aussi déterminé que Galère, l'homme qui est à l'origine des "Actes de Pilate" antichrétiens, l'exemple même du tyran à la concupiscence débridée et, par surcroît, un ardent promoteur de l'ancienne religion.

Galère et Dioclétien ont, en fait, commis une grave erreur en sous-estimant la force des liens familiaux. Maximien et Constance ont deux fils am-

Buste de Maxence, Museo Torlonia, Rome.

bitieux oubliés lors des récentes nominations. Maxence, fils de Maximien, est âgé d'une vingtaine d'années, Constantin, fils de Constance, de trente ans environ. Les événements vont montrer que ces deux hommes sont prêts à arracher par la force ce qu'on ne leur a pas donné de plein gré.

L'ascension de Constantin. Au moment où l'on désigne les nouveaux Césars, Constantin sert comme officier d'état-major sous Dioclétien. Déçu de ne pas avoir été nommé César, Constantin obtient de rejoindre son père Constance à l'ouest. Il le retrouve à Boulogne, où Constance se prépare à passer en Bretagne pour combattre les Pictes.

L'expédition de 305 contre les Pictes est un succès. A la fin de l'été, Constance reçoit pour la seconde fois le titre de *Britannicus Maximus.* Mais cette victoire ne parvient pas à cacher la fragilité croissante de sa position. Auguste en Occident, Constance doit faire face à Galère qui, s'il contrôle l'Orient, n'en a pas moins réussi à installer son candidat, Sévère, comme César en Occident. En outre, Constance n'est pas en bonne santé. Son surnom de "Chlore" (le pâle) laisse supposer qu'il était atteint de leucémie. S'il meurt, Sévère lui succédera comme Auguste en Occident, tandis qu'un autre candidat de Galère deviendra César.

MAXENCE À ROME

Pendant les six ans qu'il passe à Rome, l'usurpateur Maxence déploie un grande activité de bâtisseur. Au sud de la ville, près de la via Appia, il édifie un complexe palatial semblable à celui de Galère à Thessalonique. L'ensemble se distingue par son immense cirque, qui peut accueillir quinze mille spectateurs. A côté de cet ensemble se trouve le Mausolée de Maxence, une construction couverte d'un dôme, érigée dans une enceinte rectangulaire bordée de colonnades. Plus impressionnant, le monument qu'il fait élever sur le côté nord du Forum romain est connu comme la basilique de Maxence et Constantin (après la mort de Maxence, il a en effet été achevé par Constantin). C'est une gigantesque salle, qui ressemble à la salle principale *(frigidarium)* des grands thermes impériaux. Aujourd'hui, elle a l'aspect d'une vaste ruine aux murs en blocage revêtus de briques, alors qu'autrefois ses parois étaient recouvertes de marbres et ses plafonds ornés de stucs peints et dorés. C'est le plus grand monument à voûtes construit par les architectes romains.

Détail de la basilique de Maxence et Constantin sur le Forum romain, achevée vers 313.

« C'ÉTAIT UN PRINCE ÉMINENT ET D'UNE AFFABILITÉ EXTRÊME, MÉNAGEANT AVEC SOIN L'ARGENT DES PROVINCIAUX ET DES PARTICULIERS, ASSEZ SENSIBLE AUX INTÉRÊTS DU FISC, PRÉFÉRANT VOIR LES RICHESSES PUBLIQUES AUX MAINS DES PARTICULIERS PLUTÔT QUE DE LES SERRER DANS UN SEUL COFFRE. (...) IL MÉRITA NON SEULEMENT L'AMOUR, MAIS ENCORE LA VÉNÉRATION DES GAULOIS, SURTOUT PARCE QU'ILS AVAIENT ÉCHAPPÉ SOUS SON RÈGNE À LA SOUPÇONNEUSE CIRCONSPECTION DE DIOCLÉTIEN ET À L'AVEUGLEMENT SANGUINAIRE DE MAXIMIEN. »

EUTROPE, *Abrégé de l'histoire romaine* X, 1

L'empereur Constance (ci-dessus, Ny Carlsberg Glyptotek, Copenhague) est l'objet de nombreux éloges de la part des historiens chrétiens comme Lactance et Eusèbe et d'auteurs païens comme Eutrope. Les premiers lui savent gré d'avoir protégé les chrétiens des provinces contre les excès dus aux édits antichrétiens de Dioclétien. Loin d'être un administrateur épris de paix, Constance est un général aguerri qui a remporté une série de rudes batailles sur la frontière du Rhin. Il s'est marié deux fois. Vers 270, il a épousé en premières noces une Bithynienne nommée Hélène. Dans les années 280, il s'est uni à Theodora, la fille de l'empereur Maximien. Constance et Theodora ont eu six enfants, mais le fils le plus célèbre de Constance est celui qu'il a eu avec Hélène, le futur empereur Constantin. Les ennemis de Constantin affirment que Constance ne s'est jamais marié légalement avec Hélène et que celle-ci ne serait qu'une simple concubine. Cette affirmation ne repose sur aucune preuve et le mariage est tout à fait possible. Il aurait pu avoir lieu pendant que Constance faisait campagne avec Aurélien contre Zénobie en Orient.

La détermination des partisans de Constance et de son fils va déjouer ce plan. Lorsque Constance s'éteint à York le 25 juillet 306, son armée, sans attendre les instructions de Galère, proclame aussitôt Constantin Auguste et successeur de son père en Occident. De son côté, Constantin affirme résolument que, sur son lit de mort, son père l'a nommé Auguste.

Placé devant le fait accompli, Galère ne peut rien faire contre Constantin, sinon tenter de rabaisser son rang. Galère renvoie les messagers de Constantin, venus annoncer son avènement, avec un manteau de pourpre et sa reconnaissance officielle comme César et non comme Auguste. Pendant ce temps, Sévère est, lui, élevé à la dignité d'Auguste et d'empereur aîné en Occident.

La révolte de Maxence. La tétrarchie des deux Augustes et des deux Césars est officiellement toujours en place, lorsque d'autres complications se présentent en Italie. Maxence, le fils de Maximien, tout aussi déçu d'avoir été laissé pour compte en 305, réside dans une villa de la via Labicana, à une dizaine de kilomètres de Rome. C'est là qu'il prépare sa revanche. Celle-ci va être d'autant plus facile que les citoyens de Rome et d'Italie sont mécontents de la transformation de leur région en province comme les autres. L'Italie du Nord a déjà perdu le privilège de l'exemption sous Dioclétien. Maxence va saisir sa chance lorsque Galère décide stupidement d'imposer l'ensemble de la Péninsule et la ville de Rome elle-même. Avec le soutien du peuple et ce qui reste de la garde prétorienne, Maxence se proclame empereur à Rome, le 28 octobre 306.

Maxence joue prudemment la partie dans l'espoir d'obtenir une reconnaissance officielle de Galère sans trop d'effusion de sang. Mais Galère refuse, ce qui pousse Maxence à se nommer lui-même Auguste, en avril 307. Il contrôle alors la plus grande partie de l'Italie, la Sicile, la Corse, la Sardaigne et les riches provinces d'Afrique du Nord.

Le coup d'Etat est audacieux, mais la position de Maxence, qui dispose de peu de troupes régulières et doit tenir compte de Sévère, l'ennemi installé à Milan, est loin d'être assurée. Pour la consolider, il fait le geste fatidique d'envoyer à son père Maximien un manteau de pourpre pour qu'il vienne à son secours et reprenne la dignité d'empereur une seconde fois. Impatient d'agir, Maximien sort de sa retraite et rejoint son fils. Tous deux s'allient à Constantin, désormais reconnu comme Auguste dans ses propres territoires comme dans ceux de Maxence. Entre-temps, Galère ordonne à Sévère d'écraser Maxence qui n'a pas les moyens de risquer une bataille décisive. Sévère arrive devant les murs de Rome, mais son armée, soudoyée par Maxence, déserte. Sévère, qui s'enfuie à Ravenne, est capturé, contraint d'abdiquer et tué le 16 septembre 307, près de Rome, dans un lieu appelé les Trois Tavernes.

La conférence de Carnuntum. Fermement résolu à ne pas accepter Maxence comme empereur, Galère envahit l'Italie en septembre également. Il n'est guère plus heureux que Sévère : ses troupes ne résistent pas davantage à l'argent de Maxence et ce n'est qu'avec peine qu'il se dégage d'Italie. Si la situation de Maxence se trouve ainsi stabilisée par ces vic-

L'USURPATEUR DE ROME

« A SA MORT, LE SÉNAT ET LE PEUPLE APPLAUDIRENT AVEC D'INCROYABLES TRANSPORTS DE JOIE ; IL LES AVAIT MALTRAITÉS AU POINT D'AVOIR UN JOUR LAISSÉ LES PRÉTORIENS MASSACRER LA FOULE, ET D'AVOIR, LE PREMIER, PAR UNE LOI SCÉLÉRATE, EN INVOQUANT LE PRÉTEXTE DES CHARGES PUBLIQUES, CONTRAINT LES SÉNATEURS ET LES PAYSANS À LUI PAYER DES SOMMES QU'IL DISSIPAIT ENSUITE. »

AURELIUS VICTOR, *Livre des César* 40, 24

Maxence, fils du coempereur de Dioclétien Maximien, est décrit par les historiens romains comme l'un des monstres de l'époque. Pourtant, le fait qu'il se soit emparé du pouvoir en Italie en 306 et qu'il l'ait conservé pendant six ans, malgré les tentatives répétées de Sévère et Galère pour le détrôner, témoigne d'une réelle habileté. Comme son père, Maxence est montré comme un obsédé sexuel : « Il séparait les maris de leurs femmes légitimes, et, après avoir fait subir à celles-ci les derniers outrages, il les renvoyait à leurs maris. Il avait soin de ne pas entreprendre ces crimes sur des femmes obscures ou inconnues, mais c'était surtout avec ceux qui tenaient les premiers rangs au sénat des Romains qu'il se conduisait d'une manière absolument ignoble. » (Eusèbe, *Histoire ecclésiastique* VIII, 14, 2). Difficile de savoir si ce témoignage comporte une once de vérité ou s'il est simplement le fruit de la propagande hostile à Maxence.

toires et le mariage de sa sœur Fausta avec Constantin, ce n'est pas le cas de son gouvernement qui traverse une crise sérieuse. En avril 308, Maximien tente d'usurper le pouvoir de son fils à Rome. Ayant échoué, il se réfugie chez son gendre, Constantin, en Gaule. Confronté à cette multiplication d'empereurs, Galère et Maximien demandent à Dioclétien de sortir de sa retraite en novembre 308, pour participer à une conférence impériale à Carnuntum, près de Vienne.

Celle-ci s'achève par l'établissement d'une nouvelle tétrarchie officielle. Licinius, officier de l'armée illyrienne et ami de Galère, est nommé Auguste en Occident, en remplacement de Sévère. Constantin se voit confirmer dans sa charge de César. Quant à Maximien, il est contraint de renoncer aux titres impériaux qu'il a repris.

L'assemblée ne règle pas le problème Maxence qui reste maître de l'Italie et de l'Afrique. Licinius s'attelle aussitôt à la tâche de rétablir l'autorité centrale sur ces régions. A partir de Sirmium, il fait de petites incursions dans l'extrême nord-est au cours de l'année 309. On pourrait s'attendre à des actions plus audacieuses car, cette année-là, Maxence est mobilisé par une révolte dans les territoires d'Afrique du Nord. Valerius Alexander, vicaire (gouverneur) du diocèse d'Afrique depuis 303, a pris la tête de la rébellion. Il s'est attribué les titres d'*Imperator Caesar Lucius Domitius Alexander Pius Felix Invictus Augustus.* Après dix-huit mois de résistance, il est finalement capturé et tué, à la fin de 309, par l'armée que dirige Rufius Volusianus, le commandant de la garde prétorienne de Maxence.

Dans le même temps, Maximien n'a pas abandonné ses ambitions sur l'Occident. Après avoir résidé pendant deux ans à la cour de Constantin, dont il est le beau-père et l'homme de confiance, Maximien décide de tenter une dernière fois de s'emparer du pouvoir. Alors que Constantin est engagé dans une campagne contre les Francs, Maximien se rend précipitamment à Arles où il se proclame empereur pour la troisième fois et annonce la mort de Constantin.

C'est un acte insensé. Constantin marche aussitôt vers le sud pour affronter l'usurpateur, lequel a quitté Arles pour Marseille, ville plus facile à défendre. Mais les citoyens de Marseille refusent de prendre son parti et ouvrent leurs portes à Constantin. Maximien est capturé et se pend, dit-on, peu après. Sa disparition a un effet positif : elle scelle sa réconciliation avec son fils Maxence qui le fait diviniser par un décret du sénat.

La mort de Galère. Avec Maximien disparaît l'un des premiers grands persécuteurs de chrétiens. Mais deux autres sont encore au pouvoir en Orient : Galère et Maximin Daia. Elevé à la dignité d'Auguste le 1er mai 310, Maximin est en pleine ascension. A l'inverse, l'empereur Galère est affaibli par le terrible cancer qui va l'emporter. Les apologistes chrétiens considèrent sa maladie comme le signe évident de la colère divine. En avril 311, Galère lui-même finit par s'en convaincre et, le 30, sur son lit de mort, promulgue un édit abrogeant les mesures antichrétiennes édictées huit ans auparavant. Selon Eusèbe : « Ayant donc rassemblé ses pensées en lui-même, il rendit d'abord hommage au Dieu de l'univers, puis, après avoir appelé ceux de son entourage, il leur ordonna de faire cesser immédiate-

Galère a établi sa capitale à Thessalonique. Pendant ses dix-huit ans de règne, de sa nomination comme César en 293 à sa mort en 311, il a doté la ville de splendides monuments: un palais, un hippodrome, un arc de triomphe et un grand mausolée couvert d'un dôme. Ces édifices se trouvaient dans le nouveau quartier impérial, situé à la limite est de l'ancienne cité. L'arc de triomphe à quatre baies, commémorant la victoire de Galère sur les Perses en 298, se trouvait sur la via Egnatia et formait le lien entre le palais, qui s'élevait au sud de la voie et le mausolée qui se dressait au nord. Le mausolée avait la forme d'une vaste rotonde avec un curieux dôme à deux centres. C'est aujourd'hui l'église Saint-Georges (à droite). L'intérieur, jadis décoré de marbres et de mosaïques colorées, devait être impressionnant. Finalement, Galère a choisi de se faire enterrer à Romulianum, son lieu de naissance, près de Serdique, et non dans ce monument.

LA MORT AFFREUSE DE GALÈRE

« En effet, d'une manière soudaine, un abcès lui vint au milieu des parties secrètes du corps; puis un ulcère fistuleux au fondement, et le ravage inguérissable de ces maux passa à l'intérieur des entrailles, où fourmilla une multitude innombrable de vers et d'où sortit une odeur mortelle. Toute la masse de ses chairs, produite par sa gloutonnerie et qui, avant sa maladie, pendait en un excès de graisse, se mit à pourrir et à présenter à ceux qui approchaient un spectacle intolérable et très effrayant. Parmi les médecins, les uns ne purent pas du tout supporter l'étrangeté excessive de la mauvaise odeur et furent égorgés: les autres, impuissants à secourir toute cette masse gonflée, pour laquelle il n'y avait pas d'espoir de salut, furent mis à mort sans pitié. »

Eusèbe de Césarée, *Histoire ecclésiastique* VIII, 16, 4-5

ment la persécution contre les chrétiens et de les presser, par un édit et une ordonnance impériale, de bâtir leurs églises, d'y accomplir les cérémonies accoutumées en y faisant des prières pour l'empire. » Mais il est trop tard pour sauver l'empereur qui meurt quelques jours plus tard.

Après le décès de Galère, Licinius et Maximin Daia s'affrontent pour le contrôle de l'Orient. Maximin traverse l'Asie Mineure et gagne des partisans en promettant force exemptions sur les lourdes taxes de Galère. De son côté, Licinius conduit son armée vers l'est pour affronter son rival, mais les deux empereurs parviennent à un accord avant de recourir aux armes. Licinius conserve les Balkans, tandis que Maximin contrôle l'Asie Mineure et les provinces orientales. Ce partage inéquitable laisse à Maximin les mains libres pour reprendre la persécution antichrétienne interrompue six mois plus tôt par Galère.

Le pont Milvius. En 312, Constantin traverse les Alpes avec une petite armée et bat les troupes de Maxence à Turin et Vérone. Après avoir enlevé le nord de l'Italie, il continue sur Rome. Maxence a alors perdu beaucoup de sa popularité. Les récits, qui mentionnent ses exactions financières et sa mauvaise conduite envers les femmes des autres, comportent probablement un fond de vérité. Son prestige a été définitivement entaché trois ans plus tôt, lors d'émeutes où des milliers de citoyens de Rome sont morts sous les coups de sa garde. Maxence a aussi une attitude ambiguë envers les chrétiens. Au moment de son accession, en 306, il prône la tolérance mais attend juillet 311 pour restituer les biens confisqués à l'Eglise durant la persécution. C'est trop peu et trop tard.

Lorsque Constantin se présente devant les murailles de Rome, à l'automne 312, Maxence ne jouit plus du soutien de la population. Plutôt que de bra-

UN AUTRE TYRAN DE LITTÉRATURE

« Quant à Daia, qui, à peine arraché à ses bois et à ses troupeaux, était devenu aussitôt soldat de la garde, puis immédiatement garde du corps, bientôt tribun, le lendemain César, il reçut l'Orient pour l'écraser et le fouler aux pieds. (...) Il dépensait au hasard, sans discernement ni mesure (...). Quant aux biens qu'il enlevait aux personnes vivantes, ou qu'il donnait à tous ceux de ses amis qui avaient demandé le bien d'autrui, je me demande s'il n'aurait pas fallu le remercier d'agir à la manière de certains brigands pleins d'humanité, en dépouillant ses victimes sans verser leur sang. (...) Mais ce qui fut son vice capital, en quoi il surpassait tous ceux qui furent jamais, ce fut sa fureur lubrique. (...) C'est lui enfin qui avait introduit la coutume de ne plus permettre aucun mariage sans son autorisation expresse, afin d'être lui-même le premier à goûter les joies de chaque hymen. (...) Enfin, (...) il ne put même pas épargner l'Augusta, que naguère encore il appelait sa mère [Valeria, fille de Dioclétien et veuve de Galère]. (...) Valeria portait encore ses vêtements noirs, l'époque du deuil n'étant pas encore révolue. Il lui fit faire des propositions de mariage, résolu à chasser son épouse, s'il obtenait sa main. Elle lui répondit, avec la liberté qu'elle seule pouvait se permettre qu'il lui était impossible de songer au mariage sous l'habit de deuil qu'elle portait (...). Son désir se transforme en colère et en fureur. Aussitôt, il proscrit Valeria, la dépouille de ses biens, disperse sa suite, fait périr ses eunuques dans les tortures. Elle-même avec sa mère, il la relègue en exil. »

Lactance, *De la mort des persécuteurs* XIX, 6 ; XXXVII-XXXIX

ver les incertitudes d'un long siège, Maxence décide de risquer le tout pour le tout dans une seule bataille. Les deux armées se rencontrent derrière le pont Milvius, à l'ouest de Rome. Les troupes de Constantin, précédées par des étendards chrétiens, sont victorieuses. Alors que les soldats de Maxence refluent sur le pont pour rentrer à Rome, la construction s'écroule. Maxence se noie en tentant de regagner la rive à la nage. Il meurt le 28 octobre 312, après avoir régné six ans jour pour jour.

La fin de la persécution. La victoire de Constantin en Occident précipite les événements en Orient, partie de l'empire aux mains de Licinius et de Maximin Daia. Au début de 313, Licinius a épousé Constantia, la demi-sœur de Constantin. Maximin, quant à lui, a traversé le Bosphore et pris pied en Europe, où il s'est emparé de Byzance et d'Héraclée. Licinius s'avance à la rencontre de l'envahisseur qu'il affronte le 30 avril dans la plaine du fleuve Ergenus, près d'Andrinople, en Thrace. Licinius dispose d'une armée bien inférieure en nombre — quelque trente mille hommes contre les soixante-dix mille hommes de Maximin —, mais sa supériorité tactique lui assure la victoire. Une fois encore, l'armée de Dieu défait l'armée du paganisme. Licinius, en effet, se bat comme Constantin sous la bannière de la croix, alors que Maximin a juré d'éradiquer le christianisme si les dieux l'aidaient à triompher.

Maximin quitte le champ de bataille déguisé en esclave. Il rassemble sa famille et quelques proches compagnons, et se hâte de traverser l'Asie Mineure, dans l'espoir de tenir les cols du Taurus contre ses poursuivants. Mais les forts qu'il a lui-même érigés n'arrêtent pas les troupes de Licinius. Au milieu de l'été, Maximin se retrouve assiégé à Tarse, par mer et par terre. La mort s'annonce pour lui comme la seule issue : son choix, malheureux, se porte sur un poison qui agit lentement, le rend fou de douleur et met quatre jour à le tuer.

Licinius célèbre sa victoire par un bain de sang, bien loin des principes du christianisme. D'abord il fait exécuter Candidianus, le fils illégitime de Galère, puis Severianus, le fils de l'empereur Sévère. Il élimine de la même façon le fils et la fille de Maximin Daia, âgés respectivement de huit et sept ans, et fait noyer leur mère dans l'Oronte. Valeria, fille de Dioclétien et veuve de Galère, est reconnue sous son déguisement à Thessalonique ; elle est aussitôt arrêtée et tuée. La persécution des chrétiens a pris fin, mais tous ces crimes ne placent pas la période qui s'ouvre sous d'heureux auspices. ■

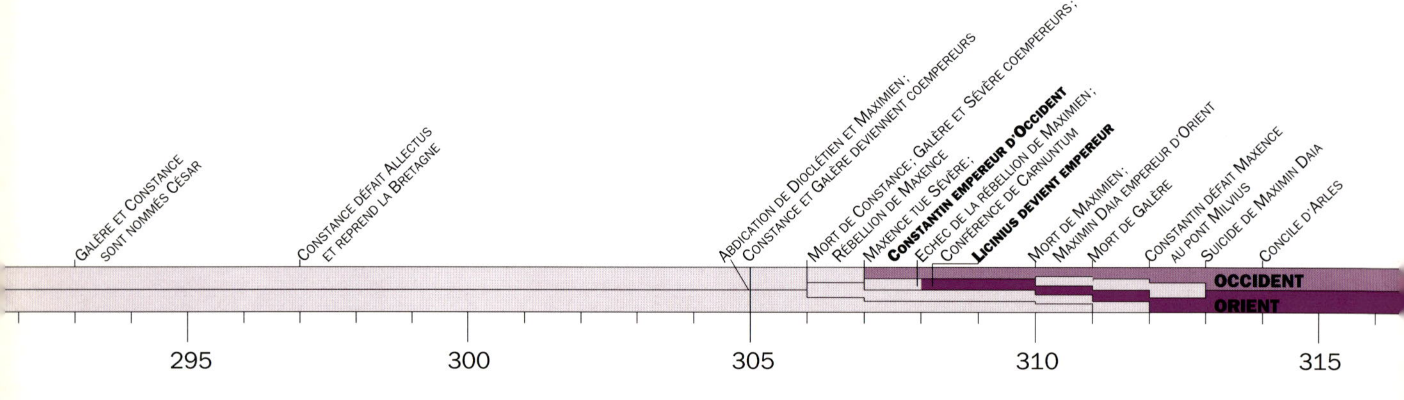

Tête colossale de Constantin, découverte en 1486 dans la basilique de Maxence et Constantin à Rome. Elle faisait jadis partie d'une gigantesque statue assise.

CONSTANTIN
IMPERATOR CAESAR FLAVIUS CONSTANTINUS PIUS FELIX INVICTUS AUGUSTUS
307-337

LICINIUS
IMPERATOR CAESAR CAIUS VALERIUS LICIANUS LICINIUS PIUS FELIX INVICTUS AUGUSTUS
308-324

« LORSQUE LES HOMMES LOUENT MES SERVICES, QUI TROUVENT LEUR ORIGINE DANS L'INSPIRATION DU CIEL, EST-CE QU'ILS N'ÉTABLISSENT PAS CLAIREMENT LA VÉRITÉ QUE DIEU EST LA CAUSE DES EXPLOITS QUE J'AI ACCOMPLIS ? ASSURÉMENT, ILS LE FONT, CAR IL APPARTIENT À DIEU DE FAIRE CE QUI EST LE MIEUX, ET À L'HOMME, D'EXÉCUTER LES COMMANDEMENTS DE DIEU. »

CONSTANTIN, ***Discours à l'assemblée des saints*** 26

Le règne de Constantin, comme celui de Dioclétien, marque un tournant dans l'histoire de l'empire. C'est à Constantin qu'il revient d'avoir fait du christianisme la religion officielle de Rome. Il est également le fondateur de la nouvelle capitale impériale, Constantinople. Après le système de la tétrarchie, le souverain revient à la conception du pouvoir unique. Il est assez difficile de cerner la véritable personnalité de Constantin, qui disparaît derrière les panégyriques d'Eusèbe et d'autres auteurs chrétiens. On ne saurait, certes, douter de la sincérité de ses convictions religieuses, mais Constantin est un habile propagandiste, un chef militaire doué, un manipulateur déterminé et sans scrupule.

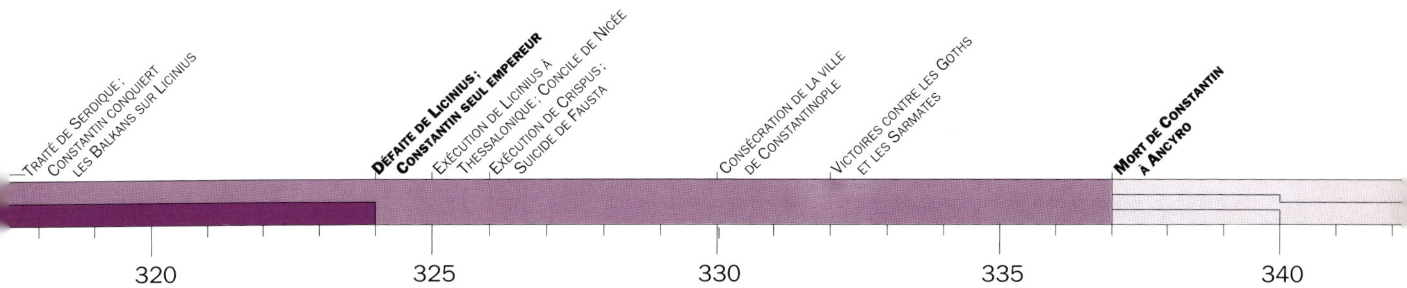

CONSTANTIN

- Né à Naissus, le 27 février 272 ou 273
Caius Flavius Valerius Constantinus
- **César** en 306
Flavius Valerius Constantinus Nobilissimus Caesar
- En 307 **Imperator Caesar Constantinus Pius Felix Invictus Augustus, Pontifex Maximus, Pater Patriae, Proconsul**
- Ajouté en 312 **Maximus**
- A partir de 324 **Victor** remplace **Invictus**
- Titres de victoire **Germanicus Maximus** I (307), II (308), III (314), IV (328); **Sarmaticus Maximus** I (323), II (334); **Gothicus Maximus** I (328), II (332); **Dacicus Maximus** (336)
- **Consul** I (307), II (312), III (313), IV (315), V (319), VI (320), VII (326), VIII (329)
- Puissance tribunicienne I (306); II (décembre 306-été 307), III (été 307-décembre 307); puis renouvelée annuellement le 10 décembre
- **Imperator** la 1re fois lors de l'accession, II-III (307), IV (308); renouvelée ensuite annuellement en juillet jusqu'à XXXII (juillet 336-mai 337)
- Titulature complète à sa mort: **Imperator Caesar Flavius Constantinus Pius Felix Victor Augustus, Pontifex Maximus, Germanicus Maximus IV, Sarmaticus Maximus II, Gothicus Maximus II, Dacicus Maximus, Tribuniciae Potestatis XXXIII, Imperator XXXII, Consul VIII, Pater Patriae, Proconsul**
- Epouses:
(1) Minervina
(2) Fausta
- Enfants: un fils (de Minervina), Caius Flavius Julius Crispus; trois fils (de Fausta), Flavius Claudius Constantinus (Constantin II), Flavius Julius Constantius (Constance II) et Flavius Julius Constans (Constant Ier); deux filles (de Fausta), Constantia et Helena
- Mort de maladie le 22 mai 337, à Ancyro, près de Nicomédie

LICINIUS

- Né dans la province de Dacia Nova, vers 265
- Accession le 11 novembre 308
- Epouse: Constantia
- Enfants: un fils, Valerius Licinianus Licinius
- Abdication le 19 décembre 324; exécuté à Thessalonique au début de 325

Constantin et Licinius. La mort de Maximin Daia à Tarse, durant l'été 313, laisse le contrôle de l'Empire romain à deux hommes: Constantin, maître des provinces occidentales (Italie et Afrique du Nord comprises), et Licinius, qui étend son autorité sur les Balkans et l'Orient. Licinius a accédé au pouvoir en 308, à la conférence de Carnuntum, comme candidat de Galère. C'était effectivement un vieil ami de Galère, dont il avait partagé la tente en campagne. Un peu plus âgé que Constantin (il est né vers 265, Constantin en 272 ou 273), Licinius a été nommé Auguste en Occident à la place du malheureux Sévère, derrière le dos de Constantin. Son incapacité à déloger Maxence d'Italie prouve que le centre de son pouvoir est resté dans les Balkans.

Les années de coopération entre Constantin et Licinius voient s'établir une trêve incertaine et non des relations de franche amitié. En 313, les deux hommes scellent leur alliance politique par le mariage de Licinius avec Constantia, la demi-sœur de Constantin. Deux facteurs vont s'opposer à la réussite d'un partage du pouvoir. Le premier, c'est qu'en 313 Constantin a déjà décidé d'intégrer le christianisme à sa politique; Licinius accepte cette idée, mais n'a jamais été, semble-t-il, un fervent partisan cette religion. Le deuxième est plus déterminant: Constantin n'est décidé à tolérer l'existence d'un rival que tant qu'il ne peut procéder autrement.

La rupture intervient en 316 — Constantin en est le seul responsable malgré la tentative des historiens chrétiens d'en rejeter la faute sur Licinius. En juillet ou août 315, Licinius et Constantia (la demi-sœur de Constantin) ont un fils, Licinius le Jeune, promis à la dignité de César le moment venu. Mais Constantin propose à Licinius de nommer comme César, avec le contrôle de l'Italie, son beau-frère Bassianus, le mari de sa demi-sœur Anastasia. Licinius refuse et, à l'automne 316, Constantin envahit les Balkans avec, pour objectif, d'annexer au moins la province de Pannonie et, si possible, de vaincre Licinius.

Au début, les opérations se déroulent bien pour Constantin. Le 8 octobre, à la bataille de Cibalae, il inflige une sévère défaite à l'armée de Licinius, bien plus forte que la sienne. Licinius s'enfuit vers l'est et gagne Serdique où il proclame Valens, le commandant des forces frontalières du Danube, coempereur avec le titre d'*Imperator Caesar Aurelius Valerius Valens Pius Felix Augustus.* Valens rassemble une nouvelle armée. Une seconde bataille est livrée près d'Andrinople en Thrace, en un lieu appelé Campus Ardiensis. Cette fois, l'issue du combat est moins claire. Aussi, Constantin est-il contraint de négocier. Valens est exécuté, tandis que Licinius est amené à céder la majeure partie des provinces des Balkans à Constantin. Le traité est confirmé officiellement à Serdique, le 1er mars 317, et scellé par des dispositions dynastiques. Les fils de Constantin, Crispus et Constantin II, sont promus au rang de César, de même que Licinius le Jeune. Mais aucun des trois garçons n'est assez âgé pour participer effectivement au pouvoir. Crispus est un adolescent et les deux autres ne sont encore que des enfants.

Le dernier acte. Durant les six années suivantes, Licinius se montre tolérant envers les chrétiens, ce qui ne l'empêche pas de conserver des liens étroits avec écrivains et philosophes païens. Au même moment, Constan-

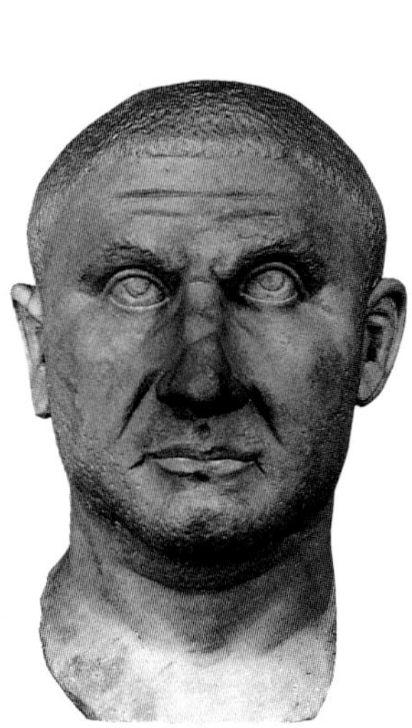

« Lui qui avait été jugé digne de posséder le pouvoir dans la prospérité, d'avoir l'honneur du second rang après le grand empereur Constantin, d'entrer par le mariage dans sa famille et d'acquérir (ainsi) la plus haute alliance, il abandonna l'imitation des bons, et devint envieux de la mauvaise conduite et de la méchanceté des tyrans impies. Bien qu'il eût vu, de ses propres yeux, la fin tragique de leur vie, il choisit de suivre leur sentiment, plutôt que de rester (fidèle) à l'amitié et à l'affection de son supérieur. »

Eusèbe de Césarée, *Histoire ecclésiastique* X, 8, 2

La réputation terrible que les historiens chrétiens ont faite à Licinius est avant tout du registre de la propagande. Quelle est sa véritable personnalité ? Les sources païennes ne se répandent pas en compliments. Pour l'une d'elles, sa seule vertu est la « frugalité et certainement celle d'une nature essentiellement rustre ». Licinius a cependant encouragé les philosophes païens et s'est montré tolérant envers ses sujets chrétiens. Sa tolérance n'a faibli que lorsqu'il s'est aperçu que certains évêques conspiraient avec Constantin derrière son dos. Avec les années, le changement d'attitude des chrétiens à son égard est chose frappante. En 313, ils louent Licinius pour avoir libéré les provinces orientales des persécutions de Maximin Daia. En 324, ils vilipendent le même empereur parce qu'il est entre-temps devenu le grand ennemi de leur héros suprême, Constantin. On a peine à croire que Licinius était aussi noir qu'ils le disent. (Ci-dessus) Buste de Licinius, conservé au Museo Chiaramonti, au Vatican.

tin se présente partout comme le champion des chrétiens. Ce qui conduit Licinius à soupçonner les chrétiens de son entourage d'être des espions à la solde de Constantin. Il commet l'erreur de sévir contre eux, fournissant ainsi à Constantin le prétexte qu'il attend pour déclencher une nouvelle et dernière guerre. Licinius n'est pas un persécuteur comme Galère et Maximin Daia, mais il renvoie les chrétiens de l'administration et de l'armée. A l'occasion, il trouve des raisons d'accuser certains évêques de déloyauté, les exécute et détruit leurs églises.

En 324, Constantin réunit une armée et une flotte importantes pour combattre Licinius. Les deux armées convergent vers Andrinople où, le 3 juillet 324, Constantin remporte une victoire décisive. Licinius s'enfuit sur l'autre rive du Bosphore et nomme un autre coempereur pour l'aider. Il s'agit du commandant de sa garde, Martius Martinianus, qui prend le titre d'*Imperator Caesar Martius Martinianus Pius Felix Augustus*. Le répit est de brève durée, car Constantin traverse le Bosphore avec son armée et défait à nouveau Licinius à Chrysopolis, le 18 septembre 324.

Quelques jours plus tard, Licinius et Martinianus se rendent à Nicomédie, contre la promesse que leurs vies seraient épargnées. Constantin envoie Licinius à Thessalonique pour y vivre comme un citoyen ordinaire. Mais peu de temps après, Constantin rompt son serment, comme à son habitude, et le fait pendre au printemps 325. Son fils Licinius, âgé de neuf ans, meurt avec lui. La même année, Martinianus connaît un sort similaire en Cappadoce.

Les problèmes familiaux. La victoire de Chrysopolis fait de Constantin le maître incontesté du monde romain. Jusque-là, il s'est montré prudent et clément, qualifiant ses adversaires de tyrans tout en recherchant l'approbation du peuple pour ses propres actions. Après Chrysopolis, les contemporains décellent un changement: « Enfin, il n'eut plus besoin de cacher sa méchanceté naturelle, mais agit conformément à son pouvoir sans limites. » Ce durcissement apparaît clairement en ce qui concerne Licinius. Mais le pire reste à venir, en 326, avec la mort de son fils Crispus et de sa propre épouse.

Crispus est le fils de Constantin et de sa première femme Minervina. Né vers 300, il a joué un rôle majeur dans la guerre contre Licinius. Constantin le récompense en lui cédant le gouvernement des provinces occidentales. Crispus installe sa résidence à Trèves. En mai 326, le père et le fils se retrouvent à Pola, en Istrie, où Crispus est exécuté pour adultère. L'une des versions de cette histoire rapporte que Fausta, la seconde épouse de Constantin, était amoureuse de son beau-fils et l'aurait dénoncé pour adultère après avoir été repoussée par celui-ci. Le mois précédent, Constantin a promulgué un édit très sévère contre l'inconduite sexuelle. Peut-être Crispus est-il tombé sous le coup de cette loi. On peut aussi soupçonner fortement Fausta d'avoir intrigué pour éliminer Crispus et ouvrir la voie du pouvoir à ses propres fils. Un peu plus tard, Constantin arrive à Rome, où sa mère Hélène le persuade que Fausta a obtenu la mort de Crispus sur de fausses assertions. Fausta se retire alors dans un bain dont elle fait monter la température jusqu'à ce qu'elle meure de suffocation.

LA VISION DE CONSTANTIN

Constantin s'est converti au christianisme en voyant une croix dans le ciel juste avant la bataille du pont Milvius.

« IL DIT QUE, DANS L'APRÈS-MIDI, ALORS QUE LE SOLEIL COMMENÇAIT DÉJÀ À DÉCLINER, IL VIT DE SES PROPRES YEUX LE TROPHÉE D'UNE CROIX DE LUMIÈRE DANS LES CIEUX, AU-DESSUS DU SOLEIL QUI PORTAIT L'INSCRIPTION "CONQUIS PAR CELA". A CETTE VUE, IL FUT FRAPPÉ DE STUPEUR, DE MÊME QUE L'ENSEMBLE DE L'ARMÉE QUI L'ACCOMPAGNAIT AU COURS DE CETTE EXPÉDITION ET QUI FUT TÉMOIN DU MIRACLE. IL AJOUTA QU'IL DOUTA EN LUI-MÊME DE LA SIGNIFICATION À DONNER À CETTE APPARITION. TANDIS QU'IL CONTINUAIT À S'INTERROGER ET À SPÉCULER SUR SON SENS, LA NUIT TOMBA BRUTALEMENT. ENSUITE, LE CHRIST DE DIEU LUI APPARUT DANS SON SOMMEIL AVEC LE MÊME SIGNE QUE CELUI VU DANS LES CIEUX ET LUI ORDONNA DE RÉALISER L'IMAGE DE CE SIGNE QU'IL AVAIT VU DANS LES CIEUX ET DE S'EN SERVIR COMME IMAGE LORS DE TOUS SES ENGAGEMENTS CONTRE SES ENNEMIS. »

EUSÈBE, *Vie de Constantin* I, 27-28

UNE FORTE PRÉSENCE

Eusèbe ne craint pas les superlatifs pour décrire les qualités physiques et spirituelles de Constantin.

« PERSONNE NE L'ÉGALAIT QUANT À LA GRÂCE ET À LA BEAUTÉ DU CORPS OU LA HAUTEUR DE LA TAILLE. 0T IL SURPASSAIT TELLEMENT SES PAIRS PAR SA FORCE QU'IL LEUR INSPIRAIT DE LA TERREUR. CEPENDANT, IL SE DISTINGUAIT PLUS PAR LA PERFECTION DE SES QUALITÉS MENTALES QUE PAR LA SUPÉRIORITÉ DE SES AVANTAGES PHYSIQUES. IL POSSÉDAIT UN JUGEMENT SAIN ET AVAIT RECUEILLI TOUS LES BÉNÉFICES D'UNE BRILLANTE ÉDUCATION. »

EUSÈBE, *Vie de Constantin*, I, 19

Constantin et le christianisme. D'après l'historien Zosime, Constantin, rongé par le remords après la mort de Crispus et de Fausta, se serait tourné vers le christianisme à la recherche du pardon. En réalité, l'empereur a adopté la nouvelle foi avant, en 312, juste avant la victoire du pont Milvius, après avoir vu une croix dans le ciel. Il n'a pas supprimé tout de suite le culte des anciens dieux. Les images du culte solaire figurent sur ses monnaies jusqu'en 320. Comme Aurélien et les autres empereurs soldats qui l'ont précédé, Constantin a certainement été un adorateur du Soleil, divinité suprême, jusqu'en 312. L'idée d'une divinité suprême, au caractère un peu flou, se profilant derrière la religion traditionnelle n'est pas très éloignée de la notion chrétienne d'un dieu unique et tout-puissant. Lorsque Constantin a été touché par la foi, la transition vers le christianisme s'est opérée aisément.

Chrétien convaincu dès 312, Constantin impose avec prudence la nouvelle religion officielle à l'empire. En 313, Licinius et lui-même étendent la restitution des biens de l'Eglise aux chrétiens des provinces orientales, mais ils ne cherchent en rien à limiter ou interdire le culte des dieux traditionnels. Une fois engagé dans le christianisme, Constantin intervient dans les débats théologiques tels que le schisme donatiste qui divise l'Eglise d'Afrique. En 314, il convoque les évêques d'Occident à Arles pour tenir un concile chargé de régler la question. Constantin, qui assiste au concile en tant que laïc, s'emploie à faire appliquer ses décisions en ordonnant la confiscation des églises donatistes. La mesure sera abrogée en 321, mais jusque-là, Constantin va prouver qu'il peut persécuter lui aussi les chrétiens qui ne sont pas dans le droit chemin.

La défaite de Licinius permet à Constantin de promouvoir plus librement sa politique religieuse. Peu après 324, les sacrifices païens sont interdits. Des agents impériaux écument les provinces orientales à la recherche des trésors des temples païens qu'ils saisissent aussitôt. Une partie du butin de cette gigantesque confiscation servira à construire des églises, notamment sur les lieux saints de Jérusalem et Bethléem. Dans le même temps, on interdit les combats de gladiateurs, et Constantin édicte des lois sévères contre l'immoralité sexuelle et interdit la prostitution rituelle.

Si l'empereur n'exclut pas les dignitaires païens de son entourage, il est clair que, durant ses dernières années de règne, les évêques jouent un rôle prééminent à la cour. Eusèbe en vient même à comparer Constantin et ses évêques aux apôtres qui entourent le Christ au paradis ! Constantin continue de s'intéresser de très près aux affaires de l'Eglise. En 325, il réunit les évêques d'Occident et d'Orient au concile de Nicée. Celui-ci condamne l'hérésie d'Arius et définit l'orthodoxie dans le Credo chrétien. Lors du vendredi saint 325, Constantin prononce un long discours théologique, *Discours à l'assemblée des saints*, devant une audience rassemblée probablement à Antioche. Durant toutes ces années, il continue à porter le titre de *Pontifex Maximus*. Il ne franchit le dernier pas, celui du baptême, qu'en 337, sur son lit de mort.

Le gouvernement de l'empire. Constantin est un administrateur énergique et efficace. Il établit un corps de "comites" (compagnons), lui-

Constantin offre une maquette de Constantinople à la Vierge Marie. Mosaïque du Xe siècle surmontant la porte sud de Sainte-Sophie, dans l'actuelle Istanbul.
La fondation de Constantinople est l'une des entreprises majeures du règne de Constantin. L'empereur choisit d'implanter la nouvelle cité sur le site Byzance, une cité grecque vieille de plusieurs siècles. Cette dernière occupe une position stratégique à la pointe d'un promontoire qui se jette dans le Bosphore, au carrefour principal de l'Europe et de l'Asie. De plus, elle est bordée par un excellent port naturel, situé dans une anse appelée la Corne d'or. La cité de Constantin est quatre fois plus grande que celle qu'elle remplace. Preuve du souci impérial de réussir cette nouvelle capitale, Constantin fait dévier l'approvisionnement des céréales égyptiennes de Rome à Constantinople et établit une allocation en grains pour les citoyens de cette dernière. Il y installe même un sénat. Si Constantinople "copie" l'ancienne Rome par bien des aspects, il en est un dans lequel la cité innove complètement, celui de la religion. Elle est conçue comme une capitale chrétienne, par opposition à la Rome païenne. La construction des églises et des basiliques fait ainsi l'objet d'un effort particulier. Il reste peu de vestiges aujourd'hui de l'œuvre de Constantin, car la ville a été reconstruite au cours des siècles, en tant que capitale des empires byzantin, puis ottoman.

même divisé en trois, qui doivent obéissance à l'empereur et remplissent diverses tâches gouvernementales. Il continue à développer le cérémonial de cour établi par Dioclétien, qui présente l'empereur comme un personnage sacro-saint, éloigné du commun des mortels. Pour symboliser la position suprême de l'empereur, Constantin adopte un précieux diadème.

Dans le domaine militaire, la principale innovation de Constantin réside dans la division de l'armée en *ripenses* (troupes frontalières) et *comitatenses* (armée mobile). Ces dernières troupes, qui stationnent à quelque distance de la frontière, peuvent être déployées sans affaiblir les défenses frontalières. Elles sont structurées selon des dispositions prises par les empereurs depuis Gallien. Les contemporains se sont montrés sceptiques sur l'efficacité de ces mesures; pour eux, les soldats devaient se trouver sur la frontière, où la menace est la plus forte. Mais il est indéniable que l'armée mobile a bien servi Constantin durant les guerres civiles des premières années, puis durant les campagnes des années 320 et 330.

De façon générale, les sources considèrent que l'administration de Constantin n'est ni bonne ni mauvaise. Certains auteurs jugent ses lois trop sévères. D'autres le louent pour avoir mis fin aux abus fiscaux. Certes, sa popularité auprès de la minorité chrétienne lui a assuré un soutien minimum, quoi qu'il fasse. Concernant l'imposition, toutefois, les chrétiens se joignent au concert de lamentations. Constantin établit un impôt payé en or ou en argent, le chrysargyre, prélevé tous les quatre ans sur les citadins de l'empire. Zosime rapporte que « quand approchait l'échéance de la période de quatre ans où il fallait que le terme soit versé, on pouvait être témoin de pleurs et de lamentations dans toute ville et, le terme une fois échu, des coups de fouet et des tortures infligés aux membres de ceux qui ne pouvaient supporter le poids d'une amende à cause de leur extrême indigence. Désormais, les mères vendirent leurs enfants et les pères installèrent leurs filles à la maison de prostitution, pressés qu'ils étaient d'accumuler, grâce au travail de celles-ci, de l'argent pour ceux qui collectaient le chrysargyre. »

Il est difficile de déterminer le niveau moyen d'augmentation des impôts sous Constantin. La confiscation des biens des temples païens a peut-être compensé ses pires effets. En revanche, il est sûr que la charge de l'imposition s'est déplacée de la campagne vers la ville.

La nouvelle et l'ancienne capitale. Lorsqu'il était souverain d'Occident, Constantin a surtout résidé à Trèves. D'importants monuments, comme les thermes impériaux et une grande basilique, témoignent des efforts de l'empereur pour faire de la ville une capitale à la mesure de ses ambitions. En 316, il transfère le centre de ses activités dans les provinces des Balkans, reprises à Licinius, et élit Serdique (l'actuelle Sofia), puis Sirmium (près de Belgrade) comme centres de son pouvoir. Le changement décisif intervient le 8 novembre 324, après la victoire définitive sur Licinius. Constantin fonde alors une nouvelle capitale sur l'emplacement de la cité déjà existante de Byzance. Le programme de construction, colossal, dépasse celui de Dioclétien à Nicomédie. Six ans après le début des travaux, la ville peut être consacrée sous le nom de Constantinople.

A la mort de son père, en 306, Constantin ne détient que les provinces occidentales de Bretagne, d'Espagne, de Gaule et des deux Germanies. En 312, il envahit l'Italie et défait Maxence à Turin et à Vérone, puis à la bataille du pont Milvius. Cette victoire lui donne l'Italie et l'Afrique du Nord. Constantin accepte de partager le pouvoir avec Licinius, auquel il laisse le contrôle des provinces orientales. Dès 316, cependant, Constantin attaque Licinius et s'empare des Balkans (la Thrace exceptée). La campagne qu'il mène contre son rival en 324 s'achève par la défaite et la capture de Licinius, ainsi que par la réunification de l'empire sous l'autorité d'un seul homme.

La fondation de Constantinople marque une étape supplémentaire dans le déclin de Rome et de l'Italie et, plus généralement, dans celui des provinces occidentales. Pourtant, Constantin ne néglige pas complètement l'ancienne capitale. Il achève la basilique commencée par Maxence et édifie les derniers grands thermes impériaux, les thermes de Constantin. En outre, deux de ses plus proches parents sont enterrés à Rome, dans des mausolées construits pour eux. Il s'agit de sa mère Hélène, inhumée à Tor Piganattara sur la via Praenestina (son sarcophage se trouve aux musées du Vatican), et de sa fille Constantia, qui repose dans ce qui est aujourd'hui l'église de Sainte-Constance. Il n'empêche, Constantin prive Rome de son statut de capitale impériale en dissolvant la garde prétorienne. Au cours des vingt dernières années de son règne, la vieille capitale n'aura droit qu'à une brève visite impériale. L'avenir est ailleurs.

Les dernières campagnes. Toujours avide de gloire militaire, Constantin livre une série de guerres importantes au cours des dernières années du règne. A l'automne 328, avec son fils aîné Constantin, l'empereur défait les Alamans sur le Rhin. A la fin de 332, il lance une vaste campagne contre les Goths sur le Danube, les affamant jusqu'à ce qu'ils se soumettent et reconnaissent la suzeraineté romaine. Quelques années plus tôt, Constantin a fait reconstruire le célèbre pont sur le Danube érigé par Trajan ; il lui est d'une grande utilité.

Deux ans plus tard, en 334, il s'attaque aux Sarmates. En 336, il peut revendiquer la reconquête de la majeure partie des territoires daces dont s'était emparé Trajan. Le fait qu'ils aient été perdus après sa mort ne retire rien à l'exploit militaire de Constantin.

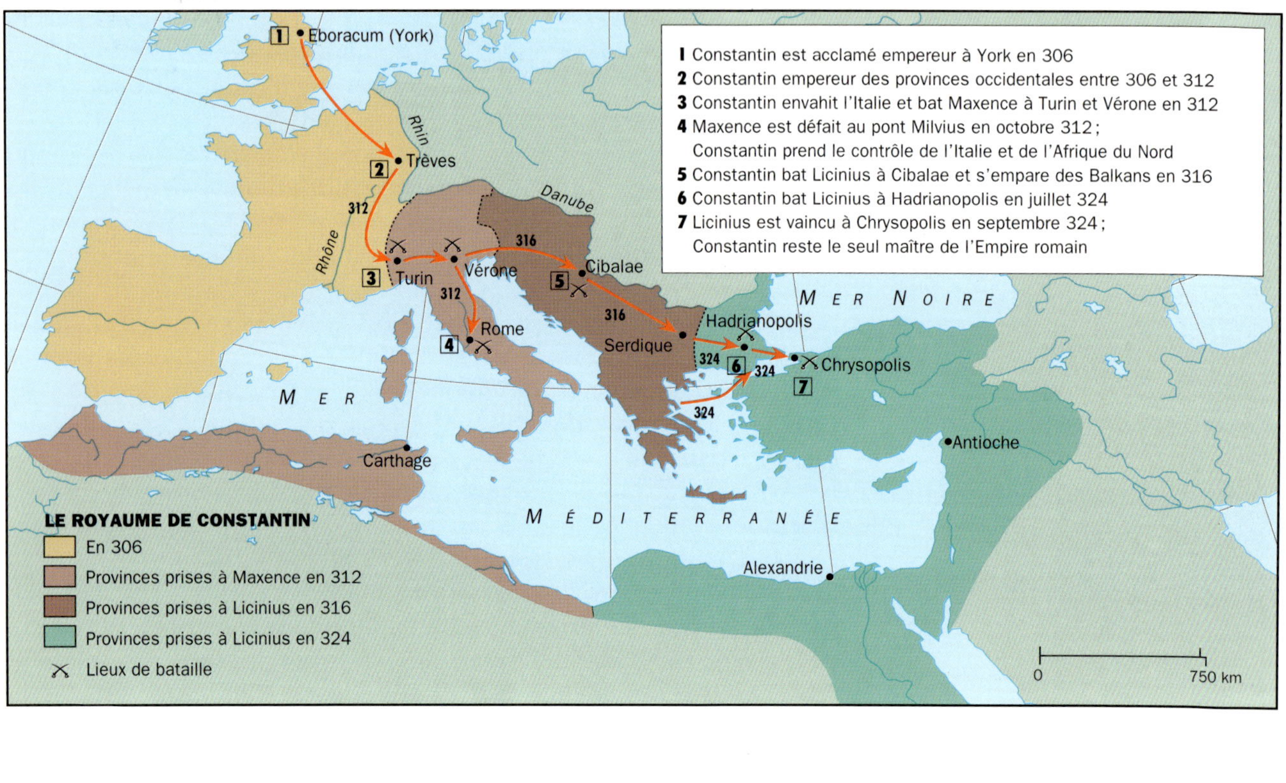

CONSTANTIN ET ROME

Constantin, qui est devenu maître de Rome après sa victoire sur Maxence en 312, affirme sa légitimité par un programme de constructions dans l'ancienne capitale. Maxence lui-même a conforté sa popularité en se présentant comme un empereur romain qui défend les intérêts de Rome, et non comme un de ces lointains souverains, installés dans l'une des nouvelles capitales impériales, Trèves ou Nicomédie. Constantin veut donc prouver qu'il est un aussi bon Romain que ses prédécesseurs. L'un des plus célèbres monuments portant son nom est l'arc de Constantin, une construction du IIe siècle qu'il a usurpée. L'empereur a terminé l'énorme basilique entreprise par Maxence sur le Forum romain. C'est là, au XVe siècle, que l'on a découvert dans l'abside ouest la fameuse tête colossale de l'empereur (p. 213). Constantin a également édifié des thermes (moins vastes que ceux de Dioclétien) et des églises chrétiennes. Lorsqu'il n'était qu'empereur d'Occident (avant sa victoire sur Licinius en 324), il avait prévu de se faire enterrer à Rome, comme en témoignent l'imposant sarcophage de porphyre, maintenant au Vatican, et les ruines du mausolée circulaire de Tor Piganattara, à côté de la via Labicana. Les deux ont été utilisés par sa mère Hélène, Constantin s'étant fait inhumer à Constantinople.

L'arc de Constantin (ci-dessus), près du Colisée, commémore sa victoire sur Maxence. L'inscription signale qu'il a été dédié par le sénat et par le peuple de Rome en 315. On sait depuis longtemps que nombre de ses panneaux décoratifs appartiennent à une période antérieure. Des études récentes semblent indiquer que l'arc lui-même a été construit pour Hadrien et non pour Constantin. Ce dernier a simplement remplacé l'inscription et ajouté sa propre frise au milieu de l'arc.

Sarcophage en porphyre de Tor Piganattara (à gauche), prévu pour Constantin et utilisé par sa mère Hélène. Les scènes de bataille entre Romains et Barbares, remarquablement exécutées, semblent déplacées dans la tombe d'une dame qui a une aussi grande réputation de sainteté. Un sarcophage similaire, avec un décor de vigne et de putti, peut-être réalisé pour Fausta, l'épouse de Constantin, a été découvert dans le mausolée de leur fille Constantia, qui est aujourd'hui l'église Sainte-Constance, à Rome.

LES ÉGLISES DE CONSTANTIN

Constantin a bâti de nombreuses églises tant à Rome qu'à Constantinople, et dans d'autres grandes cités de l'empire. A Rome, il a cédé le palais du Latran à l'évêque de la ville, pour qu'il y établisse sa résidence, et a construit la cathédrale Saint-Jean-de-Latran sur un terrain adjacent au palais. Sur les pentes de la colline du Vatican, l'empereur a aménagé une immense terrasse sur laquelle fut édifiée la basilique Saint-Pierre. Celle-ci a été remplacée, au XVIe siècle, par la basilique actuelle. Aujourd'hui, il reste bien peu de vestiges des églises d'origine de Saint-Pierre et de Saint-Jean-de-Latran. A Constantinople, le plus grand édifice religieux de Constantin est l'église des Saints-Apôtres, conçue pour être son mausolée. Il y a été enseveli en 337. Mais, là encore, il n'en reste presque aucun vestige. En Terre sainte, les constructions religieuses de Constantin sont liées à la visite qu'y a faite sa mère en 326-327. Hélène a mené de sérieuses recherches pour situer les événements des Evangiles et localiser le lieu de la crucifixion, le tombeau du Christ à Jérusalem et l'étable où serait né Jésus à Bethléem. A Jérusalem, elle fit pratiquer des fouilles sur le site de la crucifixion. Celles-ci auraient livré trois croix. Fort opportunément, un miracle révéla laquelle était la Vraie Croix du Christ. A cet emplacement qui englobait également le tombeau du Christ, Constantin fit élever la première église du Saint-Sépulcre, presque complètement disparue aujourd'hui. Le monument d'origine est représenté sur une mosaïque de l'église Sainte-Pudentienne, à Rome.

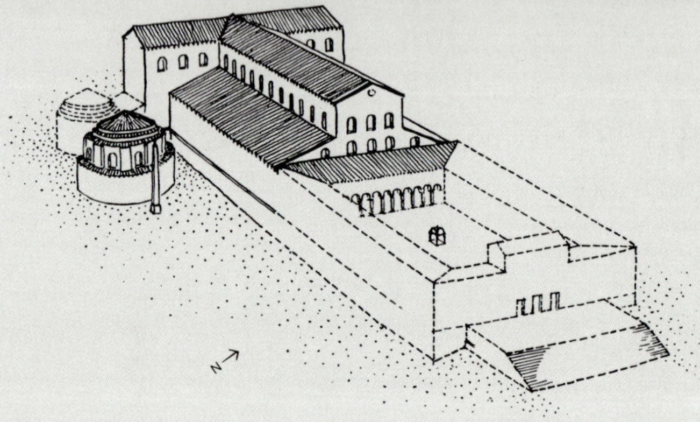

Mosaïques de l'église Sainte-Constance à Rome, IVe siècle (en haut). C'est là qu'a été inhumée Constantia, fille de Constantin. (Ci-dessus) Restitution de la basilique Saint-Pierre de Rome, édifiée par Constantin.

LES LOIS DE CONSTANTIN

« IL FIT BEAUCOUP DE LOIS, CERTAINES FONDÉES EN BONTÉ ET EN ÉQUITÉ, LA PLUPART INUTILES, QUELQUES-UNES SÉVÈRES. »

EUTROPE, *Abrégé de l'histoire romaine* X, 4

Constantin ne fait pas partie des plus grands législateurs de Rome, et nombre de ses édits sont souvent d'une rigueur injustifiée. Ses lois ont transformé beaucoup de professions en charges héréditaires, enlevant ainsi aux fils la liberté de choisir un métier différent de celui de leur père. Les paysans sont liés à la terre plus fermement encore que sous Dioclétien. La corruption et l'extorsion de fonds sont punies sans pitié. Les lois de Constantin reflètent souvent les pratiques ou la morale chrétiennes. Ainsi, la possession d'esclaves chrétiens est interdite aux Juifs, disposition qui, selon Eusèbe, se fonde « sur le fait qu'il n'était pas juste que ceux que le Seigneur avait rachetés soient soumis au joug de l'esclavage par un peuple qui avait mis à mort les prophètes et Dieu lui-même ». La législation la plus féroce concerne les crimes d'ordre sexuel. Les violeurs sont brûlés vifs, de même que les filles qui s'enfuient volontairement avec leurs amants. Quant aux gouvernantes qui les aident à prendre la fuite, on leur verse du plomb fondu dans la gorge. Les parents qui dissimulent le fait que leurs filles ont été séduites sont déportés. On punit même les filles qui ont été violées hors de chez elles, pour la simple raison qu'elles auraient dû rester en sûreté à la maison. Cette législation est à ce point déraisonnable que l'on finit par penser que l'empereur devait souffrir de troubles sexuels.

Dès lors, Constantin est un homme âgé de soixante-trois ou soixante-quatre ans qui se doit de préparer l'avenir. Il fonde ses plans de succession sur les trois fils encore vivants qu'il a eus avec Fausta et sur le fils de son demi-frère Flavius Dalmatius. En 336, il divise l'empire entre eux quatre: Constantin (II) reçoit l'Occident, Constance l'Orient; Constant l'Italie et le Danube supérieur; le quatrième César, Flavius Dalmatius le Jeune, désigné le 18 septembre 335, se charge de la Grèce et du Danube inférieur. Constantin attend visiblement de ses héritiers qu'ils gouvernent l'empire sous la forme d'une tétrarchie, système que lui-même a rejeté. Ce dispositif, très imprudent, ne va guère tenir longtemps.

Le baptême et la mort. Le dernière grande campagne de Constantin devait être la conquête de la Perse qu'il voulait christianiser. L'empereur souhaitait aussi se faire baptiser en route, dans le Jourdain, comme Jésus. Avant de se lancer dans cette entreprise ambitieuse, il nomme son neveu Hannibalianus “roi d'Arménie et des régions voisines”. De manière plus significative encore, Hannibalianus est appelé “roi des rois”, le titre porté par le souverain perse qu'il est destiné à remplacer. Ce grand projet ne verra pas le jour car, après Pâques 337, Constantin tombe gravement malade. Sachant que sa mort approche, l'empereur se fait baptiser par Eusèbe, l'évêque de Nicomédie (et non l'historien) dans la villa impériale d'Ancyro.

Constantin meurt le dimanche de Pentecôte (22 mai) 337. Son corps est transporté sous escorte à l'église des Saints-Apôtres à Constantinople, qu'il a fait construire pour lui servir de mausolée. L'église abrite douze faux sarcophages, un pour chaque apôtre. Le sarcophage de Constantin, le treizième, est placé au centre de l'édifice. Cette disposition évoque plus la prétention impériale à la divinité, dans l'ancienne tradition romaine, que l'humble sépulture d'un homme récemment converti au christianisme.

Quand les Romains apprennent que Constantin a décidé de se faire enterrer dans sa nouvelle capitale et non dans leur ville, ils se sentent outragés. Cela n'empêche pas le sénat de diviniser officiellement l'empereur défunt, acte religieux tout à fait incongru.

Le premier empereur chrétien rejoint ainsi ses prédécesseurs païens. Les changements liés à son règne ont pourtant été fondamentaux, et la mort de Constantin marque un réel tournant dans l'histoire de l'empire. La ville de Rome a définitivement perdu sa prééminence, les anciens dieux ont disparu, les valeurs civiques et la vie politique ne sont plus les mêmes. Il y a une nouvelle armée, une nouvelle administration, de nouveaux objectifs et de nouvelles stratégies; les styles et les modes dans l'art et la littérature attestent, eux aussi, une nouvelle époque. L'Etat théocratique et autocratique légué par Constantin est, certes, toujours l'Empire romain, mais il n'a plus grand-chose à voir avec l'ordre impérial établi par Auguste trois cent cinquante ans auparavant. ■

Les Héritiers de Constantin

Constantin II
337-340

Constant Ier
337-350

Constance II
337-361

Julien
360-363

Jovien
363-364

La Maison de Valentinien

• Orient •

Valens
364-378

• Occident •

Valentinien Ier
364-375

Gratien
367-383

Valentinien II
375-392

Eugène (Usurpateur)
392-394

La Dynastie de Théodose

Théodose Ier
379-395

• Orient •

Arcadius
395-408

Théodose II
408-450

• Occident •

Honorius
395-423

Jean (Usurpateur)
423-425

Valentinien III
425-455

Les Derniers Empereurs d'Occident

Pétrone Maxime
455

Avitus
455-456

Majorien
457-461

Sévère III
461-465

Anthémius
467-472

Olybrius
472

Glycerius
473-474

Julius Nepos
474-475

Romulus Augustule
475-476

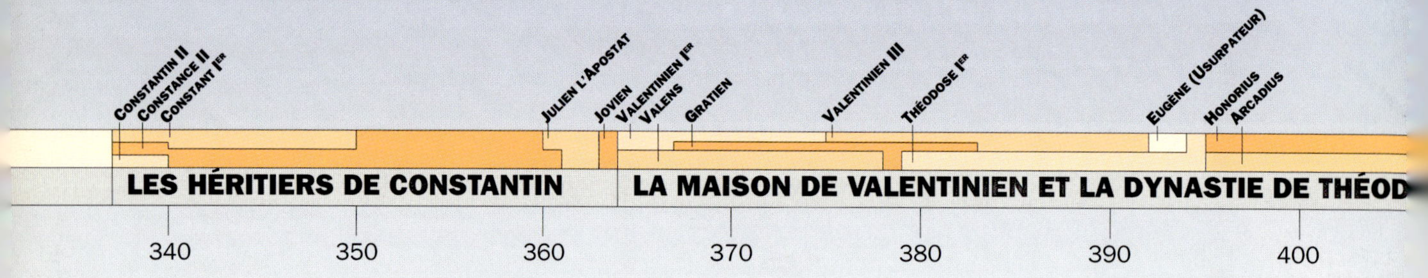

CONSTANTIN II

JULIEN

ARCADIUS

VALENTINIEN III OU HONORIUS

LES DERNIERS EMPEREURS

LES HÉRITIERS DE CONSTANTIN 337-364
LA MAISON DE VALENTINIEN 364-378
LA DYNASTIE DE THÉODOSE 379-455
LES DERNIERS EMPEREURS D'OCCIDENT 455-476

LE RÈGNE DE CONSTANTIN constitue l'une des périodes d'apogée de l'Empire romain, mais sa mort inaugure une période de lutte pour le pouvoir entre ses fils, qui va se prolonger quinze ans. Si le christianisme jouit désormais du privilège d'être la religion d'Etat, le paganisme n'est pas mort pour autant et retrouve une vigueur nouvelle sous le règne de Julien, dit l'Apostat, qui tente de revenir en arrière, en redonnant une place de choix aux anciens dieux. Son échec montre que le christianisme s'est installé pour durer.

Le meurtre de Julien ouvre la voie à une nouvelle dynastie impériale fondée par Valentinien Ier. La division de l'empire entre Orient et Occident est un fait admis définitivement. Mais en 378, la mort du souverain d'Orient, Valens, tué par les Goths à Hadrianopolis, secoue l'ensemble de l'empire. L'empereur Théodose rétablit l'ordre en Orient et fonde une nouvelle dynastie. A l'ouest, ses successeurs sont confrontés aux envahisseurs germaniques de la première moitié du Ve siècle et perdent progressivement le contrôle de la Bretagne, de la Gaule, de l'Espagne et de l'Afrique du Nord. A la fin des années 450, l'Italie même échappe à l'Empire. Le dernier empereur, Romulus Augustule, ne finira pas sur un coup d'éclat, mais abdiquera tout simplement pour se retirer dans une confortable villa, en Campanie. ■

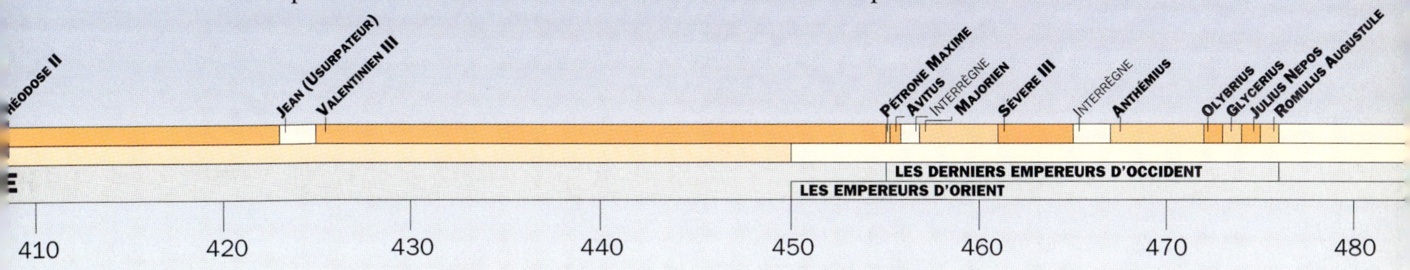

LES DERNIERS EMPEREURS

Tête de Constantin II (à gauche). Musées du Capitole, Rome.
(A droite) Statue de Julien l'Apostat. Musée du Louvre, Paris.

Les héritiers de Constantin

CONSTANTIN II
337-340

CONSTANT IER
337-350

CONSTANCE II
337-361

JULIEN
360-363

JOVIEN
363-364

Lorsqu'il meurt le 22 mai 337, l'empereur Constantin laisse trois fils adultes, Constantin II, Constance II et Constant, qui prennent le titre d'Auguste le 9 septembre. Dans l'intervalle, Constantinople a été le théâtre d'une insurrection qui s'est achevée par la mort de plusieurs prétendants au pouvoir, parmi lesquels les neveux de Constantin, Dalmatius et Hannibalianus. Les trois fils se partagent l'empire : l'aîné, Constantin, choisit la Bretagne, la Gaule et l'Espagne, le deuxième, Constant, prend le reste des provinces occidentales, tandis que Constance règne sur l'Orient. Constantin II exerce une autorité nominale sur l'ensemble de l'empire, mais en réalité les trois souverains règnent indépendamment.

Cette situation va se maintenir pendant trois ans, jusqu'à ce que, au printemps 340, Constantin II tente d'imposer sa loi à Constant et envahisse l'Italie. Sa défaite et sa mort à Aquilée font de Constant le maître de tout l'Occident. Puis, en janvier 350, Constant est victime d'une conspiration de palais et détrôné par le chef de son armée, Magnence. Constance II, qui a longtemps guerroyé contre les Perses en Orient, n'accepte pas le nouveau souverain d'Occident. En septembre 351, il bat Magnence à Mursa, dans les Balkans. Deux ans plus tard, il le bat une seconde fois à Lyon. L'empire se retrouve à nouveau dans les mains d'un seul homme. Pour les historiens

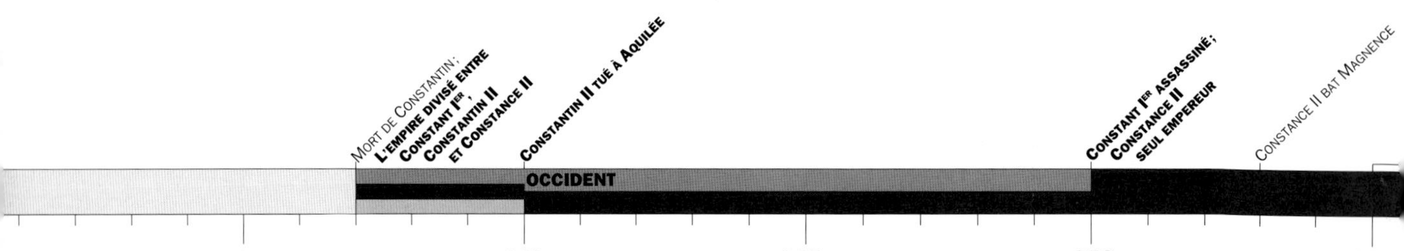

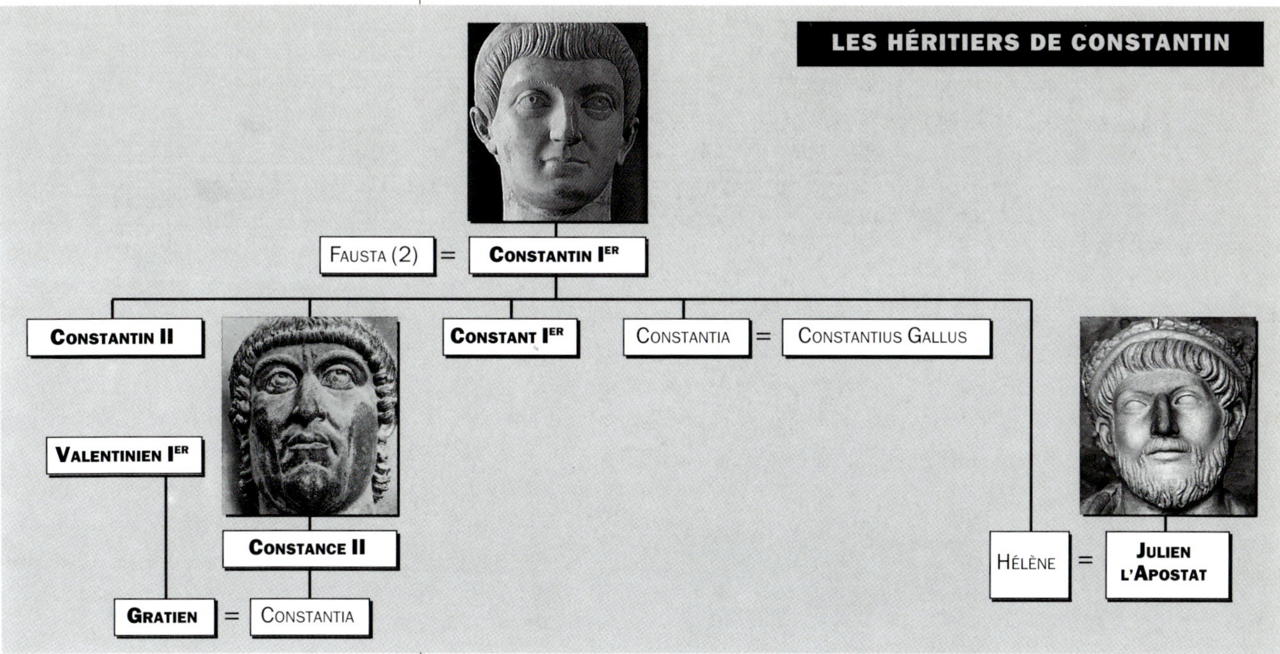

contemporains, Constance est un être futile et stupide, fortement influencé par ses eunuques. Constance réalise rapidement que gouverner seul l'empire est pratiquement impossible et se choisit un collègue. Il s'agit de Flavius Julianus (Julien), un cousin rappelé en 355 d'Athènes, où il étudiait, pour prendre le commandement de la Gaule et de la turbulente frontière du Rhin. Julien va devenir populaire, tant pour avoir renforcé la sécurité des frontières que pour avoir réformé et abaissé les impôts. Julien bénéficie d'une telle faveur auprès des soldats et des civils que Constance y voit une menace pour lui-même. En 360, l'empereur réduit le pouvoir de Julien. En réponse à cette décision, l'armée proclame Julien Auguste en Occident. Constance ne reconnaît pas cette promotion et se met en route pour éliminer son jeune collègue. Mais il meurt en novembre 361, sans avoir pu mener son action à terme.

Parmi les derniers empereurs romains, Julien est l'un des plus célèbres. L'historien Ammien Marcellin a décrit son règne en détail. Le souverain a lui-même beaucoup écrit. Julien doit particulièrement sa renommée à sa tentative de revenir en arrière dans le temps et de rétablir la religion traditionnelle de Rome à la place du christianisme. Le christianisme continue d'être toléré, mais perd son statut privilégié. Ce reniement a valu à Julien son surnom d'Apostat.

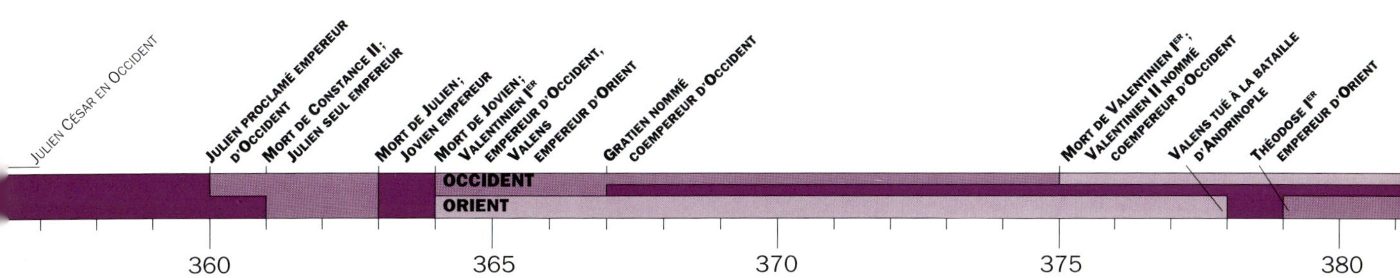

Il entreprend aussi des réformes d'envergure pour diminuer le coût croissant de l'administration impériale et alléger le très lourd fardeau des taxes qui pèsent sur les citoyens ordinaires. Julien meurt dans d'étranges circonstances en Mésopotamie, région qu'il a massivement envahie en mars 363. Au début, la campagne se déroule favorablement: les Perses sont battus à Ctésiphon, leur capitale d'hiver. Plutôt que d'enlever la cité, les Romains décident de se retirer vers le nord pour s'adjoindre des renforts. C'est au cours de ce voyage que Julien est blessé dans une échauffourée. La rumeur veut que le coup ait été porté par un chrétien désabusé et non par un Perse. Quoi qu'il en soit, Julien est mort presque aussitôt après. En cette heure critique, au cœur du territoire ennemi, l'armée choisit l'un des ses principaux généraux, Jovien, pour succéder à Julien. Le nouvel empereur conclut un accord avec les Perses et se retire en Asie Mineure. C'est sur le chemin du retour à Constantinople, en février 364, qu'il est asphyxié dans sa tente par la fumée d'un brasero. ■

La maison de Valentinien

• ORIENT

VALENS
364-378

• OCCIDENT

VALENTINIEN IER
364-375

GRATIEN
367-383

VALENTINIEN II
375-392

EUGÈNE (USURPATEUR)
392-394

Avec Julien, dernier survivant mâle de la famille de Constantin, s'éteint la dynastie fondée par ce dernier. La disparition de Jovien ne laissant pas non plus d'héritier naturel, les officiers et les dignitaires civils se réunissent pour élever à la dignité d'empereur un officier originaire de Pannonie, de modeste condition, Valentinien Ier. Un mois plus tard, en mars 364, Valentinien nomme son frère cadet, Valens, co-Auguste. Valentinien se charge de l'Illyrie et des provinces occidentales et confie le reste des Balkans et l'Orient à son frère Valens.

Tous deux sont farouchement chrétiens; de plus, ils choisissent leurs officiers et ministres parmi leurs compatriotes pannoniens et ignorent l'aristocratie traditionnelle. Valentinien consacre la majeure partie de son règne à combattre les Alamans sur le Rhin supérieur. En 375, il se rend en Illyrie pour prévenir une invasion des Quades et des Sarmates. Au cours d'une audience accordée à une délégation d'envahisseurs, il entre dans une colère telle qu'elle provoque une crise d'apoplexie et l'emporte. Son fils aîné, Gratien, âgé de seize ans, devient alors empereur. Il révèle un esprit plus tourné vers les dévotions que vers la réalité. Quelques jours plus tard, son jeune demi-frère, Valentinien II, est nommé coempereur. Mais, comme il n'a que quatre ans, il est cantonné dans un rôle symbolique.

Par incompétence, Gratien s'aliène le soutien des militaires et, en 383, l'armée de Bretagne proclame empereur son propre commandant, Maxime. Gratien est fait prisonnier et tué à Lyon, en août 383. Maxime devient alors maître des provinces situées au nord des Alpes. En 387, il envahit l'Italie. L'année suivante, il est vaincu et tué. Le principal bénéficiaire de cette situa-

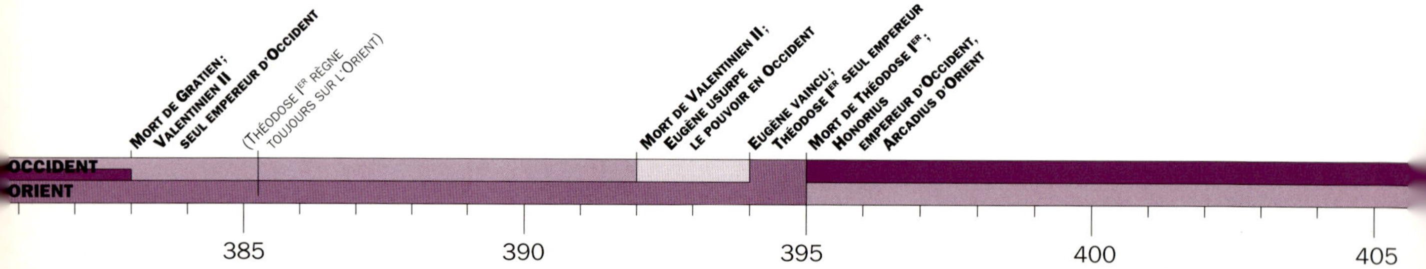

LA MAISON DE VALENTINIEN ET LA DYNASTIE DE THÉODOSE

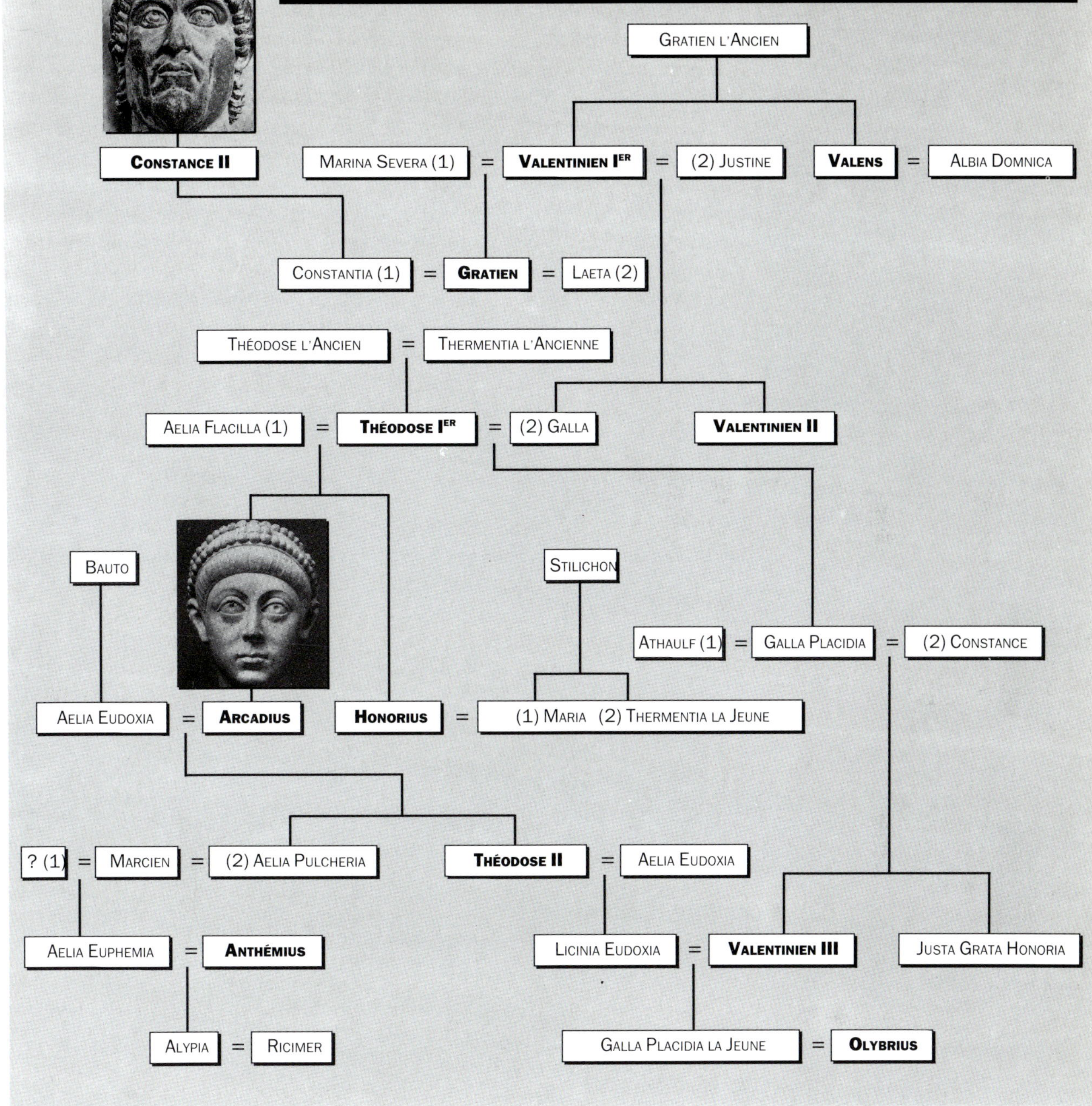

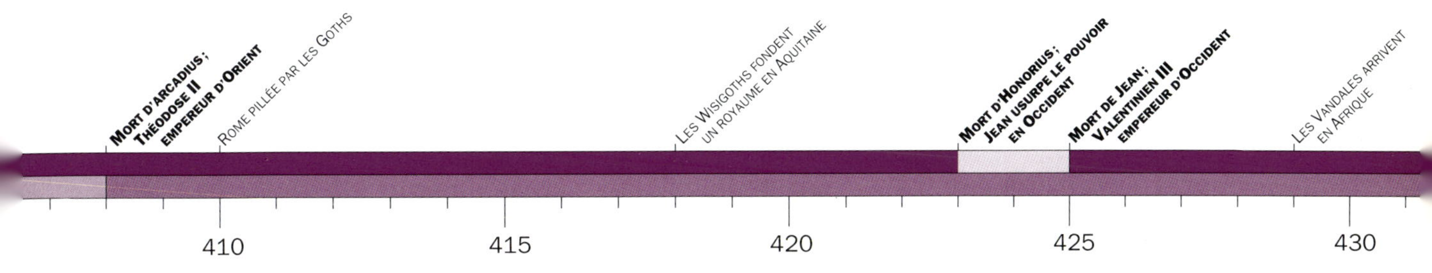

tion, Valentinien II, a désormais dix-neuf ans. Mais, en mai 392, il est éliminé à son tour par Arbogast, le commandant de son armée. Sa mort met fin à la lignée malchanceuse de Valentinien. Par la suite, Arbogast élève un certain Eugène, ancien professeur de rhétorique, à la dignité d'empereur d'Occident, mais les troupes des deux hommes sont défaites en 394 par l'empereur d'Orient. En Orient, Valens est lui-même mort plusieurs années auparavant. Si son administration civile a connu un certain succès, sa politique menée envers les Goths s'est avérée, elle, désastreuse. Les Goths ont été chassés de leurs royaumes du sud de la Russie par l'avance des Huns venus de l'est. Valens autorise les Wisigoths à franchir la frontière et à s'installer en Thrace. Mais à force de cupidité et d'extorsions, les fonctionnaires romains locaux poussent les Wisigoths à la rébellion. Leurs voisins ostrogoths s'associent à leur révolte. Le 9 août 378, à Andrinople, l'armée de ces deux peuples inflige une cuisante défaite aux Romains : Valens, la majorité de son état-major et de nombreux soldats périssent. ■

Statue de Valentinien II, provenant d'Aphrodisias en Turquie.
Musée des Antiquités, Istanbul.

Le *missorium* de Théodose Ier, découvert près de Mérida, en Espagne. Ce grand plat en argent figure Théodose (sa tête est entourée d'un nimbe) trônant entre Arcadius et Valentinien II. A côté d'eux se tiennent des soldats germaniques avec leurs boucliers ovales. L'inscription qui borde le plat commémore le dixième anniversaire de son règne (388).

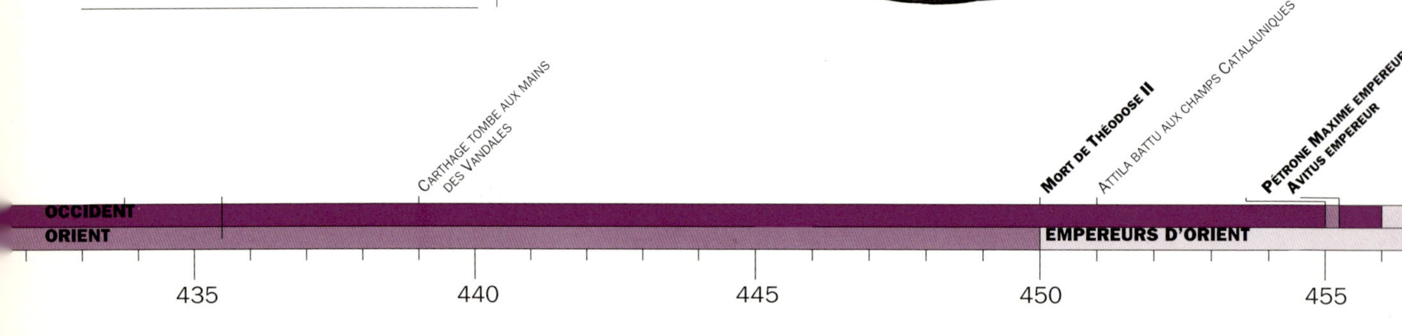

La dynastie de Théodose

THÉODOSE IER
379-395

• ORIENT

ARCADIUS
395-408

THÉODOSE II
408-450

• OCCIDENT

HONORIUS
395-423

JEAN (USURPATEUR)
423-425

VALENTINIEN III
425-455

Plaque d'ivoire représentant l'empereur Honorius. Le nimbe qui entoure sa tête porte la dédicace : "A notre maître Honorius l'Empereur Eternel".

Après la mort de Valens à Andrinople, c'est Gratien, l'empereur d'Occident, qui prend les mesures nécessaires pour assurer la défense de l'Orient. Le 19 janvier 379, il nomme Flavius Theodosius, officier espagnol, empereur des provinces orientales. Théodose va se révéler une personnalité d'envergure, tant en ce qui concerne l'administration que l'armée. On le surnomme "le Grand". Il s'est illustré notamment par sa législation et par sa défense du christianisme. En 391, il impose définitivement le christianisme comme religion officielle en interdisant les anciens cultes, publics et privés, et en fermant les temples païens. L'année d'avant, il a pourtant connu des problèmes avec le christianisme : pour avoir ordonné le massacre de la population de Thessalonique, qui avait tué le commandant de son armée, Théodose a été excommunié par Ambroise, l'évêque de Milan. Il n'est à nouveau admis au sein de l'Eglise qu'après avoir fait pénitence.

Théodose règle la situation militaire en Orient en livrant aux Goths une guerre qui dure quatre ans. Celle-ci se termine en 382 par un traité de paix. Cet accord introduit un dangereux précédent : il autorise les Wisigoths à s'établir sur des territoires de l'empire sous l'autorité de leur roi et non sous celle d'un dignitaire impérial et leur accorde le droit de combattre dans l'armée romaine comme alliés et non plus comme troupes auxiliaires. Peut-être Théodose espère-t-il rétablir un contrôle plus ferme une fois la crise passée. Mais l'occasion de le faire ne se présentera pas. De fait, les opérations militaires les plus sérieuses de son règne se déroulent en Occident. L'empereur conduit en personne l'armée qui défait Maxime, en 388, en Italie. Au cours d'une seconde campagne, en 394, Théodose bat Eugène et Arbogast, le meurtrier de Valentinien II.

Lorsque Théodose s'éteint en 395, à Milan, il lègue l'empire d'Orient à son fils aîné Arcadius, qui a dix-sept ans, et l'empire d'Occident à son second fils Honorius, âgé de dix ans seulement. Le règne d'Honorius est dominé par les invasions germaniques. En 401, les Wisigoths, installés en Thrace par Théodose, se déplacent vers l'ouest sous la direction de leur roi Alaric et ravagent l'Italie du Nord. Ils sont repoussés par Stilichon, le commandant de l'armée d'Honorius. D'autres peuples germaniques pénètrent en Italie en 405, tandis qu'en décembre 406, les Vandales, les Suèves et les Alains traversent le Rhin gelé et dévastent la Gaule. Quatre ans plus tard, en 410, l'inimaginable se produit : Alaric envahit l'Italie une seconde fois et met Rome à sac. Bien que la cour impériale soit désormais établie à Ravenne, cité imprenable sur l'Adriatique, la chute de Rome est un événement retentissant dans l'histoire de la dissolution de l'empire d'Occident.

De 410 à sa mort, en 423, Honorius tente de sauver la situation, mais l'autorité impériale sur les provinces occidentales est affaiblie de manière

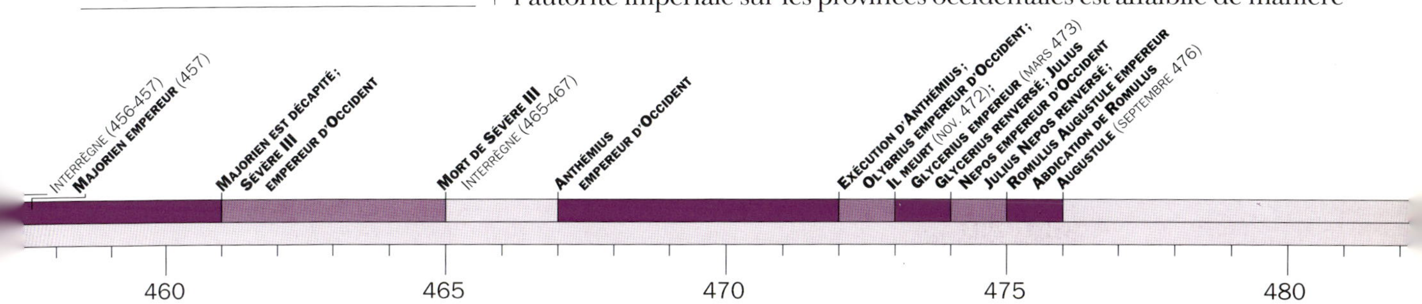

Médaillon en or de l'impératrice Galla Placidia (392-450), fille de Théodose Ier (page de droite).

La chute de l'Empire romain d'Occident trouve sa cause immédiate dans les invasions de peuples germaniques venus du nord. Les Wisigoths, qui ont déjà pénétré dans les Balkans en 375, commencent à attaquer l'Italie en 402; huit ans plus tard, Rome est mise à sac. A ce titre, l'année 410 est une date clé de l'histoire romaine. Dans le reste des provinces occidentales, l'incursion des Vandales, des Alains et des Suèves en 406 n'est pas moins significative. Ces derniers, comme les Goths, sont en quête de pillage. A la fin du Ve siècle, la quasi-totalité de l'empire d'Occident est passée sous contrôle germanique.

irrémédiable. Les usurpateurs — Constantin III en Gaule et en Bretagne, Maxime en Espagne et Attale en Italie — sont aussi prompts à se déclarer qu'à disparaître. Grâce aux efforts de son général, Constance, Honorius réussit à rétablir un certain contrôle sur les Burgondes et les Wisigoths, désormais installés dans l'empire. L'Espagne, cependant, continue d'être assaillie par les Vandales, les Alains et les Suèves.

Durant ce temps, en Orient, Arcadius est mort en 408, à l'âge de trente et un ans, laissant le trône à son fils Théodose II qui a sept ans. Théodose va régner pendant plus de quarante ans, durant lesquels sa sœur Pulchérie et son épouse Aelia Eudoxia exercent la réalité du pouvoir. En 433, Pulchérie l'emporte sur sa rivale qui est disgraciée. Eudoxia se retire à Jérusalem où elle mènera une existence pieuse et charitable. Le nom de Théodose reste attaché à deux œuvres majeures: le Code de Théodose, compilation exhaustive des lois impériales depuis le règne de Constantin, et les murailles de Théodose, érigées pour protéger Constantinople en cette époque troublée. Sur le plan militaire, le problème principal du règne de Théodose est la pression exercée par les Huns, qui sont alors établis juste au nord de la frontière du Danube. Les provinces des Balkans sont dévastées par des raids incessants jusqu'en 450, date à laquelle le chef des Huns,

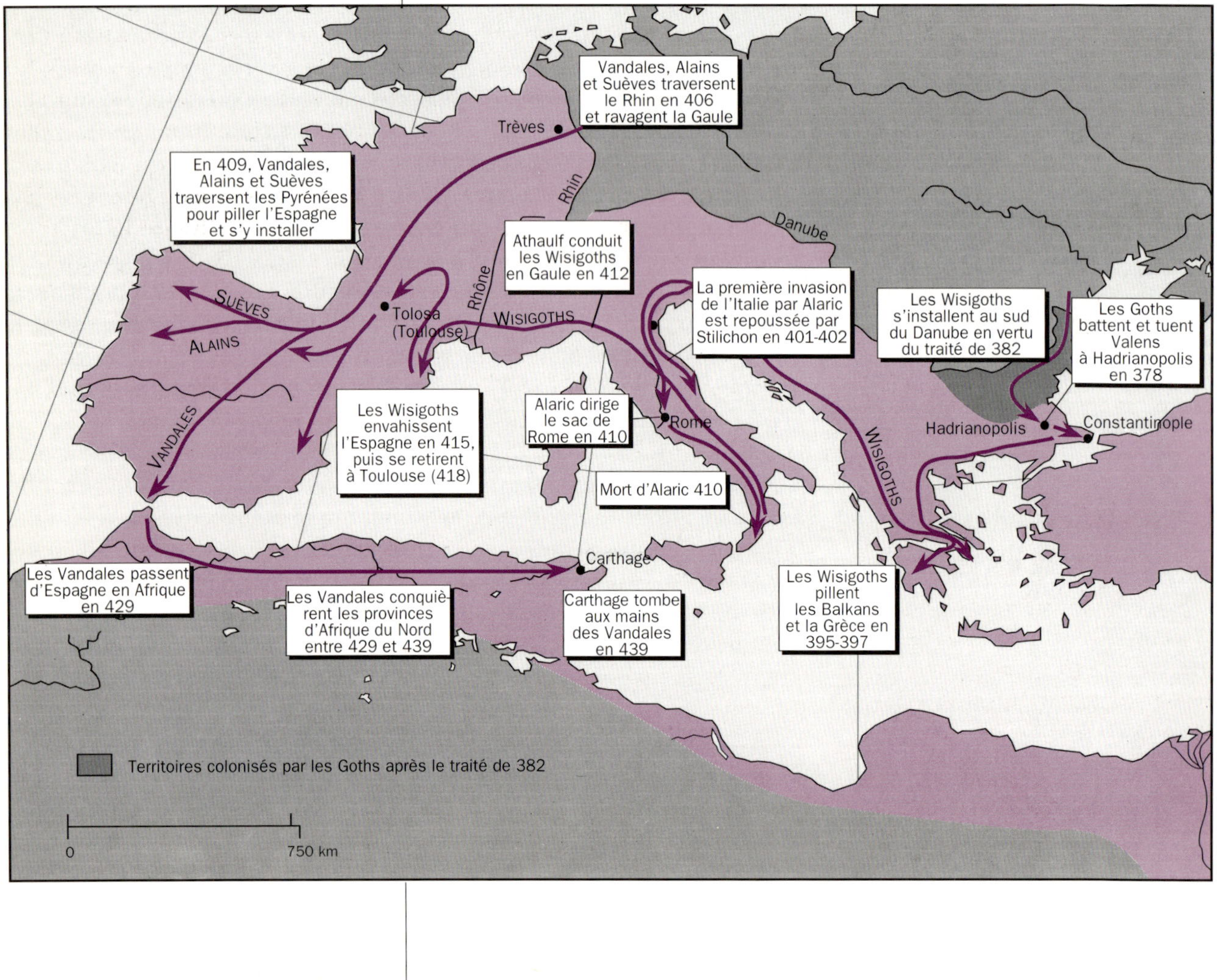

Attila, tourne ses regards vers l'Occident. En 423, la mort d'Honorius ouvre une âpre querelle de succession à l'ouest de l'empire. Théodose, qui caresse quelque temps l'idée de gouverner aussi l'Occident, soutien finalement les prétentions de Valentinien III, le neveu d'Honorius, et de sa mère, la terrible Galla Placidia.

En mai 425, les troupes de Théodose imposent Valentinien à Ravenne, où l'usurpateur Jean est capturé et tué. Galla Placidia exerce le pouvoir pour son fils Valentinien, qui n'a que six ans, avec l'aide de l'efficace général Aetius. Tout au long des années 430 et 440, Aetius se bat pour rétablir l'ordre en Gaule et connaît quelques succès malgré les maigres moyens dont il dispose. Il obtient sa plus grande victoire en 451, à la bataille des champs Catalauniques, qui oblige Attila et les Huns à se retirer de Gaule. Valentinien, effrayé par le pouvoir grandissant d'Aetius, l'attire dans un piège et le fait exécuter. L'empereur ne survivra pas longtemps à son forfait. Il est assassiné à son tour, en mars 455, par deux officiers d'Aetius. ■

Les derniers empereurs d'Occident

PÉTRONE MAXIME
455

AVITUS
455-456

MAJORIEN
457-461

SÉVÈRE III
461-465

ANTHÉMIUS
467-472

OLYBRIUS
472

GLYCERIUS
473-474

JULIUS NEPOS
474-475

ROMULUS AUGUSTULE
475-476

L'assassinat de Valentinien III, en 455, et la mort de Théodose II, survenue cinq ans plus tôt — à la suite d'une chute de cheval —, mettent un terme à la dynastie de Théodose. C'est aussi le moment où l'histoire de l'empire d'Orient et celle de l'empire d'Occident divergent. L'empire d'Orient va se maintenir encore pendant mille ans, sous la forme de l'empire byzantin. Mais en Occident, la fonction impériale n'a plus que vingt ans à vivre.

Pétrone Maxime, riche sénateur et membre de l'aristocratie italienne, succède à Valentinien III. Sa fortune lui a assuré le soutien de l'armée. Onze semaines après son arrivé au pouvoir, il est tué alors qu'il tente de fuir Rome, attaquée par les Vandales. Parvenus en Afrique du Nord en 429, les Vandales y ont établi un puissant royaume, à partir duquel ils mènent des incursions dans la péninsule italienne. En juin 455, ils s'emparent de Rome et pillent la cité pendant deux semaines. Ils emmènent l'impératrice Licinia Eudoxia, la veuve de Valentinien, et ses deux filles en captivité.

L'empereur suivant est proclamé, non en Italie, mais en Gaule. Il s'agit d'Avitus, ami et candidat du roi wisigoth Théodoric II. Il est devenu empereur en juillet 455 à Tolosa (l'actuelle Toulouse), où Théodoric a installé sa cour. L'année suivante, cependant, Ricimer, le Suève qui commande les troupes romaines en Italie, se révolte à Ravenne. Avitus, qui marche à sa rencontre, est fait prisonnier, en octobre 456, à Plaisance (la moderne Piacenza). Ricimer le neutralise en le nommant évêque de Plaisance. Mais Avitus est vite contraint de se réfugier en Gaule, où il meurt peu après.

Le renversement et le meurtre d'Avitus sont suivis par une période d'interrègne de dix-huit mois. Pendant ce temps, Ricimer tente vainement de faire reconnaître Majorien, le successeur qu'il a choisi, par l'empereur d'Orient, Léon Ier (457-474). Majorien, éminent sénateur, devient officiellement empereur en décembre 457. Finalement, Ricimer, gêné par le pouvoir croissant de Majorien, décide de le renverser. Majorien est capturé par Ricimer en août 461 alors qu'il revient de Gaule. Il est décapité après avoir été torturé. Ricimer place alors sur le trône impérial un sénateur inoffensif, Libius Severus ou Sévère III.

Médaillon germanique du VIe siècle figurant un cavalier.

L'autorité de Ricimer et de son empereur fantoche ne dépasse guère la péninsule italienne, elle-même harcelée par les Vandales qui lancent leurs raids à partir de l'Afrique du Nord. A la mort de Sévère, en novembre 465, Ricimer reprend les négociations avec Léon, l'empereur d'Orient, afin d'obtenir son assistance militaire. Pour prix de ses services, Léon impose son candidat, Anthémius, comme empereur d'Occident. Anthémius est proclamé empereur en Italie, en avril 467. Il lance une grande expédition contre les Vandales qui s'avère un désastre; à la suite de quoi, Ricimer marche sur Rome, en juillet 472, s'empare d'Anthémius et le met à mort.

Ricimer désigne Olybrius, un noble romain, pour succéder à Anthémius, mais Ricimer meurt en août et Olybrius en novembre 472. Le pouvoir réel passe au prince burgonde, Gondebaud qui, en mars 473, fait de son prétendant Glycerius un empereur fantoche. L'élimination d'Anthémius a provoqué la réaction de l'empereur d'Orient, Zénon Ier (474-491) qui, en juin 474, dépêche un nouveau candidat, Julius Nepos, en Italie avec une petite armée. Glycerius s'enfuit et Julius Nepos devient empereur. Un an plus tard, Oreste, le commandant de l'armée, renverse Julius Nepos qu'il remplace par son jeune fils Romulus Augustule ("le petit Auguste"). Mais ni Oreste, ni Augustule n'ont plus la moindre autorité. Le pouvoir est aux mains des mercenaires germaniques, qui dominent désormais les armées romaines. A l'été 476, ils sont à l'origine du dernier coup d'Etat: ils exigent de recevoir un tiers de l'Italie. Le refus d'Oreste entraîne sa propre mort et la déposition de son fils Romulus Ausgustule.

Le 4 septembre 476, l'empereur Romulus Augustule, âgé de seize ans, abdique et se retire dans le golfe de Naples avec une pension. Les historiens ne se sont pas même souciés de consigner la date de sa mort. Le sénat de Rome envoie une ambassade à Zénon pour l'informer qu'il est désormais empereur d'Orient et d'Occident. Mais, Odoacre, le chef des mercenaires germaniques, devient roi d'Italie. La Gaule est déjà sous le contrôle des Francs, des Burgondes et des Wisigoths. Les Wisigoths et les Suèves se partagent l'Espagne, les Vandales sont maîtres de l'Afrique du Nord et la Bretagne romaine est en passe de devenir l'Angleterre anglo-saxonne. En Occident, l'Empire romain n'est déjà plus qu'un souvenir.

Romulus Augustule est le dernier de la succession ininterrompue d'empereurs qui ont gouverné Rome. Ce fait lui-même ne deviendra évident qu'avec le temps, lorsqu'aucun autre empereur ne sera plus désigné en Occident pour servir de façade aux chefs d'armée germaniques. En Orient, par contre, les empereurs, connus désormais sous le nom de Byzantins, continueront à régner jusqu'à la chute de Constantinople en 1453. Il est donc erroné de considérer l'année 476 comme une rupture historique. En revanche, pour ce qui concerne l'histoire des empereurs en tant que tels, l'abdication de Romulus Augustule en constitue bien l'acte final, qui marque la disparition d'une fonction jadis prestigieuse. ■

BIBLIOGRAPHIE SÉLECTIVE

• **Auteurs anciens**

— Ammien Marcellin, *Histoire*, Tomes I-V, Les Belles Lettres, Paris, 1968-1984.
— Aulu-Gelle, *Les nuits attiques*, III, Livres XI-XV, trad. par René Marache, (XV, 7 = p. 156), Les Belles Lettres, Paris, 1989.
— Aurelius Victor, *Livre des Césars*, trad. par Pierre Dufraigne, (5, 4 = p. 9), (14, 1-3 = p. 19-20), Les Belles Lettres, Paris, 1975.
— Constantine, *The Oration of the Emperor Constantine which he addressed "To the Assembly of the Saints"*, trans. E.C. Richardson, in *A Select Library of Nicene and Post-Nicene Fathers of the Christian Church, Volume I: Eusebius*, eds. H. Wace & P. Schaff, Parker & Co., Oxford, 1890.
— Dion Cassius, *Histoire romaine*, tome IX et X, trad. par E. Gros, V. Boissée, Librairie Firmin Didot, Paris, 1867, 1870; *Histoire romaine*, livres 50-51, Les Belles Lettres, Paris, 1991; livres 48-49, Les Belles Lettres, Paris, 1994; livres 57-59 (Tibère-Caligula), Les Belles Lettres, Paris, 1995.
— Eusèbe de Césarée, *Histoire ecclésiastique*, I, livres I-IV, III, livres VIII-X, trad. par Gustave Bardy, Les Editions du Cerf, Paris, 1952, 1967.
— Eusebius, *The Life of Constantine*, trans. E.C. Richardson, in *A Select Library of Nicene and Post-Nicene Fathers of the Christian Church, Volume I: Eusebius*, eds. H. Wace & P. Schaff, Parker & Co., Oxford, 1890.
— Eutrope, *Abrégé de l'histoire romaine*, trad. par Maurice Rat, Librairie Garnier Frères, Paris, 1934.
— Flavius Josèphe, *Guerre des Juifs*, tomes I-III, trad. par A. Pelletier, Les Belles Lettres, Paris, 1975-1982.
— Hérodien, *Histoire des empereurs romains*, De Marc Aurèle à Gordien III (180 ap. J.-C.-238 ap. J.-C.), trad. par Denis Roques, Les Belles Lettres, Paris, 1990.
— *Histoire Auguste, Les empereurs romains des IIe et IIIe siècles*, trad. par André Chastagnol, coll. Bouquins, Editions Robert Laffont, Paris, 1994.
— Jerome, *Chronici Canones*, ed. J.N. Fotheringham, Milford, Londres, 1923.
— Lactance, *De la mort des persécuteurs*, I, trad. par J. Moreau, Les Editions du Cerf, Paris, 1954.
— Marc-Aurèle, *Pensées*, trad. par A.I. Trannoy, Les Belles Lettres, Paris, 1939.
— Marcus Cornelius Fronto, *Epistulae*, trans. C.R. Haines (Loeb ed.), 2 vol., Harvard UP, Cambridge, MA, 1919 & 1920.
— Martial, *Epigrammes*, tome I, livres I-VII, trad. par H. J. Izaac, Les Belles Lettres, Paris, 1969.
— *Panégyriques latins*, trad. commentée E. Galletier, 2 vol., Les Belles Lettres, Paris, 1949 & 1952.
— Pline le Jeune, *Lettres*, tome IV, livre X, *Panégyrique de Trajan*, trad. par Marcel Durry (lettres X, 97 = p. 75) (panég. 51 p. 140), Les Belles Lettres, Paris, 1972.
— Plutarque, *Vies*, XV, Artaxerxès-Aratos, Galba-Othon, trad. par Robert Flacelière (13, 6 = 1058 c), Emile Chambry, Les Belles Lettres, Paris, 1979.
— *Res Gestae Divi Augusti. The Achievements of the Divine Augustus*, eds. P.A. Brunt & J.M. Moore, Oxford UP, Oxford & New York, 1967.
— Sénèque, *L'Apocoloquintose du divin Claude*, trad. par René Waltz (10-11 = p. 10-12, 13 = p. 15-16), Les Belles Lettres, Paris, 1966; *De la clémence*, trad. par François Préchac (I, 1 = p. 2), Les Belles Lettres, Paris, 1967.
— Sidoine Apollinaire, *Lettres*, trad. par A. Loyen, Les Belles Lettres, Paris, 1970.
— Stace, *Silves*, Tome II, livres IV-V, texte ét. par Henri Frère, trad. par H. J. Izaac, p. 139-140, Les Belles Lettres, Paris, 1961.
— Suétone, *Vies des douze Césars*, tomes I-III, trad. par Henri Ailloud, Les Belles Lettres, Paris, 1957-1964.
— Tacite, *Œuvres complètes*, trad. par Pierre Grimal, coll. la Pléiade, p. 33, Gallimard, Paris, 1990; *Annales*, trad. par Pierre Grimal, coll. Folio, Gallimard, Paris, 1993; *Histoires*, trad. par Henri Goelzer, coll. Folio, Gallimard, Paris, 1980.
— Velleius Paterculus, *Histoire romaine*, II, Livre II, trad. par Joseph Hellegouarc'h, Les Belles Lettres, Paris, 1982.
— Virgile, *Enéide*, Livres V-VIII, trad. par Jacques Perret (VI, 789-795 = p. 73), les Belles Lettres, Paris, 1989.
— Zosime, *Histoire Nouvelle*, tome I (livres I-II), trad. par François Paschoud, Les Belles Lettres, Paris, 1971.

• Auteurs récents
— Auguet, R., *Caligula ou le pouvoir à vingt ans*, Payot, Paris, 1984.
— Barnes, T.D., *Constantine and Eusebius*, Harvard UP, Cambridge MA, 1993; *The New Empire of Diocletian and Constantine*, Harvard UP, Cambridge MA, 1982.
— Barret, A.A., *Caligula. The Corruption of Power*, Batsford, Londres, 1989.
— Birley, A., *Marcus Aurelius. A Biography*, Batsford, Londres, 1987; *Septimius Severus. The African Emperor*, Batsford, Londres, 1988-Yale UP, New Haven, 1989.
— Blois, L. de, *The Policy of the Emperor Gallienus*, Brill, Leiden, 1976.
— Brauer, G.C., *The Age of the Soldier-Emperors*, Noyes Press, Park Ridge NJ, 1975.
— Browning, I., *Palmyra*, Chatto & Windus, Londres, 1979-Noyes Press, Park Ridge NJ, 1980.
— Carter, J.M., *The Battle of Actium*, Hamish Hamilton, Londres, 1970.
— Chastagnol, A., *Le Sénat romain à l'époque impériale*, Les Belles Lettres, Paris, 1992.
— Chuvin, P., *Chronique des derniers païens*, "La disparition du paganisme dans l'empire romain du règne de Constantin à celui de Justinien", Les Belles Lettres, 2e éd., Paris, 1991.
— Cisek, E. *Néron*, Fayard, Paris, 1982; *L'empereur Aurélien et son temps*, Les Belles Lettres, Paris, 1994.
— Coarelli, F., *Guide Archéologique de Rome*, Hachette, Paris, 1994.
— Cook, S.A., Adcock, F.E., Charlesworth, M.P. & Baynes, N.H. (eds), *The Cambridge Ancient History, Vol. XI: The Imperial Peace AD 70-192*, Cambridge UP, Cambridge, 1936; *The Cambridge Ancient History, Vol. XII: The Imperial Crisis and Recovery AD 193-324*, Cambridge UP, Cambridge, 1939.
— Cornell, T., Matthews, J., *Atlas du monde romain*, Fernand Nathan, Paris, 1984.
— Dessau, H., *Inscriptiones Latinae Selectae*, vol. I, Weidmann, Berlin, 1892.
— Dodgeon, M.H., Lieu, S.N.C., *The Roman Eastern Frontier and the Persian Wars AD 226-363. A Documentary History*, Routledge, Londres, 1991.
— Drinkwater, J.F., *The Gallic Empire. Separatism and Continuity in the North-Western Provinces of the Roman Empire AD 260-274*, (Historia Einzelschrift 52), Steiner, Stuttgart, 1987.
— Fossier, R., *The Cambridge Illustrated History of the Middle Ages. I: 350-950*, Cambridge UP, Cambridge & New York, 1989.
— Garzetti, A., *From Tiberius to the Antonines*, Methuen, Londres, 1974.
— Giardina, A. dir., *L'homme romain*, Editions du Seuil, Paris, 1992.
— Grant, M., *The Emperor Constantine*, Weidenfeld & Nicolson, Londres, 1993; *Constantine The Great*, Macmillan, New York, 1994.
— Griffin, M.T., *Nero: The End of a Dynasty*, Batsford, Londres, 1984-Yale UP, New Haven, 1985.
— Grimal, P., *Marc Aurèle*, Fayard, Paris, 1991.
— Jerphagnon, L., *Julien dit l'Apostatt. Histoire naturelle d'une famille sous le Bas-Empire*, Editions du Seuil, Paris, 1986; *Histoire de la Rome antique.* Les armes et les mots, Tallandier, Paris, 1987.
— Jones, A.H.M., *The Later Roman Empire, 284-602: A Social, Economic and Administrative Survey*, Blackwell, Oxford, 1964.
— Jones, B.W., *The Emperor Titus*, Croom Helm, Londres, 1984; *The Emperor Domitian*, Routledge, Londres, 1992.
— Kazanski, M., *Les Goths (Ier-VIIe ap. J.-C.)*, éditions Errance, 1991.
— Lacam, G., Ricimer, *Un barbare maître de l'Occident 455-472. L'agonie de Rome*, Klincksieck, Paris, 1992.
— Lane Fox, R., *Pagans and Christians*, Penguin, Harmondsworth, 1986-Harper, San Francisco, 1988.
— Le Gall, J., Le Glay, M., *L'empire romain, 1. Le Haut-Empire de la bataille d'Actium à la mort de Sévère Alexandre (31 av.-235 ap. J.-C.)*, Presses Universitaires de France, 2e éd., Paris, 1992.
— Le Glay, M., *Rome. Grandeur et chute de l'Empire*, Perrin, Paris, 1992.
— Lepper, F., *Trajan's Parthian War*, Oxford UP, Londres, 1948; *Trajan's Column*, Alan Sutton, Gloucester, 1988.
— Levick, B., *Claudius*, Batsford, Londres, 1990-Yale UP, New Haven, 1990.
— Ling, R., *Roman Painting*, Cambridge UP, Cambridge & New York, 1991.
— MacMullen, R., *Le déclin de Rome et la corruption du pouvoir*, Les Belles Lettres, Paris, 1991.
— Martin, Jochen, *La Rome antique.* Histoire et civilisations, Bordas, Paris, 1994.
— Martin, R. F., *Les douze Césars. Du mythe à la réalité*, Les Belles Lettres, Paris, 1991.
— Nony, D., *Caligula*, Fayard, Paris, 1986.
— Pelletier, A., *L'urbanisme romain sous l'Empire*, Picard, Paris, 1982.
— Perowne, S., *Hadrian*, Hodder & Stoughton, Londres, 1960-Greenwood, Westport CT, 1976.
— Piganiol, A., *L'Empire chrétien*, Presses Universitaires de France, Paris, 1972.
— Raven, S., *Rome in Africa*, 3e éd., Routledge, Londres & New York, 1993.
— Richardson, L., *A New Topographical Dictionary of Ancient Rome*, Johns Hopkins UP, Baltimore, 1992.
— Robert, E., *Le siècle d'Auguste*, Armand Colin, Paris, 1970.
— Rossi, L., *Trajan's Column and the Dacian Wars*, Thames & Hudson, Londres, 1971.
— Salles, C., *Tibère. Le second César*, Robert Laffont, Paris, 1985.
— Salway, P., *The Oxford Illustrated History of Roman Britain*, Oxford UP, Oxford & New York, 1993.
— Sancery, J., *Galba ou l'armée face au pouvoir*, Les Belles Lettres, Paris, 1983.
— Sartre, M., *L'Orient romain. Provinces et sociétés provinciales en Méditerranée orientale d'Auguste aux Sévères (31 av. J.-C.-235 ap. J.-C.)*, Editions du Seuil, Paris, 1991
— Scarre, C., *The Penguin Historical Atlas of Ancient Rome*, Penguin, Harmondsworth & New York, 1995.
— Sherk, R.K., *The Roman Empire: Augustus to Hadrian. Translated Documents of Greece and Rome 6*, Cambridge UP, Cambridge & New York, 1988.
— Smallwood, E.M., *Documents Illustrating the Principates of Nerva, Trajan and Hadrian*, Cambridge UP, Cambridge & New York, 1966.
— Sordi, M., *The Christians and the Roman Empire*, Routledge, Londres, 1988.
— Stoneman, R., *Palmyra and its Empire. Zenobia's Revolt against Rome*, U of Michigan Press, Ann Arbor, 1992.
— Storoni-Mazzolani, L., *Tibère ou la spirale du pouvoir. La force irrésistible du despotisme*, Les Belles Lettres, Paris, 1986.
— Syme, R., *La révolution romaine*, Gallimard, Paris, 1978.
— Todd, M., *Les Germains aux frontières de l'Empire romain 100 av. J.-C.-300 ap. J.-C.*, Armand Colin, Paris, 1990.
— Todd, M., *The Northern Barbarians 100 BC-AD 300*, éd. revue, Blackwell, Oxford & Cambridge MA, 1987.
— Wiedermann, T., *The Julio-Claudian Emperors*, Bristol Classical Press, Bristol, 1989.
— Williams, S., *Diocletian and the Roman Recovery*, Batsford, Londres, 1985-Routledge, New York, 1985.
— Williams, S., Friell, G., *Theodosius: The Empire at Bay*, Batsford, Londres, 1994.
— Zosso, F., Zingg, C., *Les empereurs romains 27av. J.-C.-476 ap. J.-C.*, Errance, Paris, 1994.

CRÉDITS D'ILLUSTRATION & SOURCE DES CITATIONS

• Crédits d' illustrations

h, haut ; b, bas ; c, centre ; g, gauche ; d, droite.
Les abréviations suivantes sont utilisées pour identifier les sources et localiser les illustrations : BM-avec la permission de l'administration du British Museum ; CS - Chris Scarre ; DAI - Deutsches Archaeologisches Institut, Rome ; JGR - John G. Ross ; MD - Michael Duigan ; PAC-Peter A. Clayton ; PW-Philip Winton (illustrateur) ; RW-professeur Roger Wilson.
1 Kunsthistorisches Museum, Vienne. 2 JGR. 5h-b BM ; Ny Carlsberg Glyptotek, Copenhague ; BM ; Michael Vickers. 6 Musée archéologique, Ankara. 7g-d MD. 8 Musées du Vatican. 9h PAC ; c BM ; b Kunsthistorisches Museum, Vienne. 10-11 ML Design. 14g-d MD. 15g-d MD. 16 BM. 18 ML Design. 19h RW ; b CS. 20h Musées du Vatican ; b Musée national des Thermes, Rome, photo Alinari. 21 Kon Penningkabinett, La Haye. 22h PW ; bg CS. 23hd CS ; b PW. 25 RW. 26h-b Musées du Vatican ; MD ; MD ; MD ; MD ; MD. 28h MD ; b Museum of fine Arts, Boston. 30 © photo RMN. 31 © Bibliothèque nationale, Paris. 32 ML Design. 33 Fototeca Unione. 34 PW. 35 Musées du Capitole, Rome, photo Alinari. 36 Musée du Louvre, Paris. 37h BM ; c George Taylor. 38 BM. 39 BM. 40 Museo delle Navi, Nemi. 42hd MD ; bg The Royal Collection © Her Majesty the Queen. 44 © Bibliothèque nationale, Paris. 45h Annick Petersen ; b New York University Excavations à Aphrodisias. 46 Fototeca Unione. 47h Musée Torlonia, Rome, photo DAI ; c George Taylor ; b Braun & Hogenberg *Civitas Orbis Terrarum*. 49 Scala. 50 BM. 51 BM. 52h UDF, la Photothèque ; b Annick Petersen. 53hd PAC ; b Annick Petersen. 54 Staatliche Museen, Berlin. 55 BM. 56 ML Design. 57 Hirmer. 58 Musées du Capitole, Rome, photo Alinari. 61 MD. 62 ML Design. 63 Galerie des Offices, Florence, photo Alinari. 64 Ny Carlsberg Glyptotek, Copenhague. 65 ML Design. 66h Zev Radovan ; b ML Design. 67 RW. 68 Musées du Capitole, Rome, photo DAI. 69h MD ; cg CS ; cd Palais des Conservateurs, Rome, photo DAI. 70h-b Scala ; d PW. 71h JGR ; c d'après Bannister Fletcher ; b PAC. 74 CS. 75h CS ; b MD. 76 Palais des Conservateurs, Rome, photo DAI. 78h JGR ; b CS. 79h PW ; b CS. 80 MD. 81 RW. 84g-d MD ; MD ; JGR ; JGR. 85g-d JGR ; MD ; City Museum, Belgrade ; JGR. 86 Musée national des Thermes, Rome, photo DAI. 87 CS. 88 ML Design. 89 CS. 90 BM. 91h-b MD ; MD ; JGR ; JGR ; Cleveland Museum of Art, The J.H.Wade Collection ; Musée du Louvre. 92g CS ; d PW. 93h-b RW. 95 Musées du Capitole, Rome, photo DAI. 96h CS ; b ML Design. 98 Zev Radovan. 99 MD Design. 100 MD. 101 PW. 102h-b CS ; c ML Design. 103hg PW ; hd Scala ; bd CS. 104 Musées du Vatican, photo Alinari. 105 PAC. 106 MD. 108 National Museums of Scotland. 109h-b Fototeca Unione ; c PW. 110hg JGR ; hd Musées du Vatican, photo Alinari. 111 CS. 112 MD. 113 Scala. 114 Cleveland Museum of Art, The J.H.Wade Collection. 115 Musées du Capitole, Rome, photo DAI. 116 PAC. 117h Colin Ridler ; b RW. 119 Musées du Capitole, Rome, photo Alinari. 120h PAC ; b Scala. 122 RW. 123 CS. 124 Hirmer. 126 Musées du Vatican, photo Alinari. 127 BM. 128 Musées du Vatican, photo Alinari. 129 ML Design. 130 BM. 131h-bg JGR ; cg MD ; bd © photo RMN. 132h JGR ; b CS. 133 © Bildarchiv Preussischer Kulturbesitz, 1994, Staatliche Museen, Berlin. 134 ML Design. 136h RW ; b PAD. 137h JGR ; c Direction des Musées du Capitole, Rome ; b RW. 138 Staatliche Museen, Berlin. 140h PW ; b CS. 141h-b George Taylor d'après G.A. Blouet *Restauration des thermes d'Antonin Caracalla à Rome*, 1828. 142 MD. 144h-b CS. 146 City Museum, Belgrade. 148 JGR. 149 BM. 150 JGR. 154 © photo RMN. 155 MD. 157 Oriental Institute, University of Chicago. 158g-d JGR ; JGR ; CS ; JGR. 159g-d Michael Roaf ; JGR ; RW ; MD. 160 Musée du Louvre. 162hg Musées du Capitole, Rome, photo DAI ; bd CS. 163h-b Musées du Capitole, Rome, photo DAI. 164 Musées du Vatican, photo DAI. 166 CS. 168g-d Musées du Capitole, Rome, photo DAI. 169 ML Design. 171 Metropolitan Museum of Art, The Rogers Fund, 1905. 173 © Bibliothèque nationale, Paris. 174 Staatliche Museen, Berlin. 176 Landesmuseum Trier. 177 ML Design. 178 JGR. 180 CS. 181h ML Design ; b CS. 182 BM. 184 CS. 188 Musée du Louvre. 191 JGR. 195 Musées du Capitole, Rome, photo DAI. 196 Hirmer. 199h-b Michael Vickers ; Musée du Caire, photo DAI ; Musée Torlonia, Rome, photo DAI ; Ny Carlsberg Glyptotek, Copenhague ; Musées du Vatican, photo DAI. 200 CS. 201 ML Design. 203 Hirmer. 204b ML Design. 205hg Ernest Hébrard ; hd RW ; cd CS ; bg Alan Sorrel. 206 Musée du Caire, photo DAI. 208hd Musée Torlonia, Rome, photo DAI ; b MD. 209 Ny Carlsberg Glyptotek, Copenhague. 211 Hirmer. 213 Hirmer. 215 Musées du Vatican, photo DAI. 217 Ian Mackenzie-Kerr. 218 ML Design. 219h Hirmer ; b Scala. 220h Hirmer ; b d'après Krautheimer *Early Christian and Byzantine Architecture*, 1965. 223g-d JGR ; © photo RMN ; Musée archéologique, Istanbul ; © photo RMN. 224g-d Hirmer. 225h MD ; bg Palais des Conservateurs, Rome ; d Hirmer. 227h JGR ; b Musée archéologique, Istanbul, photo DAI. 228hg Musée archéologique, Istanbul ; b Accadémie de l'Histoire, Madrid. 229 Cathédrale d'Aoste. 230 ML Design. 231 © Bibliothèque nationale, Paris. 232 d'après Simons *Barbarian Europe*, 1968. Dessins des monnaies par Philip Winton, d'après George Stevenson *A Dictionary of Roman Coins*, Londres, 1889, et autres sources.

• Sources des citations

— Aulu-Gelle, *Les nuits attiques*, III, Livres XI-XV, trad. par René Marache (XV, 7 = p. 156), Les Belles Lettres, Paris, 1989.
— Aurelius Victor, *Livre des Césars*, trad. par Pierre Dufraigne (5, 4 = p. 9), (14, 1-3 = p. 19-20), Les Belles Lettres, Paris, 1975.
— Constantine, *The Oration of the Emperor Constantine which he addressed "To the Assembly of the Saints"*, trans. E.C. Richardson, in *A Select Library of Nicene and Post-Nicene Fathers of the Christian Church, Volume I : Eusebius*, eds. H. Wace & P. Schaff, Parker & Co., Oxford, 1890.
— Dion Cassius, *Histoire romaine*, tome IX et X, trad. Par E. Gros, V. Boissée, Librairie Firmin Didot, Paris, 1867, 1870.
— Eusèbe de Césarée, *Histoire ecclésiastique*, I, livres I-IV, III, livres VIII-X, trad. par Gustave Bardy, Les Editions du Cerf, Paris, 1952, 1967.
— Eusebius, *The Life of Constantine*, trans. E.C. Richardson, in *A Select Library of Nicene and Post-Nicene Fathers of the Christian Church, Volume I : Eusebius*, eds. H. Wace & P. Schaff, Parker & Co., Oxford, 1890.
— Eutrope, *Abrégé de l'histoire romaine*, trad. par Maurice Rat, Librairie Garnier Frères, Paris, 1934.
— Hérodien, *Histoire des empereurs romains*, De Marc Aurèle à Gordien III (180 ap. J.-C.-238 ap. J.-C.), trad. par Denis Roques, Les Belles Lettres, Paris, 1990.
— *Histoire Auguste, Les empereurs romains des IIe et IIIe siècles*, trad. par André Chastagnol, coll. Bouquins, Editions Robert Laffont, Paris, 1994.
— Jerome, *Chronici Canones*, ed. J.N. Fotheringham, Milford, Londres, 1923.
— Lactance, *De la mort des persécuteurs*, I, trad. par J. Moreau, Les Editions du Cerf, Paris, 1954.
— Marc-Aurèle, *Pensées*, trad. par A.I. Trannoy, Société d'Edition Les Belles Lettres, Paris, 1939.
— Marcus Cornelius Fronto, *Epistulae*, trans. C.R. Haines (Loeb ed.), 2 vol., Harvard UP, Cambridge, MA, 1919 & 1920.
— Martial, *Epigrammes*, tome I, livres I-VII, trad. par H. J. Izaac, Les Belles Lettres, Paris, 1969.
— *Panégyriques Latins*, trad. commentée E. Galletier, 2 vol., Les Belles Lettres, Paris, 1949 & 1952.
— Pline le Jeune, *Lettres*, tome IV, livre X, *Panégyrique de Trajan*, trad. par Marcel Durry (lettres X, 97 = p. 75) (panég. 51 = P. 140), Les Belles Lettres, Paris, 1972.
— Plutarque, *Vies*, XV, Artaxerxès-Aratos, Galba-Othon, trad. par Robert Flacelière (13, 6 = 1058 c), Emile Chambry, Les Belles Lettres, Paris, 1979.
— *Res Gestae Divi Augusti. The Achievements of the Divine Augustus*, eds. P.A. Brunt & J.M. Moore, Oxford UP, Oxford & New York, 1967.
— Sénèque, *L'Apocoloquintose du divin Claude*, trad. par René Waltz (10-11 = p. 10-12, 13 = p. 15-16), Les Belles Lettres, Paris, 1966 ; *De la clémence*, trad. par François Préchac (I, 1 = p. 2), Les Belles Lettres, Paris, 1967.
— Stace, *Silves*, Tome II, livres IV-V, texte ét. par Henri Frère, trad. par H. J. Izaac, p. 139-140, Les Belles Lettres, Paris, 1961.
— Suétone, *Vies des douze Césars*, tomes I-III, trad. par Henri Ailloud, Les Belles Lettres, Paris, 1957-1964.
— Tacite, *Œuvres complètes*, trad. par Pierre Grimal, coll. la Pléiade, p. 33, Gallimard, Paris, 1990 ; *Annales*, trad. par Pierre Grimal, coll. Folio, Gallimard, Paris, 1993 ; *Histoires*, trad. par Henri Goelzer, coll. Folio, Gallimard, Paris, 1980.
— Velleius Paterculus, *Histoire romaine*, II, Livre II, trad. par Joseph Hellegouarc'h, Les Belles Lettres, Paris, 1982.
— Virgile, *Enéide*, Livres V-VIII, trad. par Jacques Perret (VI, 789-795 = p. 73), les Belles Lettres, Paris, 1989.
— Zosime, *Histoire Nouvelle*, tome I (livres I-II), trad. par François Paschoud, Les Belles Lettres, Paris, 1971.

INDEX

Les chiffres en romain se rapportent au texte courant; ceux en *italique* aux légendes des illustrations.

(e) empereur; (d) divinité